김흥호의 철학강좌

서양철학 우리심성으로 읽기 II

- 실존들의 모습 -

김흥호의 철학강좌

서양철학 우리심성으로 읽기 II

- 실존들의 모습 -

도서출판 사색

김흥호 전집

실존들의 모습

지은이 : 김흥호
초판 발행일 : 2004년 6월 30일
초판 2쇄 발행일 : 2011년 7월 1일
발행처 : 사색출판사
발행인 : 최정식

인쇄처 : (주)약업신문

주소 : 서울 중앙우체국 사서함 206호
전화 : 070-8265-9873
팩스 : 02)6442-9873
홈페이지 : www.hyunjae.org
이메일 : hyunjae2008@hotmail.com
등록 : 2007. 10. 31. 제 16-4315호
ISBN : 89-90519-00-4(세트)
       89-90519-07-1 04080

값 12,000원

※ 잘못된 책은 바꿔드립니다.
　저자와의 협의하에 인지는 생략합니다.

머리말

　지붕 위에 감알이 새빨갛다. 다 익은 것이다〔盡性〕. 동양 사람들은 다 익은 사람을 실존〔仁〕이라고 한다. 자기 속알을 가진 사람〔德〕이요, 지붕 위에 높이 달려있는 감알처럼 하늘나라를 가진 사람이다. 사랑의 단물이 가득 차고 지혜의 햇빛이 반짝이는 높은 가지의 감알, 그것이 어진 사람이다. 완성되어 있는 사람, 성숙해 익은 사람, 된 사람, 다한 사람, 개성을 가진 사람, 있는 곳이 그대로 참인 사람〔立處皆眞〕, 언제나 한가롭고〔心無事〕 무슨 일에도 정성을 쏟을 수 있는 사람〔事無心〕, 이런 사람을 동양인들은 사람이라고 한다. 다 준비되어 있는 사람〔平常心〕, 더 준비할 것이 없는 사람〔無爲〕, 꼭지만 틀면 물이 쏟아져 나오듯〔命〕 말씀이 쏟아져 나오고〔道〕 사랑이 쏟아져 나오는 사람, 그런 사람을 실존이라고 한다.
　실존은 된 사람이다. 밥을 먹으면 밥이 되고 옷을 입으면 옷이 되어 모든 사람을 먹이고〔中〕, 모든 사람을 입히고〔利〕, 모든 사람을 비추고〔智慧〕, 모든 사람을 살리는〔復活〕, 그런 사람이다.
　나뭇가지에 달린 감알처럼〔十字架〕 남을 위해서 자기를 바치는〔殺身成仁〕 그런 사람이 실존이다. 무엇을 따지는〔人間〕, 무엇을 다투는〔人格〕, 무엇을 뒤덮는〔人物〕, 무엇을 빼앗는〔人生〕, 갈라진 인생이 아니라 갈라지기 이전의 희로애락喜怒哀樂 미발未發의 근본적 인간, 어디나 통하는 조화된 인간, 이런 인간을 동양인들은 사람이라고 한다.
　된 사람이다. 자기를 잊은 사람, 자기가 없는 사람, 그것이 실존이다. 실존은 학자가 아니라 철인이다. 이것저것 많이 아는 사람이 아니라 다만 한 길을 걸어가는 사람이다.

그에게는 목적이 있고 정열이 있다. 그 정열에 인간은 감격하는 것이다. 사람은 이런 사람을 찾아서 따라가게 마련이다. 이런 사람을 따라갈 때에 그도 감격을 느끼고 정열을 느끼고 거기에 보람을 느끼기 때문이다. 사람이 매력을 느끼는 것은 이런 실존 때문에 기쁨을 느끼는 것이다.

그런 선생님들은 그들이 가지고 있는 특별한 생각이 있고 특별한 주장이 있고 특별한 실천이 있고 특별한 표현이 있다. 그들은 평생 그들의 주장과 태도와 그들의 방식을 가지고 살아간다. 그들은 그들의 입장에 서 있기 때문에 그들에게는 언제나 튼튼함이 있고 힘이 있다. 그 힘에 사람들은 그에게 끌리게 마련이다. 이 힘을 매력이라고 한다. 이 힘은 정신의 힘이요, 인격의 힘이요, 실존의 힘이다.

실존에는 언제나 힘이 따르게 마련이다. 그것은 지식이 빚어내는 기술의 힘이나 자연의 힘이 아니고 지혜가 밝혀내는 정신의 힘이요, 인간 고유의 인격의 힘이다.

이 힘에 매력을 느껴 사람은 자기도 모르게 어느덧 자기 자신도 하나의 진실존재가 된다. 자기에게서 힘이 솟아나고 빛이 발함을 느끼게 된다. 실존이 된 것이다. 마치 어미닭 품속에서 계란이 깨어나듯이 새로운 존재가 되는 것이다. 누구나 진실 안에 있으면 새로운 진실이 되고야 말 것이다. 그 진실이 매력의 근원인 것이다.

일러두기

1 ― 저자는 1970년부터 1981년까지 12년에 걸쳐 1인人 월간지 사색을 발간했다(총144호). 이것을 1983년에 주제별로 묶어서 전 10권의 전집으로 발간 되었는데 그중 서양철학에 관련된 내용은 5권으로, 고대, 중세, 그리고 근대 합리론에 속하는 철인들의 생애를 쓴『인물중심의 철학사(上)』와 근대 경험론과 현대 자유진영에 속하는 철인들의 생애를 쓴『인물중심의 철학사(下)』, 그리고 플라톤, 스피노자, 칸트, 니체, 하이데거의 작품에 대한 평이한 형이상학적 해설서인『철인들의 작품』, 키에르케고르, 야스퍼스, 니체, 하이데거의 생애와 사상을 살펴본『실존들의 모습』, 도스토예프스키, 릴케등 문학사상가의 생애와 사상을 그린『철학속의 문학』등이 있다.

2 ― 그동안 절판된 전집에 대한 재발간이 절실히 요구되어 서양철학의 내용중『철인들의 작품』을 시작으로 전 5권에 대한 재편집을 기획하고, 내용을 독자들에게 더욱 쉽게 읽히도록 하기 위하여 활자의 크기 및 꼴을 바꾸고 문장의 맞춤법과 외국인명 및 저서명을 현대어법으로 수정하였다.

3 ― 20세기 한국을 대표하는 신학자인 변선환 박사는 김흥호 선생의 글을 읽고 '김흥호라는 한 한국인의 심성에 비친 그리스도 실존의 모습'이라는 평을 했는데, 서양철학을 우리의 심성으로 이해하고 읽어나간다는 의미에『서양철학 우리 심성으로 읽기』라는 제목으로 정하였다.

4 ― 이 책의 재편집을 위해 이경희/임우식 선생께서 애를 써 주셨으며 인쇄교정에는 신옥희, 차헌실 두분 선생께서 수고를 해 주셨다.

차 례

머리말 ··· 5

제 I 장 키에르케고르
생 애 ·· 13
자기탐구 ·· 25
혼의 상처 ·· 31
실존 ·· 36
동시성 ·· 42
근본체험 ·· 48
대지진 ·· 54
교회론 ·· 60
기독교 ·· 66
신앙론 ·· 72
존재론 ·· 77
유혹자 ·· 83
십자가 ·· 89
삼 단계 ·· 95
반 복 ·· 100

제 II 장 야스퍼스
생 애 ·· 109
세계관의 심리학 ·· 121
정신적 상황 ·· 126
철 학 ·· 132
존 재 ·· 138
실존개명 ·· 144
한계상황 ·· 149
실존과 이성 ·· 155
실존의 사귐 ·· 161
암호해독 ·· 166
역사의 목표 ·· 172
절대의식 ·· 177

　　　　실존범주 ································· 183
　　　　철학적 신앙 ······························· 189
　　　　내재적 자유 ······························· 195

제Ⅲ장　니 체
　　　　생 애 ··································· 203
　　　　자 연 ··································· 215
　　　　순 결 ··································· 220
　　　　별 ····································· 226
　　　　웃 음 ··································· 232
　　　　예 수 ··································· 238
　　　　바 울 ··································· 244
　　　　루 터 ··································· 250
　　　　파스칼 ··································· 256
　　　　태 양 ··································· 261
　　　　영 웅 ··································· 267
　　　　신 ····································· 273
　　　　초 인 ··································· 279
　　　　실 존 ··································· 284
　　　　새 땅 ··································· 290

제Ⅳ장　하이데거
　　　　생 애 ··································· 299
　　　　작 품 ··································· 310
　　　　사 색 ··································· 316
　　　　자 연 ··································· 322
　　　　탈 존 ··································· 327
　　　　체 험 ··································· 333
　　　　시 숙 ··································· 339
　　　　개 시 ··································· 345
　　　　사 유 ··································· 350
　　　　현존재 ··································· 356
　　　　철 학 ··································· 362
　　　　방 하 ··································· 369
　　　　신 성 ··································· 374
　　　　예 술 ··································· 380
　　　　시 인 ··································· 386

키에르케고르
Kierkegaard, Søren Aabye 1813-1855

키에르케고르
Kierkegaard, Søren Aabye 1813-1855

생애

　키에르케고르를 세상에 소개한 사람은 1919년에 『세계관의 심리학』이란 책을 쓴 야스퍼스(Karl Jaspers, 1883-1969)이다. 그리고 신학계에서는 바르트(Karl Barth, 1886-1968)가 『로마서 강해』를 통해서 신과 인간의 절대적 거리란 키에르케고르의 사상을 "신은 하늘에 인간은 땅에"라는 표현으로 자기의 신학의 표어를 삼았다. 그리고 누구보다도 키에르케고르의 영향을 받은 사람은 하이데거다. 키에르케고르의 『죽음에 이르는 병』은 하이데거의 죽음으로의 존재가 되어 『존재와 시간』의 핵심을 이룬다.
　키에르케고르는 오늘 우리가 누구나 체험할 수 있는 자기상실, 자기소외를 『불안의 개념』에서는 불안으로서, 『현대의 비판』에서는 평균화의 현상으로서, 『죽음에 이르는 병』에서는 절망으로서 무섭고 날카롭게 파고 들어간다. 그리고 동시에 그는 불안과 절망에서 벗어나는 길도 보여주려고 애를 쓴다. 그 길이란 신앙이라는 길이요, 인간 각자가 신 앞에 정직하게 서는 일이다. 그러기 위해서 그는 너무도 풍부한 상상력으로 자기의 체험을 근거로 하여 철학적인 형식으로 인간의 여러 가지 생활양식을 분석하고 묘사한다. 그런 의미에서 그는 현대 실존주의의 창시자도 된다.

카프카(Franz Kafka, 1883-1924)는 키에르케고르의 작품을 통해서 그 속에서 자기의 모습을 찾을 수 있었으며, 릴케(Rainer Maria Rilke, 1875-1926)는 키에르케고르를 읽기 위해서 덴마크 말을 배우기까지 하였다. 그리고 그는 키에르케고르 작품 속에서 무한한 감동을 느낀 사람이다. 그는 키에르케고르의 편지를 여러 통 번역하기도 하였다. 카뮈(Albert Camus, 1913-1960)나 사르트르(Jean-Paul Sartre, 1905-1980)가 쟌 뵐의 『키에르케고르 연구』를 통해서 영향받은 것은 말할 것도 없다.

키에르케고르의 작품은 진실한 자기고백 이외의 아무 것도 아니다. 계속해서 실존이 되기 위하여 자기 자신과 싸운 기록 이외에 다른 것을 발견하기는 어렵다. 그의 작품은 그의 인격의 노골적인 표현에 불과하다.

그의 인간성의 수수께끼가 오늘도 계속해서 인간들을 끌어들이고 있다. 키에르케고르처럼 많은 사람이 그의 인간성에 관심을 가지게 되는 철학자도 많지 않을 것이다. '덴마크의 소크라테스' 라는 이름도 그렇게 해서 붙여졌는지도 모른다. 키에르케고르가 천재였다는 것도 틀림이 없었지만 그러나 그는 누구보다도 연약한 인간이었다. 보통 사람 이상으로 관능과 애욕에 고민한 사람이었다. 그렇기 때문에 유달리 죄의식도 강했고 신앙으로의 동경도 처절했다.

키에르케고르의 작품에 대한 해설도 많지만 키에르케고르의 작품은 해설을 가지고 이해되어질 성질의 것이 아니다. 화산이 터져 나오듯 쏟아져 나오는 뜨거운 연기와 용암을 종이와 펜으로 쓸 수는 도저히 없을 것이다. 적나라하게 다만 한 줄이라도 그의 작품을 직접 부딪쳐 보는 일이 그를 이해하는 가장 빠른 길이 될 것이다. 키에르케고르를 읽는다는 것은 자기를 읽는 것이다. 자기를 알기가 어려운 것처럼 키에르케고르를 읽기도 어려울 것이다. 그러나 깊고 험한 바위 틈에서라야 깨끗한 샘물이 솟아 나온다.

어두운 키에르케고르의 검은 그림자 옆에는 빛나는 천사처럼 레기네가 그의 모습을 나타낸다. 키에르케고르가 그렇게 싫어했던 우울은 마치 태양을 가리우는 먹구름처럼 하나님을 믿으려고 해도 믿어지지 않는 마음을 덮어씌운 검은 구름이었다. 이 먹구름이 태양빛을 가리우고 하늘로 가는 밝은 길을 가리우는 이상 우울은 죄악이요 미워할 것으로되, 그러나 그 배후에 하나님이 숨어 계시는 한, 신으로 인도하는 길잡이로서 사랑하지 않을 수 없는 하나의 희망도 된다.

『죽음에 이르는 병』은 반드시 죽음으로의 병만은 아니요, 영원으로의 병이 될 수도 있다. 이러한 모순을 품고 있기 때문에 키에르케고르는 인생을 고민한다. 우울은 키에르케고르를 잡아맨 쇠사슬이기도 하였으나 키에르케고르의 무서운 정신력의 원천이기도 하였다. 변증법적 사고와 시적 상상력으로 누구보다도 개성적이고 독창적인 창작 활동의 원동력은 역시 우울이었다. 마치 하나의 구공탄이 타오를 때에는 무서운 독기로 자기와 남을 질식시키지만 일단 그것이 불붙어 오르면 거기서 한없는 열기와 빛깔이 나오는 것처럼 키에르케고르의 우울은 그것이 그대로 뭉쳐놓은 하나의 불덩어리인 말씀이 육신이 된 것이다. 죄 많은 육신이 그대로 있을 때에는 시커먼 숯검정에 불과하지만 그것에 일단 불이 붙으면 무서운 힘이 되어 세상을 움직인다. 키에르케고르의 우울도 마찬가지다. 그것은 무서운 우울이었다. 자기와 남을 더럽히는 무서운 우울이었다.

그러나 키에르케고르가 우연히 만나게 된 14세 밖에 안된 소녀 레기네의 순결한 모습은 일생 키에르케고르의 숯 덩어리에 불지르는 도화선이 되어서 무서운 힘으로 그의 우울을 사루어 갔다. 그의 독기에 두 사람이 모두 쓰러지고 말지만 그러나 그의 힘은 오늘도 20세기를 뒤흔들고 있다. 누구나 허심탄회하게 키에르케고르를 펴드는 자는 100년 전에 쓰여진 그의 편지가 그대로 나를 위해서 쓴 글임을 발견하게 될 것이다.

키에르케고르는 오랜 방랑 끝에 그가 22세 되던 해에 그의 일기에 이런 글을 적게 된다. 그 때 그는 북쪽 쉐란 섬에 가서 여름을 보내고 있었다. 이것은 보통 기레라이에서 쓴 글이라고 전해지고 있다.

"내가 지금 찾고 있는 것은 내가 무엇을 해야 할지 나 자신의 마음을 정하는 일이다. 이것은 내가 무엇을 알아야 하는 것이 아니라 내 할 일〔使命〕이 무엇인가 하는 것을 아는 것이 문제다. 하나님은 내가 참으로 무엇을 하고 싶어하는지 아셔야 한다. 나에게 진리가 되는 진리를 발견하여 내가 그것을 위해서 살기도 하고 죽기도 할 수 있다고 생각되는 그런 이념을 발견하는 것이 필요하다. 소위 객관적인 진리 같은 것을 찾아내 보았댔자 그것이 내게 무슨 쓸데가 있을까."

철학자들이 세운 이론체계를 이리저리 들쳐보고 누가 요구하면 요구에 대해서 논평을 쓰고 그 안에 보이는 잘못을 지적해 보면 무엇할까. 그보다 당당한 국가론을 세우고 여기저기서 뽑아온 조각지식을 엮어서 하나의 체계로 만들고 하나의 세계를 구성해냈댔자 내가 그 세계에 사는 것도 아니고 다른 사람에게 보이는 것뿐이라면 나에게 무슨 쓸데가 있을까. 또는 기독교의 교리를 설명할 수도 있고 여러 가지 사건을 밝혔다고 할지라도 그것이 나 자신과 내 생활에 대하여 그 이상 깊은 뜻을 가지고 있지 않다면 그것이 나에게 무슨 쓸데가 있을까.

진리라고 하는 것이 내가 그것을 인정하건 말건 상관없이 믿고 나를 맡길 수 있다기보다는 도리어 공포의 전율을 불러일으키면서 차갑게 그리고 쓸쓸하게 내 앞에 막아섰다면 그와 같은 진리가 나에게 무슨 쓸데가 있을까. 물론 나도 지식의 권위를 승인해야 하고 또 그 권위 때문에 다른 사람을 지배할 수 있다는 것을 부정하려고 생각하지는 않는다. 그러나 그러기 위해서는 그 권위가 생생하게 나에게 스며 들어와야 한다. 내가 지금 가장 중요하다고 생각하는 것은 그것이다. 그것을 내 혼이 아프리카의 사막에서 물을 기다리는 것처럼 갈급하게 찾고 있는 것이다.

내가 찾고 있는 것은 바로 이것이다. 내게 있어야 할 것은 참으로 사람다운 삶을 사는 일이다. 그저 학구적인 삶을 사는 일은 아니다. 이런 삶만이 나의 생각을 객관적인 것이라든가 결코 내 것이 아닌 것 위에 세우지 않고 나의 속알의 가장 깊은 바탕과 연결되고 이것을 통해서 내가 신적인 것 속에 뿌리를 박아 비록 온 세계가 무너져 버릴지라도 거기에 매달려 떨어지지 않는 반석 위에 세울 수가 없다면 인간이 제아무리 지식을 쌓는다고 할지라도 거의 얼빠진 노릇이다.

진리란 어떤 이념을 위해서 사는 것 외에 또 무엇이 있으랴. 무슨 일이나 결국 하나의 요청에 의하여 이루어져야 한다. 그리고 이 요청이 인간 밖에서 이루어지는 것이 아니라 인간 안에서 이루어질 때에만 그것은 인간에 있어서 단순한 요청 이상의 것이다. 내가 찾고자 하는 것은 바로 이런 것이다.

그렇다면 나는 그것을 찾아야 한다. 보석을 찾기 위해서 모든 것을 자기의 생명마저도 팔아버리는 위대한 사람들을 볼 때마다 나는 기쁨을 느끼고 마음이 굳어지는 것을 느끼는 것도 이것 때문이다. 그들은 자기 자신 속에서 그의 숭고한 목표에 도달하는 노력 속에 깊이 잠기다가 어떤 때는 정도에서 벗어나는 수도 있겠지. 그러나 그것들이 빠지기 쉬운 사도邪道라고 힐밍징 나는 외경畏敬에 차서 바라보지 않을 수 없다. 가장 중요한 것은 인간의 이와 같은 속알 찾기이다. 이것이 인간의 신적神的인 일면이다. 지식의 풍부함이 아니다. 노름의 넓은 바다 위에서 지식의 깊은 심연 속에 나는 쓸데없이 내가 멎을 자리를 찾아 헤맸다. 거의 맞설 수 없는 힘에 밀려 노름으로부터 노름으로 손을 내밀었다. 쾌감을 일으키는 쓸데없는 흥분에 빠지기도 하였다. 그러나 그 결과는 권태를 느낀 것뿐이요, 심지어는 마음의 상처가 남는 것뿐이었다.

나는 지식의 열매를 맛보고 그의 맛을 즐길 수도 있었다. 그러나 그 즐거움은 아는 순간뿐이었지 내 속의 깊은 흔적을 남기지 못했다. 나는 지혜의 술잔을 마신 것이 아니라 그 속을 빠져 들어간 것 같은 기분이었다. 내가 볼 것은 무엇이었던가. 그것은 나의 내가 아니었다. 그것은 무리도 아니었다. 나는 그것을 밖에서 찾고 있었기 때문이다. 내가 우선 결정하여야 할 것은 하나님 나라를 찾고 그것을 발견하는 일이다.

사람은 다른 것을 알기 전에 먼저 자기 자신을 알아야 된다는 것을 배우지 않으면 안 된다. 무엇보다도 안으로 자기 자신을 알고 그 다음에 자기가 걸어야 할 길을 알았을 때 비로소 인간의 생활은 안식과 보람을 얻을 수 있게 된다. 이렇게 자기 자신을 이해했을 때만 인간은 자기의 고유한 속알을 주장할 수 있게 되고 자기 자신의 나를 버리지 않을 수가 있다. 우리가 흔히 볼 수 있는 것처럼 정신적 태만 때문에 다른 사람의 밥상에서 떨어지는 부스러기를 먹고사는 사람들 또는 더 이기적인 이유 때문에 다른 사람에게 붙어살아 그것 때문에 가끔 거짓말쟁이에게서 보듯이 자기가 보고 온 것처럼 몇 번이고 거짓말을 되풀이 하다가 나중에는 자기도 그 말에 말려든 사람을 우리가 얼마나 많이 보게 되는가.

물론 나는 내 속을 알았다고 할 수는 없지만 그러나 내 속에 대해서 깊은 존경을 품고 내 개성을 유지하기 위하여 힘써온 것만은 사실이다. 그리고 알 수 없는 신을 존경해왔다. 이제야말로 나는 고요히 내 눈을 내 자신 위에 뜨기로 하자. 그리고 내 속알을 찾기 시작하자. 이것으로 나는 마치 어린애가 처음으로 자기 생각대로 행동했을 때 자기를 자기라고 부를 수 있는 것처럼 지금보다도 훨씬 깊은 미지에서 나를 나라고 불러보자.

자, 주사위는 던져졌다. 나는 루비콘 강을 건너는 거다. 이 길은 나를 싸움으로 이끌어갈 것이다. 그러나 나는 후퇴하지 않으련다. 지나간 날을 슬퍼할 생각도 없다. 그래 슬퍼한들 무엇에 쓰나. 나는 힘있게 앞으로 나갈 뿐이다. 쓸데없이 슬퍼하여 시간을 보낼 것이 아니다. 나는 내가 찾은 길을 달음질치자. 그리고 만나는 사람에게 롯의 아내처럼 뒤를 돌아보지 말고 올라가라고 알려주자. 나에게만 진리가 되는 그런 진리를 발견하여 내가 그것을 위해서 살고 그것을 위해서 죽을 수 있는 이념을 발견하는 것이 무엇보다 필요하다. 이 말은 키에르케고르가 22세 때부터 죽기까지 생의 표어가 되었다.

1935년에 기레라이 바닷가에는 백 년 전의 키에르케고르의 깊은 느낌을 기념하는 돌비석을 세우고 그 위에는 키에르케고르의 말대로 "진리란 그것을 위해서 살 수 있는 말씀 이외에 또 무엇이랴."라는 말이 새겨졌다. 이것이 그의 22세 때의 생각이다.

그해 가을에 키에르케고르는 말할 수 없는 커다란 충격에 빠졌다. 마치 하늘 높이 올랐던 들새가 총을 맞아 날개가 부러져 땅에 떨어진 것이나 마찬가지다. 그는 이것을 지진이란 말로 표현한다. 자기 몸에 박힌 총알은 두 알이었다.

하나는 그의 아버지 미카엘이 어려서는 머슴으로서 거친 들에서 양을 치며 자기의 운명을 비관하며 신을 저주했었다는 사실과 그 후에 그가 양심을 악마에게 팔아버리고 도시로 올라가 장사를 시작하여 큰 부자가 되어 40세에 벌써 은퇴하여 여생을 금리로 생활할 정도였다는 사실이다. 키에르케고르의 지상의 생애는 모두 악마의 덕으로 얻어진 돈의 은덕이라는 충격이었다.

또 하나의 총알은 키에르케고르가 세상에 나오기 전의 일이다. 그것은 그의 어머니가 자기 집의 식모였다는 사실, 그리고 결혼한 지 5개월만에 어린애를 낳았다는 것, 그리고 이러한 사건은 식모의 동의 없이 일방적인 폭력으로 이루어졌다는 것, 아버지는 이 사건을 통해 인간적인 체면을 내던지고 늑대가 되어 교활하게 인간성을 짓밟아 버렸다는 것이다. 이것이 키에르케고르의 전생이었다. 키에르케고르의 피는 늑대의 피요, 키에르케고르의 살은 악마의 살이었다. 이것을 안 키에르케고르는 치가 떨렸다. 이 무서운 죄를 저지른 아버지는 두 부인과 다섯 아들을 앞세우고 허약한 두 아들의 죽을 날을 기다리고 있다. 그 가운데 하나가 키에르케고르다. 키에르케고르는 34세를 넘기지 못할 것으로 예견하고 있었다. 저주받은 자기의 운명을 죽음으로 청산할 수밖에 길이 없었다. 그에게는 죽음에 이르는 병이라고 할 수 있는 우울이 잠시도 떠나본 일이 없다. 마치 태양을 가로막는 검은 구름처럼 죽음에 뿌리박은 저주받을 우울이 단 하루도 키에르케고르를 놓아준 일이 없었다.

키에르케고르가 우울의 쇠사슬에서 벗어나기 위하여 찾아간 것이 미美적 향락이다. 그는 뒷골목 술집에서 세월 가는 줄을 모르고 친구에게 끌려 창녀의 품에 자기를 던졌다. 그러다가 아침이 되면 자기의 초라한 모습을 자살로 매듭지을 생각도 해본다. 그에게는 파우스트와 돈 환과 아하스웰스가 자기 자신을 말해주는 것 같았다. 파우스트의 회의懷疑와 돈 환의 관능官能과 아하스웰스의 절망絶望이 그대로 자기의 그림자였다. 인생은 악마의 희롱뿐이 아니다. 그 뒤에는 다시 신의 배려가 있게 마련이다.

그러나 다행스럽게도 키에르케고르를 위하여 기도하는 사람이 있었다. 그의 스승 폴 묄러였다. 스승은 진심을 다하여 그에게 충고하였다. 그러나 그의 충고가 키에르케고르의 귀에 들어올 리가 없었다. 결국 키에르케고르의 회심을 보지 못한 채 스승은 그가 25세 되는 3월에 세상을 떠나버린다. 그러나 그의 기도는 헛되지 않았다. 그가 죽은 지 두 달 후에 그는 기독교인이 된다. 그리고 아버지가 저지른 모든 죄를 용서하여 준다. 그 후 석 달만에 아버지도 세상을 떠나버린다.

  이 때에 키에르케고르를 붙잡아 준 사람이 레기네다. 키에르케고르가 레기네를 안 것은 그가 24세 때였다. 그 때 레기네는 14세밖에 안된 어린 소녀였다. 그러나 레기네의 샛별같이 맑은 눈동자는 키에르케고르의 앞을 인도하는 별이었다. 그가 27세 되는 9월에 그는 레기네에게 구혼을 한다. 그런데 뜻밖에도 레기네의 승낙을 얻어 약혼을 하게 된다. 꿈에도 잊을 수 없는 3년의 그리움이 한꺼번에 폭발한다. 동시에 자신의 과거가 주마등처럼 지나간다. 자신의 더러운 피, 더러운 몸이 흰눈보다도 깨끗한 레기네의 품안에 안겨질 수 있을까. 그는 일단 기독교도가 되었다고 해도 그의 발은 너무도 더럽고 추했다. 그래서 수정처럼 깨끗한 그녀의 방안에 분토에 젖은 발을 들여놓을 수가 없었다. 별은 역시 하늘의 별이지 땅으로 끌어 내려올 수는 없었다. 그는 약혼한 다음날부터 말할 수 없는 고민에 사로잡혀 어린 레기네로서는 이해할 수도 없는 편지를 쓰기 시작한다.

  "나의 레기네에게!

  하나님께서 당신에게 즐거운 새해를 허락하실 것을. 기쁜 일이 많고 슬픈 일이 적게 이 편지와 같이 손수건을 보내드립니다. 이 수건을 당신 베개 밑에 놓아두었다가 당신이 괴로운 꿈에서 깨어나 견딜 수 없게 눈물이 쏟아질 때 이 적은 손수건을 쓰시도록. 그리고 그내 이 손수건을 보낸 이는 나요, 당신의 눈물을 막아주고 싶어하는 것도 나라는 것을 기억하시기를, 그리고 당신이 다시 명랑해져서 자기의 있는 소유(엽전 두 냥)를 다 던진 과부처럼 마음이 너그럽고 세상이 자기 것이나 된 것처럼 넉넉해져 또 다시 그 베개 위에 당신의 머리를 놓았을 때에도 이 수건으로 나를 기억하여 주시기를, 당신이 나의 눈물을 거두어 줄 수 있고 눈물을 본 오직 한 사람이라는 것을, 그리고 당신이 내가 그리워질 때 이 수건 위에 내 모습을 그려보시기를. 옛날 모니카가 수건으로 예수의 피땀을 닦았을 때에는 그 수건에 예수의 얼굴이 찍혔다고 하며 그것이 다섯으로 접어졌기 때문에 예수의 초상을 다섯이나 가질 수 있었다고 하지만 당신의 수건에 비친 내 그림은 당신이 그것을 불러내곤 해야 할 것입니다. 물론 당신은 그렇게 할 수 있습니다. 그러나 제발 어둡고 불안하여 고뇌에 쫓기는 방황하는 영혼처럼 걱정에 잠기고 슬픔에 가득 찬 나를 그리지 마시고 온화하고 부드러운 마음으로 소망과 믿음을 채워 나를 그려주시기를. 하여튼 이 수건은 당신의 머리맡에서 떨어뜨리지 말아 주시기를 부탁드립니다. 당신의 제렌 키에르케고르."

그러나 그 이듬해 그가 28세 되는 8월 약혼반지와 함께 아래와 같은 편지를 보냈다.

"아무래도 일어나고야 말 일을, 그리고 일어나면 거기에 견딜 수 있는 힘을 가지게 될 것을 앞으로 몇 번이고 시험해 볼 것 없이 지금 그렇게 하기로 합니다. 무엇보다도 이 편지를 쓰는 사람을 잊지 마시도록. 무엇이나 할 수 있는 힘을 가지고도 한 사람의 소녀를 행복하게 할 수 없는 한 남자를 용서하여 주십시오. 비단 끈을 보낼 때는 그것을 받는 이가 사형을 받게 된다고 하지만 가락지를 보낼 때는 그것을 보내는 자가 사형 받게 될 것입니다."

키에르케고르는 이 이상 이유도 변명도 없이 일방적으로 약혼을 파기하고 말았다. 그리고 눈물에 젖은 그의 일기에는 이런 글이 적혀 있다.

"만일 내가 내 앞날의 아내로서 그 여자를 나보다 더 훨씬 존경하고 그의 명예를 내 명예보다 훨씬 더 존중하지 않았다면 나는 가만히 내 소원대로 그 여자와 결혼할 수도 있었을 것이다. 세상에는 과거를 감추고 결혼하는 경우가 얼마나 많은데 그러나 나로서는 못할 노릇이다. 그렇다면 레기네를 첩으로 삼는 것이 될 게 아니냐. 차라리 그녀를 죽이면 죽였지 그것은 못할 노릇이다. 그렇다면 나의 과거를 밝혀야 할 것 아닐까. 그 무서운 아버지와의 관계를, 아버지의 우울을, 그리고 내 마음 깊이 가득 찬 영원한 암흑을, 나의 과실을, 정욕을, 방황을 그녀에게 알릴 수밖에 길이 없겠지. 그러나 하나님 앞에는 고백할 수 있어도 이 고백을 듣고 쓰러질지도 모르는 그녀에게 이것을 어떻게 말할 수 있을까."

그는 종내 고백할 용기를 얻지 못하고 쓸쓸히 약혼반지를 돌려보내고 말았다. 그날 밤 그는 내가 그녀를 버렸을 때 나는 죽음을 택했다고 적어 놓았다. 만일 내게 믿음만 있었던들 나는 레기네와 같이 살 수도 있었을 것이라고 적기도 하였다. 약혼을 깨뜨렸다고 해서 키에르케고르가 레기네를 사랑하기를 그친 것이 아니다. 너무도 사랑하기 때문에 결혼할 수 없다는 것이 그의 진정이었다. 키에르케고르는 이 비밀을 푸는 자는 자기의 사상의 비밀을 푸는 자라고 말하기도 한다. 너무도 사랑하는 들꽃이기에 그는 자기 집으로 꺾어 올 수가 없었다. 그러면서도 그는 속으로 언젠가는 다시 한번 맞아질 것을 기대한다.

그는 남편 될 자격을 갖추기 위하여 우울의 짙은 구름을 날려버리고 신앙을 얻기 위해서 필사의 노력을 경주한다. 어떻게 하면 참다운 기독교도가 되어서 사기의 과거가 없어지고 미래의 사람으로 레기네를 만날 수 있을까가 그의 전부였다. 그는 신앙을 위하여 피나는 싸움을 했다. 동시에 그의 관심은 언제나 레기네에게 쏠렸다. 그의 모든 작품은 레기네만을 위해서 쓰여졌다. 하늘의 별처럼 순진하고 바다의 인어처럼 아름다운 레기네, 그러나 레기네는 얼마 후에 슈레겔의 부인이 된다. 하늘의 별이 땅에 떨어지고 키에르케고르의 가슴이 무너져 내린다. 그는 계속해서 그녀에게 화해를 요구했다. 그는 자기의 모든 작품을 그녀에게 바치고 자기가 죽을 때는 그의 재산 일체를 그녀에게 넘겨주었다. 파혼 사건은 키에르케고르에게 한없는 고뇌와 아픔을 주었다. 세상의 오해는 견딜 수 있다 손치더라도 자기의 진정을 어떻게 레기네에게 전달할 수 있을까.

 그는 마치 둑이 끊어진 것처럼 그의 사랑을 쏟아놓기 시작한다. 비할 수 없이 강한 개성적인 작품이 모두 가명으로 발표된다. 마치 날개 돋친 펜으로 글을 쓰듯이 그는 열 개의 붓으로도 적을 수 없는, 밀려오는 사상의 물결에 휩쓸려『철학적 단편』,『이것이냐 저것이냐』,『불안의 개념』등 수많은 작품을 썼다.

 그가 35세 되는 부활절에는 진짜로 회심의 경험을 가지게 된다. 어두운 우울의 먹구름 사이로 한줄기 믿음의 태양이 비쳐들었다. 그는 서구 기독교계에 참 기독교를 알려주고 싶었다. 이것이『죽음에 이르는 병』이라는 책이다. 이 책은 그 이듬해 쓴『기독교의 수련』이라는 책과 더불어 기독교계의 불후의 거작이 되었다. 이 책을 계기로 해서 거센 비난이 일어나기 시작했다. 키에르케고르도 때가 가까운 것을 알았다. 마지막으로 자기의 생명을 폭탄으로 삼아 부패의 기반으로 타락한 국립교회를 심판할 때는 왔다고 생각했다.

 그가 가차없이『순간』이라는 잡지를 써서 공격해 들어갔다. 그가 42세 되는 5월에『순간』1호가 나왔다. 그리고 10월에 10호를 내기 위하여 인쇄소로 가던 중 길가에서 의식을 잃고 쓰러지고 말았다. 그가 병원으로 옮겨졌을 때에는 그의 싸움도 끝이 난 것을 짐작할 수 있었다. 병실에는 출입이 금지되고 있었다. 그는 자기의 죄를 사하여 줄 것을 빌었다. 그리고 죽음이 와도 절망에 빠지지 않도록 기도하였다. 그가 간절히 알고 싶었던 것은 죽음이 언제 올 것인지를 조금이라도 미리 아는 것이었다. 병원에 온 지 열흘만에 그는 모든 우울과 죄악을 벗어나서 다시는 죽음에 이르는 병을 앓지 않게 되었다.

자기 탐구

키에르케고르는 객관적 지식을 찾아 들어간다거나 학문의 체계를 세워보려는 의도는 조금도 없었다. 다만 자기의 삶의 밑바닥을 파고 들어가서 거기서 신적인 예지를 퍼내어 자기가 그것을 마시고 남도 거기에 동참하게 하면 그것으로 족했다. 키에르케고르의 관심은 언제나 자기에게 있었다. 자기가 되는 것이다. 자기가 자기가 되는 것, 그것이 자기에 대한 사랑이요, 동시에 신에 대한 의무이기도 하다.

내가 내가 되는 것만이 아버지에 대한 내 의무를 다하는 것이다. 나를 나 되게 하는 것, 그것이 내가 나에 대한 사랑을 다하는 것이요, 내가 내게 대한 관계를 완성케 하는 것이다. 내가 내게 대한 관계를 완성시킬 때 내가 하나님에 대한 관계도 완성시킬 수 있다. 하나님을 사랑한다는 것은 나를 사랑한다는 것과 다른 것이 아니다. 하나님이 기뻐하는 것은 내가 내가 되는 것이다.

내가 남에게 바라고 싶은 것도 마찬가지다. 토끼는 토끼가 되기를 원하고 사람은 사람이 되기를 원하고 너는 너가 되기를 원하는 것뿐이다. 돌은 돌이 되면 되고 사람은 사람이 되면 그만이다. 키에르케고르에 있어서 사람은 누군가. 그것은 그리스도다. 사람이 사람이 된다는 말은 모든 사람이 그리스도가 된다는 말이다. 키에르케고르에 있어서는 그리스도가 실존이다. 가장 진실한 존재가 그리스도다. 그리스도가 가장 진실하다고 하는 것은 그리스도가 스스로 자기의 운명을 살아갔다는 것이다.

그에게는 그의 생의 비밀이 있다. 그것은 누구에게도 말할 수 없는 그의 삶의 비밀이며 그것이 그의 삶의 핵심이며 그것이 그의 삶의 전부이다. 그의 삶의 비밀을 그가 실천해 가는 것이 그의 삶의 전부이다. 실존이란 자기의 비밀을 자기가 살아가는 것이다. 그 비밀은 진주의 핵심이 모래이듯이 끄집어내어 보면 아무 것도 아니다. 그래서 누구나 그 비밀을 말하지 않는다.

실존의 핵심이란 말해보면 아무 것도 아니다. 그러나 본인에게 있어서는 그 핵심 때문에 그는 진주처럼 옹글어 가고 커지고 빛나게 된다. 진주가 모래 위에 진주를 키워가듯이 자기가 자기의 비밀을 깊이 간직하고 그 위에 자기가 자기가 되어 가는 과정을 실존이라고 한다. 진주의 핵심이 모래이듯이 자기의 본체는 물物이다.

옛날 선승들이 부처가 무엇이냐고 물을 때 부처는 베 서 근[麻三斤]이라고도 대답하고 똥 묻은 막대기[乾屎橛]라고도 대답했듯이 실존의 핵심은 진주의 모래처럼 아무 것도 아닌 것이다. 그러나 그 모래가 없으면 진주가 안되듯이 그 핵심이 없으면 자기가 될 수 없다. 이 핵체와의 관계가 자기와 자기와의 관계다. 진주와 모래와의 관계처럼 사람은 자기 본체와 자기와의 관계를 가지게 된다. 이 관계가 최선을 다하여 수행이 될 때 진주가 되듯이 실존이 되는 것이다.

실존이 된다는 것은 자기가 되는 것이요, 자기가 될 때 하나님과의 관계가 완성이 되고 내가 내가 될 때 남과의 관계가 완성이 된다. 내가 남에게 할 수 있는 것은 내가 내가 되는 것이요, 내가 내가 되는 것을 남은 나에게 바라고 있는 것이다. 내가 내가 될 때 남은 남이 된다. 내가 여자라면 내가 여자가 될 때, 남이 남자라면 남은 남자가 된다. 남자는 남자가 되고 여자는 여자가 될 때 남자는 여자를 기대하는 것이지 여자가 남자가 되기를 기대하는 것이 아니다.

　세상에 모든 선생은 사람을 자기 되게 하자는 것이지 자기를 자기 아닌 것이 되게 하자는 것이 아니다. 제자가 자기를 발견하면 그때부터는 선생과의 관계가 끊어진다. 제자가 처음으로 자기가 되어 세상에 나올 때 산파로서의 선생의 역할은 이미 끝난 것이다. 선생은 산파로서 어린이를 낳는데 도움을 주었을 뿐 그 다음부터는 산파는 돌아가고 어린애를 난 어머니가 정성을 다하여 어린이를 기르게 마련이다. 내가 나를 발견하는 순간 나는 어머니가 되고 나의 핵심은 어린이가 된 것이다. 나와 나의 관계란 어머니와 어린이의 관계다. 어머니가 어린이를 사랑하듯이 나는 나를 사랑하게 된다. 이것이 나와 나와의 관계다. 실존이란 자기와 자기와의 관계를 충실히 해 가는 것이다. 그렇기 때문에 어머니가 어린애를 나면 산파를 돌려보내듯이 내가 내 자신을 발견하면 선생은 없어지게 마련이다.

　키에르케고르는 "만일 나의 저서를 읽어 가는 도중에 다행히도 자기를 깨우치게 된다면 나의 책의 남은 부분은 읽지 말고 곧장 자기 자신에게 덤벼들어 자기를 키워가야 한다."고 말한다. 그것이 키에르케고르이건 그것이 누구든 간에 계속 산파인 선생에게 달려 붙어 맡겨놓으면 어린애를 죽이는 무서운 범죄를 범하게 된다. 자기 자신에게 관계하는 것, 자기 어린애를 돌아보는 것, 이것이 실존의 가장 중요한 과업이다. 엄마가 어린애를 돌보듯이 자기가 자기를 돌보는 일, 그것이 나의 할 일의 전부다.

　이 세상에서 내가 내가 되는 것을 완성한 사람은 예수밖에 없다. 내가 되는 것을 보여 주는 거울은 그리스도요, 그리스도만이 키에르케고르에 있어서는 진리인 것이다. 정말 산 사람은 예수뿐이다. 정말 모래가 진주가 된 것은 예수뿐이다. 예수는 그리스도가 되었기 때문이다. 예수 그리스도는 모든 실존적 인간의 모형이다.

키에르케고르가 보여 주고 싶은 것은 예수뿐이지 그밖에 아무 것도 없다. 예수의 삶과 죽음을 통해서 나타난 진리만이 모든 사람이 참고할 만한 진리다. 모래가 진주되는 비밀을 우리는 예수 그리스도에게서 본다. 우리는 예수 그리스도를 바라보아야 한다. 그러나 예수 그리스도에 미치면 안 된다. 종교가 미신이 되어서는 안 된다. 예수를 바라보면서 내가 내가 되어야 한다. 나의 모래가 나의 진주로 자라야 한다. 이것이 예수 그리스도와 나와의 동시성同時性이라는 것이다. 예수는 예수가 되고 나는 내가 되는 것이 예수를 믿는 것이지, 내가 예수가 되는 것이 아니다. 예수가 바라는 것은 내가 내가 되는 것이지 내가 예수가 되기를 바라지 않는다. 토끼는 토끼가 되면 그만이다. 토끼가 사자가 되는 것이 아니다. 예수가 예수가 되듯이 내가 내가 되는 것이다. 예수가 예수가 될 때 그리스도가 되듯이 내가 내가 될 때 크리스챤이 된다. 크리스챤이란 내가 내가 되는 것이다. 내가 내가 되는 것은 나의 삶이요, 나의 생활경험이지 남의 생활경험이 아니다.

우리가 키에르케고르의 생활을 뒤지는 것도 나의 생활경험에 도움이 될까 해서지 키에르케고르에 관한 지식을 축적하기 위해서가 아니다. 키에르케고르가 언제 나서 언제 죽었다는 것을 알아서 무엇할까. 내가 알고 싶은 것은 내 생일과 내 명일이지 남의 생명이 아니다. 생명은 남의 생명이 아니다. 산 것은 나뿐이다. 내가 내가 될 때 예수는 예수가 되고, 예수가 예수가 될 때 내가 내가 된다. 내가 내가 되는 것이 예수를 예수이게 하는 것이다.

내가 내가 될 때 실존이 실존이 되는 것이다. 이것이 키에르케고르의 사상의 핵심이다. 예수와의 동시성이다. 내가 내가 될 때 하나님이 하나님이 되고 남이 남이 된다. 사람은 누구나 하나님 앞에 단독으로 섰다고 한다. 내가 내가 되는 길은 나밖에 없기 때문이다. 내가 내가 되는데 남이 나를 어떻게 할 수가 없다. 아버지도 하나님도 나를 어떻게 할 수가 없다. 나는 나다. 나는 자유요 내가 주체다. 하나님도 내가 나 되는 데는 간섭할 권리가 없다.

남이 나에게 할 수 있는 한계가 무엇일까. 그것은 산파의 역할뿐이다. 물도 떠오고 소제도 하지만 어린이를 낳는 것은 산모뿐이다. 남이 아이를 낳아 줄 수는 없다. 내가 되는 것은 나뿐이다.

인간의 할 일은 인격을 완성하는 것뿐이다. 사람이 사람되는 것만이 인간의 사업이다. 하나님이 일하시니 나도 일한다고 한다. 하나님은 하나님 되기에 바쁘고 나는 나 되기에 바쁘다. 그것뿐이다. 내가 내가 되면 이 세상에 부러워할 것은 아무 것도 없다. 내가 내가 되면 그것으로 족하다. 키에르케고르에게는 언제나 비밀이 있다. 부자가 자기의 보물을 땅속에 파묻어 두는 것처럼 키에르케고르에게는 누구한테도 말할 수 없는 비밀이 있었다.

키에르케고르는 1813년에 나서 42년을 살고 1855년에 죽었다. 아버지는 미카엘, 어머니는 안나, 아버지 56세, 어머니 44세 때 늙은 부부의 막내로 태어난다. 아버지는 우울했고 어머니는 쾌활했던 모양이나 그는 어머니에 대하여는 그 많은 일기 속에 한 줄도 적은 일이 없다. 그러나 아버지에 대하여는 많은 것을 쓰고 있다. 왜 어머니 이야기는 한 마디도 없고 아버지 이야기만 할까.

그는 그 이유를 말해본 일이 없다. 그것은 레기네 올젠과의 파혼도 마찬가지다. 왜 파혼했는지 아무도 모른다. 아마 키에르케고르 자신도 몰랐을지 모른다. 인간은 자기 속에 자기도 모르는 비밀을 가지고 있다. 진주 속에 모래가 무색투명하지 않은 것처럼 나는 나 속에 나도 모를 유색불투명을 가지고 있다.

그것이 인간의 개성이요, 그것이 인간의 운명이다. 그것 때문에 인간은 서로 다르고 인간은 누구나 단독자로서 설 수밖에 길이 없는 것이다. 친구에게도 아내에게도 말할 수 없는 자기가 있는 법이다. 절대합리화 할 수 없는 것이 인간에게 있다. 그것을 인정하는 것이 실존철학이다. 인간에게는 남에게 알릴 수 없는 비밀스런 장소가 있다. 다른 사람에게서 멀리 떨어진 고독한 장소가 있다. 거기서 인간은 자기의 옷을 벗을 수 있고 자기의 더러움을 씻을 수 있다. 인간에게 이런 비밀이 없으면 인간은 잘 수도 없고 쉴 수도 없다. 인간에게는 누구도 감히 들여다 볼 수 없는 지극히 비밀스런 곳이 있는 법이다. 이런 곳에서 인간은 세계를 창조하고 빛을 밝혀간다. 하나님은 언제나 은밀한 곳에 숨어 계신다. 인간이 신을 만나는 곳도 지극히 비밀스러운 곳이다. 인간은 오직 단독자로서 신 앞에 선다. 인간은 누구나 비밀을 가지고 있는 법이다.

키에르케고르도 이런 비밀을 가지고 있었다. 그것은 누구나 다 가지고 있는 비밀이지만 이런 비밀이 있다는 것을 누구보다도 뚜렷하게 현대인에게 알려준 이가 키에르케고르이다.

키에르케고르가 25세가 될 때 아버지가 죽는다. 21세 때에는 어머니가 죽고 같은 해에 셋째 누나가 죽고 20세 때에 셋째 형이 죽고 19세 때에 둘째 누나가 죽고 9세 때에 첫째 누나가 죽고 6세 때에 둘째 형이 죽고 부모와 7남매 가운데서 맏형과 막내 키에르케고르만이 남게 되었다. 아버지는 키에르케고르의 어머니가 아닌 크리스피네와 결혼하여 두 해를 살았다. 그런데 그녀는 어린애도 없이 죽었다. 그 후 그는 자기 집에 와서 살림을 도와주던 안나와 결혼을 한다. 그와 같은 일은 아내가 죽은 지 일년도 안되어서이며 맏딸을 낳은 것은 결혼한 지 반년도 안 되서이다. 아버지는 12세 때 유트랜드 들판에서 양을 치다가 추위와 배고픔을 견딜 수 없어 신을 저주하고 코펜하겐으로 올라와 수단 방법을 가리지 않고 돈을 모아 넉넉한 집안이 되었다.

혼의 상처

키에르케고르가 22세 때에 그는 아버지의 비밀을 알게 된다. 그는 살맛을 잃을 정도로 생의 터전이 뒤흔들린다. 그는 이것을 대지진이라고 표현한다. 땅이 갈라지고 집이 파괴되고 금시에 화려한 시가가 폐허가 되듯 지금까지 그렇게 진실하게 살아보려던 그가 종일 술집에서 정신을 팔고 창녀에게 몸을 맡길 정도로 인간의 폐허가 되고 만 것이다. 그는 거액의 부채를 아버지에게 떠맡기고 자기는 집을 나가 혼자서 살게 된다. 그러나 그가 25세 때는 아버지도 죽고 그에게 가장 많은 영향을 끼친 폴 뮐러 교수도 죽고 만다. 그러나 다행하게도 그에게는 짝사랑이기는 하지만 사랑하는 어린 여인이 있었다. 이름은 레기네다. 그가 레기네를 알게 된 것은 24세 때였으며 그 후 그는 열렬하게 짝사랑을 하였다. 그는 연애를 하면서도 열심히 공부해서 27세에는 신학대학을 졸업하고 국가시험도 통과하여 목사자격을 얻게 된다.

그는 레기네에게 구혼을 했다. 그때 레기네는 요한 슈레겔과 사귀고 있었다. 그러나 키에르케고르의 정열은 그녀를 감격시켜 그들은 드디어 부모의 동의를 얻어 약혼까지 하게 된다. 그는 대학원에 들어가 「아이러니의 개념에 관하여」라는 석사학위 논문을 쓴다. 그는 논문이 수리되자 약혼반지를 돌려보낸다. 레기네는 결혼할 것을 애원한다. 그러나 논문의 공개토론을 마친 그는 마지막 작별을 하기 위하여 레기네를 만나고 베를린으로 유학을 떠난다. 그는 아무런 이유를 내놓음 없이 혼자서 파혼해 버리고 만 것이다.

그는 베를린에서 쉘링(Friedrich W. J. Schelling, 1775-1854)도 만나고 헤겔(Georg W. F. Hegel, 1770-1831)도 만났으나 모두 말장난뿐이었다. 비록 파혼하고 베를린으로 갔지만 레기네와 다시 결혼할 것을 결심하고 『반복』이라는 글을 써 가지고 넉 달만에 코펜하겐으로 돌아와 레기네를 만나는 순간 그가 들은 소식은 레기네가 슈레겔과 약혼했다는 소식이었다. 그래서 그는 이 세상에서의 결혼을 포기하고 영원한 결혼으로 다시 원고를 고쳐 쓴다.

36세 때 레기네의 아버지가 죽었다는 말을 듣고 레기네에게 화해와 교제의 신청을 한다. 그는 그 편지를 그녀의 남편 슈레겔에게 보내 레기네에게 전해달라고 부탁을 한다. 그러나 슈레겔은 그것을 레기네에게 전하지 않고 키에르케고르에게 돌려보내고 만다. 슈레겔 일가가 덴마크에 돌아왔을 때에는 키에르케고르는 벌써 죽은 후였다. 슈레겔은 코펜하겐의 시장이 되고 나중에는 추밀원 고문관이 되었다. 레기네는 상류사회의 한 사람으로 살다갔다. 그녀의 무덤은 키에르케고르의 무덤에서 얼마 되지 않는 곳에 있다.

키에르케고르의 자아를 형성하는데 레기네는 실존의 핵심이 된다. 키에르케고르의 정신이 빛을 발하며 커져 갈 때 육적이며 평범한 하나의 여성 레기네는 마치 진주의 핵심인 모래가 된다. 진주가 진주가 되기 위해서는 모래와 일단 작별을 안 할 수 없다.

그는 자기가 되기 위해서 어쩔 수 없는 운명의 손길에 의지해서 파혼할 수밖에 길이 없었을 것이다. 그도 자기가 왜 파혼했는지 모른다. 키에르케고르는 인간의 모든 행위는 이론적으로 해명하고 밝힐 수 없는 이유 저편에 참다운 근거가 있는 것이라고 말하고 있다. 키에르케고르는 자기에게도 말할 수 없는 어떤 비밀 때문에 파혼한 것만은 사실이다. 이 이유는 레기네는 말할 것도 없고 자기 자신에게 말해도 통하지 않는다. 자기도 하는 수 없이 저질러 놓고 "나는 왜 그랬을까?" 하고 스스로 묻고 스스로 생각하며 글을 써 가는 것이다.

키에르케고르는 혼의 상처를 받고 그 상처에서 흘러나오는 글을 적어 가는 것뿐이다. 레기네에 대한 사랑이 혼에 상처를 주었다. 이

상처가 없었으면 키에르케고르는 영원히 키에르케고르가 아니다. 그녀를 생각하면서 그는 많은 글을 썼다. 그녀는 진주 속에 파묻힌 모래알이지만 그녀 없이는 키에르케고르라는 사상체계는 성립되지 않는다. 그는 레기네를 껴안고 평생을 싸우다가 42세에 길에서 쓰러진다. 1855년 10월 2일이었다. 그 후 병원에서 한달 남짓 신음하다가 11월 11일에 세상을 떠난다. 그는 자기의 작품을 오직 레기네에게 읽히고 싶어서 썼다고 한다. 직접 편지를 보낼 수가 없어서 혹시 레기네가 길가에서 팔리는 책 한 권을 사서 읽을 수도 있지 않을까 하는 생각에서 그는 언제나 자기 이름은 감추고 다른 이름으로 책을 출판했다. 그것이 레기네가 읽기에 편할지도 모른다는 추측에서다.

그는 레기네와의 직접적인 관계를 표시하는 『공포와 전율』, 『반복』, 『인생의 단계들』은 말할 것도 없고 그밖에 수많은 작품을 오직 레기네에게 읽히기 위해서 썼다고 한다. 그의 사상의 구체적 핵심에는 아름답게 살찐 레기네의 육체가 자리 잡고 있다. 언제나 진실한 기독자가 되기를 원하면서도 되지 못하고 조개 속에서 자라는 진주처럼 이 세상에서 교회와 싸우며 자라 가는 그의 정신은 20세기에 찬연히 빛을 발하며 바르트와 부르너(Heinrich Emil Brunner, 1889-1966)의 위대한 신학을 빚어내게 한다.

그는 아버지의 유산을 소모해 가면서 방마다 책상을 놓아두고 방과 방으로 돌아다니면서 마치 누에가 명주실을 뽑아 고치를 만들 듯이 그의 펜에서는 계속 글이 쏟아져 나왔다. 그것은 모두 레기네를 향한 것이었다. 그가 죽는 날까지 그의 마음은 레기네로 차 있었다. 그는 죽으면서 자기의 전 유산을 레기네에게 줄 것을 유언하고 영원 속에서 그녀와 다시 만나게 될 것을 기대했다.

그녀의 생은 키에르케고르에 있어서는 비상한 의의를 지녔었다. 그는 그녀를 역사 속으로 이끌어 갔다. 그는 죽을 때까지 레기네에 대한 강한 감정을 마음속에 생생하게 보유할 수 있었다. 그는 순간적인 사랑을 영원한 사랑으로 바꾸어 놓았기 때문이다. 육적 사랑을 영적 사랑으로 승화시키기 위해 그는 어쩔 수 없이 결혼을 단념할 수밖에 길이 없었다. 그녀를 너무도 사랑하기 때문에 그녀를 영원히 사랑하기 위해서 그는 그녀와 땅위에서 헤어지지 않으면 안 되었다.

그녀는 그에게 제발 자기를 떠나지 말아줄 것을 빌었다. 두 사람이 마지막 키스를 하고 헤어진 후에 그녀는 건강상 심한 타격을 받았다. 그녀의 마음은 갈기갈기 찢어지는 것 같았다. 그녀는 그를 사랑했다. 그녀의 고통은 그를 기쁘게 하였다. 그녀가 그를 사랑하고 있는 것을 알았기 때문이다. 그러나 그도 그녀를 사랑하기 때문에 그녀에게 오래 고통을 줄 수도 없었다. 그는 그녀가 자기를 오해하고 자기에 대하여 사랑을 포기하게 하기 위하여 그의 잔인성을 폭로시켜 악당처럼 행동하였다.

그는 그녀의 체념을 독촉하기 위하여 배신자로 행동했다. 그는 사회적으로 말할 수 없는 지탄을 받았다. 그는 낮에는 악마처럼 행동하고 밤에는 천사처럼 울었다. 그는 그녀를 얼마나 그리워했는지 모른다. 그러나 그녀와 가까이 할 수가 없다. 그와 그녀의 사이에는 보이지 않는 절벽이 가로막혀 있는 것이다. 그는 자기 손으로 레기네의 가슴에 칼을 꽂았다. 그의 영혼은 깊은 상처를 받았다. 그의 상처는 죽기까지 아물지 않았다. 그의 상처를 아물게 하기 위하여 그는 수없이 글을 썼다. 그러나 그의 글은 그의 영혼의 상처에서 흘러나오는 붉은 피로 빨갛게 물드는 것뿐이다. 그는 피로 글을 쓴 사람의 하나다. 이 피를 흘리기 위하여 그는 파혼할 수밖에 길이 없었던 것이다.

키에르케고르가 레기네를 만난 것은 그녀가 아직 견진성사堅振聖事를 받기 전이었다. 그녀를 처음 보자 그는 즉시 내적인 흥분을 느끼게 되었다. 그는 전생을 통하여 오직 하나의 사랑을 경험할 뿐이었다. 레기네 이외의 어떤 다른 처녀도 그는 사랑해 본 일이 없다. 그의 마음은 레기네로 꽉 차게 되었다. 자나깨나 그에게는 레기네 밖에 없었다. 그는 있는 힘을 다하여 레기네를 유혹하여 그녀와 약혼까지 하게 된다. 그녀와의 접촉은 그의 피를 윤택케 하였고 그의 마음에 꽃을 피게 하였다. 그의 손은 기쁨에 떨면서 수없이 많은 편지를 썼다. 레기네는 아름다움 자체이며 한없이 존엄한 처녀였다. 그의 일기는 사랑의 고백으로 차게 되었다.

 나는 그녀를 한없이 사랑한다. 그녀는 새와 같이 가벼웠고 생각과 같이 용감했다. 나는 그녀를 더욱 높이 오르게 했다. 나는 두 손을 뻗어 그녀를 더 높이 오르게 하였다. 그녀는 내 손위에서 날개를 쳤다. 그녀는 한없이 높이 올라간다. 그녀는 나를 내려다보며 외쳤다. 여기는 한없이 찬란하다고. 그는 꽃으로 그의 약혼녀를 장식해 주었다. 그러나 그 다음날 그는 가시로 그녀를 찌르고 만 것이다. 그의 우울이 폭발한 것이다. 그는 그녀 곁에 앉아서 울었다. 그녀는 그의 눈물을 마르게 하기 위하여 있는 힘을 다 쏟았다. 그녀에게는 그를 사랑할 수 있는 젊음은 있으나 그를 이해할 수 있는 늙음은 없었다.

 키에르케고르는 나면서부터 늙은이로 태어난 늙은이의 막내아들이다. 나는 나면서부터 노인이었다는 그의 말대로 그는 태고를 사는 늙은이였다. 그의 눈물은 대지를 얼음으로 바꾸어 놓았고 그의 찬 손은 레기네의 장미꽃을 백합으로 바꾸어 놓았다. 우울한 겨울 하늘의 종소리는 곧 그들의 죽음을 알려주는 힘없는 종소리였다.

 레기네는 그의 아버지를 생각하고 예수 그리스도를 위해서 제발 자기를 떠나지 말아 달라고 호소했다. 파혼은 바로 그녀의 죽음이라고 울부짖었다. 그러나 키에르케고르의 마음은 얼음같이 냉철했다. 약혼반지가 돌려지고 최후의 작별을 독촉한다. 두 사람은 마지막 키스를 했다. 레기네는 가끔 자기를 생각해 줄 것을 부탁했다. 키에르케고르는 가끔이 아니었다. 그는 파혼한 후 전에 보다 몇 배의 열정으로 그녀를 생각했다. 그는 매일 레기네를 위하여 기도함으로써 자기를 가끔 생각해 달라는 그녀의 소망을 성실히 이행해 주었다.

그는 임종에 이르러 생시에 그녀에게 말할 수 없었던 사랑의 고백을 그녀에게 하기를 소망했다. 그러나 그 때에는 그녀는 바다 건너 먼 나라로 가 있었다. 그녀가 서인도로 여행을 떠나던 날 그는 그녀에게 아주 낮은 소리로 "하나님의 축복이 당신과 같이 하시기를"하고 비는 것을 레기네는 가까이서 들을 수 있었다.

그녀는 또한 몰래 자기를 위해 쓴 그의 책의 헌사를 읽었고 그의 말들을 올바로 이해하려고도 애썼다. 그녀는 언젠가 그녀의 모든 정신적 고통에도 불구하고 교회에서 멀리 그를 보았을 때 그에게 눈짓을 하였다. 그것이 그에게는 자기의 모든 죄를 용서해 주는 사랑으로 비쳐진 것이다. 그 후 그의 마음은 약간 가라앉기도 하였다. 그러나 그것은 한때뿐이었다. 그는 그녀에게 칼을 꽂은 후 얼마나 후회했는지 모른다. 조금만 참았더라면 그녀와 결혼할 수도 있었을 텐데 그러나 그는 조금도 더 참을 수가 없었다.

그는 파혼을 선언하고 만다. 왜냐하면 그것이 그의 운명이기 때문이다. 그는 그의 운명을 거역할 수가 없다. 그는 영원과 약혼하기 위해 시간과의 약혼을 단념할 수밖에 길이 없었다. 영원을 위해서 시간을 희생할 수밖에 길이 없었다.

실 존

키에르케고르는 레기네와 작별하고 '젊은 처녀의 행복을 앗아간 이리'라는 시민들의 비난을 피하여 베를린으로 갔다. 헤겔은 죽고 쉘링이 강단을 지키고 있었다. 처음에는 많은 감격을 불러 일으켰는데 점점 시시해지기 시작했다. 그것은 그의 속이 벌써 창작을 할 수 있으리만큼 무르익어 가고 있었기 때문이다. 그의 나이도 어느덧 30세가 되었다. 그는 무엇인가 자기 나름대로 써보고 싶었다. 그가 사는 길은 그것뿐이다. 그는 창작 속에서 일체를 잊을 수 있었다. 그는 『이것인가 저것인가』의 큰 작품을 일년 안에 써 치우고 말았다. 그 뒤에 두 권의 설교집,『공포와 전율』,『반복』,『세 개의 설교』,『철학적 단편』,『불안의 개념』,『네 개의 설교』,『인생의 단계들』, 또『세 개의 설교』,『철학적 단편 후기』가 마치 총알이 쏟아져 나오듯이 쏟아져 나온다. 30세에서부터 33세까지의 삼 년 동안에 그는 이 많은 작품을 써 치우고는 더 쓸 것이 없는 것처럼 허탈상태에 빠져 버렸다.

그는 조용히 시골로 내려가서 목사 노릇이나 할까 하고 생각하고 있었다. 그런데 뜻하지 않은 싸움에 걸려들게 되었다. 풍자신문『해적』과의 대결이다. 가는 다리에 한편은 길고 한편은 짧게 바지를 추켜 입고 우산을 든 그의 풍자만화는 호를 거듭하면서 더욱 야비해졌다. 키에르케고르는 코펜하겐에서 가장 유명한 인간이 되었다. 그는 죽도록 조소를 당하는 자기 자신을 십자가 위에서 갖은 조소를 견디어 내는 그리스도의 심정으로 위로를 받았다. 참된 그리스도인이란 십자가를 지고 조롱을 받는 것이다. 신은 내게 그리스도인이 되기를 명령하신다.

그는 다시 붓을 들기 시작한다. 33세에『현대의 비판』, 37세에『마음의 순결』,『사랑의 삶의 지배』, 38세에『죽음에 이르는 병』,『기독자의 훈련』,『나의 활동의 관점』등 많은 설교가 복음의 핵심이 고난임을 설득한다. 미천한 목수의 아들로 태어나 고난의 생활을 보내고 십자가에 달리신 그리스도와 동시성同時性에서 사는 것이 그리스도인의 심정이며 그리스도를 모방하고 자기의 십자가를 지고 그리스도를 따르는 것이 참다운 기독교인이라고 밝히게 된다.

그는 옛날 이스라엘의 예언자처럼 정열과 과격한 언사로 그의 고국 기독교회를 공격하였다. 진정한 기독교가 되기를 바라는 마음에서 그는 기독교회를 심판하였다. 그는 소금이 그 짠맛을 잃은 것처럼 교회는 기독교를 상실했다는 것이다. 얼빠진 사람이 사람이 아니듯이 기독교가 빠진 교회는 교회가 아니다. 기독교는 순교자의 길이다. 고난이 빠진 교회가 교회일 수가 있느냐? 그는 교회 최고 지도자 뮌스터가 진리의 순교자란 말을 들을 때에 정면으로 반대하고 나섰다. 감독의 생활에 고난이 눈꼽만큼이나 있었는가고 그는 무섭게 비방했다.

그는 『순간』이란 잡지를 출판했다. 이 잡지는 그 당시 교계를 뒤흔드는 폭탄이었다. 그는 죽으면서 "폭탄이 터져서 자기 주변에 불을 지른다."라고 혼자 중얼거렸다. 그는 가슴속이 후련하도록 교회를 욕하고 나서 하나님께 감사의 기도를 드렸다. 그는 있는 힘을 다하여 싸웠다. 폭탄 10호 『순간』의 원고를 입원실 책상에 놓은 채 그는 세상을 떠났다.

그의 무덤에는 그가 골라 놓았던 부론손의 시 한 수가 새겨졌다.

"이제 얼마 있으면 나의 싸움은 이기는 것이다. 이 세상에서의 모든 싸움은 이제 영원히 끝을 내는 것이다. 그리고 내가 바라던 곳에서 우리 주님이 언제나 말씀하시던 안식을 발견하게 될 것이다."

그는 세상을 떠났다. 그러나 그는 세상에 있을 때에도 이미 세상을 떠나 있었다. 그는 이 세상에 살면서도 절대와 상대를 혼동하지 않았다. 그에게 있어서는 절대적인 관계가 있었고 또 동시에 상대적인 관계가 있었다. 절대적 목적에 대해서는 절대적 관계를, 상대적 목적에 대해서는 상대적 관계를 그는 엄격히 구별하였다. 그는 마음속에서 상대적인 인간관계와 절대적인 신과의 관계를 철저하게 인식하고 엄격하게 구별하였다.

그는 언제나 내면적으로는 깊이 하나님께 연결되면서 외면적으로는 아무 것도 아닌 것처럼 보통 사람들과 같은 생활을 하였다. 그는 외면적으로 사회에서 하나의 지위를 가지고 그에게 주어진 의무를 착실하게 수행하였다. 그는 가정을 가지고 남편이 되고 부모가 되어 일반생활을 할 수도 있다. 그러나 그런 것은 그에게 있어서는 모두 상대적 생활이요, 이차적인 생활이다. 그에게는 일차적인 생활이 있다. 절대적인 생활이다. 이 생활은 하나님과 관계되어 있다. 그것은 내면적인 생활이다.

  그는 신에 대하여 깊은 신앙을 가지고 있다. 그러나 그는 아무에게도 그것을 말하지 않는다. 그것은 영원한 비밀이다. 그것은 누구에게도 말할 수 없다. 외면으로는 아무 것도 없는 것처럼 살아간다. 이 비밀은 아무도 모른다. 누구에게 알릴 필요도 없다. 그것을 알려서 무엇하나? 이것은 영원한 비밀이다. 아는 것은 신과 자기뿐이다. 이 비밀을 안고 인간은 외롭게 살아간다. 정말 있는 것은 이 비밀한 관계뿐이다. 이 비밀스런 관계를 사랑이라고 한다. 사랑은 누구에게도 말할 수 없다. 말하면 그것은 사랑이 아니다. 진정한 의미에서 있는 것은 하나님과 나뿐이다. 이 사이를 엿볼 수 있는 사람은 아무도 없다. 하나님과 나 사이를 갈라놓을 것은 없다. 하나님과 나 사이를 중개할 수 있는 인간은 없다. 하나님과 나 사이는 절대적인 관계다. 이러한 관계를 가진 사람을 실존이라고 한다.

  실존은 외롭다. 실존은 신 앞에 혼자 서 있다. 실존은 신 앞에 있다. 영원히 혼자이다. 실존과 존재의 관계는 절대적이다. 나와 하나님 사이에는 아무 것도 없다. 본래 무일 뿐이다. 절대다. 있는 것은 나와 하나님뿐이다. 나와 하나님의 관계는 내면적인 관계다. 이 내면적인 절대관계가 유지될 때 신앙은 확실해지고 기쁨은 영원해진다. 그런데 이런 절대적 관계를 유지하기 위해서는 여기에 고행이 필요하게 된다. 세상과 인연을 끊지 않을 수 없기 때문이다. 세상과 인연을 끊는다는 것은 괴로운 일이다. 그것은 세상을 떠나야 하기 때문이다. 마치 속세를 떠나 산으로 들어가는 성자처럼 상대를 끊고 절대를 산다는 것은 어려운 일이다. 그러나 그렇게 하지 않을 수 없는 것이 실존의 현실이다.

실존은 고행을 통해서 정신을 일깨우고, 이런 정신의 광채는 실존을 무척 기쁘게 만든다. 실존에는 언제나 법열이 뒤따른다. 그렇기 때문에 신앙은 고행 속에서 법열을 느끼는 것이다. 실존자는 고뇌가 생의 핵심이라고 생각한다. 고뇌 없이 생은 없는 것이다. 그것은 절대적 관계다. 상대적 관계만으로는 인생을 인생이라고 할 수가 없기 때문이다. 인생은 절대적 관계를 가질 때만 인생이 될 수 있다. 절대적 관계에는 고통이 뒤따른다. 고통 없이는 생산이 있을 수 없기 때문이다. 생산은 절대적 관계에서만 나타난다. 상대적 관계에서는 생산은 있을 수 없다. 그렇기 때문에 절대적인 관계는 이질적일 수밖에 없다.

신은 나와 단절이 되어 있다. 나는 신에 도달할 수가 없다. 내가 아무리 발돋움해도 신에 도달할 길은 없다. 신은 올 수밖에 길이 없다. 그리고 신을 오게 하는 것은 내가 아니다. 신 자신에 있다. 마치 비가 오는 것도 풀에 있는 것이 아니라 비 자신에게 있는 것이나 마찬가지다. 신과 인간 사이에는 깊은 단절이 있다.

신은 신성하고 인간은 더럽다는 것이다. 인간은 신의 깨끗함을 만나 비로소 자기가 더러움을 안다. 그 전에는 인간에게 죄의식은 없다. 죄의식이란 절대 관계에서 나타난다. 절대관계 없이는 인간은 자기가 무아가 될 수가 없다. 상대관계에서는 인간은 다소 잘못은 있다고 느낄지 모르나 자기가 죄인이라고 느끼지는 못한다. 죄인이라고 느끼는 것은 절대관계에서만 자기가 무임을 자각한다. 상대관계에서는 인간은 무가 될 수가 없다. 상대관계는 인간을 무한히 발전시킨다. 발전 속에는 어디까지나 유가 도사리고 있다. 그러나 상대관계가 끊어지고 절대관계로 돌입하자 인간은 무가 된다. 인간의 연속성을 인정하는 종교성 A와 인간의 연속성을 인정하지 않는 종교성 B를 키에르케고르는 양에서 질로 비약한다고 한다.

기독교에는 연속을 거부하는 역설이 너무도 많다. 하나님이 사람이 되었다는 것이 역설이다. 역설이란 말이 안 된다는 것이다. 말이 서지 않는다.

예수는 그 당시 반역자로 몰려 어리석게 죽어갔다. 그 당시 종교인의 술수에 걸린 것이다. 그들이 로마 사람 앞에서 신임을 얻기 위하여 애매하고 순진한 시골 청년을 잡아죽인 것이다. 어리석게 남의 음모에 걸려 죽은 물고기 같은 어리석은 인간을 신으로 믿는다는 것은 말도 안 되는 억지다. 기독교는 억지투성이다. 그 위에 기독교는 십자가에 달려 죽었던 사람이 다시 살아났다고 생떼를 쓴다. 그것은 있을 수 없는 생떼다. 종교성 A의 견지로 볼 때에는 예수는 절대 성인도 아니요, 기독교는 볼만한 연극도 아니다. 억지투성이다. 그런데 터툴리아누스는 "불합리하기 때문에 믿는다"는 말을 남겼다. 신이 십자가에 달렸다는 것은 창피한 일이요, 신이 죽는다는 것은 있을 수 없는 일이요, 죽었다 살아났다는 것은 어리석은 일이다. 그러나 이런 표현을 통해서 한 가지 확실한 것이 있다. 그것은 이성이 단절되었다는 것이다. 생각이 끊어졌다는 것이다. 여기에 신앙의 비약이 있다.

상대세계는 얼마든지 이성으로 추리할 수 있다. 그것은 말이 되는 세계요, 말이 서는 세계다. 그러나 신앙의 세계는 말이 끊어져야 한다. 이성이 단절되어야 한다. 그것이 사랑의 세계요, 무아의 세계다. 무아의 세계는 정신이 나간 세계요, 인간의 상식을 넘어선 세계다. 이성의 세계는 유아의 세계에서 결국 무아의 세계를 경험하지 않으면 초아의 세계로 넘어갈 수 없다. 여기에 질적 변증법이 요구되는 것이다.

희랍 사람들은 진리를 자기 속에 있는 것으로 생각한다. 그것은 어머니 뱃속에 있는 어린애처럼 가능성으로 존재한다. 인간은 이 진리의 가능성을 현실화하면 그만이다. 인간은 영원과 단절되어 있지 않다. 인간은 자력으로 진리에 도달할 수가 있다. 진리는 배우는 것도 아니고, 받는 것도 아니고, 진리는 자기가 낳는 것이다. 이 출산을 돌보아 주는 것이 산파로서의 남이다.

그러나 기독교는 진리를 안에서 인정하지 않는다. 진리는 신만이 가지고 있고 진리를 받는 계기도 신이 가지고 있다. 진리를 깨닫는 길은 계시뿐이다. 인간이 죄인임을 깨닫는 것조차도 그것은 신의 힘이다. 신의 힘에 의지해서 인간은 자기가 죄인임을 알게 되고 신의 힘에 의지해서 인간은 진리를 깨닫게 된다. 인간은 신의 힘에 의지해서 무가 된다. 이것이 신앙이다. 신의 힘 없이는 아무런 생산도 없다.

동시성

예수를 직접 만난 사람은 예수는 보았지만 그리스도를 보지는 못했다. 예수를 본다는 것은 사실이요, 상대적인 일이요, 육적인 일이다. 그리스도를 본다는 것은 절대적인 일이요, 영적인 일이다. 우리가 찾는 것은 절대적인 진실이요, 상대적인 사실이 아니다. 우리는 흔들리는 세상에서 흔들리지 않는 것을 찾고 있다. 흔들리지 않는 절대는 영의 세계에서만 가능하다. 그것은 육과는 아무 상관이 없다. 예수를 그리스도로 고백하는 것은 그와 육으로는 아무 상관이 없는 사람들이다. 그리스도를 보는 것은 신앙으로 보는 것이요, 영적으로 보는 것이지 육으로 보는 것이 아니다. 영으로 보는 사람은 언제나 그리스도와 같이 있다. 그것은 영이 시간을 초월하기 때문이다. 절대적 관계는 영의 관계다. 영에는 시간이 없다. 영에서 사는 사람은 언제나 그리스도와 같이 사는 것이다. 영의 세계는 무일물의 세계요, 자유의 세계다. 아무도 걸리는 것이 없기 때문이다. 인간은 절대를 살면서 상대를 살고 있다. 인간은 영적이면서 육적이다. 영혼과 육체의 통일이 정신이요, 영원과 시간이 부딪치는 데가 순간이다.

육체는 육체만으로는 죄를 의식하지 못한다. 육체는 영혼을 만날 때 비로소 죄를 의식한다. 철없을 때는 자기의 잘못을 모른다. 철이 들어야 자기가 무라는 것을 알 수 있는 것이다. 시간은 시간만으로는 시간성을 느끼지 못한다. 영원과 부딪치는 순간에만 시간성을 느끼게 된다. 시간은 그저 흘러가는 것이요, 영원은 그저 있는 것이다. 흘러가는 시간과 있는 영원이 부딪칠 때 거기 순간이 펼쳐지고 이 순간에 사람은 과거를 후회하고 미래를 계획하면서 현재를 힘차게 밀고 나간다. 순간에 철이든 것이다.

시간은 영원을 만나 순간이 되고, 육체는 영혼을 만나 정신이 되고, 과거는 미래를 만나 현재가 된다. 현재의 활동이 정신이요, 노동이요, 일이다. 순간은 시간과 영원의 만남이다. 말씀이 육신이 된 것이다. 영원이 시간이 된 순간이 크리스마스다.

신은 순간에 인간이 되고, 인간은 순간에 신이 된다. 이것이 신앙이다. 신앙에서 인간은 영원에서 살고 그리스도와 같은 시대의 사람이 된다. 이것은 사실의 동시성이 아니라 진실의 동시성이다. 우리는 사실로 동시성을 원하지 않는다. 그것은 상대적인 것이다. 우리가 원하는 것은 진실의 동시성이다. 우리는 절대를 찾고 있다. 그리스도는 인류를 위하여 죽은 것이 아니다. 나를 위해서 죽었다. 이것이 신앙의 세계다. 인류를 위함은 상대적이요, 나를 위함은 절대적이다. 순간을 통해서 시간은 영원이 되고 육체는 영체가 된다.

신앙은 순간을 산다. 순간은 철들 때가 순간이다. 순간은 한번에 완성되는 것은 아니다. 근원적인 순간이 있다. 그리고 계속 순간은 반복된다. 그렇지 않으면 인간은 새로워질 수 없기 때문이다. 신앙은 떨림과 매혹의 세계다. 영원과 시간이 부딪쳤기 때문이다. 그것은 죽음과 삶이 통일된 세계다. 불나방이 불에 뛰어 드는 것처럼 그것은 밝음과 뜨거움이 동시에 존재한다. 밝은 것을 찾아가는 매혹과 불 속에 타죽는 떨림이 공존한다. 신앙에는 떨리는 고행과 매혹의 기쁨이 공존한다. 떨리는 십자가와 기쁨의 부활이 공존한다. 그것이 사랑의 비결이기 때문이다.

사랑은 언제나 어렵고 사랑은 언제나 매혹적이다. 신앙은 신에 대한 사랑이기 때문이다. 하나님은 사랑이다. 키에르케고르는 『단편』에 "하나님이여, 당신은 우리들을 먼저 사랑하셨습니다. 우리들은 당신이 우리를 사랑한 것은 역사에 있어서 오직 한번이라고 말하고 있으나 당신은 우리를 언제나 사랑하십니다. 우리의 생애에 있어서 매일매일, 그리고 하루에도 몇 번씩 우리를 사랑하십니다. 우리가 아침에 깨어 우리의 마음을 당신에게 향할 때 당신은 벌써 우리를 사랑하고 계셨습니다. 당신이 우리를 먼저 사랑하신 것입니다. 내가 흩어졌던 마음을 가다듬어 당신을 생각할 때에 당신이 먼저 우리를 생각하셨습니다. 그것은 언제나 당신이 먼저이십니다. 그런데 우리는 주제넘게도 당신이 우리를 사랑한 것은 한 번뿐이라고 합니다."라고 뇌까리고 있다.

키에르케고르는 『사랑의 삶과 지배』라는 책에서 사랑의 비밀스런 생명은 끝없이 깊은 속에 있고 전 생명과 연관되어 있다고 한다. 그 연관은 사람의 지혜로는 모른다. 고요한 호수가 보이지 않는 깊은 속에 샘의 근원을 가지는 것처럼 인간의 사랑은 그 원천에 하나님의 사랑을 가지고 있다. 하나님을 사랑하는 사람이 아니면 인격적 사랑이 될 수가 없다. 그것은 하나님은 인격이기 때문이다. 인격이란 말은 영이란 말이나 같은 뜻이다. 하나님을 사랑하는 것은 자기를 사랑하는 일이요, 자기를 사랑하는 것은 남을 사랑하는 것이다. 하나님을 사랑하는 것은 하나님의 영을 사랑하는 것이요, 나의 영을 사랑하는 것이요, 남의 영을 사랑한다는 것이다. 영을 사랑한다는 것이 실존을 사랑하는 것이요, 진실을 사랑하는 것이다. 영을 사랑하지 않고 육을 사랑한다면 그것은 물질적 사랑이요, 인간을 패망하게 하는 인격파괴의 사랑이요, 인간을 파멸시키는 사랑이기에 그것은 사랑이 아니다. 사랑은 인간을 인간답게 하는데 있다.

이기주의는 자기를 사랑하는 것이 아니다. 자기를 파괴하는 것뿐이다. 자기 사랑은 자기를 신의 세계로 끌어올리는 데 있다. 자기를 인격이게 하는 것이 참 사랑이기 때문이다. 자기를 신과 일치시키고 신과 절대적인 관계를 가진다는 것은 인간의 영화靈化요, 동시에 인간의 인격화요, 인간을 한없이 끌어올리는 일이다.

인간은 상대에 떨어지고 절대에 올라간다. 인격은 낮은 곳에는 없다. 올라가는 것이 인격이기 때문이다. 신은 곧 인격이다. 신이 영이기 때문이다. 영에게만 자유가 있다. 자유가 있는 곳에 창조가 있고, 창조가 있는 곳에 고뇌와 법열이 있다. 언제나 올라가는 삶에는 어려움과 기쁨이 같이 있는 법이다. 사람은 한없이 올라간다.

"당신을 모범으로 삼아 한없이 높이 올라갑니다. 그러나 나중에는 힘이 모자라 쓰러질 때 당신은 구세주로서 나를 일으켜 주십니다. 그러나 같은 순간에 나도 다시 당신처럼 모범이 됩니다."

사람들이 또다시 그들의 있는 힘을 다하여 올라가도록 하기 위하여 소아가 무아가 되었다가 대아가 되는 과정이 키에르케고르의 일생이었다. 그대들은 십자가를 지고 그리스도를 따라야 한다. 그것이 키에르케고르의 신앙이었다. 키에르케고르의 순간은 시간성을 갖다 준다. 시간에도 시간은 없고 영원에도 시간은 없다. 시간이 있는 것은 순간뿐이다. 과거와 미래와 현재가 하나가 되어서 힘차게 작용하기 시작하는 것은 순간에서 뿐이다. 순간에서만 시간이 된다. 이것을 시간성이라고 한다.

시간성만이 정신의 본질이요, 철든 사람에게만 과거와 미래와 현재는 있다. 철없는 사람에게는 일이 없다. 세월은 거저 흘러가는 것뿐이지 흘러가는 물을 막아서 그것으로 땜을 만들고 그 땜을 이용하여 전기를 만드는 것은 오로지 철든 사람에서만 있을 수 있다. 철이 든 사람만이 영의 눈을 뜨고 신앙의 눈을 뜬다. 신앙의 눈이 빛나는 곳에만 새로운 문명의 창조가 있다. 거기에 인간의 노력이 있고 인간의 기쁨이 있다.

실존은 명상의 세계가 아니다. 노력과 건설과 창조의 세계다. 절대자와의 관계는 노력의 관계다. 사랑은 행동의 세계다. 율법은 행동을 말한다. 사랑은 행동을 완성한다. 율법을 완성하는 것은 사랑뿐이다. 사랑의 핵심은 고난이요, 사랑의 형태는 기쁨이다.

기독교는 절대적인 것으로 세상에 온 것이지 인간을 위로하기 위해서 온 것이 아니다. 기독교 2천 년 이래 계속 기독교인은 고난을 당하지 않을 수 없다고 키에르케고르는 외쳐온다. 이 고난을 면하는 길은 기독교인을 그만 두면 된다. 그러나 그리스도인이 된다는 것은 세상에서 생각하는 것보다도 더 큰 고난과 비참과 고통을 받는 일이다. 그것은 그리스도인이 된다는 것은 그리스도와 동시적이 된다는 말이요, 그리스도인이 된다는 말은 신과 동등한 것으로 새로 지음을 받는다는 것이다. 새로 지음을 받는다는 것은 죽었다 다시 산다는 일이요, 죽었다 다시 사는 일이 고난을 통하지 않고 있을 수 없는 것은 말할 것도 없다.

절대자와 동시적이 아닌 사람에게는 절대자는 전혀 존재하지 않는다. 절대자와의 관계에 있어서 시간은 오직 현재뿐이다. 이 동시성이란 관계는 천 년, 이천 년의 시간적인 거리를 무로 돌린다. 그리스도가 누구인지는 계시만 보여준다. 동시성은 언제나 고난에서 받아들여진다. 고난과 동시성은 마찬가지다. 맞음 없이 깨어남은 있을 수 없기 때문이다. 그는 언제나 순간에 있어서 고난을 넘어서는 것이 아니라 고난 속에 있다. 그러나 사랑 속에는 한없는 기쁨이 있다.

키에르케고르는 시골 농부가 황제의 사위가 되는 이야기를 한다. 시골농부는 보잘 것이없다. 가난하고 미천하고 추한 농부다. 그러나 황제의 뜻이 그를 사위로 맞이하는 것이라면 그것은 사실이 될 수 있다는 것이다. 기독교가 주장하는 것은 누구나 황제의 사위가 될 수 있다는 것이다. 그것을 절대적인 관계라고 하고 단독자라고 하고 신의 앞이란 말을 쓴다. 누구든지 그가 단독자가 되기만 하면 절대자와의 관계에 들어갈 수 있다. 기독교가 가르치는 것은 그것뿐이다. 그것을 위해서 하나님이 세상에 오시고 사람이 되시고 고난을 받으시고 십자가를 지셨다는 것이다. 황제가 시골농부를 찾아와서 사위가 되어 달라고 애걸복걸하는 것이나 마찬가지다. 과연 사람이 이 은총을 무조건 받아들일 겸손한 용기를 가질 수 있을 것인가?

시골농부가 황제가 자기를 우롱하는 것이 아닌가 하고 의심하듯이 의심하지 않을 사람이 몇 사람이나 될까? 이것은 이성이나 개념으로 이해될 성질의 것이 아니다. 다만 사랑만이 이것을 이해시킨다. 신과의 절대관계만이 이것을 이해시킨다. 기독교는 지식으로 이해될수 있는 것이 아니라 믿음만으로 이해가 된다. 키에르케고르는 이런 감사의 기도를 드린다.

"하늘에 계신 아버지여, 당신은 기독교를 개념으로 이해할 것을 인간에게 요구하지 않음을 진심으로 감사합니다. 만일 그것을 당신이 바랬다면 나는 모든 사람 가운데서 가장 비참한 인간이 되었을 것입니다. 기독교를 개념적으로 이해하려면 할수록 더욱 이해할 수 없는 가능성을 발견하게 됩니다. 나는 당신이 믿음만을 요구한 데 대하여 한없는 감사를 드립니다. 당신의 사랑으로 내 믿음이 더욱 더하여지기를 바랍니다."

　이것이 키에르케고르의 기도다. 기독교는 믿음으로만 이해된다. 일체 개념은 더욱 믿음으로부터 멀어지게 한다. 이것이 실존적 신앙이다.

근본체험

　하이데거의 말을 빌리면 현대인은 고향의 상실이 하나의 운명처럼 되었다. 마치 정신분열이 유행하듯이 인간은 모두 얼빠진 인간이 되고 말았다. 일단 얼이 빠지면 집어넣기가 얼마나 어려운지 모른다. 어항을 나온 물고기를 집어넣기가 어려운 것이나 마찬가지다.

　집 잃은 사람의 불안과 얼빠진 사람의 절망은 현대인의 운명처럼 되어버렸다. 누구나 다 고향을 떠났고, 누구나 다 신을 떠났다. 아무런 신앙도 없이 무신론이 아니면 유물론 속에서, 사막이 아니면 진흙 속에서 인간은 신앙을 잃고 살아가고 있다.

　키에르케고르가 외치는 것은 무신론도 아니고, 유물론도 아니다. 신앙뿐이다. 물이다. 모래도 아니고, 흙도 아니고, 물이다. 정신이다. 얼이다. 얼 앞에 서는 것이다. 사람이 다시 사람이 되는 것이다. 인간회복, 인간성 회복, 이것이 키에르케고르의 실존철학이라는 것이다. 인간이 인간이 된다는 것은 쉬운 일이 아니다. 고향을 쫓겨난 사람이 다시 고향으로 돌아간다든지, 집 없는 사람이 집을 마련한다는 일은 쉬운 일이 아니다. 그러나 인간은 집 없이는 살 수가 없는 것은 옷 없이 밥 없이 살 수가 없는 것이나 마찬가지다. 인간은 세상에 나왔다고 인간은 아니다. 인간은 짐을 가져야 하고 자기가 자기가 되어야 한다.
 키에르케고르는 자기가 되는 방법을 신앙을 통해서 달성하려고 한다. 그는 영의 세계로 인간을 끌어올리고자 한다. 그러기 위해서 그는 상징의 세계를 보여 주어야 하며, 그러기 위해서는 풍부한 상상력을 구사하는 수밖에 길이 없다. 다행히 그에게는 시인을 능가할만한 풍부한 상상력을 가지고 있었다. 그의 작품에는 언제나 높은 예술의 향기가 진동하고 있었다.
 릴케가 키에르케고르의 작품을 읽기 위해 덴마크 말을 배웠다. 그는 지금 "나는 키에르케고르의 작품을 읽고 있다. 굉장하다. 정말 굉장하다. 그가 나를 이렇게 감동시킬 줄은 정말 상상할 수도 없는 일이었다."고 말하고 그는 키에르케고르가 레기네에게 쓴 편지를 몇 개라도 번역을 하면서 상상의 세계를 날아가고 있었다.
 그러나 키에르케고르의 상상은 결코 공상적인 상상이 아니다. 그에게는 치밀한 논리가 있었고 그는 개념을 마음대로 구사하는 변증의 엄밀한 사상을 가지고 있었다. 그의 변증은 '신은 하늘에, 인간은 땅에' 바르트의 신학을 형성했으며 그의 사상의 심오성은 하이데거의 철학을 끌어내었다.
 키에르케고르의 『죽음에 이르는 병』은 하이데거의 『죽음으로의 존재』로 이끌어 냈으며 하이데거의 『존재와 시간』은 키에르케고르의 『불안의 개념』을 심각하게 분석하였고 야스퍼스의 철학도 그의 근원을 키에르케고르에 두고 있는 것을 그가 고백하는 바이다.
 우리는 백 년 전에 쓴 그의 작품을 오늘날도 현대의 작품으로 명백하게 이해할 수가 있다. 그가 너무도 인간적이고 주관적이기에 비난하는 사람도 있으나 그보다도 그가 바라던 것은 그의 주체저인 체험으로 그의 원체험을 어떻게 할 수가 없어서 상상도 해보고, 분석도 해보고, 변증도 해보고, 울어도 보고, 어떻게 할 수 없어 일생을 고민하고 불안에 떤 것이 키에르케고르의 작품이었다.

마치 총에 맞은 짐승처럼 총알을 빼버릴 수도 없고 그대로 두고 살 수도 없는 불안한 심정을 어떻게 해서라도 달래보고 잠시나마 고통을 잊기 위해서 상상의 날개를 펴고 꿈속을 날기도 하고 어떤 때는 논리의 칼날을 가지고 자기의 살을 도려내기도 하는 무서운 분석을 단행하기도 했지만 혼의 상처를 받은 그에게는 이성의 칼날도 상상의 마취도 그의 총알을 뽑아낼 수가 없었다. 큐피트의 화살은 그가 하나님의 품에 안기기까지는 제거될 수가 없었다.

평생 님을 찾아 헤매는 에로스의 천재 키에르케고르는 레기네의 상징을 통하여 시상을 펴고 때로는 비정한 이성을 통하여 작품에 심혈을 쏟는다. 결국 화살을 맞은 키에르케고르는 화살을 죽는 날까지 뽑지 못한 채 원체험을 간직하고 살아갈 수밖에 길이 없었다. 주체적 사상가로서의 키에르케고르에 있어서는 진리란 그것을 위해 죽고 그것을 위해 사는 것이다.

그저 머리로 아는 관념 유희나 자연의 법칙 같은 객관적 진리는 진리가 아니었다. 그의 살을 깎고 뼈를 추려내는 주체적 진리가 진리다.

그의 진리는 하나님의 사랑의 화살에 맞았다는 이 근본체험 때문에 그는 끝없는 속죄의 짐을 지게 되는 것이다. 그의 작품은 현대인을 먹여 살리는 양식이 될 수밖에 길이 없다. 그런 의미에서 그는 하나의 예언자요, 미래를 내다 볼 수 있는 직관적인 사상가이기도 하다. 결국 그는 하나님의 화살에 맞은 사랑의 사도로서 그리스도의 뒤를 따를 수밖에 길이 없었다.

키에르케고르의 생애는 기독자가 되려고 하는 고투의 역사였다. 화살에 맞고 창에 찔린 십자가의 사람으로서 크리스찬이 걷는 길을 걷지 않으면 안될 운명에 태어난 사람이다. 화살을 맞은 사람, 이것이 그리스도인의 핵심이다. 화살을 맞으면 어린애를 낳아야 하고 어린애를 낳으면 그들을 위해서 십자가를 지지 않을 수 없다. 키에르케고르를 읽는다는 것은 피로 읽어야 한다. 화살에 맞고 창에 찔리면서 읽어야 한다. 그것은 근본체험을 가지고 읽는 것이요, 근본체험에 동참한다는 의미에서 추체험追體驗이 되어야 한다.

피로 쓴 글은 피로 읽어야 한다. 그에게 묻고 그에게 대답하는 실존변증법實存辨證法적으로 읽어야 한다. 정말 진리를 깨닫기 위하여 목마른 사슴이 시냇물을 마시듯이 읽어야 한다. 고난에 동참하는 심정으로 읽어야 한다. 이런 것을 주체적으로 읽는다고 한다. 이렇게 읽어야 자기가 자기를 찾을 수 있고, 자기가 자기를 혁신할 수 있다. 새롭게 되는 것이다.

키에르케고르는 자기의 작품이 연구의 대상이 되어 도살장에서 소가 통조림이 되어 나오듯이 자기의 사상이 체계화 될까봐 염려하였다. 키에르케고르의 사상은 보편적이거나 객관적이 될 수 없는 것이다. 그것은 육고에 매달린 죽은 쇠고기가 아니다. 그것은 살아있는 소의 울부짖음이요, 성실한 자기의 고백이지 그밖에 아무 것도 아니다. 그것은 학문이 아니요, 인격을 떠난 사상이 아니다. 그것은 어디까지나 그의 신음이요 독백이요 역설이요 욕설이요 인격의 호소다. 그것은 하나의 체험의 고백이지만 개구리가 된 왕자처럼 아무리 울부짖어도 사람에게는 그 비밀이 감추어진 영원히 봉인된 편지인지도 모른다.

사람들은 그의 비밀을 알기 위하여 그의 사상과 생애를 표현하고 있다. 그러나 그의 사상에도 그의 생애에도 회의와 절망에 고민하는 그의 화살은 보이지 않는다. 정열적으로 살 것인가, 신앙적으로 살 것인가? 이것인가, 저것인가 하고 갈팡질팡 하는 그의 비밀은 영원히 우리에게는 수수께끼인지도 모른다. 그러나 그의 작품은 매력이 있고, 그의 생애에는 신비가 있다. 그는 우리에게 무엇인가를 호소하고 있고, 우리는 그 무엇에 대답하여야 하는 어쩔 수 없는 운명에 놓여 있기에 우리는 그의 작품을 읽지 않을 수가 없다. 그는 성인도 아니고 군자도 아니다. 보통 사람보다도 더 관능이 강하고 애욕이 두터운 사나이였다. 그렇기 때문에 실수도 하고 타락도 면할 길이 없었다. 그러나 그에게는 하나님의 사랑이 떠나지 않았다. 그는 죄의식도 강했고 신앙의 동경도 강했다.

그는 성자도 아니고 신앙인도 아니다. 다만 그를 엄습하는 하나님의 사랑에 그는 어쩔 수 없이 소리내어 울었고 그의 혼의 상처 때문에 그는 신음하지 않을 수가 없었다. 그는 살 속의 가시처럼 뽑을 수 없는 우울 속에서 그의 생을 마칠 수밖에 길이 없었다.

그는 태어날 때부터 친구가 없었다. 어버지가 56세, 어머니가 44세의 늙은 부모의 일곱째 아들로 태어난 그는 밤낮 할아버지 같은 아버지의 손을 잡고 어른들의 모임에 따라 다녔다. 듣는 것, 보는 것이 모두 어른들의 말이요, 어른들의 행동이었으므로 그는 어려서부터 노인이 되고 말았다. 몸은 약했지만 비상한 상상력과 변증력을 가진 천재 키에르케고르는 교회에 가서도 어른들 틈에 끼어서 속죄 구령의 경건한 설교에 언제나 귀를 기울이고 있었다. 그는 후일 자기의 어린 시절을 이렇게 회상한다.

"옛날 어떤 사나이가 있었다. 그는 어렸을 때 엄격한 기독교 교육을 받았다. 그는 일반적으로 아이들이 듣는 이야기, 어린 예수의 이야기, 천사들의 이야기는 별로 듣지 못했다. 그 대신 그는 십자가에 달린 그리스도에 관하여 그는 얼마나 많이 들었는지 모른다. 그의 앞에는 언제나 십자가에 못 박힌 그리스도의 모습이 떠오르게 되었다. 이 모습이 그가 구세주에 관하여 가질 수 있는 유일의 모습이며 유일의 인상이 되었다. 그는 어린애지만 벌써 할아버지처럼 늙어 있었다. 십자가에 달린 그리스도의 모습은 그 후 그의 일생을 통해서 언제나 그를 따라 다녔다. 그는 절대로 젊어지는 법이 없었고 십자가의 모습으로부터 멀리 떨어지는 법도 없었다."이것이 키에르케고르의 어렸을 때의 회상이다.

그에게는 언제나 무섭고 가혹한 수난의 그리스도가 그의 마음속에 지울 수 없는 자국을 남겼다. 이 자국 때문에 그는 안일과 무위를 일삼는 현대의 기독교를 날카롭게 비판한다. 그리고 그는 이 모습 때문에 자기도 십자가의 고난을 달게 받는 운명으로 뛰어 들어간다. 이런 할아버지라는 모순된 성격은 그의 표현을 빌리면 26세 때 일기에 "신을 소유한〔孕胎〕어린 마음이란 괴테의 말 이상 나의 소년시대의 생활을 나타내는 말은 찾아 볼 수 없을 것 같다."고 쓸 때 그는 벌써 자기가 신의 화살을 맞은 저주받은 존재요, 죽음에 이르는 존재임을 알고 쓴 것 같다.

17세 때 코펜하겐 대학에 가서도 그는 목사가 되려고 신학을 배웠다. 21세부터는 일기를 쓰기 시작, 그것은 신학으로부터 문학으로, 철학으로 벌써 정신은 불안과 공포에 떠는 발효상태를 경험하게 된다. 그는 신학을 떠나 문학, 철학으로 헤매다가 거리로 뛰어나가 극장, 다방, 술집을 드나들어 형제와는 거리가 멀어지고 아버지와는 무덤을 가운데 두고 만나는 것 같았다. 아버지는 아들의 마음을 가라앉도록 하기 위하여 쉐란 섬 북쪽으로 떠나 보냈다.

22세 때 기레라이에서 그는 신의 화살을 맞고 하나의 실존이 된다. 1835년 8월 1일이다. 너무도 유명한 그의 일기는 백 년 후 1935년 세계 사람들이 지켜보는 가운데 기레라이 바닷가로 깊이 뻗어간 바위에 뚜렷하게 한마디가 돌비석에 새겨졌다.

"진리란 그것을 위해 살 수 있고 그것을 위해 죽을 수 있는 말씀 이외에 또 무엇이 있겠느냐." 하는 것이다.

그는 말씀을 위해서 살기로 결심했다. 그는 자기를 반대할 모든 눈초리를 생각하면서 집으로 돌아온 것이다. 세상에 대한 집념을 버리고 영원을 향해 날개를 펼친 것이다. 그러나 이때 그에게는 무서운 폭풍우가 닥쳐왔다. 그해 가을 그는 자기 전생에 대한 비밀을 알게 된 것이다. 그것은 키에르케고르가 불법으로 태어났다는 사실이다.

대지진

그것을 보통 대지진이라고 한다. 그 내용이 무엇인지는 아무도 모른다. 그것은 영원히 비밀이다. 그러나 이 경험은 자기는 34세 이전에 죽을 거라는 생각으로 그의 마음을 꽉 차게 하였다. 사실 키에르케고르는 그보다도 8년을 더 사는 기적을 낳았지만 그것은 그에게 있어서는 너무도 의외였다. 그가 34세가 되는 생일날, 그는 자기의 생일을 기뻐하는 것보다는 너무도 의외여서 자기의 생일이 잘못된 것이나 아닌지 등기소에 조사를 의뢰했으며 그의 형에게 글을 썼다.

"나는 이제 34세가 되었습니다. 이것은 내가 전혀 기대하지 못했던 일입니다. 나는 정말 놀라지 않을 수 없습니다. 우리 가족은 누구나 35세 이상 살아서는 안 된다고 생각합니다. 그런데 그렇게 되질 않았습니다. 나는 35세를 살기 시작했습니다."

이런 생각을 하게 된 것은 그가 맏형 피터를 제외한 5명의 형과 누나를 모두 34세 이전에 잃었기 때문이다. 키에르케고르의 아버지도 자식들은 모두 어려서 죽었고 자기 혼자 쓸쓸하게 노년을 보낼 거라는 강박관념을 가지고 있었다. 이런 아버지의 운명을 키에르케고르는 액면대로 믿었다. 그것은 죄의 값은 사망이라는 기독교의 윤리가 자연에서도 해당될 것으로 믿었기 때문이다. 아버지가 아내를 잃고, 아내를 도우러 왔던 순진한 시골 처녀를 폭력으로 순결을 빼앗고 공갈 협박 사기로 결혼, 결혼 후 5개월도 되기 전에 죄악의 열매를 낳은 파렴치였는데, 키에르케고르가 그 저주받은 씨의 열매였다. 무서운 죄악의 씨요, 가증한 정욕의 부산물이었다. 나오지 않았으면 하는 부모의 의사도 아랑곳없이 그는 세상에 나오게 되고 만 것이다. 저주받은 자식이었다. 그것이 아버지의 신념이요, 키에르케고르의 신념이었다. 그의 26세 때 일기엔 이렇게 적혀있다.

"그때 대지진이 일어났다. 무서운 폭풍이었다. 나는 그 때부터 모든 현상을 전혀 다른 법칙으로 해석하지 않으면 안되게 되었다. 아버지가 오래 사는 것은 신의 축복이 아니고 저주다. 우리 식구들이 머리가 좋은 것은 서로 싸움을 더하게 할 뿐이다. 아버지가 우리보다도 더 산다는 것은 그의 불행을 더할 뿐 죽지도 못하는 그의 죄악을 내가 알았을 때 죽음이 나의 주변을 감도는 것 같았다. 벌은 자식들이 받아야 한다. 신의 벌이 우리 자식 모두에게 떨어질 것이다." 그는 33세 이전에 죽은 자기 누나들처럼 자기도 33세 이전에 죽을 줄로 알았다.

"내가 34세가 되다니, 이상하다. 이것은 전혀 믿을 수 없는 일이다. 생일이 되기 전에 죽겠지. 그렇지 않으면 생일날 그날이라도 죽겠지. 그것도 꼭 일어날 사실일거야."

이것이 그의 신념이었다. 이런 것으로 미루어 볼 때 대지진은 그가 아버지로부터 죄의 고백을 들은 사실이요, 동시에 자기가 죄의 열매요, 저주받은 존재임을 안 것이었을 것이라고 생각된다. 그러나 이것은 후세의 추측이요, 정말 대지진의 원인이 무엇이었는지는 영원한 비밀에 속한다.

생각해 보면 인간은 누구나 저주받은 존제다. 세상에 태이났다는 것이 이미 저주요, 유한한 시간 속에 갇혔다는 것이 이미 저주다. 인간은 유한 속에서 자유로울 수가 없다. 필연 속에서 시달리는 인간과 자유롭게 소유하는 신 사이에는 넘을 수 없는 절대적인, 질적인 단절이 있다. 신은 영원히 하늘에 속하고, 인간은 영원히 땅에 속한다. 이러한 단절이 그에게는 한없는 우울의 증상으로 나타났다. 그는 무엇이든지 할 수 있다는 생각을 한순간이라도 버린 적은 없지만 그가 사로잡혀 있는 우울을 떨쳐버릴 수가 없었다. 이 우울의 고통에서 그는 단 하루도 자유로운 적이 없었다. 그는 이 우울을 떨쳐버리기 위하여 누구나 떨어지는 타락의 길을 걸었다. 학교에 결석하면서 술집에서 세월을 보냈다. 어떤 때는 창기의 품에도 안겨 자기의 순결을 내던졌다. 자기 아버지가 간 길을 그도 간 것이다. 저주의 뒤를 저주가 따른 것뿐이다. 그는 결국 자살을 기도한다. 그러나 그에게는 자살할 용기마저 없었다. 회의와 관능과 절망의 구덩이에서 떠날 수 있는 길은 아무 곳에도 없었다. 암흑이 깊어진 것은 아침이 가까왔다는 표다.

그에게도 아침 샛별은 우울의 안개를 뚫고 나타났다. 그의 은사 폴 묄러의 죽음이었다. 그를 살펴주려고 그렇게 애쓰던 폴 묄러가 죽은 것이다. 그가 25세 나던 3월 13일이다. "너는 정말 지독한 부정의 화신이로구나." 하며 웃던 긍정의 화신 폴 묄러가 죽은 것이다. 죽어야 할 이는 부정의 화신인데 부정의 화신이 죽지 않고 긍정의 화신이 죽은 것이다. 스승의 죽음은 어떤 의미로 대속의 죽음이었다.

스승의 죽음이 결국 키에르케고르에게 살 용기를 북돋아 주었다. 두 달 후 축 늘어졌던 우울의 구름이 가시고 상쾌한 아침 햇살이 키에르케고르의 얼굴에 숨어들었다. 5월 19일 아침이었다.

그의 속에서는 말할 수 없는 기쁨이 복받쳐 올랐다. 일종의 회심을 경험한 것이다. 하나의 입장을 얻은 것이다. 흔들리던 바다에서 한 점의 섬을 발견한 것이다. 태양을 본 것이다. 신을 본 것이다. 진리를 깨달은 것이다.

그는 이 기쁨을 고백하기 위하여 아버지에게로 달려갔다. 그의 우울이 벗겨졌을 때 아버지의 우울도 떠나갔다. 저주는 변하여 축복이 되고 그들은 신의 은혜 속에서 서로 얼싸안았다. 그는 "하늘에 계신 아버지여, 내가 가장 필요로 하는 때에 육신의 아버지를 이 땅에 살려두신 당신의 은혜를 진심을 감사합니다."하고 기도를 드렸다.

저주에 불과했던 아버지의 장수가 이때를 기하여 끝없는 축복으로 변했다. 그해 8월 9일 아버지도 세상을 떠난다. 아버지의 죽음도 키에르케고르에 있어서는 하나의 대속이었다. 사흘 후 그는 이렇게 적어 놓았다.

"8월 11일, 아버지는 목요일(8일) 밤 두 시에 세상을 떠났다. 몇 해라도 더 살아 계시기를 진정으로 원했었는데, 아버지의 죽음은 나를 위해서 마지막으로 바쳐진 최후의 희생이라고 생각한다. 아버지는 죽어서 나를 떠나간 것이 아니고 내가 하나의 구실을 할 수 있도록 나를 위해서 죽어간 것이다."

그 후 12세 때에 아버지가 양을 치다가 신을 저주하고 도시로 뛰어올라왔다는 유트랜드의 세딩그는 그에게는 저주의 땅이 아니라 축복의 땅이 되었다.

그는 27세에 마치 성지를 찾는 심정으로 세딩그를 찾아갔다. 거기서 그는 고생하며 자라던 아버지의 어린 시절을 생각하고 그렇게 자기를 사랑하던 아버지의 사랑을 통해서 신의 사랑을 헤아릴 수 있었다. 키에르케고르에게 마지막으로 자기의 비밀, 죄의 고백까지 한 아버지의 사랑, 아버지는 자기와 아버지와의 사이에 아무런 장벽도 두기를 원하지 않았다. 아버지의 마음과 자기의 마음은 사랑으로 하나가 되었다. 그는 아버지의 사랑을 통해서 신의 사랑의 절대성을 짐작할 수가 있었다.

인생에 있어서 절대로 흔들리지 않는 한 점의 받침점이 있다면 그것은 신의 사랑이다. 사랑만이 영원하며 사랑은 모두 신적인 것이다.

앞으로 내가 할 사명이 무엇인가. 그것은 사랑을 밝히는 일이다. 아버지의 사랑을 통해서 신의 사랑을 밝히는 일이다. 아버지를 통해서 신의 사랑을 안 키에르케고르에게는 여자의 사랑을 통해서 인간의 사랑을 알 필요가 있었다. 이것을 알기 위하여 그는 또 하나의 진통을 겪어야 했다. 그것이 레기네 올젠 사건이다.

키에르케고르가 레기네를 만난 것은 24세 때 일이다. 그 때 레기네는 14세의 소녀였다. 키에르케고르가 구혼하여 승낙을 얻은 것이 그녀가 17세, 키에르케고르가 27세, 8월에 아버지의 고향을 찾아보고 올라와서 9월 8일 결혼신청을 하여 9월 10일 승낙을 얻는다. 그리고 약혼을 한 다음날 약혼이 잘못이라는 것을 알고 고민에 고민을 거듭하다가 일년 후 28세 되는 8월 11일에 약혼반지를 돌려주고 두 달 지난 10월 11일, 레기네와의 관계를 완전히 끊어 버린다. 약혼반지를 보내는 일은 그의 죽음을 의미했다. 그러면서도 약혼반지를 보내는 편지에는 자기를 잊지 말아달라고 당부를 한다. 그리고 그는 일생 그녀를 그리면서 살아간다. 그녀는 그 후 그의 아버지와 같이 하늘의 별이 되어 버린다. 아버지가 죽은 후에 아버지는 하나의 별이 되었고 레기네가 파혼 후에 또 하나의 별이 되었다.

34세 때, 그는 내가 그녀를 버렸을 때에 나는 죽음을 택했다고 적어 놓았다. 그녀를 버리는 것은 그의 죽음을 의미한다. 사랑을 버리는 것은 자기를 버리는 것이다. 아버지가 죽듯이 그도 죽어야 했다. 아버지가 떠나듯이 레기네도 떠나야 했다. 아버지를 통해서 신을 알듯이 레기네를 통해서 인생을 알기 위해서다. 아버지의 타락한 고백은 대지진을 일으켜 그도 타락시키고 말았다. 그도 정욕에 빠지고, 그도 다른 여자를 범하고, 그도 죽고자 하였다. 아버지가 자기에게 했던 고백을 그도 레기네에게 하지 않으면 안되게 되었다. 그러나 그에게는 그것을 고백하고 레기네와 같이 살 용기가 없었다. 그것보다는 약혼을 깨뜨리고 육으로 죽고 영으로 살 수밖에 길이 없었다. 영으로 살기 위하여 그는 약혼을 깨뜨리고 육으로 죽고만 것이다.

그는 레기네에게 준 상처를 가슴 아프게 생각하고 그녀의 상처를 고쳐주기 위하여 여러 번 그녀와의 화해를 시도하였다. 그러나 그 희망마저도 그녀의 다른 사람과의 결혼 때문에 깨어지고 말았다. 그는 유언을 통하여 그의 모든 유산을 그녀에게 전해줄 것을 부탁하고 죽은 것뿐이다. 그리고 그가 할 수 있는 속죄의 길은 작품을 통해서 그녀를 영의 세계로 인도하는 하나의 별로서 사랑한다는 것이었다. 그는 하나의 별이 되기 위하여 모진 싸움을 싸워간다. 그녀를 비치기 위한 별이 결국은 이웃을 비치는 별로 승화하게 된다.

그가 별이 되려는 과정이 그가 어떻게 기독자가 될 수 있느냐 하는 한마디로 요약된다. 그에게 있어서 기독자란 하늘에 속하는 별이기 때문이다. 이 별이 되기 위하여 그는 우울의 구름을 헤치고 하늘 위로 높이 올라가야만 한다. 그에게 있어서 신앙은 세상을 초월하는 일이다. 세상과의 모든 인연을 끊어버리고 그는 풍선처럼 하늘로 올라가야 한다. 세상과의 인연은 레기네와의 인연이 끊어질 때 이루어진다. 이것을 위해서 그는 파혼이란 결단을 단행하지 않으면 안 되는 운명에 놓이게 된다.

그는 자기의 운명을 안고 앞으로도 계속하여 피투성이가 되어 싸우게 된다. 그것이 그의 최후를 장식하는 코사알 사건이다. 코사알의 편집인 피엘 메라는 키에르케고르를 평하여 "사랑하는 신부를 형틀 위에 올려놓고 고문함으로 사랑을 실험하여 산 육체를 토막내고 그녀의 영혼을 찢어버림으로 그녀를 괴롭혔다."고 키에르케고르의 가장 아픈 상처를 찔렀다. 그 후 그는 약속을 깨뜨리고 "남의 비밀을 누설한 기징 비열한 사나이"라고 비난하였으며 그 다음에는 새로운 별이라는 제목으로 그는 "별은 별이나 길을 벗어난 미친 별"이라고 그를 야유하였다.

교회론

키에르케고르는 『순간』지 제9호가 출간됐을 무렵, 거리에서 쓰러지고 말았다. 42세의 장년이 10월 2일 쓰러지고 만 것이다. 그는 병원에 옮겨졌을 때 "나는 죽으러 왔오." 하고 다시는 병원에서 나갈 수 없을 것을 잘라서 말했다. 그는 척추가 마비되어 일어날 수가 없었다. 그는 방문객을 제한하고 마지막을 고요하게 지내고 싶었다. 그는 몇 송이의 꽃을 보고 미소를 지었다. 그의 마지막이 가까워지자 그의 젊은 시절의 친구였던 뵈젠 목사가 가끔 찾아왔다. 그는 친구에게 말했다.

"뵈젠, 나를 위해 기도해 주게. 빨리 떠날 수 있도록." 그는 빨리 하나님께로 가고 싶은 것이었다. 뵈젠은 키에르케고르에게 진심으로 하나님께 기도하고 있는가를 물었다.

"그렇다네. 나는 그렇게 기도하고 있어. 모든 사람들에게 알려주게. 나는 그들을 사랑하고 있다고. 그리고 그들에게 말해 주게. 나의 삶은 다른 사람에게는 전혀 알 수 없는 하나의 고통이었다고. 나는 다른 사람에게 위대하게 보였을지도 모르네. 그러나 그것은 아닐세. 나는 다른 사람보다 나을 바가 전혀 없네. 이것이 나의 참이야. 한가지 내게 확실한 것은 나는 내 속에 가시를 지녔다는 것일세. 이것 때문에 나는 결혼도 못하고 이것 때문에 나는 관직에 들어갈 수도 없었네. 나는 신학의 후보자였고 공적인 요구권과 사적인 이점을 다 가지고 있었지. 정말이지 나는 그것을 이용하면 내가 바라던 것을 얻을 수 있었을 거야. 그러나 그 대신 나는 예외자가 되었네." 마지막으로 뵈젠은 그에게 물었다.

"자네 성찬을 받지 않겠는가?"

"받아야지. 그러나 나는 목사로부터가 아니라 평신도로부터 받고 싶어."

"그건 어려울걸."

"그렇다면 나는 성찬을 받지 않고 죽겠네."

"그것은 옳지 않네."

"나는 그것 가지고 지금 논쟁할 수는 없네. 그렇게 내가 결정했으니까." 마지막으로 키에르케고르는 그의 친구에게 이야기했다.

"나는 천사가 되어 날개를 갖게 되는 상상을 하고 있네. 이것은 곧 이루어지게 될 것이네. 하늘 위에 올라가 할렐루야, 할렐루야, 할렐루야를 노래 부르게 될 것이야. 역사적으로 나는 치명적인 병으로 죽어가지만 그러나 신앙적으로는 끊임없이 하나님께 감사하는 것 외에는 앞으로는 아무 다른 것도 하지 않기 위해 영원에 대한 동경으로 나는 죽어 가는 것이라네."

키에르케고르는 평생에 가시를 가지고 살았다. 자기 속에 하나님이란 가시를 안고 산 것이다. 그는 이 가시에 거역할 수 없어 피나는 싸움을 싸웠다. 그것도 하나님이 가장 사랑하는 하나님의 교회와 싸운 것이다. 그는 하나님의 채찍이 되어 마구 기성교회를 후려갈겼다. 너무 지독히 내리쳤기 때문에 그는 42세의 장년으로 등뼈가 부러져 죽고 만 것이다. 하나님이 그의 교회를 얼마나 사랑하는지를 보여주기 위하여 그는 채찍이 되어 부러지고 만 것이다.

그는 『순간』이라는 잡지를 발간하여 자기가 부러지도록 교회를 때렸다. 교회가 무너지기 시작했다. 그리고 교회는 불에 휩쓸리기 시작했다. 교회는 이미 타고 있다. 산불처럼 사방으로 번져 가는 큰불이 될 것이다. 왜냐하면 기독교계에 불이 질러졌기 때문이다. 제거되어야 할 허례가 있다. 기독교의 세계에 있는 선동적이고 기만적인 학문성과 막대한 착각은 제기되어야 한다. 수백만의 기독교노와 나라들이 진정한 기독교 세계라고 생각하는 왜곡된 사상은 제거되어야 한다. 그는 그리스도가 떠난 기독교를 너무도 똑똑히 보았기 때문이다.

기독교 정신이 결여된 관습적 기독교 "이 세상에서 유감스럽게도 다만 너무나도 큰 규모로 현존하고 있는 것, 실지로 이 세상과 다를 바가 없는 지루한 잡담, 초라함, 평범성, 잡담과 수다, 기독교 유희, 보편적이고 내용 없는 말들, 복음을 관료적으로 대변하고 언제나 모든 사람들에게 미소하며 영업상의 친절을 띤 표정을 짓는 인간들은 무신론자들 이상으로 기독교를 해쳤다."

키에르케고르는 임종의 자리에서까지 교직자들이 왕의 관리들이며, 왕의 관리들은 기독교에 적합하지 않다고 생각하였다. 기독교의 이들 외교관들은 자신이 경건심에서 행동한다고 생각하지만 그들은 그들이 애써 숨기고 있는 권세욕과 세력추구에 의해 지배되고 있다. 이 같은 생각을 키에르케고르는 최후까지 가지고 있었다. 모든 악의 근원은 종교와 정치와의 결탁이다. 국가와 손을 잡은 교회는 이미 교회가 아니다. 도대체 이 땅위에 예수 그리스도의 교회가 존재할 수 있을까. 교회의 모든 행사가 한낮 교회의 연극이 되고 말았다.

그는 교회에 갈 것을 단념하고 그의 독자들도 교회에 가는 것을 좋아하지 않았다. 그는 순진한 젊은이들을 기만 속에 집어넣고 싶지 않았기 때문이다.

키에르케고르의 교회 공격 이면에는 끈질긴 인간 사랑이 뒷받침되어 있다. 교회의 이념이 국가의 이념과 질적 차이가 없게 되고, 교회 성직자가 하나의 국가의 관리가 되고, 교회가 하나의 관청이 되고, 헌금이 하나의 세금이 된 이상 교회는 하나의 독기를 뿜는 망상에 불과하다. 대표적 기독교라고 불리어지는 소위 정통파는 기존하고 있는 것을 위하여 우리들 모두가 그래저래 기독교도들이며 나라가 기독교적인 나라이며 세대들이 기독교도들로 구성되어 있다는 망상을 변함없이 지속시키기 위해 싸우고 있다. 아마 정통파는 특히 다시 오실 예수 그리스도를 체포하여 유죄의 판결을 내리기에 열광할 것이다. 엄격한 정통파의 신봉자는 악마적일 수 있다. 그는 알려질 수 있는 것은 모두 안다. 그는 성자 앞에서 몸을 굽힌다. 진실은 그들의 허례의 총개념이다. 그들은 우리가 신의 옥좌 앞으로 가야 하는 데 대해 말한다. 그리고 얼마나 종종 거기에서 몸을 굽혀 절을 해야 하는가를 알고 있다.

키에르케고르가 어렸을 때부터 존경한 인물은 키에르케고르 아버지의 사제인 뮌스터 주교였다. 그는 그의 걸음걸이 태도 거동을 통하여 외경심을 불러일으키며 자기 모습으로 존경심을 불어넣을 수 있을 줄 알았다. 완전히 한 세대를 지탱했던 주교로서 학문적이고 외교적이고 경건하고 현명한 사람이었다. 보잘 것 없는 상황에서 출발하여 주교직에까지 올라갔던 그는 전 교회사를 통해 오늘날에 이르기까지 빈번히 나타나는 교회직의 위엄에 찬 전형이다. 그는 경건한 기독교 정신을 극히 능란한 세속성과 연결시킬 수 있었고 간사한 지혜의 가면을 썼음에도 자신을 전적으로 예수 그리스도의 계승자로 간주했던 대표적 인물이다. 그는 부인을 두 번이나 학대하고 세 번째 결혼하는 왕을 위하여 주교의 인장을 사양하지 않았다.

키에르케고르는 이 장중한 남자 영혼을 밑바닥까지 꿰뚫어 보고 그가 죽은 후 뮌스터 주교는 진실의 증인이었던가 하는 확신을 내던지게 되었다. 인습으로 응고해 버리고 종교적인 것으로 우스꽝스런 연극으로 타락해 버린 교회에 대하여 그는 항의를 거듭했다. 국회에서는 키에르케고르를 체포하라는 아우성이 드높았다. 여기에 동조하는 그 당시의 성직자들에게 "당신들 때문에 하나님 이름이 온 세상에서 모독된다. 나는 기독교가 살아 나올 수 있도록 성직자가 없기를 바란다. 성직자가 있는 한 기녹교는 하나의 불가능이다. 그는 기녹교를 타락시키게 하는 직업성직자, 형식적이고 경박한 비로드로 치장한 장사꾼을 몰아내고 국가의 바라크이며 선술집인 교회를 닫아 버려라."고 응수하였다.

그는 성직자를 식인종이라고까지 비난을 했다. 그는 정직하고 성실하게 무조건 솔직히 직선적으로 말하였다. 아무도 이 채찍을 피할 사람은 없었다. 그 당시 백발의 회프딩은 자기 강의를 듣는 대학생들에게 이런 말을 했다.

"키에르케고르가 『순간』지를 출간했던 몇 달 동안 갑자기 세상이 전혀 달라 보였으며 얼마나 공기가 깨끗하고 투명하게 되었으며 그리고 이상들이 일상생활에 근접했던 것처럼 보였던가. 이것을 체험하지 못한 사람은 이것을 상상할 수도 없을 것이다."

너무도 오랫동안 밀폐되어 햇빛과 바람이 들어가지 못하고 썩고 곰팡이를 피우는 교회 속에 그는 새로운 바람을 불어넣었다. 그는 진정한 기독교 정신을 가진 성직자가 나타나 줄 것을 기원했다.

"정직한 성직자들을 우리는 필요로 합니다. 여기에 있어 싸움은 결판났습니다. 우리가 필요로 하는 것은 성직자들입니다. 바람직한 모든 교양을 지니고 동시에 정열에 찬 성직자를, 정신적 투쟁에서도 많은 훈련을 쌓은 성직자들은 무리를 가르칠 수 있고 개개인을 지도할 수 있는 성직자를, 말하는데 있어서나 침묵과 인내에 있어서나 동일한 전권을 지녔고 용서할 수 있는 능력에 못지 않게 재판하고 유죄판결을 내릴 수 있는 성직자들을 말입니다. 경고하고 교화하며 감동시킬 수 있고 그러나 동시에 또한 필요한 경우 강요할 수도 있는 성직자들 말입니다. 외적 완력을 통해서가 아니라 그들 자신의 순종을 통해서 말입니다."

키에르케고르는 그와 같은 비범한 자를 위한 자리를 마련하기 위해 자신의 생을 바칠 용기를 가질 수 있으리라고 믿는다고 했다.

키에르케고르의 교회에 대한 깊은 사랑은 어떤 때는 채찍으로 어떤 때는 기원으로 나타났다. 그가 발간하는 『순간』은 많은 사람의 관심거리가 되었다. 그러나 대부분의 사람들은 호기심과 싸움구경에 관심을 표현한 것뿐이다. 사람들은 담벼락을 받다가 쓰러질 곰의 어리석음을 비웃고 있었다. 아무도 자기 자신을 파고들려고 하지 않는다. 밖에서 일어나는 사건에 관심을 가질 뿐이다. 다만 흥미있는 구경거리에 도취하여 자기 자신에겐 냉담한 것뿐이다. 그는 『순간』지에 이런 글을 썼다.

"그렇다 인간들이 누구에게나 부딪칠 수 있는 가장 슬픈 것보다 더 슬픈 것이 있다. 오성을 상실하는 것이 그것이다. 그러나 더 슬픈 것이 있다. 오성의 착란보다 더 무서운, 더 난처한 것은 윤리적 우둔이다. 거기는 무성격의 더러움이 있다. 한 인간이 더 이상 높여질 수 없다는 것, 자기 자신의 앎이 그를 더 이상 높일 수 없다는 것, 이것은 아마 한 인간에게 있어서 말할 수 없는 가장 슬픈 것이리라. 자기의 연을 띄워 올리는 어린아이와 같이 그는 자기 의지를 오르게 한다. 이것을 바라보는 것, 두 눈으로 좇아가는 것, 그것은 어린이에겐 무한히 흥미롭다. 그러나 이 지치는 그 자신을 높여 주지는 않는다. 그는 더러운 진흙 속에 머무르고 있다. 더 흥미로운 것을 갈구하면 그 때 네가 누구라 하더라도 더 병적이 된다. 네가 누구라 하더라도 단순히 지적 흥미에만 도취되어 있다면 네 처지를 부끄러워한다. 부끄러워하라, 부끄러워하라."

키에르케고르는 아무도 돌보지 않는 곳에서 쓸쓸히 죽어갔다. 덴마크의 교회는 한 때 놀랐을 뿐이다. 저명한 교회관리들은 오늘도 그들의 사업을 행정적으로 처리해 가고 있다. 그러나 몇몇 소수의 인간들은 부르조아적 기독교에 격분을 느끼고 그들과 손을 끊고 그들의 마음속에서 진정한 교회를 찾기 시작했다. 그들은 내면적으로 변화되어 부단히 계속해서 보다 진지한 기독교에 이르기 위하여 진정한 노력을 시도하게 되었다.

기독교

　키에르케고르의 『기독교 훈련』은 시대적 변화를 초월해서 지속될 깊은 감명을 주는 높은 각성서이다. 키에르케고르는 이 책의 목적을 이렇게 말한다.
　"기독교계는 기독교 자체를 올바르게 보지도 아니하고 기독교를 제거해 버렸다. 그 때문에 무엇인가를 이룩하고자 하면 기독교를 다시금 기독교계 속으로 이끌어 들이지 않으면 안 된다. 흙으로 빚은 기독교계에 다시 기독교의 생기를 불어 넣어주자는 것이 이 책의 목적이다."
　기독교를 기독교계에 다시 도입하려는 것이 그의 노력의 산물이다. 그는 얼빠진 기독교를 이렇게 그려간다. 소위 기독교계는 수백만의 사람들이 모두 그저 그렇게 단순히 기독교도가 되기 때문에 인간의 수와 동등한 아주 똑같은 수의 기독교가 존재한다.
　오늘의 기독교는 실제로는 이미 기독교가 아니고 다만 알아볼 수 없을 정도로 약화된 하나의 형식에 불과하다. 기독교의 역사는 대대로 계속 그 값이 하락 일로에 있는 그 무엇이다. 이제는 신약성서의 기독교는 전혀 존재하지 않는다. 기독교계는 어마어마한 착각이다. 그것은 순전히 악마의 창안이다.
　그는 기독교계를 길들여진 거위에 비유한다.
　"거위들이 말을 할 수 있고 또한 거위들이 그들의 예배, 그들의 신앙을 가질 수 있는 설비를 했다고 생각해 보라. 매 일요일 그들은 모였고 한 마리의 숫거위가 설교를 했다. 설교의 핵심적 내용은 어떤 높은 목적에서 창조주가 거위를 규정했는가 하는 것이었다. 이 말이 일컬어질 때마다 번번이 모든 암거위들은 무릎을 꿇고 절을 하고 숫거위들은 허리를 굽힌다. 거위들은 날개의 덕택으로 멀리 축복된 지방으로 날아갈 수 있다는 것이 그들의 희망이다. 그곳이 그들에게는 실제로 고향이며 여기에서 그들은 이방인과 같이 살고 있다는 것을 매 일요일마다 그들은 들었다. 그런 다음 이 모임은 산회되었고 각 거위는 아장아장 집에 있는 자기 가족에게 돌아간다. 그리고서 다음 일요일 다시금 예배에 갔고 예배가 끝난 다음 집으로 돌아갔다. 이것이 전부였다. 그들은 풍성히 자라났다. 살찌게 되었다. 토실토실 살이 쪄 맛있게 되었다. 그리고서는 성 마틴 축제일에 잡혀 먹혔다. 이것이 다였다. 그것에 그쳤다. 왜냐하면 일요일 설교연설이 그토록 높이 울리는 반면에 월요일 거위들은 창조주에 의해 주어진 높은 목적을 위해 정해진 그들의 날개를 진지하게 생각하고자 했던 어느 거위가 어떻게 되었으며 어떠한 공포를 이 거위가 참아내야 했던가를 서로 서로 이야기 할 수 있었기 때문이다. 이에 대해 거위들은 서로가 현명하게 이야기를 나눌 수 있었다.

 그러나 물론 일요일 이것에 대해 말하는 것은 격에 맞지 않을 거라고 생각했다. 왜냐하면 그런 이야기는 실제에 있어서 하나님과 그들 자신을 조롱함을 뜻한다는 것이 명백할 것이기 때문이다. 그러나 그들 중에 또한 고통받고 메말랐던 거위가 몇몇 있었다. 거위들 간에서 이들에 대해 말한다. 날아가고자 하는 것을 진지하게 생각할 때 어떤 결과로 이르게 되는지를 그들을 보아서 알아 볼 수가 있다. 왜냐하면 그들은 말없이 날아가고자 하는 생각을 마음속에 품고 있기 때문에 그들은 여위게 되고 풍성하게 자라지도 못하고 그들 모두와 같이 신의 은총을 받아 토실토실 살찌고 기름지고 맛있게 될 수도 없다는 것이다. 왜냐하면 그들은 신의 은총에 의해서 토실토실 살찌고 기름지고 맛있게 되기 때문이다. 그리고시 다음 일요일 그들은 다시금 예배하러 갔다. 그리고 늙은 숫거위가 높은 목적에 대해 설교했다. 암거위들은 다시금 무릎을 꿇었고 숫거위들은 허리를 굽혔다. 숫거위는

키에르케고르 67

창조주가 무엇을 위해 거위들에게 날개를 주었으며 이 날개를 어떻게 쓸 것인가에 대해 설교했다."

　기독교계의 예배도 이와 같은 형편이다. 인간 역시 날개를 가지고 있다. 인간은 상상력의 날개를 가지고 있다. 그리고 어느 누가 이제 이것을 읽으며 그는 이렇게 말하리라. "그것은 참 좋은데." 그리고는 이것으로 끝이다. 그는 거위걸음으로 아장아장 가족들이 있는 집으로 돌아간다. 그는 토실토실 살찌고 맛있게 되며 기름지게 된다. 혹은 그렇게 되려고 애쓰기도 한다.

　그러나 일요일엔 목사가 설교연설을 지껄이고 그는 듣는다. 완전히 거위들처럼 숫거위의 설교를 일요일마다 듣는다. 비단으로 된 가운을 입고 쟁쟁 울리는 목소리로 많은 장식이된 원형 천장에 우아한 반향을 울리면서 높은 도덕들을 더욱 잘 묘사할 수 있었던 지방 감독들, 그들은 연극적 능변을 가지고 기독교를 환상으로 변형시켰다.

　심장이 마비된 일요 기독교도들은 인습과 관습에 질식되어 여하한 종교적 긴장력도 전혀 모른다. 그 때문에 어떠한 자극적 작용력도 그들에게서 나오지 않는다. 그들은 대지와 하늘을 동요케 하는 비상한 말을 해도 표정하나 움직이지 않고 듣는다. 그리고 난 다음 그들은 조용한 정신으로 아무 일도 없었던 듯이 집으로 간다. 아장아장 집으로 돌아가서 살이 쪄 토실토실하고 맛있게 자라간다. 경건한 기독교도들은 그들 구원자의 십자가의 처형에도 마음이 흔들리지 않는다. 맛있게 차린 일요식사는 설교의 열변이 있은 후 그들에겐 입맛을 두 배로 돋구어 준다.

　"오늘 설교는 멋지던데."

　무슨 얘기를 들어도 그들에게는 아무런 변화가 없다. 교회의 기계장치는 계속해서 돌아가고 기독교도들은 돌처럼 요지부동이다. 숫거위의 어떠한 설교도 하나의 웃음거리로 변형시키는 것 이외에 아무 것도 바라지 않는 기독교도의 암거위들은 숫거위의 설교를 한낱 감동적인 오락물로 간주했다.

그러나 키에르케고르는 그 속에는 몇몇의 여윈 거위가 있다는 것을 잊지 않는다. 이들은 과감하고 용감한 거위들이 날개를 펴고 날아가는 시도에서 겪어야만 하는 공포에 대해 소곤거린다. 그들은 그러한 시도에 대한 생각만으로도 여위어지고 풍성히 자라지도 못하며 또 명백히 신의 은총까지도 받지 못한다고 생각한다. 그들은 날개를 진지하게 펴고 날아간 거위가 겪은 곤고를 보여주고 그렇게 되어서는 안 된다는 것을 경고했을 뿐이다.

어떤 때 한 마리의 야생거위가 길든 거위를 꾀어 자기들 무리에 가담시켜 함께 먼 남녘으로 날아가도록 하고자 했다. 그러나 이 시도는 실패로 돌아갔다. 야생거위는 너무나 장시간 길든 거위와 토의하다가 마지막에는 길든 거위가 되어버렸다. 길든 거위는 결코 야생의 거위가 되지 못하나 야생의 거위는 곧잘 길든 거위가 될 수 있다. 그런고로 길든 거위가 너를 지배하기 전에 너는 즉시 떠나가라. 그들 길든 무리를 저버려라. 네가 자기의 비참한 운명을 행복하다고 착각하고 있는 길든 거위가 되지 않도록 빨리 떠나가야 한다.

기독교계는 어마어마한 착각이다. 이거야말로 악마의 창안이다. 기독교도들은 성서를 읽으려하지 않는다. 그들은 단독으로 하나님 말씀과 마주 서고자 하지 않는다. 그들은 설교로 만족한다. 그렇지 않으면 신학에 만족하고 해석에 의해 성경을 보고자 한다.

키에르케고르는 이렇게 말한다.

"사람들이 가진 모든 신약성서를 수집하자. 그것들을 공지로 아니면 산 위로 가저가자. 그러고서 우리들 모두가 무릎을 꿇고 있는 동안 한 사람으로 하여금 하나님에게 말하게 하자. 이 책을 도로 가져 가소서. 지금 상태의 우리들 인간은 무엇에 관계하는데 무용합니다.

이 책은 다만 우리를 불행하게 할 뿐입니다."

　기독교계는 돈, 명성, 잡담에만 몰두하여 성경은 필요 없게 되었다. 기독교 사회는 기독교를 장식품으로 밖에 보지 않는다. 수많은 무리의 사람들이 아직도 기독교 사회에서 살아가고 있다. 그러나 그들은 아무 것도 생각지 않는다. 가장 높고 성스러우신 것은 전연 아무런 인상을 주지 못한다. 일단 숙달과 관습이 되어 버린 기독교는 이제는 성경이 필요 없게 되었다. 많은 사람이 성경을 읽지 않는다. 단독으로 하나님 말씀 앞에 서려고 하지 않는다.

　성경은 거울이다. 그것은 나의 모습을 적나라하게 비추는 거울이다. 성경에 비쳐진 모습은 나다. 성경을 읽기 싫어하는 사람은 자기의 모습을 보기 싫어하는 사람이다. 자기를 알기를 싫어하는 사람이다. 사람들은 우선 해설 책을 찾는다. 주석 책을 찾는다. 설명을 원한다. 그것은 거울을 희미하게 만드는 것뿐이다. 어떤 학자는 이렇게, 어떤 학자는 저렇게 성경을 왜곡해 버린다. 마치 볼록 나온 거울처럼, 우묵 들어간 거울처럼 거울을 이지러지게 만드는 것이다.

　키에르케고르는 성경비평도 좋아하지 않았다. 학문적 성경비판이라 할지라도 그것은 보는 이에게 이익이 되지는 못한다. 성경은 조용히 들여다보아야 한다. 그 속에는 역사도 있고 문학도 있고 계율도 있고 지혜도 있고 모든 것이 섞여 있는 것이 사실이다. 그러나 겸허한 마음으로 회개하는 마음으로 거울을 볼 때 거울에는 나의 모습이 그대로 드러나게 마련이다. 해석을 통하여 보는 것이 아니다. 눈물을 통하여 보는 것이다. 자기의 모습을 보고 자기의 모습을 알면 그것으로 성경의 역할은 다한 것이다.

　기독교계는 교인들에게서 성경을 빼앗아 버렸다. 성경은 들고 다니고 쌓아두는 책으로 보관되었다. 가끔 극히 일부분을 읽고 그것을 해설과 주석과 설교로 엎어버린다. 그래서 사람으로 하여금 성경을 읽을 수 있는 의욕을 제거해 버린다. 기독교계가 기독교를 제거했다는 말은 성경을 제거했다는 말이다. 인간은 혼자서 신 앞에 서려고 하지 않는다. 혼자서 깊이 성경을 파고들려고 하지 않는다. 성경은 하나의 장식물이요 약화된 형식에 불과하다. 성경은 상인들의 상품이 되고 학자들의 장엄한 장식이 되고 말았다. 기독교는 일종의 착각이 되었고 심지어는 신비주의에 오염된 미신이 되고 말았다. 그들은 언제나 자기들이 하나님께로부터 신임장이라도 받고 있는 것처럼 맹신하고 있다.

경건주의자는 신에 대한 그의 관계가 절대로 안전하다고 생각하고 있다. 그들은 하나님을 자기 주머니에 넣고 다니고 있다고 생각한다. 하나님을 부적이나 수호신처럼 생각하는 이런 무리들은 더욱더 성경이 필요 없게 되었다. 성경은 해마다 홍수처럼 쏟아져 나오지만 성경은 아무 쓸데없는 쓰레기가 되었다.

기독교계에서 제일 쓸데없는 책이 성경이다. 성경은 완전히 기독교계에서 밀려나게 되었다. 성경은 기독교계의 예외자가 되었으며 동시에 키에르케고르도 성경과 마찬가지로 예외자가 되었다. 키에르케고르는 개인적으로 성경과 밀접한 관계를 지녔다. 성경은 언제나 그의 책상 위에 놓여 있었다. 그리고 그는 꾸준히 성경을 읽었다. 그는 성경이 이 세상에서 가장 무서운 책인 것을 알았다. 그는 공포와 전율을 가지고 성경을 읽게 되었다. 그는 성경의 무서움을 통해서 하나님의 의가 얼마나 무서운지를 알게 되었다. 참회하는 심정 없이는 성경은 읽을 수 없다. 인간의 적나라한 모습이 성경에 비치기 시작했다. 키에르케고르는 성경을 통하여 마음의 눈을 뜨게 되었다.

신앙론

　새로운 시대가 오기 위해서는 언제나 하나의 선각자가 필요하고 그런 선각자는 의례 대중들에 의하여 조소를 당하고 급기야는 죽임을 당하는 것이 역사의 현실이다. 음식에 양념이 쳐지듯이 언제나 선각자들은 희생당하게 마련이다. 키에르케고르는 자신을 희생자로 자각했다. 여기서 한 인간이 희생되어야 한다고 말이다. 소금이 언제나 음식의 맛을 돋구어 주기 위하여 스스로 녹아버리는 것이나 마찬가지다.

　키에르케고르는 근세를 새롭게 한 인간으로서 루터를 가장 존경했다. 그의 철학은 루터를 파들어 간 이후부터 나타난다. 루터는 키에르케고르를 통하여 변증신학의 원천이 된다. 그는 루터를 독실한 신자, 성실한 영혼, 인류의 스승이라고 하였고 루터는 신약성서 다음으로 가장 참된 모습이라고 격찬하고 그와 완전히 일치한 자기 자신을 행복하게 생각했다. 그러나 루터가 일단 싸움에 이긴 후는 그도 또한 정치와 타협하지 않을 수 없었다. 루터는 순교자로 끝을 내지 못하고 또 하나의 법왕이 되고 만 것이다. 처음에는 고상하고 숭고한 영광으로 기독교의 자유를 교황에 대해 옹호할 수 있었지만 이 자유와 자신을 우둔한 떠벌이들과 추종자들로부터 보호하는데 변증법적으로 충분한 주의를 기울이지 못하였다.

　루터가 순교자가 되지 못했기 때문에 실제는 헤아릴 수 없는 손상을 끼쳤다고 생각했다. 그는 순교자로서 마지막까지 소금이 되지 못하였다. 처음에는 의사였지만 나중에는 환자가 되고 만 것이다. 루터는 카톨릭에 의하여 질식된 기독교를 해방시키는 데는 성공했지만 기독교를 근원으로 돌리는 데는 성공하지 못하였다. 기독교가 세속화되는 것만이 전부가 아니다. 기독교는 세속화하여 대중의 종교가 되는 동시에 그것은 개인의 종교가 되어야 한다. 종교는 넓이를 가지는 것만이 중요한 것이 아니다. 종교는 또한 깊이를 가져야 한다. 그는 신교 속에 다시 수도원적인 요소의 필요를 느끼게 되었다.

　기독교는 세계적인 넓이와 동시에 우주적인 깊이를 가져야 한다. 혼자서 신 앞에 서는 것을 요구하는 그의 주장 속에는 근원적 신교의 불길이 타오른다. 신교의 인생관을 견디어 나갈 수 있는 사람은 도대체가 드물다. 그렇기 때문에 이 신교의 인생관은 세속인에게 진실성이 있어서 힘을 북돋아 주는 역할이 되기 위해 작은 수도단을 조성하든가 카톨릭에 접근하여 힘을 합쳐 인생의 짐을 지고 가는 훈련을 쌓지 않으면 안될 것이라고 생각했다. 그것은 신교의 인생관은 오직 소수의 사람들만이 신교의 사명을 수행할 수 있기 때문에 만일 이러한 수도단체가 없으면 신교는 가장 조잡하고 난폭한 천민교가 될지도 모른다고 키에르케고르는 걱정하였다. 세속화된 신교는 자칫하면 가장 비진실적이고 가장 비성실성을 가지게 될지도 모른다.

　키에르케고르는 카톨릭과 프로테스탄트가 힘을 합하여 서로의 결점을 보충해 가기를 바랬다. 그를 위해서 그는 소금처럼 하나의 희생자가 되어 순교자가 될 것을 자기의 사명으로 하였다. 카톨릭의 깊이와 프로테스탄트의 넓이가 하나가 되는 곳에 그는 참다운 기독교가 있을 수 있다고 생각하였다. 그러나 카톨릭과 프로테스탄트는 너무나 멀리 떨어져 갔다. 그는 신교인으로서 어떻게 수도사적인 깊이를 찾을 수가 있을지를 생각하였다. 근대인은 수도원 없는 수도사가 되는 것이다. 대중 한 사람 한 사람이 수도사가 되는 것이다. 대중 한 사람 한 사람이 넓이로는 대중이고 깊이로는 개인이 되는 것이다.

　키에르케고르가 개인이 되라는 말은 양심을 가지라는 것이다. 대중의 의무를 다하는 동시에 개인의 권리를 가지라는 것이다. 근내인은 민중이면서 군주가 되어야 한다. 그것이 민주다. 자기가 입법자이며 동시에 자기가 준법자이다. 신 앞에 홀로 서는 동시에 자기가 대중과 같이 자연을 가는 것이다. 인간은 누구나 근원적으로 자기 자신을 문제삼을 줄 알아야 한다. 자기 자신에게 있어서 부단한 노력을 통해 하나의 개인이 될 때 그는 신과의 관계를 가질 수 있다. 신은 오직 자신을 개인으로서 느끼고 있는 인간과 관계한다.

키에르케고르의 개인은 신 앞에 투명하게 되려고 노력하는 개인이다. 그는 인간 깊은 속에 다시금 영원을 회복하려고 한다. 영원은 찰라 속에 있듯이 신은 개인 속에만 있다. 신은 개인의 신이다. 아브라함의 신이요, 이삭의 신이요, 야곱의 신이다. 신 앞에 선 개인만이 사슬에서 풀린 날뛰는 시대를 다시금 제어할 수 있다. 개인은 영원한 혼들이 그들의 싸움을 끝까지 싸우는 무대다. 개인은 대중에 대한 모태이며 참된 공동체의 기반이다. 부단한 기도에서 자기 자신을 완전히 투명하게 하려고 애쓰는 개인만이 생명의 생명이신 개인적인 신과 하나가 될 수 있다. 영혼의 가장 깊은 성역에서 오직 신 앞에 선 개인만이 만길 물위에 떠 있을 수 있다.

키에르케고르는 칠만 길 물위에 놓인 바 되고도 즐거워하라는 말을 잘하였다. 칠만 길이나 되는 깊은 바다 위에서도 능히 즐길 수 있는 사람이 기독교도다. 거센 야생마를 타고 달리는 야생인처럼 거센 파도 위에서도 수영을 즐기는 사람이 기독교도다. 거친 세상, 험한 세상일수록 산 보람을 느끼고 풍파가 일어나면 일어날수록 더욱 모험을 즐기는 숙련된 뱃사람이야말로 기독교도에 합당한 것이다.

키에르케고르에 의하면 기독교의 핵심은 진리를 살기 위한 피나는 고행, 진실해지기 위해서 끝없는 수련을 계속하여야 한다는 것이다. 수도하는 사람들에게는 신의 명령만이 그들의 전부다. 그들은 신 앞에 혼자 섰을 뿐이다. 그들은 신 앞에서 신의 명령을 실천하기 위하여 부단한 투쟁을 계속하고 있다. 그들은 물에 빠지지 않기 위해서 부단히 발을 움직이고 있으며 그들은 자기 자신이 신과 하나가 되기 위하여 부단히 자기 자신을 투명하게 한다.

 그들이 완전히 투명해질 때 그들은 마음대로 바다 위에 뜰 수가 있고 마음대로 바다 위를 유희할 수가 있다. 바람이 불어 파도가 일어나도 파도타기의 즐거움을 맛볼 수 있다. 그들은 바다의 초월자이며 바다의 제어자이다. 그들은 시대를 제어할 수 있고 시대를 유희할 수 있다. 그들은 야생마를 탈 수 있는 야생인이 된 것이다. 키에르케고르의 실존은 이러한 실천을 통해서만 이루어진다. 대중에 빠지지 않은 사람, 대중에 유희할 수 있는 사람, 대중을 즐길 수 있는 사람, 이런 사람이 개인이다.

 키에르케고르는 실존이 되기 위하여 자기 속에 이런 소리를 들었다. 나가야 한다. 너는 칠만 길의 물위로 나가야 한다. 그는 언제나 대중을 향하여 걸어갔다. 그는 대중을 향하여 글을 썼다. 그는 대중을 향하여 소리를 질렀다. 그는 대중이 놀래도록 말하는 것을 자기 과제로 삼았다. 키에르케고르의 종교적 연설문들은 불안에 차 있고 선동적이고 공포와 사랑에 떨고 있다. 그것들은 경건하게 고통을 즐거운 것으로 변화시키는 무서운 힘을 제공할 것이다. 그의 말 속에는 무서운 불길이 불어온다. 이 불길 앞에 인간들은 어느 곳으로도 도망칠 수 없다. 그것들은 영혼에 상처를 입히는 생각들로 가득 차 있다. 그것들은 영원의 진지성을 가지고 인간들로 하여금 자기 자신에 솔직하고 신 앞에 공손하게 침묵할 것을 가르친다. 침묵을 만들어라. 침묵이 이룩되도록 하라. 그렇지 않으면 신의 말씀을 들을 수가 없느니라.

 키에르케고르는 모든 사람으로 하여금 개인이 되도록 하고 싶었다. 한 사람 한 사람이 신 앞에서는 개인이 되게 하고 싶었다. 그러기 위해서는 칠만 길 물 위에 기꺼이 뛰어들어야 한다. 기독교도는 기지 되는 것이 아니다. 끝없는 훈련과 실습이 거듭되어야 한다. 수도사의 고통이 동반되어야 한다. "나는 이 시간부터 부단히 기독교에 전념하오." 그것은 진리에 대한 피나는 수행으로만 가능하다.

　키에르케고르는 참회복을 입고 고행하는 파스칼을 좋아하였다. 파스칼은 그 당시에 있어서 고행을 누구보다도 유효하게 이용한 사람이다. 키에르케고르는 칠만 길의 심연 위에서 움직이는 기독교에 대한 그의 영웅적 견해를 통해 사라진 진실에 근접했다. 기독교에 있어서 용기의 면이 항시 이와 같이 강조되었다면 열광과 귀의가 기독교에게 미칠 것이다.

　키에르케고르는 영웅적 기독교의 실존적 특성을 아무리 강조해도 오히려 부족한 것처럼 느꼈다. 키에르케고르에 의하면 영웅적인 기독교는 몇몇 순교자들의 특권이 아니라 그것은 모든 개인의 특권이다. 기독교는 의심할 여지없이 금욕적이다. 기독교의 영웅적 자세는 시대조류에 적응하는 안이한 교회주의가 아니다. 안락의 습지에 빠져들어 가지 않게 하기 위하여 기독교적 영웅주의를 진술하는 것을 그는 자기 사명으로 느꼈다. 영웅적인 것은 기독교와 함께 서고, 함께 넘어진다. 천국을 힘으로 쟁취하는 위대한 성인들이 지닌 숭고한 기독교를 내놓았다. 그는 부단한 종교적 투쟁을 통하여 고통처럼 그토록 매혹적인 것은 없다고 느꼈다. 그는 고통을 통해서 죽음을 사랑하게 된다. 죽음의 순간은 기독교의 상황이다. 기독교도가 되는 것은 자기가 불행해지는 것이다.

　키에르케고르의 표현을 빌리면 신은 가장 무서운 인간의 적이다. 신은 너의 철천지원수다. 너는 그의 의지에 따라 죽어야 한다. 기독교는 자기 자신을 증오하고 부모와 처자를 증오하고 일체를 증오함으로써 신을 사랑하라고 한다. 나에게서 일체를 빼앗는 신은 나의 무서운 적이다. 그러나 신은 일체를 빼앗은 대신 신 자신을 주신다. 그리고 새로운 일체를 허락하신다. 모든 낡은 것을 빼앗아 버리고 새로운 옷을 입혀 주시는 어머니처럼 일체를 빼앗고 일체를 새롭게 해주신다.

참된 신앙은 무한한 체념을 전제한다. 참된 신앙은 부단한 투쟁을 전제한다. 불안이 없는 신앙은 참된 신앙이 아니다. 칠만 길 바다 위는 불안 자체다. 불안, 공포, 전율이 신앙의 양태다. 그러나 신앙에는 정열이 있다. 끝없는 정열적 투쟁은 드디어 바다 위에서 즐길 수 있게끔 인간을 숙련케 한다. 신앙은 모든 거슬림을 극복하는 것이다. 원수를 사랑하고 거슬림을 기뻐하라.

기독교는 모순 투성이다. 모순을 극복하기 전에는 이성을 넘어 설 수 없다. 이성을 넘어설 때만 기독교는 그리스도와 동시성에 놓일 수 있다. 이것은 고행을 통해서만 가능하다. 그리스도와 동시성이 되는 것, 그리스도에 통하는 것, 그것이 신앙이다. 그리스도는 신적 인간이다. 신적 인간 속에서는 시간과 영원은 상통한다. 신과 인간은 무한한 질의 차이가 있다. 사변적 헤겔 철학은 이것을 동일시하는 망상을 범한 것이다. 질적 차이는 죄의식만이 인정케 한다. 각각 개인이 참회하고 속죄하기 위하여 각각 십자가를 지고 가야 한다. 여기에 감미로운 기독교가 사라지고 영웅적인 기독교가 탄생한다. 그리스도가 개인과 동시성을 가질 때만 참된 기독교가 된다.

존재론

정열은 말과 글로 풀이될 수 있는 성질의 것이 아니라 정열은 실존을 필요로 한다. 사랑은 정열이다. 하나님이 사랑이라 할 때에 하나님은 추상일 수 없다. 하나님은 실재여야 하며 하나님은 구체적으로 존재하여야 하다 플라톤이 이데아를 객관적인 실재라고 한 데 대해 키에르케고르는 플라톤에게 공감을 느꼈다. 하나님은 이상이 아니라 존재다. 키에르케고르는 하나님께 대하여 정열을 가지고 경건하게 대하였다. 하나님은 존재이기 때문이다.

　기독교는 교리의 전달이 아니다. 존재의 전달이다. 기독교는 사랑의 전달이요, 정열의 전달이요, 기쁨의 전달이지 교리나 체계나 말이나 형식의 전달이 아니다. 기독교는 습관의 전달이 아니다. 의식이나 예식의 전달이 아니다. 생명의 전달이요, 삶의 전달이다. 기독교는 생명의 전달이지 죽음의 전달이 아니다. 기독교는 감격의 전달이요, 깨달음의 전달이지 감정의 자극이나 지식의 전달이 아니다. 정열과 생명의 전달이다. 정열과 생명은 언제나 모순의 충만이기 때문에 그것은 말이나 체계가 될 수 없다. 학문은 정열이 끝났을 때에 시작된다. 존재한다는 것은 하나의 무한한 모순이기 때문에 정열에 빠지지 아니하고는 존재하면서 존재에 대해 숙고한다는 것은 불가능한 것이다. 생명은 하나의 생성이기 때문에 그것은 정지된 것이 아니다. 정지되지 않은 것을 기술한다는 것은 있을 수 없는 일이다.

　설교는 설명이나 해설이 되어서는 안 된다. 설교는 창작이어야 한다. 순간 순간의 자기의 생명을 내놓는 것이 설교다. 설교는 하나의 정열이다. 그 순간의 분위기가 설교다. 성령의 역사 없이 설교는 불가능하다. 설교는 말이 아니다. 사랑이다. 설교자의 생명이 듣는 사람의 생명과 부딪치는 것이 설교다. 사랑과 사랑이 부딪치고 존재와 존재가 부딪치고 정열과 정열이 부딪치는 것이 전도다. 정성과 정성이 부딪치는, 법열과 법열이 부딪치는, 마음과 마음이 부딪치는, 영과 영이 부딪치는 것이 설교다.

　기독교란 학설이 아니라 존재전달이다. 하나님을 전하는 것이다. 신을 전하는 것이다. 사랑을 전하는 것이다. 진리를 전하는 것이다. 생명을 전하는 것이다. 도를 전하는 것이다. 그 속에는 나라는 것이 없다. 있다면 하나님뿐이다. 그것은 고차원적인 것이다. 키에르케고르의 말대로 구세주이신 우리의 주 예수 그리스도께서는 어떤 학설을 가져다주기 위해서 이 세상에 오신 것이 아니다. 그는 결코 강의하지 않았다. 그의 학설은 실제에 있어 그의 생, 그의 생활이었다. 바울의 말대로 성도들이 전할 것은 십자가의 학설이 아니다. 생활을 보여주는 것뿐이다. 삶을 보여 주고 죽음을 보여주는 것이 전도다. 그런데 교회는 교리를 전달하는데 그치고 종교개혁도 이것을 정정하지 못했다.

키에르케고르는 기독교는 하나의 존재전달이지 학설이 아니다라는 해명으로써 기독교내에 있어온 수백 년간의 분규에 종말을 찍었다. 키에르케고르는 헤겔이 기독교를 하나의 사변으로 체계화한데 대하여 심각한 반발을 가져왔다. 헤겔은 논리적 체계만 있지 현존의 체계는 없다. 생의 모든 현상들을 자기의 논리적 체계 속에 담으려는 헤겔의 노력은 인간의 윤리적 종교적 생활을 위해서는 파괴적 작용을 했다. 헤겔이 끝나는 곳에 기독교적인 것이 시작된다. 헤겔의 세계사는 하나의 연극이지 진지성도 책임감도 없다. 철학을 가지고 신에 도달하려는 그의 논리적 범신론은 신과 인간을 동일한 것으로 보는 헤겔의 말할 수 없는 범죄를 키에르케고르는 묵과할 수가 없었다.

키에르케고르는 헤겔학파에 대해서 가차없이 포문을 열었다. 산란케 하는 방법은 많다. 그러나 추상적 사고같이 그토록 효과 있게 인간으로 하여금 자신으로부터 떠나가게 하는 방법은 거의 없다. 왜냐하면 추상적 사고는 가능한 한 비개성적 태도를 요구하기 때문이다.

키에르케고르는 기독교와 철학은 통합될 수 없다고 깨닫게 되었다. 철학은 존재가 아니다. 그것은 논리의 신기루다. 그는 종교철학을 인정할 수가 없었다. 그는 신학도 인정할 수가 없었다. 그에게 있어서 신학은 철학의 품속에 떠어드는 창녀로 밖에 보이지 않았기 때문이다. 신학은 화장을 하고 창가에 앉아 그들의 사랑을 철학에 팔려고 애쓰고 있다고 욕을 퍼부었다. "그는 기독교의 사변적 탈선을 버려라. 체계를 벗어나라." 지식에 급급하여 존재를 망각한 기독교인에 대하여 그는 날카로운 조소와 야유를 퍼부었다. 그것은 신앙은 언제나 존재와 연결되어 있기 때문이다. 문장들의 총화나 개념규정 같은 것이 신앙이 아니다. 신앙은 하나의 생이다. 삶이다. 정열이다. 진실이다. 기독교는 존재몰수다. 존재가 없으면 기독교는 없다. 기독교는 진실이다. 정성이다. 열정이다. 사랑이다. 차디찬 사변이 아니다. 뜨거운 불이다. 존재는 인간이 지닌 모든 정열을 요구한다. 종교는 인간의 가장 내면적인 것이 감동되고 가장 깊은 심층에 호소하는 영이다. 기독교는 사람이 문제지 체계가 문제가 아니다. 인간회복이 문제지 교리의 체계가 문제가 아니다. 꽂힌 화살을 뽑는 것이 문제지 화살의 종류와 설명이 문제가 아니다. 기독교는 사변이 아니라 존재의 회복이다.

 키에르케고르는 무서운 정열을 가지고 자기 자신의 존재 속으로 깊이 파고들어 간다. 왜냐하면 존재만이 인간으로 하여금 최종적 실재와 접하게 하기 때문이다. 키에르케고르는 기독교를 지성적 추상적 개념들로부터 해방하여 그것의 고유한 존재를 회복하려고 한다. 모든 존재무시에 그는 엄숙히 항의한다. 신앙을 적절한 가격으로 팔아버리는 교회를 그는 용납할 수가 없었다. 그는 일체에 대해서 반항하기 시작했다. 반어는 그의 생명이 되었다.

 "반어는 제한하고 변화시키고 한계 짓는다. 그것을 통해 진실 실재 내용을 부여한다. 그것은 징계하고 벌한다. 그를 통해 태도와 견고성을 보여준다. 반어는 일종의 엄격한 교사이다. 그를 알지 못하는 사람은 그를 두려워하나 그를 아는 사람은 그를 좋아한다. 도대체 반어를 이해 못하는 사람, 속삭임을 듣지 못하는 사람에게는 바로 그로 인해 개인생활의 절대적 시작이라고 명명할 수 있는 것이 결여된다. 그에겐 회복, 회춘의 계기가 없다."

키에르케고르는 반어법을 소크라테스에게 배웠다. 존재를 생의 본질로 본 그는 플라톤에게서 자기의 유사성을 찾게 되었다. 플라톤의 이데아는 추상이 아니다. 그것은 실재였다. 실재의 이데아를 그는 찾았다. 실재의 이데아를 위해서 죽은 사람이 소크라테스다. 소크라테스는 실재와 현상을 혼동하지 않았다. 소크라테스는 실재의 세계를 지지로 도달하려는 헤겔의 경거망동을 하지 않았다. 소크라테스는 신 앞에서는 언제나 무지로 대하였다.

"소크라테스의 무지는 일종의 신에 대한 경의와 예배였고 그의 무지는 희랍적인 방식으로 혁명의 시작이다. 소크라테스가 신성에 대한 경의를 표했던 나머지 무지를 자기의 입장으로 삼았다는 것, 소크라테스가 이교도로서 한 개의 법관처럼 인간의 한계선을 넘어가지 않도록 감시했다는 것에 경의를 표해야 한다. 그의 감시로 신과 인간과의 질적 상이가 확실히 되고 신과 인간은 철학적, 시적 방법 등으로는 절대 융합될 수 없다는 것을 감시해 주었다. 소크라테스는 언제나 신 앞에서 무지가 되었다. 그 때문에 신은 그를 최고의 지자라고 하는 것이다. 키에르케고르는 하늘과 땅을 갈라놓는 소크라테스를 자기의 유일한 스승으로 삼았다. 그리스도 이외엔 소크라테스만이 유일한 현존이다. 키에르케고르는 그의 일기장에 이렇게 적어 놓았다.

"한 젊은 사람이 있었다. 알키비아데스처럼 다행스럽게 재능을 지녔었다. 그는 길을 잃고 세상을 헤맸었다. 곤궁에 처해 그는 소크라테스와 같은 사람이 없나 하고 돌아보았다. 그러나 그와 동시대인들 간에서는 아무도 발견치 못했다. 그때 그는 신들에게 자기자신을 소크라테스로 변화시켜 줄 것을 빌었다."

그의 기원이 드디어 성취되는 날이 왔다. 그의 눈은 어느 날 소크라테스의 눈을 가지게 되었다. 소크라테스의 아이러니는 새로운 견지이며 그러한 견지로써 그는 일체 철학에 절대적으로 도전하게 되었다. 소크라테스는 언제나 하나의 무이며 일체를 삼켜버리고 일체를 내어놓을 수 있는 하나의 생명이었다.

키에르케고르는 덴마크의 소크라테스라서 어떤 공통점을 지니고 있었다. 그들은 적대자와 부단히 싸우게 되었다. 키에르케고르는 소크라테스의 눈을 가지고 그 당시의 소피스트인 헤겔을 바라보게 되었다. 헤겔에게는 논리적 체계만 있었지 현존의 체계가 없었다. 헤겔에게는 사변이 있었지 존재가 없었다. 헤겔에게는 체계가 있었지 진실이 없었다. 헤겔에게는 깊은 곳에서 "나는 당신을 향해 외칩니다." 하는 애절한 탄원이 없었다. 그에게는 진실로 이끌어 주는 차원이 결여되어 있었다. 신앙은 사고가 정지하는 곳에서 시작된다.

키에르케고르는 인간의 사고를 넘어서 내적 행위로 정진케 한다. 윤리적인 정화는 사고로는 일어나지 않는다. 그는 끝까지 자기에 대해서 정직하려고 한다. 모든 사람을 속일 수 있지만 자기만은 속일 수 없기 때문이다. 키에르케고르의 문제는 지적 문제가 아니었다. 그는 소크라테스와 같이 실제로 행동하는 사람이었다. 지적 논란에서 벗어나 정직한 일상생활로 되돌아가는 일이 그의 할 일이었다. 진실을 추구하려는 투쟁은 대학의 강의실에서가 아니라 인간의 내면에서 일상에서 해결된다.

실존의 필연성은 강의되어서는 안되고 종교적 인생의 영위에서 논거 되어야 한다. 가장 나쁜 것은 존재자가 되지 않고 존재적인 것을 능란한 말로 대변하는 사람이 되는 것이다. 존재 속에 존재하여야 한다. 존재를 말하는 것이 아니다. 존재를 사는 것이다. 존재 속에 존재한다는 말은 생의 변화를 의미한다. 사고적인 생이 정열의 생으로 비약하는 기독교적 모험이다. 실존은 철학이 아니다. 그것이 체계가 되고 철학이 되면 또다시 허무주의가 되고 무신론이다. 철학은 언제나 허무하고 무신적이다. 철학 속에는 존재가 없다. 진실이 없다. 변화가 없다. 실존이 철학이 될 때 실존철학은 실존을 상실하게 된다. 실존을 상실한 철학은 키에르케고르가 그렇게도 미워한 헤겔의 철학과 무엇이 다를 것인가. 키에르케고르의 『비학문적 추고』는 60권 밖에 팔리지 않았다고 한다.

오늘날 키에르케고르의 서적이 서점에 범람함은 키에르케고르를 이해한 사람이 많다는 것을 뜻하는 것일까. 혹은 키에르케고르를 헤겔 철학의 추상적 언어로 키에르케고르의 존재를 도외시하고 키에르케고르를 일종의 재미있는 사유로 퇴거시켰기 때문이 아닐까. 키에르케고르의 불타는 진실추구가 또 다시 추상적 체계 속으로 제한되어 정열의 불은 꺼져버리고 존재의 전달이 중단됨을 의미하는 것이 아닐까. 키에르케고르는 철학이 아니다. 철학적 신학적 체계 속에는 키에르케고르는 존재하지 않는다. 키에르케고르는 언제나 체계 밖에 있는 고독한 예외자였다.

유혹자

시인 키에르케고르는 『이것인가 저것인가』라는 작품에서도 그의 상상력의 날개를 펴기 시작했다. 이 작품을 쓸 때 키에르케고르는 이미 오래 전에 심미적 단계를 넘어서고 있었던 것이다. 그러나 그의 상상력은 그가 젊었을 때 23세의 젊은이로서 6천 크로네라고 하는 거금을 뿌려가면서 죄악과 방탕의 심연에 빠졌던 그 사실을 누구보다도 생생하게 그려낼 수가 있었다.

그는 후기낭만주의 시대를 몸으로 살아본 사람이다. 그는 나이 많은 여인들을 아름다운 여성미를 갖도록 젊게 하고 아직 어린애인 여인들은 순간적으로 성숙하게 만들었다. 여인이라는 모든 여인이 그의 밥이 되었다. 그는 후세 사람이 『키에르케고르와 유혹자』라는 책을 써내리만큼 그는 유혹자의 화신이 되었다. 그는 화신이 될 수 있을 만큼 재치와 정신력을 가지고 있었다. 여인들이 그들의 자유로운 의지로 오직 자기 스스로를 바치기 위해 온갖 노력을 다할 수 있도록 그녀들을 만들 수 있을 때, 그리하여 그녀들이 자기를 바치는 것이 그렇게 행복할 수가 없다고 생각하여 자신을 바치기 위해 구걸이라도 하게끔 만들 수 있을 때 그는 진정 유혹자가 될 수 있었던 것이다. 이런 유혹자가 되기 위해서는 오직 정신적인 영향력을 구사할 수 있을 때뿐이다. 그는 자기 속에 그런 힘이 있음을 자인한다.

 그는 이런 신화로 자기를 그려본다. 남자들이 그의 근원적인 힘으로 하늘까지 침범하지 않을까 하고 염려한 나머지 신들은 그들의 침범을 막기 위하여 여자를 창조하려는 교활한 생각을 하게 되었다. 여자에게 매혹되어 꼼짝못하는 남자들을 만들기 위해서다. 그리하여 신들의 술책은 성공하였다. 그러나 언제나 성공한 것은 아니다. 언제나 이 속임수를 알아차린 몇몇 남자들이 있었다. 여인의 아름다움을 누구보다도 잘 알지만 그러나 신들의 비밀을 예감했던 몇몇 남자들이 있었다. 나는 이들을 연애박사라고 이름 붙였다. 나 자신도 이들 가운데 한 사람이다. 사람들은 그들을 유혹자라고 한다. 여자들은 그들을 만나면 얼이 빠진다. 그들은 신들보다도 더 행복할지 모른다. 그들은 신들보다도 더 맛있는 것을 먹고 신들보다도 더 독한 술을 마신다. 그들은 언제나 미끼만을 먹는다. 그들은 절대 잡히지 않는다. 그들은 낚시까지 삼키고 잡히는 어리석은 고기가 아니다. 그들은 미끼만을 따먹고 절대 잡히지 않는다. 여인들도 그것을 예감하고 있다. 그 때문에 그들과 여인들 간에는 보이지 않는 의사소통이 있다.

 여자와 더불어 세상에 즐거움이 탄생되었다. 여자란 남자에게는 이 세상의 어떤 술어도 충분히 표현할 수 없는 진기하고 혼합적이며 신비롭고 종합적인 것이기 때문에 아름다운 여인의 본체는 자유로운 남자에게는 경이에 찬 꿈이며 동시에 극도의 현실이다. 여인이란 무궁무진한 숙고와 관찰의 소재이며 신비인 것이다.

　키에르케고르는 유혹자 돈 환의 신비를 해명할 수는 없으나 그의 천재성을 느낄 수는 있었다. 그 돈 환의 생은 샴페인처럼 거품을 일으킨다. 내면의 열기로 인해 끓어오르는 방울들이 용솟음치는 향락의 소용돌이 속에서 즐거움을 노래부른다. 키에르케고르의 이러한 마음을 악마처럼 사로잡은 것은 모차르트의 음악이었다. 음악은 가장 직접적인 것이다. 그것은 연주되는 순간 이외에는 존재하지 않는다. 인간을 엄습해서 인간의 일상성을 벗어나서 생의 원천으로 이끌어 주는 음악의 위대한 힘은 말로써는 재현할 수가 없다. 모차르트의 돈 환은 키에르케고르를 심오한 정열로 끌어들였다. 그는 어두운 극장 뒷구석에서 감미롭고 유연한 모차르트에 도취되어 있었다. 음악이 그의 생을 이야기하는 것을 들어라. 번개가 검은 구름 속에서 터져 나오듯 그는 무한히 깊은 생의 진지성에서 솟아 나온다. 번개보다도 빨리 거칠은 지그재그를 그리며 그러나 못지 않게 명중은 확실히, 그가 영원히 변화하고 있는 수많은 현상들 속에 뛰어드는 것을, 튼튼한 생의 제방을 향해 그가 돌진하는 것을 들어라. 가볍게 부동하는 바이올린 소리를, 방울 짓는 기쁨의 웃음을, 즐거움의 환성을, 환희에 넘치는 향락의 축제를 들어라. 그가 자신을 스쳐 점점 더 사납게, 점점 더 재빨리 질주해 가는 것을 들어라. 절제 없는 욕구의 노여움 속의 정열을 들어라. 사랑의 숨가쁜 소리를, 유혹의 속삭임을, 유인의 돌개바람 소리를 들어라. 순간의 정적을 들어라. 모차르트의 돈 환을 들어라. 돈 환과 행복하게 되기 위하여 불행하게 되고자 하지 않는 연인은 나쁜 여인이다. 오직 한해 동안이나마 돈 환이 되기 위해 자기의 전생을 바치고자 했던 순간들을 갖지 아니한 젊은 사람이 어디 있을 것인가.

특히 현대 인간들처럼 가능한 한 많은 향락을 갈구하여 다방과 영화관을 채우고 실내경기장과 클럽 회관을 채우는 환락에 얼빠진 대중들은 말할 것도 없고 다소 세련된 지성인들까지도 의식적 생의 지루함을 혐오하고 무의식적 생에 도취되기를 갈구하는 군상이 얼마나 많은가. 모든 심미적인 생각은 절망이며 심미적으로 사는 사람은 누구나 자기가 알든 모르든 절망하고 있다. 마치 대리석상이 돈 환의 종말에 속하는 것처럼 모든 쾌락에 충만된 도취는 과감한 신들의 꿈으로서, 어김없이 비참한 파멸로서 끝나버린다. 돈 환의 길에는 암흑 속에 번쩍이는 번개가 일체를 파멸로 인도하는 불안이 도사리고 있다. 이 불안이 인간의 심장을 뚫어 분출되는 화염처럼 인간의 본성을 뒤덮고 만다. 우리는 불안의 몸서리를 해명할 수 없다. 불안이란 파악할 수 없이 단순한 현존이다. 불안은 인간을 엄습하여 죽음과 같이 창백하게 인간을 뒤흔든다.

키에르케고르의 일기장에는 이런 이야기가 적혀 있다.

"대단히 큰 배 한 척을 생각하라. 아마 지금 있는 거대한 배들보다 더 큰 배를. 수많은 선객들이 그 위에 타고 있고 모든 것은 오직 가능한 한 그토록 아름답고 호화롭게 설비되어 있어야 한다. 선장실에는 즐거운 분위기가 감돈다. 그리고 모든 사람들 중에서 가장 즐거워하는 자는 선장이다.

그런데 수평선에 흰 점이 나타난다. 무서운 밤이었다. 그러나 아무도 이 흰 점을 보지 못한다. 아니면 그것이 무엇을 의미하는가를 예감하지 못한다. 그러나 거기 한 선객이 있다. 그는 배에서 명령권이 없다. 그래서 아무 것도 시도할 수 없다. 그러나 무엇이 그에게 가능하고도 유일한 것을 하도록 하기 위해 그는 선장이 잠시 갑판에 오도록 간청케 한다. 얼마동안 시간이 걸린다. 드디어 선장이 본다. 그러나 그는 아무 소리도 듣고자 하지 않는다. 그리하여 농담을 하면서 선실 안에서 마음껏 떠들고 마음껏 즐거워하는 사람들 속으로 급히 되돌아 간다. 이곳에서 사람들은 모두 환성을 지르며 선장의 건강을 축복하여 술잔을 든다. 불쌍한 선객은 두려워 감히 선장을 방해하지 못한다. 그렇게 한다면 지금은 불손한 행위가 될 것이다. 왜냐하면 흰 점이 수평선에 변하지 아니하고 있기 때문이다. 무시운 밤이었다. 근심 없이 떠들고 있는 많은 여행객들을 생각하면 이것은 무서운 일이다. 선장이 위험에 대해 전혀 알고자 하지 않은 것은 무서운 일이다."

 더욱 무서운 것은 이것을 알아보고 무슨 일이 다가올 것인가를 알고 있는 유일한 사람이 승객이라는 사실이다. 기독교적으로 보아 무서운 폭풍우가 다가오는 것을 의미하는 흰 점이 수평선에 나타나 있다는 것, 그것을 나는 알았다. 아, 그러나 나는 다만 하나의 승객이고 평범한 승객일 뿐이었다. 플라톤은 철인이 왕이 되든지 왕이 철인이 되어야 이상국가라고 했다. 그런데 왕과 철인이 각각 살게 되는 것이 불행한 현실이다. 무서운 폭풍우가 올 것을 예견한 키에르케고르는 선장이 아니었다. 다만 하나의 승객에 불과했다. 그가 아무리 선장을 찾아도 선장은 아는 체도 하지 않는다. 곧 폭풍은 다가오고 배는 암초에 걸려 깨어질지도 모른다. 여기에 그는 기독교의 절망을 본다.

 개개의 인간은 시대를 돕거나 시대를 구제할 수 없다. 그는 다만 시대가 몰락하는 것을 표현할 수 있을 뿐이다. 정신적 견지에서 볼 때 그것은 기독교의 파산만이 아니었다. 그것은 전 구라파가 직면하고 있는 총체적 파산을 의미한다. 짐승의 단체로 하락하게 될 현대의 광란을 그는 미리 예견했던 것이다. 현대의 대중은 기분전환과 오락을 위해서는 무슨 짓이라도 한다. 그것은 해파리처럼 하나의 환상, 하나의 무, 하나의 평준화다.

한 인간이 대중 속으로 사라질 때 그는 얼마나 근거 없는 뻔뻔한 짓을 감행하고 있는가. 대중은 진실을 파악할 능력이 없다. 대중은 참되지 않다. 그것은 어린애를 삼키는 모록신처럼 일체의 개인을 삼켜버린다. 세계사의 범주들은 전도되고 대중은 유일한 폭군이 되었다. 이 폭군을 이용하여 정권을 잡아 보겠다는 운동이 마르크스와 엥겔스의 노동운동이었다. 이제 거센 바람이 휘몰아칠 때 기독교는 산산조각이 날 것을 그는 예견하였다. 공산주의는 양심과 도덕을 파괴할 수 있는 빵 폭동이다. 이 물결을 더 힘차게 해주는 것이 과학이다. 과학은 모든 것을 평준화하고 인류의 양심까지도 밀어 제쳤다. 생리학은 윤리학까지도 침범하고 말았다.

모든 몰락은 결국 자연과학에서부터 오게 될 것이다. 공산주의와 과학과 대중과 신문은 일체 개인을 삼켜버렸다. 무서운 앞날이 예견되었다. 바다 위에는 아무 배도 없는 천만 길 깊은 바다에 물결만 출렁거리는 무서운 시대가 올 것을 그는 예감한 것이다.

현대는 본질적으로 지성적이다. 현대는 아마도 평균적으로 보면 과거 어느 세대보다도 잘 알고 있는 시대다. 그러나 그것에는 정열이 없다. 누구나 많이 안다. 우리는 모두가 어떤 길을 가야 하는가를 알며 갈 수 있는 많은 길을 안다. 그러나 아무도 이 길은 가고자 하지 않는다. 모든 것은 아직 존속하고 있다. 그러나 아무도 더 이상 그것을 믿지 않는다. 존속하는 것에 권리와 근거를 주는 보이지 않는 정신적 결속이 사라졌다. 그 결과 인간은 깊은 정신적 침체에 빠지게 되었다.

우울이 우리들 시대의 병이 되었다. 이것은 시대의 경솔한 웃음 속에서까지 울리고 있다. 그것은 우리들에게서 명령하고 순종할 용기와 행동할 힘, 그리고 신앙과 희망을 앗아갔다.

키에르케고르는 시민시대의 행복한 허영으로 말미암아 현혹되지 않았다. 그는 예리한 통찰력으로 덴마크가 무엇인가 썩었다는 것을 알았다. 생에 대해 배우고자 하는 내면성을 찾아보기란 아주 드물다. 그러나 그러면 그럴수록 더 종종 찾아볼 수 있는 것은 생에 의해 기고만장하게 되는 즐거움과 자극이다. 그는 자기가 사는 시대를 일시적으로 열광의 불을 뿜고 드디어 다시금 무감각상태로 휴식하는 시대로 특정 지었다. 전체적인 것이 유동적인 것으로 흔들리고 있다.

십자가

키에르케고르가 제일 싫어한 것은 학자였다고 한다. 그들은 장사꾼처럼 모든 것을 객관적으로 처리해 버리기 때문이다. 아무리 맛있는 과일이라도 장사꾼은 이 손에서 저 손으로 옮겨 주는 것뿐이다. 자기는 그 과일을 먹지도 못하고 그저 적은 이윤을 붙여서 파는 것뿐이다. 학자들은 대개 소피스트처럼 모든 것에 대해서 객관적이다. 그들에게는 주관적인 참여는 없다. 과일을 먹어보는 일은 없다. 그저 파는 것뿐이다.

키에르케고르는 자기의 생명과 연결시키지 않는 객관적 지식의 매매업자, 학자를 몹시도 경멸한다. 그들은 진리로 살고자 하는 사람이 아니라 진리를 파는 것뿐이다. 목사도 마찬가지고 교인도 마찬가지다. 그들은 진리에 생명을 걸지 않는다. 그저 사고 그저 팔고 마치 스승을 파는 가롯 유다처럼 학자들은 예수를 연구하여 글을 써서 팔아먹고, 목사들은 예수를 연구하여 말로 팔아먹는 제2의 가롯 유다들이다. 그 좋은 과일을 먹어보지도 못하고 파는 과일상, 그 좋은 책을 한 장도 읽어보시 못하고 파는 책장사, 그 좋은 성경을 읽지도 않고 파는 성경책 장사, 그 좋은 진리를 살 생각도 안하고 말로 글로 흘려

보내는 가엾은 사람들, 그런 사람들이 학자들이다.

그는 자기의 생애가 이런 학자들에 의하여 도살장의 소처럼 분석되어 생명 없는 쇠고기처럼 키에르케고르 사상이라는 명목으로 팔릴 생각을 하면 기가 막혔다. 마치 돈 많은 부자가 상속자가 없이 죽어 애써 모은 재산이 흐지부지 사라지듯이 자기가 애써 모은 사상이 자기의 사상을 진지하게 살아가는 후계자가 없이 그저 학자의 손에 흐지부지 사라질 것을 생각하면 정말 기가 막혔다. 그는 정말 자기의 후계자를 그리워했다. 천년이고 만년이고 후에라도 괜찮다. 자기의 삶에 동조하는 사람만 있다면 그것으로 한이 없을 것이다.

도는 통하는 것이요, 의미란 터득하는 것이다. 삶이란 참여다. 그리스도는 어떠한 학자도 필요로 하지 않았다. 그는 어부들로 족했다. 장군은 필요가 없다. 먹는 사람, 사는 사람이 필요하다. 종교에는 정말 학문이 필요 없다. 학문이 필요하면 그것은 종교가 아니다. 종교는 신앙뿐이다. 인간은 자기의 생이 표현하는 그 이상을 이해하지 못한다. 종교는 살아보지 않고는 정말 모른다. 살아보는 것만이 신을 알 수 있는 오직 하나의 길이다. 그렇기 때문에 키에르케고르는 결단의 언어만이 인간이 신과 통할 수 있는 유일한 언어라고 강조한다.

기독교가 인간의 생을 침해하는 것이 없다면 그것은 기독교가 아니다. 기독교는 신학일 수는 없다. 신학은 학문과 다를 바가 아무 것도 없다. 기독교는 신학이 아니다. 그것은 신앙이다. 그것은 나를 변혁시키는 하나님의 힘이어야 한다.

내가 지는 것이 신이 이기는 것이다. 내 뜻대로 마옵시고 아버지 뜻대로 되는 것이다. 신을 아는 길은 고통뿐이다. 그리고 신에게 가는 길은 죽음뿐이다. 인간의 실패는 신의 승리와 통한다. 그러나 신의 승리를 기뻐하는 것이 참된 인간이다. 아들에게 지고 기뻐하는 아버지처럼 신에게 지고 기뻐하는 인간이 종교인이다. 신이 이기는 것이 자기가 이기는 것이다. 자기가 이기는 것은 자기도 지고 신도 지는 것이다.

인간은 자기를 희생함으로써 신을 찬미한다. 인간은 자기의 이마에 피칠을 함으로써 생명에 들 수가 있다. 영원한 사랑이 이루어지기 위해서는 자체의 실현을 거부하지 않을 수 없는 것이 역사의 비극이다. 몸이 죽어야 영이 살아난다. 밥이 죽어야 몸이 살듯이 몸은 영의 밥이다. 영은 몸을 먹고 살아가고 있다. 그것이 금식기도다. 영을 불지르기 위하여 몸은 초똥이 되어 눈물을 짓는다. 인생은 엄격하다. 그것은 하나님이 교육하시기 때문이다. 하나님은 쓰라린 운명을 사랑하는 아들에게 부어주신다. 이러한 쓰라림 없이는 그는 빛날 수 없기 때문이다. 쓰라림만이 하나님의 유일한 사랑이다. 쓰라림을 빼놓으면 인간이 하나님을 찾을 길은 영원히 막혀 버린다.

신의 교육은 엄격하지만 언젠가는 미소를 짓고 졸업을 기뻐할 날이 있을 것이다. 사관생도들의 고된 훈련처럼 그것이 고되면 고될수록 신의 사랑은 더욱 절실하다. 신은 아들을 십자가에 매달 때에 아들만 다는 것이 아니다. 자기도 동시에 거기에 달리게 된다. 달리는 이는 학생들만 달리는 것이 아니다. 교관도 같이 달리고 있는 것이다. 고난 속에서만 인간은 신과 같이 달릴 수 있다. 세상에 제일 큰 교육자는 신뿐이다. 신만이 생명교육을 할 수가 있다. 인간은 신이 인간만을 저주하고 있다고 생각하는 때가 있다. 그러나 그것은 아버지의 마음을 모르는 것이다. 아버지는 아들과 같이 뛰고 있는 것이다.

인간은 고통 속에 신의 현존을 느껴야 한다. 그리고 동시에 그 고통 속에 무한한 기쁨이 있는 것을 알아야 한다. 기쁨이 기쁨 속에 있는 것이 아니다. 기쁨은 가끔 슬픔 속에 있고 즐거움은 가끔 고통 속에 있음을 알아야 한다. 고통이 그대로 기쁨으로 느끼는 사람은 자기를 저주받은 존재로는 인정하지 않을 것이다. 신과 인간과의 거리는 한없이 멀다. 그 거리가 멀면 멀수록 신은 진정한 교육자가 될 수가 있다. 신비와 무한을 지니지 않는 교육자는 교육자일 수 없기 때문이다. 땅을 정말 가르칠 수 있는 것은 하늘밖에 없다. 땅과 단절된 하늘만이 땅을 땅이게 할 수가 있다. 그러나 땅은 쉽게 하늘로 올라가 하늘을 덮어버릴 수가 있다. 이것이 교육의 신비함이다.

쳐다볼 수도 없던 제자는 어느덧 스승보다도 더 높이 자란다. 자기보다 더 높은 제자에게서 스승은 무한한 기쁨을 느낀다. 신의 도구처럼 절대적 순종이 인간으로 하여금 신을 능가할 만큼 위대한 공덕을 세우게 된다. 신의 엄격한 교육은 인간을 강인한 인간으로 만들어 준다.

키에르케고르는 나를 교육했던 이는 세계를 조종하는 하나님이라고 서슴지 않고 외칠 수가 있었다. 그는 자기가 받은 교육이 무엇보다도 규율적이었으며 그것이 그의 인격의 형성에 놀랄만한 큰 역할을 했기 때문이다. 하나님이 친히 교육하시지 않았던들 어떻게 키에르케고르 같은 위대한 사상가가 나올 수 있을 것인가. 모든 영웅은 시대의 산물이요, 모든 위인은 하나님의 제자이다. 하나님이 교육하지 않고 어떻게 위대함이 나타날 수가 있겠는가. 위대하신 이는 오로지 하나님뿐이시다. 하나님의 교육에 한없이 감사할 이는 키에르케고르뿐이 아닐 것이다. 하나님의 채찍에 맞아 혼에 상처를 입어 흐르는 피는 돌들에게 눈물이 나게끔 감동시킬 수 있는 시적인 리듬을 지니고 있다. 그것은 사랑의 폭발이요, 무한한 상상력을 동반하고 있기 때문이다.

그는 시인이기에 그가 쉬는 모든 한숨과 절규들을 아름다운 음악으로 변하게 한다. 그는 신학자, 철학자, 그 밖의 모든 학자들보다도 뜨거운 피를 가진 시인이었다. 그의 이상은 사상을 통하여 시로 날개를 편다. 시인의 가슴이 터져야 한다. 답답한 가슴이 화산같이 터져야 한다. 그의 가슴에서 연기가 터져 나오고 재가 터져 나오고 용암

이 터져 나온다. 그 보다 더 그의 가슴에서 울분이 터져 나오고 우울이 터져 나온다.

그러나 아무리 기침을 해도 깨끗하게 열리지 않는 목구멍처럼 그의 마음은 아무리 시상의 노래를 부르고 또 불러도 끝까지 마음 한구석에 붙어 있는 가래가 있다.

그것이 죄악이다. 그는 시인의 눈을 통하여 자기의 한계를 안다. 시인은 기침을 할 수는 있어도 가래를 제거할 수는 없다. 가래는 그토록 그의 가슴에 원수처럼 붙어있는 죄의 고질이다. 모든 기침이 이 가래를 제거하기 위한 최선 수단이었다. 그는 상상하고 일체를 숙고하여 우울을 몰아내기 위한 시작으로 몸부림쳤다.

그러나 그의 시와 문장이 그의 우울을 멈출 수 있을 것인가. 기침으로 가래가 사라질 수 있을 것인가. 그의 죄성은 실재였다. 자기가 지은 죄도 있고, 자기 아버지가 지은 죄도 있고, 자기의 민족이 지은 죄도 있고, 온 인류가 지은 죄도 있다. 사람의 원죄에서 넘쳐 나오는 용암 같은 가래가 기침정도로 사라질 이치가 없다. 그의 시와 그의 작품을 통하여 그것이 아무리 아름답고 아무리 진지해도 죄악을 소멸시킬 수는 없다. 죄악을 속죄하는 길은 십자가뿐이다.

그는 자기의 죄와 가족의 죄와 민족의 죄와 인류의 죄를 원천에서부터 속죄하기 위하여 자기의 십자가를 져야만 한다. 그는 자기의 죄를 속죄하기 위하여 자기의 젊은 시절의 죄악들을 삭이기 위하여 자기의 죄악을 슬퍼하고 자기의 죄악을 소멸시키는 진짜 약을 먹어야 한다. 이 약이 자기 자신의 십자가를 지는 것이다. 우선 자기의 십자가를 져야 한다. 그리고 가족의 십자가를 져야 하고 민족의 십자가를 져야 하고 인류의 십자가를 져야 한다. 속죄하는 길은 십자가를 지는 데 있다.

십자가란 별것이 아니다. 벌을 받는 것이다. 그가 약혼을 파기하는 것도 벌을 받기 위해서요, 그가 교회와 싸우는 것도 박해를 받기 위해서다. 그는 돌에 맞아 죽어야 한다. 그는 정의를 위해 싸우다가 핍박을 받아야 한다. 그 길만이 천국으로 가는 길이다. 그는 가난해야 한다. 그는 온유해야 한다. 그는 자비로워야 한다. 그는 깨끗해야 한다. 그는 평화로워야 한다. 그는 자기를 버려야 한다. 자기를 없이하기 위하여 그는 하나님의 계명을 지켜가야 한다. 그는 마치 무기수가 독방에서 먹을 것도 못 먹고, 입을 것도 못 입고, 혼자 앉아서 참회하고 애통하듯이 그는 세상에서 예외자가 되어 혼자 고독하게 자기의 속죄의 길을 걸어가야만 했다.

그는 속죄를 통하여 기독교에 가까워지기 시작했다. 그는 하나님의 매를 맞는 것이다. 하나님의 채찍, 그것이 십자가다. 그는 자기의 사명이 매 맞는 고행임을 알았다. 그는 자기와 인류의 죄를 속하기 위하여 감사한 마음으로 하나님의 채찍을 받았다. 지상에서 신앙자의 일생은 부단한 하나의 속죄여야 한다는 루터의 말이 그의 계명이 되었다. 속죄를 찾아볼수 없는 19세기 기독교에 그는 청신한 속죄의 아픔을 불어넣기 시작했다. 그는 그 시대의 최초의 속죄자가 되었다. 나는 속죄자다. 이것이 키에르케고르의 최종의 종교적 심원이 되었다. 어떻게 하면 참된 기독교인이 될 수 있을까. 그는 속죄하는 사람이 되려는 결심을 통해 기독교계의 변화된 각성자가 되었다. 나는 속죄자다. 이것이 키에르케고르가 내놓은 진정한 신앙의 고백이다.

그는 중세기의 수많은 수도승처럼 속죄의 십자가를 자기 등에 걸머진 채 인생의 고갯길을 숨가쁘게 올라간다. 그리고 세상 사람들의 냉소와 조소와 모멸과 천대와 핍박을 견디어 가면서 그는 세상의 불의에 도전하고 자기의 깊은 내면에서 속죄의 형벌을 운명처럼 달게 받았다. 그의 혼에서는 로마군인이 찌르는 창끝에 의해 피가 흘렀다. 그는 피로 글을 쓴 혼의 창 자국을 가진 자가 되었다. 그의 혼에서 피가 흘러나온다. 속죄의 피다.

삼 단계

키에르케고르는 나이 30에 『이것이냐 저것이냐』라는 책을 써낸다. 그것은 28세에 레기네와 파혼한 후 여전히 레기네를 계속 사랑하고 있다는 자기의 심정을 레기네에게 알리기 위해서였다. 이 책에서 그는 노는 세계, 향락의 생활과 일하는 세계, 의무의 생활을 대립시켜 심미審美적 삶과 윤리倫理적 삶을 보여준다. 그해 10월 다시 『무서움과 떨림』, 그리고 『반복』을 출판하여 노는 세계와 일하는 세계를 통일하는 사랑의 세계, 신앙의 생활 즉 종교적宗敎的 삶이 어떤 것인가를 보여준다. 종교란 일하는 것이 그대로 노는 것이 되는 세계다. 키에르케고르가 29세 되는 해에는 인간의 영혼이 종교의 세계로 올라가는 내적인 각성을 심리적으로 분석하여 『불안의 개념』이라는 책을 썼다. 그리고 30세 때는 지금까지의 사상적인 발전을 정리하여 『인생의 단계들』이라는 책을 내게 된다.

이 단계는 삶의 자각적 단계로서 현실을 향락하는 어린 시절의 심미적 실존, 현실을 개척하는 어른 시절의 윤리적 실존, 현실을 구제하는 늙은 시절의 종교적 실존을 문제 삼는다.

첫째, 심미적 단계는 주중유진酒中有眞이라는 말로 표현된다. 여기에 나타나는 사람들은 감성주의자로서 그 특징은 향락이다. 그들은 향연석상에서 연애 또는 남녀관계에 대하여 열변을 토한다. 그들은 한마디로 여자는 노리개에 불과하다는 것이다. 여자를 유혹하고 여자를 유린하는 것 이상 더 큰 쾌락은 없다는 것이다. 그들은 결혼을 거부한다. 결혼은 여자의 노예가 되는 것을 의미한다고 하여 결혼은 쾌락의 멸망이라고 한다.

둘째, 윤리적 단계는 결혼관으로 대표된다. 이 단계의 특징은 건설이다. 인생은 적극적인 활동 속에서 삶의 보람을 찾는다. 연애가 결혼이 되기 위하여 하나의 결단이 필요하다. 결혼은 의지의 생활이요, 하늘의 뜻을 땅에 구현하는 신성한 세계다. 겸양과 용감만이 사랑의 생활을 창조적으로 이끌어간다. 진실로 결혼이야말로 인생의 심층에 도달할 수 있다.

셋째, 종교적 단계는 책임이 있느냐, 책임이 없느냐 하는 키에르케고르의 자기 고백에서 시작된다. 파혼한 후에 자기의 책임을 묻는 고민과 갈등 속에서 신의 은총을 기다리는 고뇌의 기록이다. 고뇌만이 종교적 실존을 결정짓는 계기가 되기 때문이다. 고뇌야말로 물에 빠진 사람모양 인간을 불안과 절망에 사로잡아 인간으로 하여금 참다운 평안과 희망을 갈구하게 한다. 고뇌야말로 자신에 관계되는 유일한 길이다. 이 책을 쓸 때는 레기네는 벌써 다른 사람과 약혼해 있었다. 우울의 화신인 젊은 청년이 사랑의 고민 속에서 경건한 신앙으로 가시밭을 걸어가는 모습이 보이는 것 같다.

이것은 플라톤의 『향연(심포지움)』을 본 딴 문학적 작품이기에 젊은 사람들을 철학으로 끌어올리는 길잡이의 역할을 한다. 이 책은 다만 쾌락적인 생활을 부정하고 도덕적인 삶을 강조하자는 데 있는 것이 아니다. 쾌락적인 생 속에서 인간의 꿈은 자라고 인간의 가능성은 날개를 펴 상상의 세계가 넓혀진다. 물론 이 세계는 현실에 부딪쳐 깨어지지만 그러나 이 경험은 그의 종교적 생의 내용을 한없이 풍부하고 너그럽게 해준다. 윤리적 생활도 마찬가지다. 현실을 이상화하기 위한 끊임없는 노력은 결국 이상에 부딪쳐 깨어지고 말지만 그러나 윤리적 노력은 그의 종교적 생에 있어서 한없는 확신과 깊이를 더하여 준다. 키에르케고르가 그린 종교적인 세계도 완전 종교의 세계를 그려주는 것이 아니다. 그는 종교의 세계를 이해하기에는 너무도 젊은 나이였다. 그가 제시한 것은 종교적인 생의 전형과 피나는 그의 구도의 정열을 보여준 것뿐이다.

영혼의 상처를 받은 하나의 젊은 심령이 자기 안에서 일어나는 체험을 솔직하게 기록해 간다. 그에게 있어서 가장 확실한 것은 인생은 누구나 죽는다는 것과 아직도 죽지 않고 살아 있다는 것이다. 죽지 않고 살아 있기에 사람은 죽는 시간까지의 시간적 공백을 무엇으로라도 메꾸어 가야 한다. 인생은 본래 누구나 외톨이다. 그는 자기의 무덤에도 외톨이라고 새긴 비석을 세워줄 것을 원했다지만 밤낮 생각에만 잠긴 사람에게 친구가 있을 이치가 없다. 그는 혼자서 살면서 인간의 가장 소중한 것이 고독에 있다는 것을 느끼게 되었다. 인간의 정신은 고독 속에서 자란다.

인간은 집단이 될 때에 물건이 되고 만다. 정신은 개인이 될 때 유지된다. 인간의 존엄성은 개인의 존엄성이다. 만일 인간의 개인성이 깨어지는 날, 개인이 전체에게 희생되는 날, 또는 개인이 전체를 위하여 희생될 것을 강요당하는 날, 인간의 정신은 말살되고 인간의 존엄성은 상실된다.

키에르케고르의 실존은 개인성의 파악이다. 개인성의 자유를 유지하고 사는 삶이 실존이다. 전체를 위하여 개체가 존재한다는 국가 지상의 어용철학자 헤겔에 반기를 들고 헤겔의 충실한 후계자 마르크스를 신랄하게 비난하는 키에르케고르는 어디까지나 개인의 존엄성과 정신의 자유를 부르짖어 마지않는다. 미적 실존이건 윤리적 실존이건 종교적 실존이건 모두 개인의 내면성이다. 미적 실존은 가장 직접적인 존재방식이다. 죽음과 나와의 거리가 멀어 삶이 한없이 지루하고 심심할 때 인간이 찾는 것은 직접적인 향락이다.

태초에 지루함이 있었다. 신들은 심심해서 사람을 만들었다. 아담은 혼자였기 때문에 더욱 지루했다. 아담의 심심을 풀어주기 위해 해와를 민든 후로 방위에도 지루함이 시작되고 사람이 불어 날 때마다 인간의 심심함은 더욱 늘어갔다고 한다. 사람은 심심풀이로 새로운 가능성을 찾아 헤매지 않으면 안 된다.

돈 환처럼 천 사람의 여자를 유혹하여 인생자체를 요지경 속으로 바꾸어 놓으려고 한다. 제멋대로 변하는 무수한 결합 속에 그의 심심을 풀려고 한다. 그러나 유혹의 대상이 제한될 때는 하나의 여성을 상대로 무한한 상상의 세계 속에서 천태만상의 향락을 창조해 가는 유혹자 요한네스의 기지가 필요하다.

미적 실존이란 남을 사랑하는 것 같지만 사실은 자기가 또 하나의 자기를 사랑하는 것에 불과하다. 상대를 자유로운 인격으로 사랑하는 것이 아니라 자기의 수단으로서 자기가 좋아하는 것을 상대로부터 빼앗는 사랑이다. 미적 실존은 맹목적인 정열로서 자기가 좋아하는 것을 다른 사람이 빼앗으려고 할 때 맹렬한 질투를 느낀다. 여기에 무자각적인 동족상잔의 피를 흘리기도 하지만 하나의 대상을 향하여 목숨이라도 내놓는다고 달려 붙을 때에는 거기에 영원한 순진성마저 인정할 수 있다.

그러나 미적 실존은 역시 자기 도취의 유치한 단계를 넘어설 수는 없다. 미적 실존은 결국 자기에게 홀려 자기 정욕의 노예가 되어 꼼짝도 할 수 없는 자기파멸로 이끌어 가고야 만다. 이 때에 미적 실존은 깨어나 현실 속으로 새로운 자아를 발견해 가야 한다. 미적 실존의 결말은 네로의 역사가 보여준다. 인간의 정신은 쾌락으로 만족되기에는 너무도 진지하다. 쾌락으로 얻어지는 것은 더 큰 불만과 갈등뿐이다. 수렁에 빠진 사람처럼 애쓰면 애쓸수록 불만은 더욱 깊어지고, 그의 불만을 감추기 위해서는 타인을 학대하고 심지어는 자기 아내를 죽이고 어머니를 찌르고 로마에 불을 지르고 자기도 죽어버리는 네로의 결과를 가져오게 된다.

사람은 이러한 파멸에 이르기 전에 하루 바삐 공상의 세계를 넘어서 엄숙하게 의무를 자각하고 법칙으로 자기를 한정하는 윤리적 실존이 되어야 한다. 이 세계는 새로운 세계를 건설하고 창조해 가는 하루하루를 충실하게 살아감으로써 자기의 사명과 책임을 다하는 선량한 시민의 생활이요, 하나의 아내를 극진히 사랑하는 신성한 결혼의 생활이다. 윤리적 사랑의 특징은 의무적 사랑이요, 양심을 가지고 자기의 사명을 다하는 보편적 사랑이다.

키에르케고르가 말하는 윤리적 사랑은 세상에서 말하는 도덕보다는 훨씬 절대적인 사랑이다. 그것은 인간일반에 대한 사랑이요, 이해타산으로 행해지는 것이 아니라 완전히 적극적인 헌신적 사랑이다. 완전히 주기만 하는 사랑으로 상대에게 요구하는 것은 아무 것도 없다. 윤리적 사랑은 자기부정의 사랑이기 때문에 여기는 상대방에 대한 절망도 없고 불안도 없다. 이 사랑은 직접적인 사랑이 아니요, 어디까지나 이성적인 사랑이다. 그런 의미에서 윤리적인 사랑은 세상에서 말하는 종교적인 사랑이다. 다만 자기의 힘으로 이웃을 제 몸같이 사랑하고자 하는데 문제가 있을 뿐이다.

윤리적 생활을 선택한다는 것은 인간이 자기자신을 선택하는 것이다. 마치 부모가 유산을 상속하는 성년이 된 아들처럼 성년이 되기 전에는 한푼도 상속할 수 없지만 일단 성숙하여 자기가 자기를 선택하여 자기가 되기만 하면 온 세상이라도 상속할 수 있는 풍부한 인격이 된다. 사람은 무엇을 할 수 있어서 위대한 것이 아니라 자기가 자기 자신일 때에 위대해지는 것이다. 그런 의미에서 키에르케고르는 온 세상을 얻어도 자기의 영혼을 잃으면 무엇이 유익하겠느냐고 외친다. 역시 칸트의 선한 의지만이 윤리적 실존의 핵심이 된다. 이러한 인간의 생이 한없이 숭고함은 말할 것도 없다.

그러나 인간은 칸트와 더불어 더 높은 세계를 요청하지 않을 수 없다. 시간은 아무리 쌓아올려도 영원은 될 수 없기 때문이다. 인간의 능력은 신의 계명을 지키기에는 너무도 연약하다. 영원에 좌절된 인생은 다시 종교적 실존으로 넘어가 신앙의 세계로 올라갈 수밖에 길이 없다. 키에르케고르의 신앙이란 자기가 자기를 구원하겠다는 의지를 포기하는 일이다. 이성의 월권을 단념하고 겸손하게 신에 의지하여 다시 힘을 얻는 일이다. 마치 아브라함이 자기 외아들 가슴에 칼을 들이대듯이 윤리적인 보편성에 비수를 견주는 새로운 비약이 요청된다. 자기를 죽여서 신에게 바치고 다시 산 자기를 되찾아 가지는 일, 이 일은 현대인에게는 거의 불가능한 기적이다. 그러나 이 기적 없이는 인간은 근본적으로 자기가 될 수가 없다. 이 기적을 가져오게 하기 위하여 순진하게 그리스도의 복음으로 뛰어드는 일, 그것이 키에르케고르의 종교적 실존이다.

그리스도의 복음이란 별것이 아니다. 사람은 무서운 광야에 혼자 섰다는 것이 아니라 한없는 사랑 속에 안겨 있다는 것이다. 이 사랑을 보여주는 것이 그리스도다. 그리스도의 모습을 통하여 우리는 하나님이 사랑임을 안다. 하나님이 사람이 되었다는 성서를 수없이 읽은 키에르케고르는 예수가 바로 하나님과 같은 분이라는 것을 알게 되었다. 그는 예수를 통해 이 세상은 악마의 울부짖는 동굴이 아니라 사랑의 하나님이 살아 계시는 부드러운 세계임을 깨달았을 때 그는 종교적 실존이 된다. 이것은 일하는 것이 노는 것이 되고, 노는 것이 일하는 것이 되는 세계다.

반 복

키에르케고르의 종교적 실존의 비밀을 반복이라고 한다. 코펜하겐에서 얼마 떨어지지 않은 곳에 아름다운 소녀가 살고 있었는데 그곳에는 많은 나무와 숲이 있고 그늘로 아롱진 뜰이 있었다. 거기서 약간 떨어진 곳인 언덕비탈에 숲으로 덮여서 아무에게도 보이지 않는 한적한 곳이 있었다.

"나는 이곳을 지금까지 아무에게도 말해 본 일이 없다. 내 마부마저도 이곳을 알지 못한다. 나는 언제나 이곳에 가까이 오기 전에 마차를 내려 골목길을 돌아 이곳까지 오는 것이었다. 내 마음에 잠이 찾아오지 않거나 내 잠자리가 마치 형무소의 고문하는 침상처럼 보이거나 또는 병원의 환자들이 수술대를 보는 듯한 괴로움을 느낄 때면 나는 깊은 밤에도 마차로 이곳까지 달려왔다. 나는 풀숲 속에 내 몸을 가로 뉘었다. 차차 생명의 먼동이 트고 태양이 깊은 잠으로부터 깨어날 때 새는 하늘로 솟아오르고 여우는 그의 굴을 빠져 나온다. 농부는 집을 나와 밭으로 향하고 젖 짜는 처녀들이 물통을 들고 목장으로 걸어간다. 그리고 풀 베는 목동들이 숫돌에 낫을 갈고 하루의 일을 꿈꾸며 미소지을 때 나는 이런 생각에 잠긴다.

만일 사람이 실컷 잘 수 있고 푹 쉴 수 있다면 그 사람은 얼마나 다행한 사람일까. 만일 사람들이 마치 잠자리 속에서 자지 않은 것처럼 아무 생각 없이 일어날 수가 있다면 그리고 그 잠자리마저 가볍고 시원하고 즐겁게 보여 마치 그 속에서 자지도 않은 것과 같이 조금만 손질해서 곧 정돈이 될 수 있다면 얼마나 다행일까. 사람이 죽어 그 침대에서 옮겨진 잠자리가 마치 부드러운 어머니 손길에 잠든 어린 애의 침대처럼 포근하게 보인다면 그이는 얼마나 다행한 사람일까. 이런 생각을 하고 있을 그때 그 여자는 사방을 살피면서 걸어 나왔다. 그리고 그녀는 허리를 굽혀 숲 속에서 풀잎을 뜯는다. 그리고는 가볍게 저편으로 뛰어가서 무언가 깊은 생각에 젖는다. 그녀의 모든 움직임을 하나도 빼지 않고 나는 다 알 수 있었다. 그리고 결국 나의 영혼도 평화의 인정을 되찾을 수 있었다. 행복한 그녀, 만일 앞으로 누군가가 그대의 사랑을 독차지하는 날이 온다면 그대는 그녀의 모든 것이 되어 그녀를 행복하게 해 주기를 바란다. 그대는 내게 있어 무無이지만 그것이 나를 행복하게 해 줄 수 있었다."

 이것은 전에는 경험해 본 일이 없었던 키에르케고르의 아름다운 정서의 반복이다. 그런데 지금 그는 레기네 올젠과 약혼을 끊어 버리고 그는 그의 가장 깊은 속으로부터 레기네와의 가장 순수한 사랑을 반복하고자 한다.

 키에르케고르는 이런 생각에 잠긴다. 희망, 그것은 마치 아직 입어 보지 않은 구김 없는 새 빛의 새 옷과 같다. 이 옷을 입었을 때 그것이 몸에 맞아 기분이 좋을지는 아무도 모른다. 반복은 처지지 않고 꼭 맞는 마음에 든 옷일 게다. 희망이 내 손에 붙잡히지 않고 부풀어 떠나가는 처녀라면 회상은 이제는 늙어 모실 수 없는 아름다운 귀부인이요, 반복은 지루함 없는 아내와 같다. 희망은 매혹적인 과일이나 그것은 사람에게 만족을 줄 수가 없고 회상은 가벼운 술잔처럼 사람을 채울 수가 없다. 다만 반복만이 매일 먹는 빵처럼 사람에게 채워 주고 축복을 약속한다. 참다운 반복만이 참다운 사랑을 가능케 하고 인생에 영원한 뜻을 남겨 줄 것이 아닌가.

 키에르케고르는 반복을 실험해 보기 위해서 베를린에 가보기로 하였다. 역마차는 옛날과 다름없이 몹시 흔들렸다. 베를린에 도착했을 때에는 발이 저려서 자기 발인지 남의 발인지도 모를 정도로 몹시 고통스러웠다. 옛날 살던 집으로 찾아갔다. 방은 같은 방이었다. 그런데 옛날에는 혼자 살았던 총각 주인이 그 동안 장가를 들어 자기의 아름다운 여주인을 추켜 올렸다. 늦은 봄 먼지에 쌓인 베를린은 옛날과 같은 맑음을 잃고 우수에 잠긴 도시였다. 옛날 그렇게도 잘 가던 극장에는 아직도 엉터리연극이 흥행되고 있다. 그는 반복을 기대하여 그 언덕에 갔다. 그러나 그가 누웠던 자리는 다른 사람에게 점령되고 옛날 숨어서 바라보던 그 자리에도 이제는 아무도 보이지 않았다. 그는 더 이상 견딜 수가 없어 30분도 못 되어 그 자리를 떠났다. 기쁨은 반복되는 것이 아니다. 그는 다시 코펜하겐으로 돌아왔다. 결국 반복된 것은 반복할 수 없다는 깨달음뿐이다. 반복되지 않는다는 깨달음을 몇 번이고 반복한 것뿐이다. 그는 이렇게 읊었다.

"젊은 수녀가 걸어온다. 흰 눈 같은 옷을 입고 머리카락은 짧게 짤리고 입술은 파랗게 질린다. 젊은이는 쓰러져 돌 위에 앉아 맑은 눈물을 흘리며 그의 가슴을 두 손으로 찢어버린다."

이 세상에 반복은 없는 것일까.

키에르케고르는 이것을 증명이라도 하듯이 파혼한 지 얼마 후 이런 편지를 썼다.

"그는 결혼했습니다. 누구하고 했는지는 모릅니다. 신문에서 그것을 읽었을 때 나는 무엇에 얻어맞은 것처럼 느꼈습니다. 나는 그 신문을 잃어버렸습니다. 그러나 그것을 다시 찾아 볼 것 같지는 않습니다. 나는 다시 내가 되었습니다. 지금 나는 반복을 붙잡았습니다. 인생은 나에게 있어 이전보다도 더욱 아름답게 보였습니다. 그것은 마치 소나기처럼 나에게 밀려들었습니다. 나는 다시 내가 되었습니다. 내 본질 속의 갈라짐은 아물었습니다. 나는 나 자신을 다시 맞출 수가 있었습니다. 이것이야말로 반복이 아닐까요. 나는 나를 다시 찾은 것이 아닐까요. 사람은 땅위에 재물을 다시 찾을 수도 있겠지요. 그러나 그런 재물은 내 혼에 아무 소용도 없습니다. 그리고 이와 같은 반복에 비해 볼 때 그까짓 것이 도대체 무엇입니까. 욥도 아들만은 배로 돌려 받지 못했습니다. 사람을 그렇게 불릴 수는 없겠지요. 그러나 그의 영혼만은 돌려 받을 수가 있었습니다. 물론 시간 속에서가 아니고 다만 영원 속에서만 완전히 다시 찾을 수가 있었습니다. 그런 고로 영원만이 참다운 반복이라 할 수 있겠지요."

이것이 키에르케고르의 반복의 비밀이다. 인간의 모든 확실성과 개연성이 사라지고 인간이 그 가진 모든 것을 빼앗겼을 때 그리고 그의 마음이 천 조각으로 갈라지고 그 자신마저 완전히 부정되었을 때 그때 생각지도 못한 반복이 영원 속에서 이루어진다. 이것만이 참된 반복이다. 그것은 베를린 여행처럼 시간 안에서 이루어지는 것이 아니라 시간을 넘어 그리고 생각을 넘어서 초월적으로 영원하게 이루어진다.

키에르케고르는 레기네를 잃은 후에 몇 번이고 몇 번이고 욥에게 물어 본다.

"욥아, 욥아, 욥아, 정말 당신은 그렇게도 갸륵한 당신이 주신 것을 당신이 찾아가니, 당신의 이름을 찬송하리로다 라는 말 이외에는 아무 것도 한 말이 없습니까? 그밖에는 정말 아무 것도 할 말이 없습니까? 그렇게 어려운 고비에서 이 말을 반복함에 그쳤을 뿐입니까? 그런데 왜 당신은 이레동안 아무 말도 못하고 밤과 낮을 지새우고 있었지요. 그때 당신 영혼 속에 어떤 일이 일어났을까요. 온 우주가 당신 위에 무너져 당신의 영혼이 마치 깨소금처럼 흩어졌을 때 말입니다."

그런데 그 후 넉 달이 지나 키에르케고르는 이런 편지를 쓸 수 있었다.

"폭풍은 지나가고 천둥은 그쳤다. 욥은 사람 앞에 의로운 사람이 되고 하나님과 욥은 서로 이해하고 화해할 수가 있었다. 욥에게 다시 축복 속에 모든 것은 반복된다. 이것을 사람은 반복이라고 할 수 있겠지. 그러면 이런 반복은 어떻게 일어난 것일까."

그는 다른 편지에 이렇게 썼다.

"이처럼 반복은 있을 수 있다. 그것은 사람의 말로 표현할 수 있는 것이 아니다. 사람이 생각할 수 있는 모든 인간이 또 확실성과 개연성이 불가능해졌을 때 한 개 또 한 개 욥은 잃어가고 있었다. 그것과 마찬가지로 희망도 사라졌다. 그리고 현실이 이 이상 더 밀고 갈 수 없으리만큼 가혹한 요구를 그에게 내놓았을 때 그때 돌연 반복이 일어났다. 폭풍과 번개, 가장 가혹한 일격이 반복을 가져왔다. 그리고 잃었던 것이 다시 돌아왔다."

키에르케고르에 있어서는 레기네 올젠과의 사랑을 다시 회복할 수 있는 희망의 샛별이 영원히 사라졌을 때 그 영원을 타고 자기의 태양이 떠올라 오기 시작했다. 마치 레기네와의 사랑이 영원한 비약을 준비하기 위해서 있었던 것처럼 레기네의 사랑은 결국 신에 대한 사랑으로 탈바꿈을 가져온다.

참다운 사랑에는 마치 신의 섭리가 작용하는 것 같다. 옛날 콘스탄티누스가 사랑하는 젊은이에게 "사랑하는 여인은 그이 속에 운동을 일으키는 자극이요, 그이를 향한 운동의 반영이다."고 한 것처럼, 그녀는 그에게 대하여 말할 수 없이 커다란 의미를 차지한다. 그는 그녀를 영원히 잊을 수는 없을 것이다. 그러나 그녀가 주는 의미는 그녀 자신이 주는 것이 아니고 그에게 대한 그녀의 관계에 의하여 주어지는 것이다. 그녀는 말하자면 그의 본질에 대한 관계다. 물론 이 관계는 사랑의 관계가 아니다. 종교적으로 말하면 하나님 자신이 그를 붙잡기 위해서 이 여자를 마치 낚시의 미끼처럼 이용하였다고나 할까.

키에르케고르는 레기네를 먹으려다가 레기네를 먹지 못하고 도리어 신의 낚시에 걸리고 말았다. 그리고 영원한 뭍으로 낚여 올랐다. 이것이 키에르케고르의 좌절이요, 동시에 신으로의 초월이다. 진지한 사랑은 어떤 사랑이건 이러한 모순을 포함하고 있는 것이 아닐까. 정말 사랑에 애태우는 사람에게는 끝없이 펼쳐진 바다의 움직임도, 부드러운 숲 속의 고요함도, 끄는 듯한 외로운 저녁의 붉은 노을도, 그의 안타까운 그리움의 밧줄을 끊어 버릴 수는 없을 것이다. 그리고 이러한 애끓는 그리움 속에 그는 사랑하는 그녀 가까이 가는 것이 아니라 도리어 멀리 멀리 떠나가고 있지 않은가. 사랑하는 이에 대한 안타까운 그리움이 도리어 사랑하는 사람으로부터 그를 멀리 떠나가게 하는 모순된 운동의 쓰라린 아픔을 맛보지 못한 사람은 정말 사랑을 못한 사람이 될지도 모른다.
　사랑 속에는 그들이 알지 못하는 깊은 비의가 숨겨져 있는 것이 아닐까. 사랑이 애절하면 애절할수록 마치 플라톤의 이데아처럼 그것을 영원으로 끌어올리고 싶어하는 무의식의 의식이 숨어있는 것이 아닐까. 그러기에 키에르케고르에 있어서 사랑의 좌절은 도리어 그를 하나님의 사랑으로 인도하는 것이었다. 결국 키에르케고르의 너무도 애절한 사랑 때문에 끊지 않을 수 없는 그의 파혼은 결국 신에 대한 결혼으로 지양되고 만다. 적어도 참다운 사랑은 그것이 무슨 사랑이든 간에 신에 대한 사랑의 발단인지도 모른다.
　"깬다, 깨진다는 다 같은 말인 것을. 깨짐을 서러워하여 깨닫지도 못하리니 이미 일 깨지기 전에 깨어봄이 어떠하리."
　이것이 키에르케고르가 가졌던 진정한 느낌이었는지 모른다.

야스퍼스
Jaspers, Karl 1883-1969

야스퍼스
Jaspers, Karl 1883-1969

사람은 언제나 사람답게 살려고 하지 않고 동물처럼 살려고 한다. 그것은 사람답게 살려고 하는 것이 한없이 어렵기 때문이다. 모든 동물이 다 네 개의 발을 가지고 벌벌 기면서 가로 살아가는데 동물 가운데서도 머리가 가장 무겁다는 사람이 다른 동물과 달리 우뚝 서서 세로 산다고 하는 것부터가 얼마나 어려운 일인지 모른다. 하늘로 머리 두고 언제나 곧이 곧장 산다는 일이 그렇게 쉬울 이치가 없다. 그래서 사람들은 육체적으로나 정신적으로나 언제나 사람답게 사는 것보다도 동물 비슷하게 살려고 한다.

인간이 빠지기 쉬운 이러한 동물적인 위험성에 대하여 한평생 우리들에게 경종을 울러 준 사람이 야스퍼스다. 야스퍼스가 언제나 우리에게 잠결에도 잊지 말라고 부탁한 말이 있다.

첫째는 이성적으로 살라는 것이다. 이성적으로 살라는 말은 어떤 철학을 가지고 살라는 말도 아니요, 종교나 과학을 가지고 살라는 말도 아니다. 어떤 철학이선 종교이건 간에 그것을 절대시하여 우상으로 만들지 말고 사람의 마음을 언제나 모든 가능성에 대하여 넓게 열어 놓고 그 가운데서 언제나 진리를 찾아가는 삶의 태도를 말하는 것이다. 즉 이성적이란 쉽게 말하여 열어 놓은 마음이다.

둘째 신앙을 가지고 살라는 말이다. 신앙을 가지고 살라는 것은 어떤 특정한 종교를 가지고 살라는 말이 아니다. 우리가 현실을 살아갈 때에 과학이나 기술문명은 인간의 삶을 한없이 편리하고 풍부하게 해준다. 그러나 이러한 문명은 언제나 선善에게도 쓰여질 수가 있고 악惡에게도 쓰여질 수가 있다. 그런고로 이 문명은 그것이 선으로 쓰여지게끔 어떤 근본적인 이념을 가져야 한다. 그리고 이 이념이 진실되게 살려지고 실천되기 위해서는 거기에 깊은 신앙이 필요하다. 인간존재를 결정하는 인간의 근본문제는 인간이 무엇을 어떻게 믿느냐에 달려있는 것이다.

우리들은 지금까지 우리에게 전해진 모든 신앙을 송두리째 잃어가고 있다. 앞으로 우리들에게는 지금까지 주어진 신앙보다도 더 깊은 신앙이 우리의 삶을 뿌리 박아야 한다. 지금까지 역사에 나타났던 모든 신앙이 거기서부터 나왔다고 할 수 있는 그런 근원을 우리는 찾아내야 한다. 이런 경우에 우리의 신앙은 어떤 특정한 교리나 신앙형태일 수는 없을 것이다. 그보다도 더 깊은 곳에서 인간을 근원적으로 움직이고 채워주는 것을 붙잡아야 한다. 인간은 이 근원에서만 자기 자신을 넘어설 수 있고 존재의 근원과 연결될 수 있다. 그것을 이념적으로는 진리라고 하지만 정말 믿을 수 있는 말을 붙잡고 그대로 살아가는 것이 야스퍼스가 말하는 신앙이다. 이러한 신앙은 누구에게나 맡겨진 자유로운 신앙으로 야스퍼스가 이러한 신앙을 세 가지로 나누면서 말해 준다.

첫째는 하나님에 대한 신앙이다. 하나님에 대해서 인간이 가진 표상은 물론 신이 아니지만 그러나 그런 표상 없이는 인간은 신을 의식할 도리가 없다. 신이란 근원자요, 인생의 목표이므로 거기에 인간의 안심이 있다. 인간이 인간인 한 이러한 초월자가 인간에게서 가리어지는 일은 없을 것이다.

둘째는 인간에 대한 신앙이다. 인간을 신격화한다든지, 우상화한다든지 하는 말이 아니라 인간에 대한 신앙이란 자유에 근거한 인간의 모든 가능성에 대한 신앙이다. 이 신앙은 물론 인간 존재의 근거인 신을 전제로 하는 것이요, 여기에 따라 인간과 인간의 참다운 사귐이 가능하다는 신앙이 포함된다. 인간의 사귐은 단순한 접촉이나 공감이 아니다. 이해를 초월하여 가장 깊은 속에서 영적인 사귐이 가능하기 때문이다.

셋째는 세계에 대한 신앙이다. 이 세계란 한없이 넓고 큰 것으로서 세계는 전체적으로는 생각할 수가 없고 그 속에 있는 모든 가능성을 다 되찾을 수도 없다. 다만 인간은 이러한 가능성을 내포한 무한한 세계 속에 내던져져 있음을 직시하여 자기에게 주어진 근원적인 삶의 수수께끼를 거기서 풀어 가는 일이다.

다시 처음으로 돌아가서 이성과 신앙을 가지라고 가르쳐 주는 야스퍼스는 마지막으로 자유를 가지라고 한다. 야스퍼스의 자유란 개인의 자유인 동시에 모든 사람의 자유다. 인간의 자유는 진리에 근거한 자유이기 때문에 만인의 자유가 될 수 있다. 자유는 언제나 진리에 대해서 자기를 개방한 사람에게 주어진다. 이러한 자유는 개인적인 자유가 아니라 만인의 자유다.

자유는 남에게 강요할 수 없다. 스스로 자유를 알아 가는 것뿐이다. 진리의 자유를 체득한 인간이 많아지면 많아질수록 진리의 빛은 더욱 밝아지고 내적인 평화는 더욱 깊어간다. 그를 좇아 외적인 평화도 보장되어 갈 것이다. 인간의 자유가 짓밟히고 소수의 노예가 된다면 인간의 앞길은 암담한 것이다. 사람다운 삶의 진리를 체득한 삶의 자유를 포기한 사람은 결국 평화의 의지를 포기 한사람이요, 인간의 멸망을 초래하는 사람이다. 인간은 살기 위하여 서로 평화가 유지되어야 하고, 평화롭게 살기 위해서는 개인의 자유가 인정되어야 하고, 개인의 자유가 인정되기 위하여서는 진리의 체득이 필요하다. 진리의 체득은 역시 이성적 신앙에 근거한다.

　야스퍼스는 어려서 서독 북쪽 올덴베르그에서 자랐고 커서는 서독 중부에 자리 잡은 하이델베르그에서 살았으며 마지막은 서독 남쪽 끝을 넘어 스위스 바젤에서 여생을 보냈다. 유대사람 육 백 만이 학살되는 히틀러 정권 밑에서 유대사람인 아내와 같이 사는 야스퍼스의 운명은 역시 기구한 것이었다.

　어렸을 때는 부유하고 이성적이며 경건한 가정에서 자랐다. 아버지는 은행장을 하기도 하고 도지사를 지내기도 했다. 비스마르크의 철권으로 독일이 통일되고 카이젤 빌헬름 2세의 패기로 독일은 상승일로에 있었다. 어디나 군국주의 일색이었고 야스퍼스가 다니는 중학교에서도 스파르타식 교육이 강요되었다. 이때에 야스퍼스는 비이성적이고 맹목적인 복종을 강요하는 스승들에게 언제나 반기를 들었다. 그 당시의 학생회는 봉건주의적 신분에 의하여 세 개의 학생회로 구분되어 있었다. 야스퍼스는 비합리적인 인간교제를 반대하여 어떤 회에도 가입하지 않았다. 학교에서는 불순분자로 몰리어 언제나 감시의 대상이 되었다. 야스퍼스는 고독한 세월을 보내게 되었다.

　이때 읽은 책이 스피노자의 『윤리학』이다. 아버지의 배려로 그는 방학 때마다 산골에 가서 자연을 마음대로 즐길 수가 있었다. 그는 철학자가 되게끔 운명지어졌는지도 모른다. 그에게 철학은 인간 최고의 관심사였다. 그러나 철학에 대한 동경은 도리어 그를 철학으로부터 멀리하게끔 하였다. 철학을 좋아하면서도 철학자가 될 생각은 하지 못했다. 그는 아버지의 뜻과도 다르게 법학을 택했다. 그러나 얼마 안 가서 그는 전공을 옮기게 되었다. 결국 의과로 정해졌다. 그리하여 정신과를 택하게 되었고 24세에 의사면허를 얻고 26세에는 박사학위를 받았다.

27세에 유대인 게루트루트 마이어와 결혼을 한다. 부인을 알게된 것은 24세 때였다. 그때에 벌써 마이어가 자기의 아내가 될 것 같은 어떤 운명적인 느낌을 갖게 된다. 그를 만났을 때 모든 세상이 달라지는 것 같았다. 그는 괴테의 말대로 "아, 그대는 전생에 나의 누이였던가, 아내였던가." 하고 혼자서 몇 번이고 되뇌어 보았다.

야스퍼스가 말하는 실존의식이란 어떤 의미로는 운명의식이라고 해도 무방하다. 어떤 의미로는 야스퍼스의 포월자包越者도 운명인지 모른다. 야스퍼스는 그의 자서전이라고 할 수 있는 『변명과 전망』이라는 책 속에 그 당시를 회고하여 이렇게 적었다.

"1907년 끊임없이 나를 위협하던 철학에 대한 회의가 씻은듯이 사라지고 불가사의한 결단에 의하여 진지하게 철학 할 결심을 하였다. 이 결심은 하나의 삶으로 증거 되어야 했다. 그런 증거가 없으면 단순한 사상은 비본질적인 것이 되고 말 것이다. 이러한 것을 막기 위해서는 여기 하나의 삶의 사귐이 필요하다. 이 삶의 증거가 게르트루트 마이어와의 만남이다. 그때 나는 24세, 우리는 서로 만났다. 그때부터 세계도 달라지고 연구의 성과도 오르기 시작하였다."

게르트루트와의 결혼은 1910년에 이루어졌다. 죽는 날까지 변함없는 사랑의 생활은 자칫하면 고독 속에서 다쳐지기 쉬운 야스퍼스의 마음을 언제나 다른 사람을 향해서 한없이 열어주게 하는 길잡이가 된다. 야스퍼스의 실존적 사귐이라는 사상은 사람마다 각자가 어떻게 살아야 하며 무엇을 하여야 하나에 관해서 고민할 때에 같이 고민해 갈 수 있는 다른 사람과 마음을 여는 데서부터 시작된다. 야스퍼스에 있어서 확신을 가지고 살 수 있는 궁극적인 근거를 같이 찾아가는 인생의 참된 동료는 게르트루트와의 만남에서부터 분명해지기 시작하였다고 할 수 있을 것이다.

1909년 야스퍼스가 26세 되는 해, 또 하나의 실존적 사귐으로 그는 유명한 사회학자 막스 베버(Max Weber, 1864-1920)를 만나게 된다. 그는 베버와의 사귐을 통해서 현대와 같은 과학과 기술이 지배하는 거대한 기계장치 속에 밀가루처럼 갈려 나오는 인간 군중시대로부터 도피하지 않고 도리어 용감하게 그 속으로 뛰어 들어가는 것만이 참다운 철학을 가능케 한다는 신념을 체득하게 된 것은 오로지 막스 베버의 덕택이었다. 야스퍼스는 베버에 대하여 이렇게 말한다.

"1909년 나는 위대한 사회학자인 막스 베버를 알게 되었다. 그는 굉장히 폭이 넓은 과학자로서 어떤 의미로는 과학자 이상의 인물이었다. 이 사람은 모든 문제에 대하여 자기 자신을 폭로시키면서 거리에 서 있었다. 그는 나에게 있어서 현대를 사는 철학자의 화신이었다. 그는 알 수 있는 모든 것을 동원하여 인생의 방향을 제시하는 동시에 할 수 있는 거라면 무엇이나 해봐야 한다는 놀랄 만큼의 적극적인 태도를 표명한 사람이다."

야스퍼스에 있어서 베버는 최후의 하늘이 낸 순수한 독일사람으로 느껴졌다. 그의 영웅적인 풍채와 파격적인 위대함은 야스퍼스에게 대정치가가 무엇인지를 보여 주었다. 대국을 통찰할 수 있는 안목을 가지고 자기를 제어하여 성실하게 진력하는 정치 인류의 전반을 보살필 수 있는 정치 세계의 신뢰를 한 몸에 지고 행동하고 사색하고 발언할 수 있는 정치를 그는 베버에게서 배웠다. 제1차 세계대전이 끝날 무렵에도 베버는 독일의 사명을 이렇게 표명했다.

"세계는 장차 러시아적 전제정치의 채찍과 영미의 상혼으로 분할될지도 모른다. 그렇게 된다면 후세 사람들은 우리 독일 사람에게 책임을 묻게 될 것이다. 독일 사람의 임무는 양대 세력 가운데서 제3의 것, 즉 자유해방의 정신과 개인적 생활의 자유와 다양성 있는 서양의 위대한 전통을 구해내는 일이다."

　제1차 대전의 패배 속에서도 러시아의 유럽 진출을 막아낸 독일의 공적을 그는 매우 자랑스럽게 생각했다. 이러한 생각은 제2차 세계대전 후 독일에 대한 야스퍼스의 생각이기도 했다. 베버의 작품은 단편적인 것이었으나 그 속에는 전체를 통일하는 하나의 직관이 깃들어 있었다. "진실은 진리"라는 한마디를 남겨놓고 세상을 떠난 베버는 주체적 진실과 객관적 진리를 통일하는 야스퍼스에게 무한한 감화를 주었다. 그야말로 실존철학의 화신이었던 것이다.

　그런데 야스퍼스 생애에 결정적인 타격을 가하게 되는 것은 제1차 세계대전이다. 벌써 전쟁이 일어나기 전에 독일은 국력이 거의 절정에 달하여 얼핏보면 독일 국민은 더할 나위 없이 행복한 것처럼 보였지만 그러나 근대인간의 병폐는 벌써 오래 전부터 싹트기 시작했으며 햇빛을 받는 그들의 행복한 생활에도 어딘지 모르게 불길한 그림자가 그들을 쫓고 있는 것처럼 이상한 불행이 다가오는 것 같은 느낌을 막을 길이 없었다. 이때 그에게 강하게 영향을 끼친 것은 키에르케고르이다.

　30세 때에 그는 무섭게 키에르케고르에 끌려 들어갔다. 그리하여 철학이라는 것이 어떤 것인지 처음으로 느끼게 되었다. 키에르케고르의 사상이 그에게 그렇게 깊이 영향을 준 것은 그에게서 인간의 유한성과 초월자의 임재, 그리고 이러한 긴장된 관계 속에서 자기 자신을 찾아가는 강한 열정이다. 그는 키에르케고르를 통해서 철학의 근원에 부딪쳤고 이 근원을 통해서 칸트(Immanuel Kant, 1724-1804), 쉘링, 플로티누스(Plotinus, A. D. 204-269), 그 밖의 위대한 철학자에게로 끌려갔다. 그들에게는 어딘가 일관된 것이 있었다 과거의 철학을 정리하여 야스퍼스는 그들을 꿰뚫고 있는 어떤 것을 현대에 재현하여 그 속에 있는 철학적 실질이 무엇인가를 찾아보고 싶었다.

이것은 세계대전이 끝나는 1919년 36세 때에 쓴 『세계관의 심리학』이라는 책으로 나타난다. 이 책의 덕택으로 그는 38세 때에 하이델베르그 대학의 철학교수가 된다.

19세 때 야스퍼스는 니체가 영원회귀의 사상을 얻었다는 지르스 마리아의 질바프라나 호수를 인생의 고민을 맑은 물과 맑은 공기로 씻어볼까 하고 찾아간 일이 있었다. 그때 의사가 될 결심을 하면서도 마음속으로 무엇인가 철학자가 되고 싶은 어떤 갈구를 억제할 수가 없었다. 그러나 그의 현실이 모든 것을 억눌렀고 그는 순순히 의학의 길을 밟았다.

그러나 뜻하지 않게 그는 마치 섭리에 이끌리기나 하는 것처럼 철학교수가 되었다. 그 당시에 독일은 신칸트학파가 세상을 지배하고 있었다. 같은 철학과의 주임교수인 리케르트(Heinrich Rickert, 1863-1936)는 서남학파의 거두로서 빈델반트(Wilhelm Windelband, 1848-1915))의 뒤를 이어 완고한 성곽을 쌓고 있었다. 이러한 분위기 속에서 공공연하게 리케르트와 대립한 야스퍼스로서는 좀처럼 신칸트학의 아성을 무너뜨릴 수가 없었다. 그는 땅 속으로 숨어 들어가 이 아성에 화약장치를 하기 위해서 두 개의 구멍을 파고 들어갔다. 하나는 『현대의 정신적 상황』이라는 책이다. 또 하나는 「세계정위」, 「실존철학」, 「형이상학」 세 권으로 편집된 『철학』이라는 방대한 작품이다. 이 책을 쓰기 위해서 그는 하이데거처럼 12년 동안 침묵을 지켜간다. 수많은 조소와 냉소를 참아냈다. 그런데 야스퍼스의 폭탄은 의외로 정확하였다. 야스퍼스의 『철학』이라는 책은 하이데거의 『존재와 시간』이상으로 학계의 공명을 얻게 되었고, 1932년 야스퍼스는 49세에 리케르트의 뒤를 이어 철학과 주임교수가 된다.

그 후 그는 피나는 사색을 계속하여 52세에는 『이성과 실존』이라는 책을 내놓음으로 실존을 이성화하는 동시에 이성을 실존화하는 그의 입장을 굳혔고 계속해서 그의 철학체계를 정리해 갔다. 그러나 54세에 유대인 아내가 말썽이 되어 제2차 세계대전이 나기 2년 전인 1937년에 나치스에 의해 학계로부터 추방된다.

야스퍼스는 히틀러의 무서운 독재 밑에서 어두운 밤을 지새우기로 하였다. 그래서 그는 두 가지 일을 계획하였다. 하나는 『철학』을 출판한 이후 점점 확실해지기 시작한 포월자包越者의 사상을 체계화하여 『철학적 논리학』을 쓰는 것과 또 하나는 동서양을 망라해서 실로 위대한 인물들, 그들을 피해서는 살아나갈 수가 없는 중요한 인물을 중심 하여 『철학의 세계사』를 써 가는 일이었다.

10년이 흘러 논리학 제1권 『진리에 관하여』가 천 페이지를 넘는 방대한 책으로 1947년에 출판되고 같은 해에 세계사의 제1권으로 『위대한 철학자들』이 또 천여 페이지의 큰 책이 되어 나타났다. 인류의 표준이 되는 소크라테스, 공자, 예수, 석가, 철학의 기초로서 플라톤, 어거스틴, 칸트, 깊이 생각하는 사람으로서 노자, 용수보살, 스피노자, 안셀무스, 플로티누스, 파르메니테스, 헤라크레이토스, 아낙시만드로스를 들었다.

1945년 4월 14일은 야스퍼스가 나치스에게 끌려가기로 정해진 날이다. 그의 마지막도 멀지 않게 되었다. 그런데 꿈같은 일이 생겼다. 4월 1일 미군이 하이델베르그를 점령하고 말았다. 야스퍼스는 다시 대학을 재건하기 위해 점령당국으로부터 위촉을 받아 대학총장이 된다. 8월에 의학부를 재건하고 가을에 철학과를 재건한다. 그 다음해 주네브 국제문화회합에서 유럽정신을 강조, 1947년 스위스 바젤 대학에서 철학적 신앙을 주장, 8월에는 괴테 상을 받게 된다. 그 후 그는 42년 동안이나 정든 하이델베르그를 떠나서 65세에 스위스 바젤 대학으로 옮겨간다. 거기서 20년 동안 세계를 지도하는 철학자가 된다. 수많은 강연과 논문집이 쏟아져 나왔다.

야스퍼스의 철학을 보통 좌절의 철학 또는 초월의 철학이라고 한다. 좌절을 통하여 초월에 도달하는 철학이라고 할 수 있을 것이다. 그의 철학체계는 세계로부터 실존으로 초월하고, 실존으로부터 신으로 초월하는, 세계, 실존, 신의 세 부문으로 성립한다. 그의 『철학』 세 권은 이 세 가지를 주제로 한다.
　우선 세계와 실존과 신에 대한 야스퍼스의 간단한 정의를 들어보자. 세계란 현존재現存在의 전체요, 실존이란 우리들의 근원성根源性이요, 신이란 하나인 것이다. 우선 야스퍼스는 세계의 성격을 한마디로 현상이라고 한다. 현상이란 주관에 대하여 객관이란 말이요, 그것이 의식되는 한 존재 자체는 아니라는 것이다. 그렇다고 해서 그것이 가짜라든가 무無라든가 하는 것은 아니다. 그것은 자기법칙으로 움직이는 사실임에 틀림없다. 다만 그것이 내 것이 아니라는 것뿐이다.
　이 세계를 구성하고 있는 내용은 물질, 생명, 마음, 정신이다. 이 네 가지가 내 것 같으면서 내 것이 아닌데 좌절을 느낀다. 사람은 학문을 가지고 이것을 자기 것으로 해보려고 한다. 그러나 학문의 힘에도 한계가 있다. 과학적 확실성은 역시 상대적이요, 인간이 그것을 가지고 살 수 있는 진리는 제공하지 않는다. 학문의 힘은 감각적인 것, 소재적인 것에 제한되어 자기의 상대성을 폭로한다. 과학은 역시 부분적인 것이요, 전체적인 파악을 할 수가 없다.
　과학은 보이는 세계의 상像은 만들 수 있으나 관觀은 내놓을 수가 없다. 과학은 아무리 세계를 체계화하려고 해도 체계를 완성할 수가 없다. 물질, 생명, 마음, 정신은 다 각각 자기의 독특성을 가지고 있어 생명은 물질에 근거하고 있으나 물질의 법칙으로 생명을 좌우할 수 없고, 마음은 생명을 근거로 하고 있으나 역시 생명의 법칙이 통하지 않으며, 정신도 마음을 근거하고 있으나 마음의 법칙이 통하지 않는다. 물질과 생명과 마음과 정신 사이에는 분열과 비약이 있어 과학은 이것을 체계화할 수가 없다. 그런 의미에서 과학은 특수한 학문이지 일반적인 학문이 될 수가 없다. 과학은 결국 인간을 철학으로 들어가게 하는 길잡이가 된 것뿐이다.

인간은 과학에 좌절하고 철학으로 초월한다. 과학을 깊이 파고 들어가면 과학의 뿌리는 철학이 되고 만다. 모든 과학이 철학 위에 자리를 잡고 있기 때문이다. 현대 물리학이 상대성원리 위에 서 있다. 상대성원리는 과학의 대상이 될 수가 없다. 결국 원리의 문제는 철학의 대상이기 때문이다.

야스퍼스는 세계의 밑에 실존을 생각한다. 실존이란 나 자신을 말하는 것인데 내가 세상의 물건들과 다른 점은 나는 절대성을 가지고 있다는 점이다. 나는 세상의 무엇과도 바꿀 수 없는 가장 존귀한 존재다. 이것을 다른 말로 자유성과 가능성이라고 해두자. 이것이 실존의 첫째 특성이다.

둘째는 인간은 다른 사람과 사귐으로써 한없이 감화를 받는다. 이러한 감화 없이 인간은 자기의 절대성을 유지할 수가 없다.

셋째는 인간의 무한한 전통과 창조 없이 인간의 절대성은 유지 될 수 없다. 이것이 인간의 역사성이다. 한마디로 인간존엄의 자각과 인간 사이의 사귐과 역사의 창조, 이것이 야스퍼스가 말하는 실존의 성격이라고 할 수 있다. 우선 인간의 존엄성을 짓밟으려는 것이 극한상황이다. 극한상황이란 누구도 피할 수 없는 곤경을 말한다. 동양식으로 생로병사生老病死이지만 야스퍼스는 싸움, 고민, 죄책, 죽음이라고 한다. 이것들은 인간을 물질로 끌어내리려고 한다. 예를 들어 죽음은 인간을 사실상 흙덩어리로 만들기도 하지만 죽음의 협박은 인간을 비겁하게 만든다. 그러나 사람은 죽음에 부딪쳐 용감해질 수도 있다. 그것이 정의요, 진리요, 신이기도 하다. 여기에 인간은 자기 생명보다 더 높은 세계가 있는 것을 알게 된다. 그런 의미에서 한계상황은 인간을 좌절시킬 수도 있고 초월하게 할 수도 있다. 인간을 초월로 인도하는 이가 현실적 실존이다. 현실적 실존이란 무제약적 행위를 통해서 정말 진실존재가 된 사람이다. 사람은 이런 사람과 사귐을 통해서 자기도 그렇게 될 수 있다는 확신을 얻게 되고 그를 따르게 되고 그와 같이 살게 된다. 이것이 믿음이요 소망이요 사랑이다. 참 사람이 되겠다는 생각을 야스퍼스는 절대의식이라고 한다. 절대의식은 결국 과거의 역사를 더듬어 위대한 실존을 만나게 되고 자기도 역사 위에 새로운 창조를 이룩하려고 노력해 간다. 그런데 이상하게도 사람은 참되게 살려고 애쓰고 노력만 한다고 해서 참되어지는 것이 아니다. 역시 사람은 초월자에 부딪쳐야 한다. 거기서 힘을 얻어야 한다. 이것이 인간이 가져야 할 최후의 좌절이요, 최후의 초월이다.

야스퍼스는 초월자와의 부딪침을 암호해독이라고 한다. 암호는 무엇이든지 될 수 있다. 반짝이는 별, 장엄한 낙조, 아름다운 꽃, 이런 것들을 제1의 말씀이라고 한다. 그 다음에는 인간을 통해 표현된 모든 문화로부터 모든 예술작품에 이르기까지 이것을 제2의 말씀이라고 한다. 그 다음에는 철학자의 말, 이것을 제3의 말씀이라고 한다.

이런 모든 말씀은 하나의 상징이다. 암호는 실존과 초월간의 하나의 매개자다. 암호를 해독한다는 것은 암호를 해석하는 것이 아니다. 암호를 직관하는 것이다. 암호를 꿰뚫어 볼 때에 인간은 초월자인 신에게 부딪친다. 역사적 실존은 암호를 통해서 영원한 현재에 부딪치게 된다. 영원한 현재란 과거도 현재요, 현재도 현재요, 미래도 현재인, 그런 삶을 의미하는 것이다.

세계관의 심리학

칼 마르크스(Karl Marx, 1818-1883)가 죽은 해인 1883년에 칼 야스퍼스는 태어났다. 그리고 1969년에 86세를 일기로 스위스 바젤에서 세상을 떠났다. 야스퍼스는 어려서부터 불치의 병을 갖고 있었는데 그것은 협심증과 천식증이다. 의사들은 30세 전에 죽을 것이라고 진단했지만 86세까지 견디어 갔다. 그는 병 때문에 제1차 대전 때에는 군대도 안 나갔고, 2차 대전 때에도 독일에서 무사히 넘길 수가 있었다. 그러나 아내가 유대 사람인 관계로 일체의 공직에서는 물러나 있었다. 다행히도 동양학을 전공하는 친구가 영국으로 망명하면서 책을 물려주어서 조용히 인도사상과 중국사상에 잠길 수가 있었다. 그가 그렇게 오래 살게 된 것은 17세 때 스피노자를 알게 된 탓일 것이다.

그는 스피노자가 깊이 간직하고 살아간 '조심'이라는 한 마디를 그의 좌우명으로 삼았다. 그는 언제나 조심조심 세상을 살아갔다. 살얼음을 디디는 듯한 히틀러 통치하에서 일체 협력을 거부하면서도 그의 생명을 유지할 수 있었던 것은 그의 좌우명의 도움이기도 했다. 그러나 그의 정신력은 대단한 것이었다. 85세의 고령으로도 『습득과 논박』이라는 논문집을 냈으며, 81세 때도 천 페이지를 넘는 『진리』라는 책을 써냈다. 그는 정년으로 65세 때 하이델베르그 대학을 떠났으나, 다시 바젤 대학 교수가 되어 78세까지 강의와 강연을 계속했다. 63세 때는 제네바에서 열린 제1회 국제회합에서 「유럽정신은 몰락할 것인가」라는 제목으로 공산주의 철학자 루가치(Georg Lukacs)와 정면충돌을 했다. 1945년 그가 62세 때, 독일이 항복하고 하이델베르그 대학 의학부가 처음으로 문을 열자, 그는 독일 민족은 전멸될 것이 아니라 교육되어져야 한다는 성명을 발표하고 물질적인 행복을 찾기는 어렵겠지만 이념에 충실한 독일정신의 성장은 얼마든지 기대할 수 있다는 희망적인 언질로 패전국민에게 용기를 불러 일으켜 주기도 했다.

야스퍼스가 가장 존경하는 인물은 막스 베버였다. 그는 막스 베버의 인격에 접함으로써 그 자신도 위대한 인격이 되었다. "이렇게 사는 것이 바로 사는 것이다." 하는 것을 그는 자신 있게 말할 수가 있었다. 그것은 모두 베버의 은덕이었다. 그는 의학박사가 되던 해인 26세 때 베버를 알게 되었으며, 37세 때에 베버가 56세의 나이로 사망하자 베버의 장례식에서 추도연설을 했다. 또 49세 때에는 『막스 베버』라는 책을 쓰기도 했다.

막스 베버는 사회학자로 명성이 높았지만 철학자란 말은 들어본 일이 없다. 그러나 야스퍼스의 눈에는 베버야말로 철학으로 사는 사람이었다. 세상에는 철학을 가르치는 사람은 얼마든지 있지만, 철학으로 사는 사람은 드물다. 베버는 가치의 체계를 만드는 사람이 아니라 가치를 살고 있는 사람으로서 그 사람이야말로 철학의 화신이었다.

막스 베버는 죽으면서 "진실이 진리"라고 하였다지만 진리보다도 더 중요한 것이 있다면 그것은 진실이다. 그런 의미에 있어서 그는 주체적 인격을 지닌 사람이었다. 그는 철학을 가르쳐 본 일은 없지만 그 자신이 하나의 철학이었다. 철학자는 사실을 인식하는 것 이상의 존재다. 그 시대에 부딪쳐 생생하게 살면서 그 시대와 싸우고 그 시대를 드러내는 하나의 산 인격이어야 한다. 참을 위해서 언제나 생명을 거는 사람이 베버였다.

야스퍼스는 막스 베버가 죽은 이후, 자기도 철학자가 되겠다고 결심을 하였다. 그 길만이 베버를 사랑하는 유일한 길이라고 생각했기 때문이었다. 그는 막스 베버를 철학자의 전형이라고 생각하였는데 참다운 철학을 보여준 유일한 철인 베버는 죽고 말았다. 이때 야스퍼스는 철학의 전통을 지키고 위대한 것이 무엇인가를 느끼게 하고 철학을 오해로부터 구원하는 길은 오로지 철학교수가 되는 길밖에 없다고 생각하였다. 그리하여 그는 철학과 교수가 되었다.

야스퍼스의 출세는 정신병리학 시대에서부터 시작하여 심리학시대를 거쳐 철학시대로 들어가게 된다. 정신병리학 시대의 대표작은 그가 30세에 내놓은 『정신병리학 총론』일 것이다. 하이델베르그 대학 정신과의 조수로 있으면서 그의 이십 대를 불사른 과학자 야스퍼스의 대표작이다.

그는 이 책을 통해서 그가 교수의 자격이 있음을 인정받아 교수 추천까지 받았다. 그러나 그의 마음은 의학부 교수보다도 철학과로 기울어져 있었다. 그리하여 철학과 주임교수인 빈델반트 밑에서 심리학 교수 자격을 얻어 31세에 심리학 강사가 되었다.

『정신병리학 총론』 외에도 야스퍼스에게는 또 하나의 정신병리학 저서『스트린트 베르그와 반 고흐』가 있다. 이 책에서 그는 특히 예술적 창작에 나타나는 정신분열의 두 종류를 연구하고 있다. 외적이고 부분적인 정신 분열자로 그는 스트린트베르그(August Strindberg)와 스웨덴보르그(Emanuel Swedenborg)을 들고, 내적이고 전체적인 정신 분열자로는 횔덜린(Friedrich Hölderlin, 1770-1843)과 반 고흐(Vincent van Gogh, 1853-1890))를 들고 있다. 야스퍼스는 특히 이들에게 공통적인 특징은 보통 사람으로서는 이해할 수 없는 어떤 형이상학적 체험이 그들의 예술창작의 원동력이 되고 있다고 하였다. 일반인들은 사회적인 제약 때문에 그들의 근원적 욕구를 억압당하고 있으나 이들은 그런 억압으로부터 해방되어 극도로 왕성한 상상력을 발휘하고 있다는 것이다.

야스퍼스는 현대의 특징을 정신분열로 본다. 현대의 복잡다단한 사회적 문화에 억눌려 현대인은 거의 분열의 위기에 놓여 있다는 것이다. 중세기의 특징이 히스테리였던 것처럼 현대의 특징은 정신분열증이다. 중세의 히스테리는 열광으로써 정신집중에 이르게 할 수 있지만 현대의 정신분열은 열광으로는 도저히 집중이 되지 않는다. 결국 가능한 길은 키에르케고르나 니체처럼 자기 속에 있는 깊은 자유를 자각하는 것이다. 그 전에는 도저히 현대의 불안에서 일어나는 정신분열은 극복될 수 없다는 것이 그의 결론이었다.

　야스퍼스가 심리학강의를 시작했을 때는 제1차 세계대전이 시작된 때로 그의 나이 31세였다. 37세에 막스 베버가 죽고 그가 철학자가 되기로 결심하기까지 그는 심리학 강의에 전력을 기울였다. 제1차 대전에서는 그의 친구인 철학자 에밀 라스크가 전사했고 독일의 패전의 비참 속에서도 그는 막스 베버의 영웅적인 모습과 그의 파격적인 위대함을 볼 수가 있었다. 그는 패전 국민에게 독일의 임무를 역설해마지 않았다.

　당시 세계는 러시아의 전제주의와 영국의 공리주의에 의해 분할될 지도 모를 위험에 처해 있었다. 그 중간에서 독일은 끝까지 자유해방의 정신과 개인 생활의 다양성과 유럽전통의 위대함을 구원해내야 한다는 것이 그의 주장이었다. 베버의 정치이념은 대국적인 것이었다. 대국을 볼 수 있는 눈과 자기를 제어하는 힘을 가지고 정성을 다하여 인류 전체의 앞날을 생각하고 사고하고 발언하였다.

　야스퍼스는 참되고 순수한 독일의 혼을 막스 베버를 통해 엿볼 수가 있었다. 친구들이 전선에서 싸우는 동안에 그는 학원에서 연구에 열중하였다. 그리하여 전쟁이 끝나는 해에는 『세계관의 심리학』이라는 오백여 페이지에 달하는 대작을 내놓게 되었다. 이 책은 단순한 심리학 전서가 아니라, 이미 세계관을 문제삼는 철학의 전신이었다. 그 전에 그는 스피노자(Baruch Spinoza, 1632-1677), 헤겔, 칸트, 키에르케고르, 니체, 막스 베버를 중심으로 해서 연구하였다 그리하여 스피노자의 체계와 헤겔의 정신과 칸트의 이념과 키에르케고르와 니체의 실존과 베버의 유형을 잘 안배하여 『세계관의 심리학』을 쓰게 되었던 것이다.

또한 그는 철학과 과학을 연결짓는 하나의 다리로서 이 책을 썼다. 그가 철학을 세계관이라고 하는 이유는 철학의 핵심을 하나의 지식의 체계가 아니라 철학자의 삶으로 보는데 있다. 즉 그에게 있어서 철학은 세계 전체의 지식인 동시에 세계에 대한 가치판단이며, 세계를 인식하는 동시에 세계를 살아가는 것이다. 이러한 그의 철학에 대한 개념은 철학이 사람들에게 적극적으로 인생의 방향을 제시하는 것이며, 인생의 의미와 가치를 증언하는 철인의 삶만이 철학이라는 말에 부합되는 것이다.

『세계관의 심리학』은 많은 철인의 심성을 제시하여 각자의 생의 방향 결정에 하나의 자료를 제공하는 데 그 목적이 있다. 야스퍼스는 이 자료를 과학적으로 정리하면서 그것이 어떤 목적을 제시하지는 못하지만 힘있는 수단이 되어질 수는 있을 것이라고 믿었다.

야스퍼스는 전쟁이라는 비상시대에 직면하여 그러한 한계상황에 대처하는 여러 가지 정신유형을 분류해 놓았다. 인간은 한계상황에 부딪쳐 절망하지만 그래도 무엇인가 의지할 곳을 찾게 된다. 이 때에 우선 나타나는 것이 세계 질서에 대한 무관심과 불신을 표시하는 허무주의와 회의주의다.

한편 세계 질서에 조금이라도 관심을 가지는 것이 합리주의이다. 합리주의자들은 그 현실 속에서도 생생에 대한 구실을 찾아보고자 한다. 그리하여 나오는 태도가 권위주의, 자유주의, 가치절대주의이다. 그러나 이 세계 질서에 대하여 막대한 관심을 경주하는 사람들이 있다. 그들은 세계를 구원하려고 든다. 그들은 세계 밖의 한 점을 발견하여 거기에 발을 디디고 세상을 구원하려고 한다. 이것이 키에르케고르의 실존사상이다.

막스 베버로부터 독일 구원의 강한 신념을 이어받은 야스퍼스는 자기의 갈 길도 역시 세계구원의 예언자의 길임을 알게 된다. 그리하여 그는 철학의 길을 걸어가게 된다. 그가 철학 저서를 쓰기 시작한 것은 41세 때였다.

『세계관의 심리학』에서 그가 취한 태도는 주관과 객관이 분리되기 이전의 생의 직접적 원체험에서 주관과 객관이 분리된 반성적 태도를 거쳐서, 다시 주관과 객관이 통일되는 신비적 단계로 발전되어 간다. 그는 세 번째 단계를 정신적 삶이라고 보고 이 단계에서 세계관을 파악하려고 한다. 이 셋째 단계란 신비적인 체험과 실증주의적 분열을 통합하는 이념의 단계이다. 야스퍼스는 생을 지지하는 힘으로 칸트의 이념을 체험코자 한다.

"이념은 결코 정의되거나 전달되거나 가르쳐지는 것이 아니다. 그것은 체계적 인식 안에서 행동과 예술 창작 속에서 작용하며 형성되는 것이지만 결코 도달될 수는 없다. 그러나 그곳으로부터 하나의 현재적 충실과 의미가 생겨난다. 그러므로 논리적으로는 그것이 단순히 방향 내지 통제적 원리에 불과하지만 심리적으로는 우리 속에 있는 하나의 힘이요, 신비한 체험의 근거이기도 한 것이다."

이념의 체험은 어떤 절대자와의 체험이라기보다 성장하고 발전하는 싹의 눈뜸이요, 자아의 발현이라는 것이다.

정신적 상황

『세계관의 심리학』 다음으로 중요한 야스퍼스의 저서는 『현대의 정신적 상황』이다. 이 책은 히틀러가 독일의 정권을 잡고 세계를 제2

차 세계대전의 와중으로 몰아가고 있을 때 쓰여진 책이다. 그가 48세 되던 1931년에 출판되었다. 『세계관의 심리학』을 낸 것이 36세였고 그로부터 12년이라는 세월이 흘러간 것이다. 그 동안에 공산주의 혁명이 일어나 소련이 생겨났으며, 이태리에는 무솔리니가, 독일에는 히틀러가 독재의 발판을 굳혀가고 있었으며 뉴욕에서는 증권이 폭락하여 세계적으로 경제공황이 시작되고 있었다. 무서운 폭풍이라도 휘몰아쳐 올 듯한 시대 상황이었다.

이 책은 그 시대의 정신적 분위기를 조종하고 있는 배후의 사상이 어떤 것인지를 분석함으로써 문제점을 발견하고 그 문제를 해결하기 위하여서는 어떤 태도를 취해야 하는가를 검토한 저서이다. 당시 사람들은 걷잡을 수 없는 자기상실에 휩쓸리고 있었다. 이 같은 자기상실은 현재까지도 계속되고 있는 현상이다. 야스퍼스는 현대의 정신적 상황을 만들어 내는 근원자로서 세 가지를 들고 있다. 과학적 합리성, 주체로서의 인간, 사실적 세계가 그것이다.

제1부에서는 과학적 합리성이 만들어 내는 상황을 그리고 있다. 모든 것이 지식의 대상이 되고 합리적인 기구가 형성되며 사람은 이러한 기구의 일부가 되어 자기 자신의 생의 의미를 상실하고 마는 상황이다. 기구는 고정되어 전체가 되었고, 전체는 문제 삼을 수도 없는 초월자가 되어버린다. 여기에 현대의 정신적 상황의 본질과 위기가 있다. 이러한 기구와 질서 속에서는 인간의 자유를 발견할 수 없고 정신은 질서의 수단이 되어 생기를 잃고 만다.

제2부에서는 주체로서의 개인과 국가의 관계를 서술하고 있다. 개인이 자기의 삶을 결정지을 때 무시할 수 없는 것이 국가로서의 전체를 지배하는 의시이며, 이 의시를 개인에게 이해시키는 것이 교육이다. 문제는 국가가 인간을 진정으로 만족시킬 수 있는 절대 의지가 될 수 있을까 하는 것이다. 야스퍼스는 될 수 없다고 한다. 인간 존재

는 언제나 국가를 넘어서는 더 큰 절대의지를 지향하며 미래에 대한 가능성을 가지고 있다는 것이다.

제3부에서는 국가로부터 절대의지를 찾을 수 없었던 인간은 현실을 꿰뚫는 정신의 세계에서 이념으로서의 절대 의지를 찾으려 하는 것이라고 서술하고 있다. 즉 예술과 과학과 철학이다. 이런 정신이 생생하게 약동하고 있는 동안 인간은 살맞을 느끼고 인간 존재의 가능성을 보게 된다. 하지만 현대에서는 일반 교양은 분화하여 하나의 특수 기능이 되고, 예술은 현존적 향락의 수단이 되고, 과학은 기술에 봉사하는 노예가 되고, 철학과 종교는 학설과 교리의 화석이 되고 말았다. 따라서 현대에 있어서 각 개인은 의식적으로 이런 상황에 대하여 투쟁하지 않으면 안 된다. 이런 상황 가운데서 가장 요긴한 것은 인간 속에 있는 고귀한 정신, 즉 자기 존재를 깨워 한계상황 속에서 파선을 당하면서도 그 속에서 존재의 암호를 해독하여 생의 보람을 느끼면서 사는 결단이다.

야스퍼스가 이런 생각을 할 수 있게 영향을 끼친 사람은 막스 베버였다. 그는 학자로서도 대단한 업적을 남기지 못했고 정치활동에 있어서도 주역이 될 수 없었으며 57세를 일기로 그의 배는 파선의 비운을 당하고 말았다. 그러나 후배에게 남겨준 그의 인격적 감화는 소크라테스에 비할 만큼 야스퍼스에 있어서는 절대적인 것이었다.

막스 베버는 하나의 정치가나 학자가 아니라 정치나 과학을 수행하는 동안에 구체적으로 인간이 무엇인가를 보여준 하나의 전체적인 존재였던 것이다. 그는 이 세상을 지금까지 들어 볼 수 없었던 가장 큰 깊이와 넓이로 파악했던 하나의 산 인격이었으며 인간이 인간일 수 있기 위한 유일한 길인 진리탐구의 길을 간 사람이었다. 야스퍼스에게 막스 베버보다도 훨씬 앞서 이런 길을 예비해 준 사람이 있었으니 키에르케고르와 니체였다.

야스퍼스의 실존사상에 직접적인 도화선이 된 것은 키에르케고르와 니체인지도 모른다.

"그들이 없었다면 우리는 위대한 철학자의 연구에 있어서 아직까지도 미개한 상태에 머무르고 있었을 것이며, 또 철학을 한답시고 아직도 마음 편하게 비실존적인 개념구성을 계속하고 있었을 것이다."라고 야스퍼스는 말하고 있다.

야스퍼스에 있어서는 크리스챤으로서의 키에르케고르나 무신론자로서의 니체나 모두 마찬가지로 가능적 실존이었다. 키에르케고르는 외면상으로는 크리스챤이나 속으로는 무신론자였고 니체는 외면상으로는 무신론자였으나 속으로는 크리스챤이었다.

그들은 모두 유신론일 수도 없고 무신론일 수도 없는, 신을 들이마셨다가 내뿜는, 신을 호흡하는 하나의 가능적 실존이었다. 초월자를 거부하면서 초월자를 사유하고 초월자를 신앙하면서 초월자를 회의하는 그들의 강한 불길은 계속 자기의 실존을 불사름으로 자기 자신을 정화하고 자기 존재를 열어 간 사람들이었다. 특히 그들에게는 특별한 사상체계는 없지만 철학한다는 삶이 있고 일체 부정을 초월한 대긍정이 있다.

우리들은 그들을 통해서 나를 만나게 되고 그들과 사귐으로써 미래를 사는 어떤 충동을 느낀다. 그들은 하나의 인간으로서 자기의 존재를 가지고 허무의 심연에 뛰어들어가 다른 사람을 대신하여 자기 자신을 불사른 사람들이었다. 그들은 단순한 무신론자도 아니요, 단순한 초월론자도 아니다. 그들은 신성과 무신성이라는 양극적인 현실 속에서 자기 자신을 불사른 사람들이다. 마찬가지로 야스퍼스에 있어서도 철학은 신에 도달하는 것도 아니고, 신으로부터 떠나가는 것도 아니고 신을 호흡하는 것이다. 그들에게 있어서는 사는 것이 문제요 진실이 문제였다. 죽음이나 거짓은 절대 인정할 수가 없었다.

다른 사람이 볼 때에 그들은 신을 믿는 것 같기도 하고 믿지 않는 것 같기도 해서, 즉 모순 그 자체였다.

그러나 니체가 말한 바에 의하면 최고의 인간은 존재의 대립적 성격을 극히 강하게 보여 주는 인간이요, 범용한 인간은 대립의 긴장이 증가되자 멸망하는 인간이다. 니체는 모순과 대립 속에서 존재의 진리를 인정하고 그것을 스스로 짊어질 뿐만 아니라 갈등을 희망하고 그것을 불러일으키는 것이 그대로 인간의 자유를 의미하는 것이라고 생각했다.

그들에게 있어서 철학은 물에 있는 것으로 그것은 어디까지나 진행이요, 동시에 초극이기도 하다. 모든 눈물과 인간적인 불행을 가지고 나를 밀어 넣어 보라. 나는 물에 떠오르고야 말겠다는 것이다. 현실성과 가능성이라는 것이다. 모두 참된 것이다. 물에서 나와도 안 되고 물 속에 들어가도 안 된다. 가능성과 현실성이 하나가 되는 곳에 실존의 역사는 결단되어 간다. 진리는 모두 피묻은 진리요, 사유와 생활은 분리 될 수 없다. 그런 의미에서 인간의 인식은 자기의 한계를 넘어서지 못한다. 사람은 체험한 것만을 말할 수 있고, 그런 의미에서 안다는 것은 하나의 이해요, 해석에 불과하다.

야스퍼스에 있어서 실존은 그것이 세계 속에 존재하고 사물과 관계되면서 전체로서 사는 데 자기 존재의 의미가 있다. 실존적 조명으로서의 자기 이해는 가능적 실존으로서 개인에게도 관계되지만 보편과도 연결이 된다. 실존으로서의 자기 존재는 객관적 지식으로는 획득할 수 없는 암흑적 존재다. 그것은 다만 실존적인 교제에 의하여 밝혀지는 것뿐이다. 그것은 계속적인 자기 자신과의 싸움이요, 전체 인간과의 싸움이기도 하다. 야스퍼스가 얻고자 하는 것은 개념도 아니고, 세계상도 아니고, 체계도 아니고, 그것보다도 더 근본적인 충동에 의한 가능적 실존으로서 자기를 측정하고, 자기를 이해하고, 자기를 확인하는 것이다.

　니체의 기구한 생애와 사상은 우리들에게 무엇을 말하고 있는 것일까. 그의 육체적 질환은 정신을 한없이 강하게 만든 하나의 원동력이 되었고 그의 정신적 질환마저도 많은 형이상학적 표상을 산출케 하였다. 그의 고독은 그로 하여금 예언자의 사명을 완수케 하고, 변천하는 세계를 등지고 진리탐구에 최선을 다하게 하였다. 그 허무주의는 자기 속의 새싹을 기대하는 지조였으며, 그의 운명애는 자기의 영원성에 대한 의식이었으며, 영원회귀의 사상은 운명에 대한 절대적 긍정이었다. 그의 반기독주의는 자기 초극의 하나의 지표였으며, 그의 권력 의지는 자유존재가 세계 존재보다 근본적으로 우월하다는 그의 신념이었으며, 초인은 자유 존재를 전형화한 하나의 신화이다. 나를 좇지 말고 너 자신을 좇으라는 그의 교육은 자기 실존으로 되돌려 주는 파괴적인 방법이었다. 그의 정치열은 인류미래의 새로운 분위기를 창조하여 자유와 인간의 존엄을 되살려 보자는 하나의 열망이었다. 그의 삶이야말로 하나의 사건이요, 충격이었다. 그는 이 시대위기를 가르쳐 줄 뿐만 아니라 인류 영원의 대낮을 열어주려고 한 하나의 무서운 단절이기도 하다.

　키에르케고르와 니체가 야스퍼스에게 준 영향은 절대적이었다. 얼핏보면 하나는 기독교인임을, 하나는 반기독교인임을 자처하고 나선 사람들이라 정반대인 것처럼 생각되지만 야스퍼스는 이 두 사상가가 결국은 같다는 것을 꿰뚫어 보고야 말았다. 야스퍼스가 52세에 홀랜드의 후로니겐 대학에서 강연한 『이성과 실존』의 제1장은 키에르케고르와 니체 두 사람의 공통점을 여지없이 파헤치고 있다.

　야스퍼스가 키에르케고르를 읽기 시작한 것은 30세부터이지만 니체는 그보다 훨씬 젊은 시절부터 읽고 있었다. 니체가 죽은 것은 야스퍼스가 17세, 고등학교 시절이었다. 그때는 너무도 과격해서 그는 스피노자에게 더 끌렸지만 현대를 알기 위해서는 니체의 허무주의가 무엇인지 알아야만 하겠다고 생각하게 되었다. 그리하여 그는 니체를 통하여 현대가 무엇인지를 알 수 있게 되었다. 53세에 그는 『니체』라는 큰 책을 출판하였다. 이 책에서 그는 니체는 다만 새로운 사상 내용의 근원이요, 하나의 새로운 언어의 창조자일 뿐만 아니라 그의 생과 사유와의 전체성은 하나의 위대한 사건이기도 하다고 말하였다. 니체가 그의 모든 근본 사상을 넘어 더 높은 차원에서 의미하는 것은 단지 그의 시대의 위기의 표현만이 아니라 하나의 포괄적인 인류 전체를 내다보는 역사 철학의 내용이요, 믿는 자만이 말할 수 있는 역사적 방향의 명확성이다. 니체가 살았다는 사실은 그를 따르는 사람에게 적어도 자기 자신에 대한 성실성을 불러일으키고 순수한 관심의 전제가 되어준 것만으로도 그의 위대성은 충분하다.

철 학

야스퍼스가 키에르케고르와 만난 것은 그의 나이 30세 때였다. 키에르케고르를 통해서 그는 실존이라는 것을 알게 되었다. 키에르케고르는 실존을 이렇게 표현한다.

"진리를 묻는 사람은 자기가 실존하는 단독자임을 의식하고 있다."

그렇다. 진리를 찾는 이야말로 실존하는 정신인 것이다. 야스퍼스는 그 시대를 진단하는 『현대의 정신적 상황』을 10월에 출판하고 주저 『철학』을 12월에 출판함으로써 그보다 4년 전에 『존재와 시간』을 출판한 하이데거와 더불어 실존철학의 쌍벽이 되었다. 그는 이 책에서 실존철학은 모든 사실 인식을 넘어서는 사상이며, 인간은 이 사상에 의하여 자기 자신이 될 수가 있을 것이라고 외치고 있다.

132

그는 3권으로 『철학』을 조직한다. 제1권은 「철학적 세계정위」, 제2권은 「실존개명」, 제3권은 「형이상학」이다. 이리하여 10년간의 사색을 천여 페이지에 담게 된 것이다. 당시 세계는 무서운 속도로 제2차 대전을 향하여 달리고 있었다. 독일 국민은 그들의 조국을 히틀러에게 맡기고 독일이야말로 먼 하늘나라로 올라갈 것 같은 착각에 사로잡혀 있었다. 그들은 조국이 무서운 속도로 낭떠러지로 떨어져 가고 있다는 것을 미처 깨닫지 못하고 나치스의 선전에 현혹되어 깊은 잠에 취해 있었다.

이러한 상황에서 『존재와 시간』이란 하이데거의 첫닭이 울고, 『철학』이라는 야스퍼스의 종소리가 우렁차게 울리기 시작한 것이다. 야스퍼스의 철학은 위급한 상황 속의 철학이요, 위기를 모면케 하기 위한 가능의 철학이다. 다른 말로 그의 철학은 상황의 철학이요, 가능의 철학이다. 그의 종소리에 따라서 방향을 바꾸면 차는 안전하게 구제될 수 있다. 결국 그의 철학은 상황의 철학이요, 가능적 실존의 철학이요, 존재를 탐구하는 철학이요, 초월의 철학이다.

어떤 철학이건 존재를 묻는 철학은 위급한 상황에서 출발할 수밖에 없다. 편안한 사람들이 존재를 찾을 까닭이 없다. 주린 자가 밥을 찾듯이 철학은 상황에서부터 시작된다. 야스퍼스는 인간을 '상황-내-존재狀況-內-存在'라고 한다. 하이데거는 '세계-내-존재世界-內-存在'라고 한다. 상황이란 인간이 현재 살고 있는 생존의 지반으로서 자연, 사회, 기술, 경제, 정치, 문화, 사상, 그 밖의 일체의 구조 연관을 말하는 것이다. 그것은 겹겹이 우리를 싸고있는 현실로서 주체에게 깊은 연관을 가지고 있는 물리적 심리적 현실이요, 우리에게 이익을 주기도 하고 손실을 주기도 하고 기회도 되고 질곡도 되는 과거로부터 물려받은 유산이요, 동시에 결단과 선택으로써 그것을 지배하고 변화시켜 새로운 미래를 열어가야만 하는 주어진 현실인 것이다.

이러한 현실 지배는 우리에게는 하나의 투쟁일 수밖에 없고 이러한 투쟁을 통해서 인간은 가능적 실존으로서 인간의 존엄성을 깨닫게 되고 자기 존재의 확인으로부터 초월적 존재의 의미를 청취하게 되는 것이다.

야스퍼스에게 특히 철학적 상황을 가르쳐 준 사람이 키에르케고르와 니체임은 말할 것도 없다. 그들을 통해서 그는 존재 형식에 객관존재客觀存在, 자아존재自我存在, 자체존재自體存在가 있는 것을 알게 되었다. 자연, 인생, 신이다. 여기에 대하는 인간의 의식에는 대상의식對象意識, 자기의식自己意識, 현존의식現存意識이 있다. 연구하는 마음, 생각하는 마음, 존경하는 마음이다. 이리하여 인간은 경험적 현존經驗的 現存에서 의식일반意識一般으로 결국 가능적 실존까지 연결하게 된다.

경험적 현존은 세계 현존과 다를 바 없고, 의식 일반도 다른 사람의 의식과 다를 바 없고, 정말 내 것이라고 할 수 있는 것은 자각된 실존, 지행知行의 자유로운 가능성인 가능적 실존밖에 없다고 야스퍼스는 생각한다.

우리에게 대해서 절대적 관련을 가지는 것은 모두 실존 속에서 이루어진다는 것이다. 마지막으로 실존이 초재와 일체가 될 때에는 세계와 자아 존재는 초재 속에 포섭된다고 한다. 이러한 존재탐구는 오성적 사유의 연속적 추리에서는 이루어질 수 없고, 존재의식이 한 번 비약적 발전을 하는데서 일어날 수 있다. 대상적인 것을 넘어서서 비대상적인 것으로 넘어가는 데에 가능적 실존의 특성이 있다. 야스퍼스의 『철학』이 「철학적 세계정위哲學的 世界定位」, 「실존개명實存開明」, 「형이상학形而上學」의 3권으로 나오게 되는 것도 철학적 탐구가 세계 속에 들어가 거기서 자리를 잡고 가능적 실존으로서 세계를 넘어 나와 초재를 향하여 자기를 열어가고 있기 때문이다. 존재의 전체적 현실은 이 세 가지의 복잡한 관련 속에서 이루어진다. 실존 없이는 세계정위는 무의미하고 초재는 미신이 되어 버릴 것이다. 세계정위 없이 실존은 허공에 뜨게 될 것이고, 초재는 말도 안 되는 것이며, 초재 없이 실존은 본래적 자기 존재를 상실하고, 세계정위는 그 가능적 깊이를 결국은 잃게 될 것이다.

사람은 현존현실의 분석으로부터 세계 인식의 한계에 도달하여 실존의 비약을 야기게 하고 실존의 불안에 떨게 되지만 다시 초재의 확인에서 현실의 안심으로 돌아오게 된다. 낮은 현실에서 출발하여 높은 현실에 되돌아오는 데에서 인생의 커다란 순환이 이룩되는 것이다.

우선 실존이란 말부터 생각해 보자. 야스퍼스의 실존實存을 한마디로 말하면 자기 개성에 눈뜬 사람이라고 할 수 있다. 다른 사람과는 절대 바꿀 수 없는 자기라는 것을 깨달은 사람, 천상천하에 유아독존이라고 깨달은 사람만이 실존할 수 있을 것이다. 한마디로 각자覺者가 실존이라고 할 수 있다. 진리를 말할 수 있는 사람, 자기가 실존하는 단독자라고 의식하고 있는 사람, 영원히 죽지 않을 사람, 그 사람이 실존이다.

야스퍼스는 『철학』 서론에서 실존의 세 가지 성격을 규정하고 있다. 첫째, 결단코 객관이 될 수 없는 것, 둘째, 내가 그것에 근거하여 생각하고 행동하는 근원, 셋째, 자기 자신에게 관련되고 또 그것 속에서 초월자에 관련되는 것이다. 첫째가 뿌리라면 둘째는 싹이요, 셋째는 꽃과 열매라고 해도 좋다.

첫째, 나는 보이지 않는 것이 나다. 그런 의미에서 나는 신이요, 무無이기도 하다. 눈이 눈을 보지 못하듯이 나는 나를 볼 수도 없고 알 수도 없다. 알았다고 하면 이미 나는 아니다. 나는 무한한 가능성이요, 무한히 초월해 가는 하나의 생명이기도 하다. 나는 절대 객관화될 수 없는 하나의 주체의식이다. 그런 의미에서 나는 하나의 보이지 않는 나무 뿌리와도 같다.

둘째, 나는 하나의 신비다. 인간은 자기 속에서 한없는 새것이 자꾸 넘쳐 나옴을 느낄 때 놀라지 않을 수 없다. 나는 샘이다. 펑펑 쏟아져 나오는 샘이다. 내 모든 생각과 모든 행동이 거기서 솟아 나오는 하나의 근원이요 샘이다. 그런 의미에서 나는 하나의 개성이요, 내 생각, 내 행동은 나만이 할 수 있는 것이지 남이 나를 흉내낼 수 없다. 내 말에는 내 투가 있고, 내 행동에는 내 체가 있다. 아무도 내 말투와 내 행체는 흉내낼 수 없다. 자기 속의 자기만이 가지는 무한한 개성에 놀라는 사람, 이런 사람이 실존인 것이다. 이런 생각과 생명의 신비는 마치 대지에서 터져 나오는 싹과도 같이 싱그럽고 생생하고 독창적이다. 창조적 개성, 이것이 내가 생각하고 근거하는 근원인 것이다.

셋째, 자기 자신의 실현이다. 인간처럼 자기에게 관심을 가지는 동물도 없다. 마치 나무의 꽃과 같아서 자기의 꽃을 피우지 않을 수 없고, 꽃을 피우고야 자기를 알 수 있고, 꽃을 보아야 능히 기뻐할 수 있다. 꽃을 보는 기쁨이야말로 인생최대의 기쁨이요, 이 기쁨 없이는 문화는 세상에 존재하지 않을 것이다. 모든 문화와 예술이 그것을 생산하는 사람에게 가장 큰 기쁨을 던져줄 것이다. 이 기쁨 없이 누가 생명을 바쳐 진리를 찾고자 하랴. 법열의 세계는 오로지 인간이 자기의 속알을 꽃피우는데 있다고 할 수가 있다. 그리고 초월자는 열매라고 해도 좋고 태양이라고 해도 좋다. 열매 속에 태양이 있고, 태양 속에 열매가 있다. 태양은 모든 존재의 근원이요, 인식의 근원이다. 우리가 볼 수 있는 것도 태양 덕이요, 살 수 있는 것도 태양 덕이다. 인간을 인간 되게 하는 것은 초월자뿐이다. 모든 화초가 향일성을 가지듯이 인간은 존재를 찾지 않을 수가 없다.

야스퍼스는 실존은 어떠한 개념도 아니고 일체의 대상성의 피안을 지시하는 하나의 지표라고 말한다. 실존은 과학의 대상도 될 수 없고, 철학의 대상도 될 수가 없고, 종교의 대상이 될 수도 없다. 대상이 되는 순간, 그것은 우상이 되어 버린다. 실존은 무한한 초월로 지향하게 하는 표상에 불과한 것이다. 달을 가리키는 손가락처럼 실존은 자기에 대한 일체의 개념을 거부한다. 그는 하나의 길 안내로서 모든 비와 바람을 감내하면서 존재를 지향하는 고난의 표지판標紙板이다. 일체의 영광을 피안으로 돌리고 자기는 고난의 종으로 십자가를 지는 모습은 실존의 모습이기도 하다.

 다만 하나 고마운 것은 실존에게는 길을 제시하는 사고와 행동이 있다는 것이다. 이 사고와 행동이 나오는 근거, 그것이 비록 암흑에 싸여 보이지는 않더라도 빛을 발하고 힘을 발하는 발광체를 인정하지 않을 수 없다. 눈이 사물을 볼 때 눈의 실존을 인정하듯이 그것은 실존을 대상화해서 인식하는 것과는 반대로 자기의 속을 자기가 반성적으로 조명하여 자각하는 것이다. 그리하여 자기의 실존이 참으로 실존한다는 것을 자각하고, 자기의 생의 의미를 확인하고, 다른 실존에게도 호소하여 자각하게 하는 실존적 사귐을 가능하게 하는 것이다. 그런데 이런 사귐은 말보다는 행을 통한 상징을 통해서 더 잘 전달되며, 행을 통해서 인간은 인간 자신이 본래 무엇이었는가를 깨닫게 되는 것이다. 이렇게 자기를 깨닫게 되었을 때 실존은 자기 밑에 또 하나의 근거가 있다는 것을 알게 된다. 이것이 초월자이다. 실존은 초월자와 자기가 하나임을 깨달을 때 참 실존이 된다.

 내가 실존인 것은 힘으로서의 초월자에 관한 지知와 하나가 될 때에 이루어지고 이 힘에 의하여 나는 본래적인 나 자신이 된다는 것이 야스퍼스의 생각이다. 실존은 초월자를 향했을 때 처음으로 현실이 되고 초월자는 실존에 대해서 처음으로 현실이 된다. 초월자의 존재를 아직 확인하지 못한 실존은 아직도 가능적 실존이지 단독자라고 할 수가 없다.

  키에르케고르는 인간은 단독자가 될 때에 비로소 하나님께 직면할 수 있다고 주장하였다. 세상에 하나님을 본 자가 없는데 오직 독생하신 이가 하나님을 나타내셨느니라 하듯이 실존만이 초월자를 나타낼 수가 있다. 초월자와 실존과의 일여一如를 주장한 점에서 야스퍼스는 키에르케고르의 충실한 후계자라고 할 수 있다.

존 재

  야스퍼스의 주저 『철학』의 서론은 4장으로 되어 있는데, 제1장은 〈존재의 탐구〉라는 것이다. 이것은 서양철학의 오랜 전통을 말한 것이다. 한동안 인식론이 문제가 되기도 했지만 줄기차게 흘러 내려오는 서양 철학 전통의 핵심은 존재의 탐구다. '있'이 무엇이냐. 물론 그 말은 "내가 무엇이냐?" 하는 말과 같은 말이다. '나'란 결국 '너' 아닌 것이 난데, 그것을 다르게 말하면 '무엇' 아닌 것이 '있'이다 라는 말이 된다.

  만일 그릇에 무엇을 담았다면 '무엇' 밑에 있는 그릇이 '있'이라고 할 수 있다. 나무라면 뿌리가 '있'이다. '무엇'의 근거, '무엇'과 같이 있으면서 '무엇'을 초월해 있는 것이 '있'이라고 할 수 있다. '나'는 언제나 '너'와 같이 있으면서 '너'를 초월해 있는 아버지와 같다. '내'가 죽는다고 하지만 사실 죽는 것은 '너'지 '내'가 아니다. 그것은 '나'는 '너'를 초월해 있기 때문이다. 떡은 없어지지만 그릇은 그대로 남아 있듯이, '무엇'은 없어지지만 '있'은 그대로 남아 있다. '무엇이 있다.' 할 때 '있다'는 '무엇'을 싸고 있는 그릇과 같은 것이라고 생각해도 좋다.

플라톤은 그의 책 『소피스트』 속에서 소크라테스의 입을 빌려 이런 말을 했다.

"그런데 너희들이 '있다'고 할 때에 너희들은 그 말이 무엇을 뜻하는지를 이미 다 알고 있다고 생각하겠지. 나도 젊었을 때에는 다 알고 있다고 생각했었다. 그런데 나이가 들기 시작하면서 그 뜻을 전혀 알 수 없게 되어 크게 고민하고 있다."

나는 본래 내가 무엇인지 잘 알고 있는 줄 생각했지만, 지금은 내가 무엇인지 통 알 수 없게 되고 말았다는 것이다. 사람은 자기가 '무엇'인 줄 생각하고 있지, '무엇이 있다.'의 '있'이라고는 생각하지 않기 때문이다. '나'는 '있'이지 '무엇'이 아니다. 서양철학은 옛날부터 '있'이란 것을 '나'라고 생각해 왔다.

'무엇이 있다.'고 할 때에 '무엇'의 근거는 '있'이란 말이다. '있'에 대해서는 야스퍼스만 묻고 있는 것이 아니다. 하이데거도 『존재와 시간』에서, "'있'이란 말로 사람들은 무엇을 생각하고 있을까. 이런 문제에 대해서 오늘날 우리들은 아무런 대답을 갖고 있지 않다. 아마 절대로 가질 수 없을 것이다. 가질 수 없기 때문에 우리는 '있'의 의미에 대한 물음을 다시 새롭게 세울 필요가 있다."고 말하고 있다.

인간은 계속 '있'에 대하여 물어야 한다. '있'이 무엇이냐. '있다'는 것이 정말 있는 것일까. 신이 있는 것일까. '있'을 묻는 물음은 '있'에 대한 탐구요, 자기 근거에 대한 계속적 탐색이요, 자기 밑바닥에 대한 부단한 도전이다. 이 도전을 통해서 인간은 계속 열려가게 마련이며 새로운 세계를 바라볼 수 있고 새로운 차원으로 태어나게 된다. 그것은 나 자신이 성숙해 가는 과정이요, 나의 의식이 깊어지는 과정이요, 나 자신이 깨어가는 과정이다. 그런 의미에서 존재의 탐색은 하나의 깨달음이요, '나'다운 생각이요, 존재 의식의 변혁이요, '나'를 깨우기 위한 사색이다.

나는 내가 깨어남으로 인하여 초월자임을 알게 된다. 일체의 대상성을 넘어서 비대상성으로 넘어가는 것이다. 지금까지의 부분적인 사색으로부터 그 모든 것을 싸버릴 수 있는 전체적인 사색, 대상보다 한 차원 높은 자각의 입장으로 날아오르는 것이다. 지금까지 내가 사랑하던 것을 분토처럼 여기고 일체의 애착을 끊어 버리고 자유자재하게 소요하게 되어 마치 누에가 고치에서 나와 나비가 되어 훨훨 날아다니는 것처럼 존재 의식의 변혁이 일어나게 되는 것이다.

야스퍼스가 존재에 대하여 느끼게 된 것은 정신 의학을 연구하고 있던 때이다. 그가 낭하에서 그의 주임 교수를 만났을 때 교수는 늘 하는 말투로 "무슨 성과가 있었나?" 하고 물었다. 그때 야스퍼스의 머리에 번개같이 번득인 것은 아무 성과는 없지만 생각하는 데 보람을 느낀다는 것이었다. 사람은 사는 것이 그저 즐거운 때가 있다. 아무 것도 얻어지는 것이 없어도 진리를 위하여 진리를 탐구할 때 인생은 보람차게 느껴지는 것이다. 무엇을 얻는 것이 없어도 '있'에만 보람을 느낄 때 인생은 자족할 수 있고 만족할 수 있다. '있' 이야말로 무한이요, 그 기쁨도 무한한 것이다. 자기가 자기에게 만족하는 세계가 '있'의 세계다.

옛날 사람은 자기 속에 무진장의 보화가 있음을 보고 아예 밖에서 무엇을 얻으려는 생각을 버렸다고 한다. 내 속에 하늘나라가 있다. 하늘나라에서 살면 그밖에 무엇을 또 구하리요. 그 세계에 도달하려면 결국 물질의 세계에서 정신의 세계로 비약해야 한다. 기하학 문제를 풀다가 창에 찔리는 줄도 모르고 죽은 사람들처럼 인생의 차원이 높아질수록 인생은 무엇을 떠나서 '있'에 순수하게 될 것이다.

야스퍼스가 말하는 『철학』의 내용은 철학의 체계라기 보다도 철학한다는 것이 무엇인가 하는 것을 또는 생각이라는 것을 전체적으로 보여주는 인생의 단면도라고 할 수 있다. 유럽의 철학은 결국 존재가 무엇이냐를 묻고 있지만 제대로 대답해 본 일은 없다. 그러니까 철학이란 자기 나름대로 존재를 물어 가는 것뿐이다. 생각이란 대개 세 단계를 밟아간다. '철학적 세계 정위', '실존 개명', '형이상학'이 그것이다.

　우선 야스퍼스가 말하는 '철학적 세계정위'라는 말은 과학적인 방법과 태도로는 나를 알 수 없다는 말이다. 과학적인 방법에 의해서는 '있'은 알 수가 없다는 것이다. 인간은 이 세상에 태어나서 이 세계 안에서 이 세계를 보고 있다. 마치 집 속에서 집을 보고 있는 것이나 마찬가지이다. 사람들은 '있는 것' 하면 우선 이 세계를 '있다'고 생각한다. 별도 있고, 나무도 있고, 돌도 있고, …… 이 세상 만물을 '있는 것'이라고 생각하게 된다. 이것이 과학적 태도요, 유물론의 입장이다. 존재란 이 세계뿐이지 이 세계 밖에 무엇이 있단 말인가. 이것이 과학적이고 합리적인 태도이다.

　그러나 야스퍼스가 보기에 그것은 가장 피상적인 태도요, 가장 천박한 태도요, 가장 어리석은 태도이다. 왜냐하면 그때의 세계는 나를 싸고 있는 전체인 동시에 나 아닌 것이 되고 말기 때문이다. 대상으로서의 세계는 나의 객관은 될 수 있어도 주관은 될 수 없기 때문이다. 결국 과학적, 유물론적 태도로는 대상으로서의 세계와 주관으로서의 나와의 사이에 분열이 일어나 전체로서의 존재 자체는 절대로 파악될 수가 없다는 것이다. 나를 포함한 세계, 내가 그 일부에 불과한 세계 전체는 나의 대상으로 할 수가 없다는 것이다. 세계를 대상으로 삼는 주관, 이런 주관은 누구나 다 같은 것으로 보는 주관이다. 달을 보든 나무를 보든 다 같은 것으로 인식하고 있기 때문에 이런 주관을 의식일반이라 한다. 이런 의식도 나만의 고유한 것이 아니요, 그것은 언제나 대상 없이는 존재할 수 없는 하나의 그림자일 뿐, 스스로 있을 수 있는 존재 자체라고 할 수는 없다. 하여튼 내가 세상의 일부이면서 세계를 다 보겠다고 하는 것이 벌써 되지 않은 이야기이다. 집안에 있는 사람은 자기가 있는 방 속에서 방의 한 면만을 볼 뿐이다. 그런데 사람은 무엇이기에 자기는 방 속에 있으면서 집 전체를 보고 싶어하는 충동을 가진 것일까.

이것이 인간의 모순이라면 모순이요, 특성이라면 특성이다. 이런 욕구를 가졌다는 것은 이런 욕구를 가능하게 할 수 있는 가능성을 가지고 있기 때문이 아닐까. 다시 말하면 식욕을 가지고 있다는 것은 먹을 수 있는 능력을 가졌기 때문이 아닐까.

인간이 모순을 가졌다는 것, 그 자체가 그대로 인간의 특성이 아닌가. 하나님이 되겠다고 선악과를 따먹은 것이 인간의 죄성이며, 동시에 인간으로 하여금 부단히 신을 찾고 올라가게 하는 신성이요, 신으로부터 부여받은 인간의 천성이 아니겠는가. 죄성이 그대로 신성이요, 번뇌가 그대로 보리이다. 자연 즉 신, 이런 신비가 인간의 특성이 아닐까. 인간이 세계를 전체적으로 보겠다는 것이 얼핏보면 망상인 듯 하지만 어찌 보면 인간에게 세계를 볼 수 있는 능력이 있다는 것을 뜻하는 게 아닐까. 사람은 지구 위에 살면서 지구를 떠나겠다는 망상을 가지고 있다가, 드디어는 비행기를 타고 하늘을 날 수 있었고, 결국에는 달나라에 가서 지구를 볼 수 있는 존재가 되었다.

인생의 꿈은 단순히 꿈으로 끝나는 것이 아니다. 일순간이나마 꿈이 언젠가는 깸이 될 수 있다. 인간은 지구를 초월할 수 있다. 초월의 능력, 인간은 이 능력을 가지고 있다. 이것이 야스퍼스가 말하는 '초월'이라는 것이다. 인간은 집안에 살지만 집밖으로 뛰어나가서 집을 볼 수 있는 초월 능력을 가지고 있다. 새가 땅 위에 집을 짓고 하늘을 나는 것 같이 인간은 집속에 살면서 집밖을 나갈 수 있는 초월성을 가지고 있다. 과학적이고 대상적인 태도로는 집을 볼 수 없지만, 인간에게는 과학적이고 합리적이고 대상적인 지적 태도를 넘어설 수 있는 더 높은 태도가 가능하다. 그것이 철학의 세계요, 야스퍼스는 이런 태도를 철학적 세계정위라고 일컫는 것이다.

이렇게 세계 안에 살면서 세계를 넘어설 수 있는 존재, 이것을 야스퍼스는 '실존'이라 한다. 이 단계에서 야스퍼스가 기도하고 있는 것은 존재 의식의 변혁이다. 과학적 태도에서 철학적 태도로의 비약과 초월을 체계적으로 보여주는 일이다. 철학과 과학은 근원적으로 다른 사명을 가지고 있다. 과학은 과학의 할 일이 있고, 철학은 철학의 할 일이 있다. 과학이 철학을 무시한다든지, 철학이 과학을 무시한다든지 해서는 안 된다. 과학에는 과학적인 진리가 있고 철학에는 철학적인 진리가 있다. 과학은 막스 베버가 주장한대로 가치 판단을 하자고 있는 것이 아니라 사실 판단을 하자고 있는 것뿐이다. 과학은 인생의 목적을 제시해줄 수는 없다. 그 대신 과학은 모든 사람에게 과학적인 사실의 세계를 보여줄 수 있다. 과학이 만일 인생의 의미를 가르치려고 한다면 그것은 과학의 진실성을 포기한 것이요, 철학이 과학적 진리를 제공하려 한다면 그것은 그의 순수성을 포기한 것이다. 철학은 과학이 인생의 목적을 보여주지 않는다는 이유로 과학을 무시해서는 안 된다. 그것은 철학의 책임이지 과학의 책임이 아니다.

과학은 인생관이나 세계관을 제시해 줄 수는 없다. 세계가 존재의 전부요, 과학적 인식이 확실성의 전부라는 과학 만능의 사상은 초월적 사색 앞에 겸손히 머리를 숙이고 자기의 무지함을 고백하는 지혜를 가져야 한다. 과학적 세계가 전부가 아니다. 그보다 더 높고 더 큰 세계가 철학적 세계이다. 이것이 야스퍼스의 철학적 세계정위의 시작인 것이다.

실존개명

　과학과 철학의 관계는 야스퍼스에게 있어서는 끊을래야 끊을 수 없는 관계이다. 그는 칸트의 말을 빌려 과학 없는 철학은 공허하고 철학 없는 과학은 맹목이라고 한다. 왜냐하면 과학적 지식은 존재 자체의 탐구가 아니라 현상으로서의 하나 하나의 대상을 알려는 부분 지일 뿐, 존재의 의미라든가 그 목적 같은 전체적인 인식에 대해서는 맹목이요 무지인 까닭이다. 또 철학에 과학이 없으면 공허하다는 칸트의 말은 철학은 과학을 넘어선 것인데 만일 과학이 없으면 철학은 넘어설 것이 없게 된다는 말이다. 옛날부터 철학은 무지의 자각에서부터 시작된다고 한다. 무지의 자각이란 이제는 더 배울 것이 없다는 말이다. 궁극의 무지에 도달하기 위해서는 알 수 있는 것은 다 알아 이제는 더 알 것이 없다는 좌절에 빠져야 한다. 할 일을 다하고 잠자는 사람처럼 참다운 무지의 자각은 과학적 탐구의 끝에서 시작되며, 따라서 과학적 탐구의 길만이 참다운 무지에 도달하게 되는 길이다. 위대한 과학자들만이 순수한 과학의 끝없는 탐구에서 지식의 한계에 나타나는 존재의 참다운 깊이와 신비와 수수께끼를 느낄 수 있게 되는 것이다. 과학적 탐구의 도정에서만 얻을 수 있는 무지의 자각이 철학의 출발점이요, 소위 궁리진성이라는 것이다.

　그런데 야스퍼스는 철학은 과학을 넘어선 것, 또는 과학의 지도력이라고 생각하는 칸트의 철학을 넘어서서 철학은 과학을 생산하는 근본적인 힘이라고 보았다. 철학은 과학의 목적이요 이상일 뿐 아니라, 이상은 이념이 되고, 목적은 의욕이 되어, 인간의 최고도의 정신활동으로서의 과학적 탐구는 인간 존재의 가장 깊은 곳에서 우러나오는 근원적 지식욕으로 변화된다. 또한 이러한 지적 욕구는 개별적이요 분산적이요, 부분적인 전문적, 과학적 지식에 만족하지 못하고,

더 전체적이요 통일적인 완전한 존재로서의 근원적인 지식을 요구하는 철학적 지를 추구할 수밖에 없다는 것이다.

과학은 결국 이 같은 근원적인 지적 욕구의 산물이요, 따라서 전체로서의 존재와 관계하지 않는다면 그 의미를 상실하게 되며 전체로서의 존재와의 관계에서만 그 의미와 목적과 영혼을 되찾게 된다. 존재는 그 근원에 있어서 부조리가 아니다. 세계는 이러한 근원적인 지식욕 앞에서 인식되기를 기다리는 하나의 아름다운 과일과 같다.

화이트헤드(Alfred North Whitehead, 1861-1947)는 사물의 질서, 특히 자연의 질서에 대한 본능적인 확신이 없으면 산 과학은 있을 수 없다고 하였다. 과학이 죽은 과학이 아니요, 산 과학이며, 흙덩이처럼 폐쇄된 세계가 아니라 마치 싱싱한 나무처럼 무한히 개방된 세계라면 근원적 인식이야말로 지적 본능이요, 화이트헤드의 말대로 본능적 확신이요, 야스퍼스의 말대로 철학적 신앙이다.

야스퍼스는 인간의 근원적이며 무조건적인 지식욕은 인간의 지적 본능이요, 자연이요, 종교적 기원이요, 철학적 신앙이요, 과학적 찬송이라고 말한다. 과학은 시의 오묘를 경탄하고 찬미하는 하나의 지적 기도로 보는 것이다. 야스퍼스에게 있어서 근대 과학의 정신은 진리를 위해서 진리를 추구하는 무한한 탐구적 정신, 확실성의 의지, 정직하고 공정한 지적 양심, 철저한 비판 정신을 의미한다. 과학적 진리는 중요할 뿐만 아니라 불가결한 것이 되는 것이다.

야스퍼스에게 있어서 특히 현저한 특징은 존재의 구조를 수평적인 것으로 보지 않고 수직적으로 발전적인 계단으로 보는 것이다. 이것이야말로 아리스토텔레스 이후의 서양 형이상학의 전통을 이어받은 것이며, 이에 따라 야스퍼스는 인간 존재를 현존재, 의식 일반, 정신, 실존의 네 계단으로 향상시킨다.

현존재란 비과학적인 일상적, 실용적인 상식의 입장이고, 의식일반이란 누구에게나 타당한 객관적 현상에 대한 필연적인 지식인 과학적 기술에 대한 지식을 의미한다. 그에 비해 정신이란 사유를 통해서 전체자로서의 이념을 파악하는 능력이다. 이런 의미에서 정신의 세계는 존재 전체를 객관적이고 합리적으로 파악하려는 하나의 전체지요 관조라고 할 수 있다. 그런데 야스퍼스는 그 위에 실존의 단계를 발전시키고 있다.

실존이란 인간의 속알이 깨어 나오는 행의 세계로 이것은 존재의 무한한 가능성을 열어주는 동시에 나로 하여금 본래적인 나, 창조적인 나가 되게 하고 뿐만 아니라 존재 의식의 변혁과 실존적 자유를 얻게 하는 것이다. 이 점에서 볼 때 야스퍼스의 철학은 전체적 존재의 파악을 일삼는 강단 철학이 아니요, 현실 사회에 뛰어 들어가서 현실을 변혁시키고 새로운 세계를 창조해 가는 산 철학, 생명의 철학, 속에서 터져 나오는 철학, 열린 철학, 대상화할 수 없는 철학, 산 개성의 철학이다. 이것이 바로 실존 철학이요, 야스퍼스가 말하는 진짜 철학이라는 것이다. 아는 철학이 아니라 사는 철학, 기술의 철학이 아니라 창조의 철학, 관조의 철학이 아니라 변혁의 철학, 해석의 철학이 아니라 변혁의 철학이다.

마르크스가 "철학은 세계를 해석하는 것이 아니라 세계를 변혁시키는 것이다."라고 말한 것처럼 실존철학도 변혁하는 철학임에 틀림이 없다. 다만 마르크스가 외적인 제도를 변혁하려고 드는데 반하여 실존철학은 내적인 의식을 변혁하려고 하는 것이 다를 뿐이다.

실존은 마치 계란 같은 것이요, 열매 같은 것이요, 영원한 생명이요, 근원적인 것이다. 나는 이것을 '속알'이라고 한다. 나무에 대하여 열매, 꽃에 대하여 씨 같은 것이다.

키에르케고르는 단독자란 말을 썼다. 나무가 그 속에서 나오고 그곳으로 돌아가는 단독자인 것이다. 신과 대결하는 독자의 개체적 주체자로서의 인간 존재, 신의 아들을 의미하는 것이다. 개체적인 단독자로서의 주체적인 인간 존재를 의미하는 것이다. 실존은 신의 부속물이 아니다. 아버지와 대결하는 아들처럼 그것은 어디까지나 신과 대결하는 독립된 존재로서의 자기로서 인간존재를 의미한다. 그러므로 실존은 신과 대항하면서 신과 분리될 수 없는 팽팽한 긴장 관계를 이루고 있다.

이러한 관계는 성숙한 아들에게만 가능한 것이고 유치한 아들에게는 불가능하다. 따라서 실존은 현존재가 아니며 일반 의식, 정신도 넘어서는 성숙한 실존이다. 자유 존재요 역사적인 자각존재로서 일반 의식처럼 대상적인 것도 아니고 정신처럼 전체적인 것도 아닌 절대 인식이 불가능한 근원적인 존재이다. 그것은 나무뿌리처럼 땅 속에 깊이 박혀 있기 때문에 절대 내재적인 것으로 대상화될 수 없는 초월적 존재이다.

이렇게 볼 때 인간은 알려진 자기보다는 훨씬 더 신비하고 우월하고 큰 존재라고 할 수 있다. 실존이란 뿌리를 가지고 살려고 하는 인간의 본능이다. 세상의 모든 상대적인 존재로부터 실망하고 좌절하다가 결국에 이르러 그것들을 초월하고 자기 근원으로서 존재하려는 인간의 근원성이라고 할 수 있다.

실존이 되려는 의지, 영원한 생명이고 싶은 의지, 참 살려는 의지는 이 세상의 모든 상대적인 것들 속에 자기 자신을 가두어 두지 않고 자유롭고 독자적인 자기 자신으로 피어나고 열려 나가려는 근본 의지에 불과하다. 그런데 이러한 실존은 나 하나만이 아니다. 큰 잣나무의 잣씨가 여기저기 떨어져서 싹이 텄을 때 자기 옆에도 다른 잣씨가 싹트고 있음을 느낄 수 있다. 실존은 자기가 그곳으로부터 있다고 밖에 할 수 없는 초월자와의, 또 자기와 같이 참 살기를 바라는 다른 실존과의 사귐을 가지게 된다. 그런 의미에서 "속알〔德〕은 외롭지 않다〔不孤〕.”라고 할 수 있다.

씨알의 싹틈을 깨달음이라고 하는데 그것을 철학에서는 실존개명 實存開明이라고 한다. 씨알이 눈이 튼다는 말이다. 야스퍼스의 『철학』의 제2권은 「실존개명」이다. 인생의 뜻을 깨닫는다든지, 인간의 목적이 무엇인가를 깨닫는다든지, 인간이 어떻게 살 것인가를 깨닫는다든지 하는 것은 결국 내가 내가 되는 일이요, 인생이 인생이 되는 일이다. 진리를 깨닫는다고 하는 말은 내가 진리라는 것을 깨닫는 것이요, 동시에 내가 내가 됨을 깨닫는 것이다. 내가 내가 되어 가는 과정이요, 내가 나로서 성숙해 가는 과정이라고 할 수 있다.

인간이 된다는 것은 그저 가만히 앉아서 생각만 해서 되는 것이 아니다. 이리 부딪치고 저리 부딪치고 하는 동안에 자기 자신이 자꾸 성숙해 가는 것이다. 그런 현실이 없으면 사고가 추상적으로 되고 말 것이다. 우리의 생각을 진실하게 하고 구체적으로 만들고 현실적으로 만들어 주는 것은 자기에게 부딪친 가장 절박한 문제들이다. 이러한 절박한 문제들이 없다면 사람은 뼈를 깎아내고 살이 여위는 듯한 고민과 생각을 하지 않게 된다.

야스퍼스에 의하면 물에 빠져 거기에서 살아나려는 발버둥침이 현실적 사유이다. 이런 사유 속에서 인간은 자기의 어리석음과 부족을 깨닫고 조금씩 조금씩 사람으로서 깨어나게 된다는 것이다. 철부지 인간이 조금씩 철이 들기 위해서는 아무래도 고생이 따라야 한다. 현실에 수없이 죄절되어 쓰러졌다가 다시 현실을 초월하고 일어서는 사유만이 현존재로서의 인간이 자기 근원으로 초월하고 본래의 자기 자신으로서의 인간이 되게 하는 것이다. 야스퍼스는 이러한 사유를 단순한 사유가 아니라 내적 행위로서의 실천이라 한다.

사람은 살아가면서 내적으로 자꾸 깨달아 가는 것이다. 물론 정신 나간 사람에게는 깨달을 이치도 없지만 정신이 올바른 사람에게는 일체가 다 깨달음을 자극하는 것이다. 일체는 하나의 계기요, 문이요, 암호요, 상징이다. 이 문을 통해서 인생은 자기를 알게 되고 인생의 뜻을 알게 되고 자기의 갈 길을 알게 된다. 그런 의미에서 현실은 나를 깨우쳐 주는 사랑의 채찍이라고 할 수 있다. 또는 사랑의 편지라고 할 수 있다. 무엇이 나를 깨닫게 할지 모른다. 깬 정신에게는 일체가 깨달음으로 인도하는 암호이다.

이 채찍을 통해서 인간에게 채찍을 주신 초월자의 사랑에 감격하게 되고 초월자가 무無가 아니라 유有임을 믿을 수 있게 된다. 현존재나 일반 의식이나 정신까지도 초월자를 인정할 수가 없다. 실존의 단계에서만 하나님은 실재요, 살아 계시게 된다. 실존만이 신에 통하는 길이요, 그 밖의 모든 길은 신에 통하는 길이 아니다. 모든 유한적 존재가 실존에 대하여는 초월자의 암호로 나타남으로써 초월자는 무가 아니라 현실임이 확인된다. 이것이 야스퍼스의 존재의식의 변혁이란 것이요, 이 변혁에 의하여 옛 형이상학은 또 다시 새로운 의의를 얻어 빛나게 되는 것이다. 실존개명만이 형이상학을 가능케 하는 기반인 것이다.

한계상황

야스퍼스가 가장 구체적이고 개별적인 한계상황이라고 하는 죽음〔死〕, 고뇌苦惱, 투쟁鬪爭, 죄책罪責은 어리석은 사람에게는 세상에서 가장 나쁜 것으로 여겨진다. 그러나 깬 사람에게는 그 벽이 이미 벽이 아니다. 그것은 문이다. 사람은 죽음을 통해서 영원한 세계에 들어갈 수 있고, 고뇌를 통해서 진리의 세계에 들어갈 수 있고, 싸움을 통해서 이데아의 세계에 도달할 수 있고, 죄책을 통해서 낙원에 들어갈 수가 있다.
　야스퍼스는 깨달은 사람을 실존이라고 한다. 실존은 죽음에 직면하여 자기의 영원성을 확신하게 된다. 결국 사람은 죽음에 대한 태도 여하로써 죽음의 본질도 변화시킬 수 있어 그것은 무無도 되고, 존재도 되고, 혹은 공포도 되고, 안정도 되고, 비겁도 되고, 용감도 되고, 쓸데없는 영속도 되고, 순간의 영원성도 된다. 실존의 시간 안에서 쓸데없는 항존恒存을 구하지 않고 유일한 자기존재의 실현을 위해서 죽음에 뛰어들기조차 한다.
　실존은 현존의 죽음을 자기가 빛나기 위한 하나의 거울로써 필요로 하기도 한다. 고뇌와 투쟁도 마찬가지이다. 특히 죄책은 불가피한 죄책을 자기가 짊어진다는 실존적 정열에까지 끌어올린다. 이런 실존, 이런 깨달은 사람은 상대의식을 벗어나서 절대의식을 가져야 하며, 이러한 절대의식을 가지기 위해 하나의 역사적인 순간을 가져야 하며, 이런 절망과 좌절을 통해 자기 속에서 영원을 찾아내는 무한성을 가져야 한다. 그리하여 진리를 깨달은 사람은 자유를 느끼게 된다. 그리고 그는 내재적인 존재가 아니요, 초월적인 존재이기 때문에 초월자, 또는 하나님과 긴밀한 연결을 가지게 된다.
　또한 실존적 행위와 실존적 사귐은 이웃과도 연결된다. 사람은 고립되어 살 수 없다. 나는 남과의 관계에서만 나 자신을 확인하게 된다. 내가 남과 같이 살아가는 것은 '교제'라고 하는데 교제에는 두 가지 종류가 있다. 현존재적 교제와 실존적 교제이다. 현존재적 교제란 현존으로서의 내가 현존재로서의 남과 사회적 관계를 이룰 때 성립되는 것으로 관찰과 연구의 대상이 될 수 있는 관계이다. 그 속에는 경험적 현존재, 의식 일반, 정신으로서의 상호간의 교섭이 포함된다.
　예를 들면 원시적 습속 사회생활로 오성에 의한 대상 인식의 일치, 이념에 의한 전체로의 귀속의 이해 등이다. 이런 세 가지 교제 양식은 원시적 사회의 무아로부터 자립된 자아, 그리고 이념적 전체 속의 자아로 발전적 비약을 이루어온 것이다. 그런데 이제 마지막 비약이 실존적 교제이다.

사람은 실존적 교제 속에서만 비로소 만족을 느낄 수 있다. 실존적 교제에서만 유일자, 단독자, 아무와도 바꿀 수 없는 절대자, 존엄하고 동등한 자, 자유로운 결단, 역사적 존재, 무한의 창조 가능성으로서 서로 사귀게 된다. 현존적 교제에서는 필연적인 관계 속에 매어 서로 대체할 수 있는 인격으로서 하등의 독자성을 가지지 못한다. 그러나 실존적 교제에서는 서로가 하나의 독자적인 존재가 된다. 실존적 사귐은 모방하거나 계획하거나 객관적으로 파악할 수 있는 것이 아니다. 이러한 사귐은 강제나 억지로 이루어지는 것이 아니요, 정말 자유롭게 일체를 초월해서 이루어진다.

이러한 교제의 시작은 고독해지는 데서 시작이 된다. 자신이 정말 고유한 근원적 존재가 되려고 한다면 깊은 교제에 들어가기 전에 깊은 고독에 빠지지 않을 수 없다. 이때 사람은 참 사람을 찾게 된다. 세상의 모든 거짓말쟁이들은 나를 더욱 고독으로 몰아 넣기 때문이다. 내가 찾는 것은 참뿐이다. 인간에게는 만족이 없다. 참다운 자아는 참다운 타아를 만나야 비로소 싹이 트듯 밝게 드러나고, 이러한 밝은 드러남은 서로 더욱 밝게 드러나기 위하여 사랑의 싸움을 가지게 된다.

세상 사람들의 싸움은 거짓과 속임수로 남을 없게 하려고 하는 것이지만, 실존의 싸움은 실존을 더 실존되게 하기 위하여, 서로 더욱 상대방의 속을 드러나게 하기 위하여 싸워 가는 것이다. 이러한 싸움의 계속은 결국 상대방의 속알을 보는 데까지 이르게 된다. 상대방의 본체를 만나보게 된다. 이것이 실존과 실존의 대면이다. 사랑의 싸움은 결국 실존을 열어 보이게 한다. 이것이 야스퍼스의 실존개명實存

開明이라는 것이다. 참은 참을 찾아 참을 보고 참이 되게 마련이다. 이런 관계가 실존의 교제요, 실존의 사귐이다.

야스퍼스는 막스 베버와의 사귐을 통해서 실존적인 사귐을 체험하였는지도 모른다. 실존의 만남은 순간 순간이 고귀하다. 그것은 만날 때마다 하나의 깨달음을 가져다주기 때문이다. 이러한 깨달음을 가져다주는 시간은 시간이라기보다 순간이라고 하는 편이 낫다. 그것은 벌써 시간을 초월해 있기 때문이다. 순간은 과거와 미래를 자기 속에 내포하는 영원한 현재이다. 영원과 시간의 통일, 이것이 순간이다. 이러한 순간은 실존에 있어서는 한없이 길어지고 한없이 높아진 순간이다. 이런 순간이 실존적 삶이요, 참된 삶이다.

실존은 다된 삶으로서 나타나는 것이 아니라 시간의 지속 속에서 계속 깨달아 감으로써 자기 자신을 이루어 가는 것이다. 개개의 순간이 아니라 모든 순간이 사는 순간이요, 이러한 역사적인 계열 속에서 필연성과 자유성이 통일되고 현존과 실존이 통일되어 순간은 하나의 운명이 되고 사명이 되어 결단의 순간 순간이 절대성을 지니게 된다. 이러한 결단 속에서 실존은 다른 실존과 만나게 되고, 사귀게 되고, 사랑하게 되고, 싸우게 되며, 그 과정을 통해 자기 자신을 열어 나간다.

실존에 고유한 상황이 한계상황이요, 고유한 의식이 절대 의식이요, 고유한 행동이 내적 행동이다. 절대 의식의 내용은 신앙과 사랑과 공상이다. 신앙이란 무한한 내적 행동을 가능케 하는 존재 확신이요, 사랑이란 자신에 넘치는 힘의 확신이요, 공상이란 완성된 존재의 직관 내용이다. 이러한 절대 의식의 넘침이 내적 행동이며 이러한 내적 행동을 통해서 실존은 계속 자유를 느낄 수 있다. 실존은 지식의 필연성을 초월한 것으로서 미리 결정되어 있지 않은 가능성이므로 자유롭게 그러한 한도 내에서 절대자아 존재로서 자기가 연속되어 있다는 어떤 절대의식이 있으며 아무런 타율적인 것이 없이 행위하는 자로서 절대 자유로운 자기 존재라고 할 수 있다.

그러나 실존은 자기가 구하는 전체로서의 절대적 존재가 아니고 언제나 초월자와 대결하며 다른 실존과 교제하면서 유한한 것, 개체적인 것, 역사적인 것, 한계상황 속에서 비로소 절대 자유로운 자기 존재이다. 그 말은 진리를 깨닫는 것은 찰나 속에서 영원을 깨닫는 것이요, 현실 속에서 실재를 깨닫는 것이지 영원 속에서 영원을 깨닫는 것이 아니라는 말이다. 실존은 언제나 자기가 절대적 존재가 아니라는 자각 속에서 절대자의 존재와 만나게 된다.

야스퍼스는 자유일 때, 자유 속에서, 그리고 자유를 통해서만 초재를 경험할 수 있다고 하였다. 완전히 내가 되었을 때는 나는 이미 나 자신이 아니다. 마치 날아가는 기러기가 아무리 날아도 하늘 속에 있듯이 실존의 자유는 초월자 안에 매여진 운명적 필연성과 하나이다. 야스퍼스는 그가 자유일 때 자기 자신이면서 동시에 초재를 경험한다고 한다. 초재를 경험하는 길은 여러 가지 있겠지만 야스퍼스는 결단의 자유 속에 현재하는 초재만이 모든 초재경험의 전제요 근원이라고 하였다.

결국 야스퍼스의 한계상황은 실존이 자기 충족적이 아닌 것을 밝히고 실존의 유한성을 철저히 자각시켜 초월자로 향한 실존의 비약을 촉진하는 것이다. 죽음, 고뇌, 싸움, 죄책 없이는 초월도 변화도 이룰 수가 없다. 한계상황이야말로 우리의 유한성을 자각케 하고 절망케 하는 동시에, 초월자가 주재하는 참된 세계로 우리들의 눈을 향하게 하고 우리들의 존재 의식을 변혁시켜 본래의 자기 존재로 돌아가게 하는 것이다.

야스퍼스의 철학에 있어서는 아리스토텔레스의 경탄과, 데카르트의 회의와 한계상황의 좌절이 근원적인 삼대조건으로 생각된다. 특히 한계상황의 자각은 야스퍼스로 하여금 실존적 사색으로 이끌어간 가장 큰 동기라고 할 수 있다.

　야스퍼스는 『철학』의 제3권으로서 「형이상학」을 말한다. 초월자가 어떤 형태로 실존에게 말씀하는가를 문제로 삼은 것이다. 그것은 한마디로 '개시開示'라고 하는 것이다. 개시란 하나님이 자기 자신을 어떤 형상으로 보여 주시는 것이다. 우리는 이것을 우주관, 세계관, 인생관이라고 하는데 관이란 것은 관상觀象이라고 하여 정신적 암호라고 할 수 있다.

　실존은 이 암호를 통해서 볼 수 없는 초월자의 현실을 확인하게 된다. 암호의 가장 결정적인 것은 한계상황의 벽에 부딪혔을 때 그 벽이 문으로 변하여 도가 통하고 진리가 깨달아질 때의 나타나는 현상, 나타나는 말씀으로, 사람은 이 암호를 통하여 신의 형상을 볼 수가 있다. 이 암호야말로 존재의 직접적인 말씀이요, 존재의 포괄적인 근거로서, 거기에 대해서는 어떤 해석도 불가능하며 오로지 초월자의 현현 앞에 무릎을 꿇고 침묵으로써 받아들이는 것뿐이다.

　야스퍼스는 "존재가 계시다고 하는 것만으로 충분하다."고 하였다. 그 이상도 아니고 그 이하도 아니다. 신성에 관한 지식은 모두 미신이다. 좌절된 실존이 초월자의 뜻깊은 말씀을 아주 간결하게 존재 확신으로 번역할 수 있을 때 우리는 진리를 깨달은 것이요, 진리는 존재하는 것이다. 진리를 깨달았다는 말은 결국 존재확신이요, 생사를 넘어서는 일이요, 영원한 생명을 가지는 일이요, 자기 몸을 벗어나는 일이요, 자유 존재가 되는 일이요, 절대 의식이 되는 일이요, 영원한 현재가 되는 것이다. 그러므로 초월자의 확인은 나의 확인이요, 내가 되는 것에 불과하다. 실존의 자각은 초월자의 확인에서 구경 최고에 도달한다. 이 경지에서는 말이 막힌 경지요, 철학적인 표현으로서는 어떻게 할 수 없는 세계다. 여기에서 야스퍼스는 『철학』을 끝내고 있다.

　야스퍼스에게 있어서는 철학적 정위나 실존개명이나 형이상학이나 모두 존재를 묻는 철학의 세 가지 국면이라고 할 수 있다. 세계정위에서 세계를 초월하고, 실존개명에서 실존을 자각하고, 형이상학에서 초월자와 만남은 모두 진리를 깨닫는다는 하나의 사건의 세 가지 국면이라고 할 수 있는 것이다. 요는 진리를 깨닫는 일이다. 진리를 깨닫는 것이 생명을 얻는 일이요, 도에 통하는 일이다. 세계정위는 도에 통하는 일이요, 실존개명은 진리를 깨닫는 일이요, 형이상학은 생명을 얻는 일이다. 셋이 셋이면서 셋이 아니다. 야스퍼스의 철학은 한마디로 말하면 존재의 물음이요, 진리의 탐구요, 자신의 자각이라고 할 수 있다.

실존과 이성

야스퍼스는 그의 주저 『철학』에서 그의 생각을 세계정위, 실존개명, 형이상학으로 체계화하였다. 그는 니체나 키에르케고르처럼 체계를 싫어하는 주관주의가 아니다. 그는 객관적인 것을 시도하는 철학자이다. 그는 사색은 본질적으로 체계적이라고 말한다. 철학적 사색 속에는 조직화하는 본성이 내재하고 있다고 보는 것이다. 그런 까닭에 야스퍼스는 실존철학은 동시에 이성철학이기도 하다고 주장한다. 야스퍼스는 이런 말을 한다.

"오늘날 실존철학이라고 이름 붙은 철학은 반이성적인 혼돈한 철학을 원하는 것 같지만 그러나 내가 원하는 것은 영원한 철학이요, 나는 그 철학을 이성의 철학이라고 부르고 싶다. 왜냐하면 철학의 가장 오랜 본질인 이성을 강조하는 것이 가장 긴급한 것으로 생각되기 때문이다."

야스퍼스는 실존과 이성의 관계를 이렇게 표현한다. 실존은 이성에 의해서만 밝아지고 이성은 실존에 의해서만 내실을 얻는다. 이성은 자기로부터 어떤 내용을 산출할 수 있는 능력은 없다. 그런 점에 있어서 이성은 자기 존재의 고유한 근원은 아니다. 이성은 그 자체로서 어떤 내용도 생산할 수 없는 것 대신에 무엇이든지 멎지도 끝나지도 않는 운동력을 가지고 있다. 이성은 실존이 낳아 놓고 오성이 개념화하여 무엇이든지 고정시켜버리려는 것을 막아주고 더욱 넓혀 주고 더욱 깊게 해주어 스스로 반성하는 영역으로 몰아 넣는다. 만일 실존에 이런 이성의 도움이 없다면 실존은 그때 그때의 감정이나 자의에 자기 자신을 내던져 버리는 맹목이 되어 실존은 이미 실존임을 포기하기 마련이다.

이성은 자칫하면 개개의 확신에 맹종하기 쉬운 실존으로 하여금 그 확신의 한계를 자각하게 하여 그것을 더 높은 차원의 자각으로 끌어올리고 통합한다. 이성은 통일일 뿐만 아니라 확대라고 할 수 있다. 옆으로 한없이 많은 사람과 공감을 얻게끔 하는 것은 이성의 작용이다. 진리는 개인의 독백이 아니다.

야스퍼스는 진리는 두 사람으로부터 시작한다고 한다. 키에르케고르나 니체처럼 예외자나 단독자로서의 실존, 신 앞에 서는 실존도 중요하지만 이웃과 통하는 실존은 더 중요하다는 것이다. 진리는 개인적인 동시에 보편적이어야 한다. 개인적인 면에서 진리는 수직이어야 하고 보편적인 면에서 진리는 수평이어야 한다. 실존의 강조는 수직의 강조요, 이성의 강조는 수평의 강조다. 언제나 사색은 수직의 깊이와 수평의 넓이를 가져야 한다. 수직의 길이를 찾는 실존은 수평의 무한한 반성이 필요하고 수평의 넓이만 찾는 이성은 수직의 비약을 가져야 한다. 실존의 자각은 언제나 찰나적인 시간에 있고 이성의 대화는 언제나 영원한 공간에 있다.

야스퍼스의 저서 『철학』은 주로 실존적 비약을 다루고 있다. 세계정위에서부터 실존개명으로, 실존개명에서부터 형이상학으로 올라가고 있다. 다만 그러한 조직적인 구조는 언제나 이성에 힘입고 있다. 그러나 『철학』이후의 그의 작품은 차차 이성을 위주로 하는 작품이 시도된다. 우물에서 길은 물을 이제는 지면에 넓게 운반하는 일이다.

야스퍼스는 3년 후인 62세에 『이성과 실존』을 출판하고, 64세에 『진리에 관하여』의 일부인 『철학적 논리학』을 쓰게 되었다. 그리고 『진리에 관하여』는 69세와 81세에 계속하여 출판하였다. 81세 때는 『말씀』이라는 작품이었다. 이성은 자기 자신으로부터는 아무 것도 산출할 수 없다. 작품을 산출하는 것은 영감이다. 그러나 영감에서 산출된 것은 이성의 물줄기가 아니면 썩어 버린다. 철학적인 속알이 진짜로 확증될 수 있는 공간은 역시 이성에 의해서 실현된다. 야스퍼스는 이성이 도달하는 공간을 포괄적 공간이라고 한다. 빛이 도달하는 한계가 있듯이 이성이 도달하는 한계가 있을 것이다. 태양이 도달하는 한계가 수평선이나 지평선인 것처럼 빛에 쌓인 한계 이성에 의해서 쌓인 공간을 포괄적 공간이라고 한다. 포괄자란 본래는 인간 존재를 포함한 모든 대상을 포함하는 지평선 위에 덮어 씌워진 보자기임에 틀림없다. 그런 의미에서 포괄자란 주관과 객관이 분열되지 않은 초월적 전체요, '하나' 이지만 이성을 가지고 이것을 알려고 하면 그것은 곧 주관과 객관으로 분리되고 만다. '존재' 는 세계와 초월자로, '우리' 는 현존재, 의식 일반, 정신, 실존으로 분리되는 것이다. 그런데 야스퍼스는 이런 것들을 연결 지어 이성을 가지고 이 모든 것을 종합하여 실재양식, 지의 양식, 진리의 의미, 교제의 의미 등을 서로 비교하면서 그 전체의 연관을 추구해 간다.

철학은 옛날부터 존재란 무엇인가를 탐구해 왔다. 우리가 일상생활에서 보고 만나고 쓰는 만물은 한없이 많지만 나타났다가는 없어지고 없어졌다가는 나타나는 현상들이다. 과학은 현상을 대상으로 취급하지만 철학은 과학보다 한 단계 깊이 들어가서 현상이 나타났다가 사라지는 그 터를 문제 삼게 되었다. 철학은 현상을 문제 삼지 않고 모든 현상 밑에 있어 그것을 나타나게 하고 사라지게도 하는 존재 일반이 무엇일까 하는 영원불변의 형이상학을 묻고 존재가 무엇인지를 논해 보는 것이다.

그런데 철학의 역사는 크게 유물론과 유심론으로 갈라지게 되어 있지만 유심이나 유물로 상대적인 것을 절대화하는 오류를 범할 뿐 유심이 있을 수도 없고 유물이 있을 수도 없다. 야스퍼스는 유물도 아니고 유심도 아닌 존재 자체의 입장, 이것을 포괄자란 말로 표시해 본 것에 불과하다. 하여튼 이것은 포괄자라고 하여 하나의 보자기와 같은 것이긴 하지만 이 보자기는 한없이 개방된 보자기이다. 마치 우리가 수평선으로 접근해도 또 수평선이 뒤로 물러서는 것처럼 다 알았다 하면 또 몰라지고 다 깨달았다 하면 또 깨달을 것이 생기고 하는 것과 같다.

이성의 한계는 무한히 확대되는 보자기이지 일체를 싸는 폐쇄된 보자기는 아니다. 초월하고 또 초월하고 깨닫고 또 깨달아도 끝없이 열려있는 지평선이다. 아무리 알아도 아는 것보다는 모르는 것이 더 많아지는, 그리하여 아무 것도 모른다고 고백할 수밖에 없게 하는 겸손한 마음, 열린 마음, 이것이 야스퍼스가 말하는 포괄자이다. 그러니까 아무리 초월했다고 해도 안에 있으며, 아무리 안다고 해도 모르는 그런 마음씨가 포괄자이다.

"어떤 것을 넘어 생각하는 것은 항상 동시에 그 안에 있다."

그런고로 야스퍼스의 포괄자란 완결된 전체라든가 폐쇄된 전체를 찾는 것이 아니고 무한히 열려진 전체, 다시 말해서 특수한 것, 부분적인 것을 일체 넘어선 무한을 찾아가는 하나의 진행 또는 개명開明을 의미한다. 지금까지의 존재론이 고정된 객관적 인식을 기도함에 비하여 야스퍼스는 주관을 열어 가는 존재의식의 변혁을 통하여 존재 자체의 근원을 파들어 가는 주관의 개명, 깨달음의 깨달음을 기도한 것이라 할 수 있다. 그것은 주관만 열어 가는 것이 아니라 객관도 열어 간다. 수평선이 뒤로 물러가듯 주관도 물러가고 객관도 물러간다. 물러가는 주관이 우리라는 포괄자요, 물러가는 객관이 존재라는 포괄자인 것이다.

우선 열려지는 주관으로서의 인간을 '현존재'라고 하는데 이것은 상식적 인간이다. 중생이라고 해도 좋다. 한 번 났다가 한 번 죽는 본능과 충동과 의지와 욕구를 가지고 부단히 싸우며 불안에 떠는 현실적인 자신을 현존재라고 한다. 결국 야스퍼스의 현존재란 몸과 마음을 가진 생명의 존재 양식으로 일정한 환경에 갇혀 여러 가지 욕망과 사고를 가지고 자기를 확대해 가려는 동물적인 자아이다. 자기 확대를 위하여 계속적인 투쟁으로 행복과 만족을 찾지만 무엇이 진정한 행복인지는 분명치 않다. 사람이 이러한 동물적인 현존재에 불만을 품고 그 보다 나은 자기를 찾게 되면 인간은 좀더 영원하고 보편적인 지평으로 넓어지며 '의식일반意識一般'이 된다. 의식일반이란 쉽게 말하면 과학인이다. 의식일반은 과학적 지식이 성립하는 고장이요, 그 특색은 정확성이다.

그런데 의식일반의 대상은 과학의 세계인지라 객관성과 보편타당성은 있지만 거기에는 개성이 없고 생명이 없으며 따라서 추상적이요 전체적인 자아는 아니다. 사람이 만일 여기에 불만을 품고 다시 더 넓은 세계를 찾으면 거기에 나타나는 세계가 철학의 세계요, '정신'의 세계다.

정신은 전체를 사유하는 능력이요, 지도하는 능력이다. 그러니 전체는 직접 대상은 될 수 없고 하나의 이념으로서 자기 실현의 운동을 통해서 계속 발전된다. 이러한 정신적 인간은 국가나 사회나 가족을 형성하는 역사적 사회적 존재로서 구체적인 존재자이다. 인간은 어디까지나 이념에 따라 한 개체로서 관념적 필연성에 복종할 수밖에 없다.

그렇기 때문에 인간은 인간으로서의 인간, 본래적인 자기의 고유한 입장을 가지지 못하게 된다. 인간은 정신의 세계에서는 근원적이요 적극적인 책임을 질 수가 없다. 정신은 합리성이 의지로써 전체이념을 붙잡고 전체를 그 속에 흡수해 간다. 그러나 비전체적인 단독자, 예외자로서 비합리적인 현실은 어떻게 할 수가 없다. 여기에 불만을 품은 사람은 다시 가능적 실존으로 더 넓은 수평을 찾아간다. 이것이 '실존'의 세계다.

실존은 자기가 대상적, 객관적이 되지 않고 모든 포괄자의 양식의 내용을 가지게 해주는 그것들을 현실화시키고 의미를 가지게 하는 초월적 존재다. 그런데 실존은 어디까지나 대상화되지 않는 것이기 때문에 그것을 우리는 알 수가 없고 다만 정신의 세계에 불만을 품고 다시 더 넓은 세계로 비약할 때 체험할 수 있는 진실의 세계다. 이러한 주관적인 포괄자가 달라짐에 따라서 대상적인 세계도 달라진다. '현존재'에 대해서는 환경 세계가, '의식일반'에 대해서는 보편타당한 진리의 세계가, '정신'에 대해서는 통일적인 전체자 또는 이념의 실현의 장소, 예를 들면 국가나 가족이 나타나는데 실존에 대해서는 초월자가 나타난다. 이러한 초월자를 신이라고 한다. 이 마지막 실존과 초월자의 세계는 절대로 대상화되지 않는다는 점이 특이하다.

그러나 야스퍼스에 의하면 사람은 실존이 되지 않는 한 신과의 만남은 없고 신과의 만남이 없는 이상 진정한 사람은 아니다. 사람은 신과의 만남에서만 인간 자신일 수 있고 자유로울 수가 있다. 초월자는 나를 자유롭게 하는 자다. 하여튼 야스퍼스의 이성은 일체를 결합하여 고차의 통일을 획득하려고 하는 것이다. 이성의 근본적 태도는 보편적인 공동 생활을 실현하려는 의지다. 이성은 사랑은 아니지만 적어도 사랑의 자유, 진리성, 순수성를 유지하려고 하는 것이다.

실존의 사귐

거대한 자연 앞에 무릎을 끓었던 고대인에 비해서 자연을 지배하게 된 근대인에게는 인간 존재가 가장 중심적인 과제가 된다. 인간이 도대체 무엇인데 이렇게 굉장한 힘을 가질 수 있었는가를 묻는 것이 인간학이다. 실존이란 말도 이런 물음에 대한 하나의 답변이라고 할 수 있다. 인간은 이 우주의 한 부분이 아니라 이 우주와 대립할 수 있는 하나의 독자적인 존재라고 큰 소리 친 것이 키에르케고르이다. 키에르케고르는 인간에게 '단독자'란 말을 썼다. 인간은 혼자서도 살 수 있는 성숙한 존재라는 것이다. 그러나 이 성숙은 자기 변혁 이후에 되는 것이지 본래부터 있는 것이 아니다. 아이가 어른이 되는 것은 사춘기를 거쳐야 되는 것이지 본래 타고난 것이 아니다. 키에르케고르는『죽음에 이르는 병』첫머리에 실존으로서의 자기는 처음부터 그렇게 실재해 있는 것이 아니라 자기와 자기와의 관계에서 비로소 성립되는 것이라고 말한다. 지금까지 자기라고 생각했던 것을 이제는 자기라고 생각하지 않는데서 시작하는 것이다. 이제까지는 몸을 나라고 생각하였지만 이제는 몸이 내가 아니요, 마음이 나다.

동양사람은 대심지사大心之士라고 한다. 또는 몸과 마음도 다 넘어서서 얼[靈]이 나다. 그래서 그런 사람들은 "아침에 도를 들으면 저녁에 죽어도 좋다."고 한다. 도란 자기가 이제는 아이가 아니고 어른(얼)이라는 것을 알고 하는 소리다. 자기가 얼인 줄 알았다는 말은 얼이 되었다는 말이다.

야스퍼스는 실존으로서의 인간 존재는 인간이 되는 것이라고 한다. 이런 인간 존재, 얼로서의 인간존재는 내 몸이 죽어도 죽지 않는 초월적 존재이다. 그런고로 실존이란 말은 얼과 같은 말이다. 얼은 나비처럼 날 수 있는 존재요, 자유 존재요, 생산할 수 있는 존재다. 이런 존재는 객체화 될 수 없기에 주체적 자기라고 할 수밖에 없다. 이런 존재가 결국 인간을 인간답게 하는 인간 존재의 근거인 것이다. 이런 존재를 실존이라고 한다. 이것이 실존적 인간학이다.

 야스퍼스는 인간은 원칙적으로 인간이 인간에 대해서 알 수 있는 것보다도 훨씬 더 큰 존재라고 하였다. 그것은 실존은 인간을 초월해 있기 때문이다. 그래서 실존은 사유될 수는 없고 상징이나 신호로 짐작될 뿐이다. 실존은 나비 같은 것이라고 한다든지 아무리 내가 죽어도 나 자체는 죽을 수 없다고 한다든지 하는 것은 하나의 신념이요 암호다. 그것은 대상화 될 수가 없고 보여 줄 수도 없다. 그렇기 때문에 이런 진리는 언제나 내가 초월자임을 죽음으로 보여 주는 길밖에 없다.

 소크라테스나 예수는 죽어도 죽지 않는 실존을 보여주기 위해 죽어간다. 실존적 진리는 죽는 진리다. 그것은 자기가 초월자이기 때문이다. 그래서 야스퍼스는 실존적 진리와 과학적 진리는 다르다는 것이다. 갈릴레오가 죽지 않아도 지구는 돌아가지만 브루노의 지구는 브루노가 죽지 않으면 돌아가지 않는다. 갈릴레오의 지구는 과학적 지구이지만 브루노의 지구는 철학적 지구다.

 철학적 진리는 죽음이 필요하다는 데에 주체적인 진리의 깊은 뜻이 있다. 그래서 야스퍼스는 주체적 진리에 분석이 아니라 호소란 말을 쓴다. 그것은 죽음으로 호소한다는 말이다. 내가 나비다. 내가 자유다. 내가 신이다. 내가 초월자다. 나는 죽어도 죽지 않는다. 죽지 않는 것이 나다. 보라, 내 목을 잘라라. 나는 꼼짝도 않는다. 실존적 진리는 죽음으로 보여 주는 진리다. 거기는 십자가가 따르게 마련이다. 이런 실존은 '무엇'도 아니고 '어떻게'도 아니고 '누구'라고 한다. 나는 무엇이 아닌 어떻게도 아닌 초월적 존재라는 것이다.

실존이 있다는 것을 보여줄 수는 없다. 실존은 대상화가 되지 않기 때문이다. 야스퍼스는 실존은 호소할 뿐이라고 한다. 실존이 자기를 드러내는 방법은 호소뿐이다. 이런 호소를 통해서 실존은 다른 가능적 실존에게 충격을 주고 그들을 깨우치게 하는 것뿐이다. 실존의 호소는 가능적 실존에게만 호소력이 있다. 말씀은 귀 있는 자에게만 전달되고 마음 있는 자에게만 전달된다. 귀가 없는 자나 마음이 없는 자에게는 실존의 호소가 아무 의미가 없을 뿐만 아니라 오히려 조소와 희롱의 대상이 된다. 아버지의 말씀은 효자에게는 감격스럽지만 불효자에게는 잔소리 밖에 되지 않으며 예수의 말은 제자들에는 감격스럽지만 바리새 교인들에게는 증오만을 일으킬 뿐이다.

실존적 호소는 가능적 실존의 사귐에서만 가능하다. 이런 실존적 사귐을 떠나서의 호소는 하나의 울리는 꽹과리에 불과하다. 실존에게는 말씀이 있다. 이 말씀을 통해서 실존은 서로 사귐으로 들어간다.

실존적 사귐은 하나의 사랑의 표현이다. 어미 닭이 병아리를 깨고자 하는 집념 때문에 21일 동안 품어주는 것처럼 실존은 가능적 실존에 대하여 한없는 사랑을 가지고 말씀으로 호소한다. 그런 의미에서 실존은 이성과 결합된 실존이성實存理性이 된다. 옛날 사람들은 허령지각虛靈知覺이란 말을 썼다.

실존은 언제나 사귐을 가지고 공동체를 요구한다. 그리하여 하나의 포괄자로서 일체를 통일하려고 든다. 이러한 통일의 요구 일체를 통일하는 밧줄이 '이성'이라는 것이다. 이성은 한시도 정체함 없이 일체를 돌파하여 한층 더 높은 통일을 얻으려고 올라간다. 이성은 한없이 올라가는 성질을 가지고 있다. 이성이 한없이 올라가는 이유는 한없이 넓게 싸려고 하기 때문이다. 이성의 근본적 태도는 보편적인 공동생활을 실현하려는 데 있다. 이성은 일체를 쌀 뿐만 아니라 일체를 깨우고자 한다. 일체를 밝히고 일체를 드러내고 일체의 근원이 열려 순수해지기를 바란다.

이성은 정체와 고집을 싫어한다. 해방된 전진과 궁극적인 안심을 원한다. 그리하여 이성은 일체를 통일하려고 한다. 이성은 내재적인 것을 넘어 초월적인 성격을 가질 때에 실존과 결부하게 된다. 실존은 이성 때문에 명백해지고 이성은 실존 때문에 내용을 얻을 수가 있다. 실존은 이성 때문에 초월자의 요구를 알고 초월자를 볼 수가 있다. 실존은 이성과 결합함으로써 자기의 속으로부터 열려진 자유로서의 자아요, 자기를 초월함으로써 도달된 무한한 자아다. 이러한 자아는 공동체적 사귐을 통해서 더욱 확실해져 간다.

야스퍼스는 실존을 실존답게 하는 것을 실존적 사귐이라고 하다. 현대의 위기는 실존적 사귐의 위기이다. 세계가 하나가 된다는 것은 실존적 사귐이 가능하다는 말이다. 진리의 의미는 본질적으로 사귐 속에 있고 그것 없이는 진리의 의미가 있을 수 없다. 진리의 탐구는 자기와의 사귐인 고독한 생각에서부터 출발하여 다른 존재와의 사귐으로 넓혀져 간다. 철학은 개체적인 실존 속에 그 뿌리를 상실함 없이 사귐과 공동체를 가능케 하고 창조함으로써만 참된 것이다.

실존적 사귐이란 두 자기가 있어 사귀는 것이 아니라 사귐을 통해서 '나'와 '너'라는 두 존재가 창조되는 것이다. 나는 나만으로 내가 되는 것이 아니다. '너'가 있어서 '내'가 되고 '내'가 있어서 '너'가 된다. 내가 내가 되기 전에는 너가 너가 될 수 없고, 너가 너가 되기 전에는 내가 내가 될 수 없다. 나만의 진리는 없다. 내가 참인 것은 너가 참일 때이다. 내가 자유로운 것은 너가 자유로울 때이다. 그런 의미에서 사귐은 참다운 공동체 속에서만 가능하다고 할 수 있다. 실존은 사귐 속에서만 꽃을 피울 수 있다. 이 꽃을 개시開示, 또는 개안 開眼이라고 하는데, 실존은 사귐으로 꽃을 피우고 눈을 뜨게 된다.

실존의 가능성은 이런 개시의 과정 속에서 창조된다고 할 수가 있다. 혹은 개시의 과정 속에서 생산된다고도 할 수 있다. 이런 사귐은 얼마나 진지한지 하나의 싸움이라고 할 수 있다. 스승이 제자의 눈을 뜨게 하기 위해서, 닭이 알을 깨우기 위해서 쏟는 정열은 하나의 싸움이다.

야스퍼스는 이런 이성적 사랑을 '사랑의 싸움'이란 말로 표시한다. 이런 싸움은 서로 자기를 '무'가 되도록 헌신한다. 이런 싸움은 진리를 깨닫기 위한 싸움을 통해서 자기는 무에서부터 창조된다. 나는 본래 있는 것이 아니다. 실존은 사귐을 통해서 창조되는 것이다. 창조의 근원은 사랑이다. 진리에 대한 사랑이다. 이 사랑을 통해서 공동체가 이루어지고 이 공동체 속에서 진리는 전달되고 전달됨으로써 진리가 된다. 이런 공동체가 진리의 왕국이요, 이런 공동체의 위기가 현대의 위기가 되는 것이다.

이 세계가 하나의 공동체로 살아가기 위해서는 언제나 진리가 문제가 되어야 한다. 진리가 문제가 되는 한 인류는 망하지 않을 것이다. 그리고 진리를 살아가게 하는 것은 실존적 사귐이다. 실존적 사귐에는 이성이 넘쳐흐른다. 실존이 모든 현세적 사귐을 깨뜨리면서 전체적 사귐으로 박두해 가는 것은 실존 속에 무한한 파괴력이 있으면서 동시에 결합의 능력의 이성이 있기 때문이다.

이성은 끝없는 사귐을 요구한다. 이성은 그 자체가 하나의 전체적인 사귐이다. 사귐 속에서 이성적 근원이라는 전연 객관화 할 수 없는 것이 드러날 때에 이런 사귐은 근원적이고 절대적인 사귐이 된다. 그것은 진리 자체의 드러남이요, 전체적 사귐의 통일이기도 하다.

"내가 말하는 것은 내가 말하는 것이 아니요, 하나님께서 말하는 것이다." 할 때에 진리 자체가 드러나며 전체의 사귐이 통일되는 것이다. 이성으로 나타나는 절대 타자의 내용은 그만큼 사귐의 기쁨을 표시한다. 이러한 실존의 전체적 사귐에는 언제나 초월자의 실존적 의미가 드러난다. 여기서 인간은 진리의 호흡을 숨쉴 수 있게 된다. 진리는 언제나 근원적으로 사귐을 그 밑바탕으로 하고 있다. 진리는 언제나 만유공유의 진리요 보편적 사귐에서만 성립된다. 우리들 일부의 진리라는 것은 없다. 진리의 호소와 경청은 없어지고 하나의 선전과 세뇌만을 일삼는 이 시대에 진리의 자기 주장은 무엇보다 필요하고 절박한 문제다. 많은 진리 탐구자가 박해를 받았지만 현대처럼 심하게 희생된 때도 없다.

　야스퍼스는 자기 자신의 진리를 관철하는 것은 곤란하지만 불가능하지는 않다고 한다. 따라서 인간은 불가능한 것같이 보여도 진리의 일치를 획득하려는 성실한 요구를 회피해서는 안 된다. 왜냐하면 유한한 인간이 전혀 불가능한 것을 단순히 피하기만 한다면 인간의 이념을 충분히 드러낼 수가 없기 때문이다. 야스퍼스에 의하면 인간이 끝없는 사귐 속에 산다는 것은 끝없는 사랑의 인간 탐구요, 모험이요, 성실함을 의미한다. 진실한 끝없는 사귐은 도피가 아니라 개방이며 그로 인해 얼마나 자라게 될지 모른다. 이런 성장을 통하여 인간은 참된 초월자에 대한 실존으로서 성숙하게 될 것이다.

암호해독

　야스퍼스의 철학에는 실존과 이성이 언제나 축을 이루고 있다. 실존은 비둘기처럼 언제나 하늘을 나르려 하고 이성은 뱀처럼 언제나 땅 속을 기어들려고 한다. 실존과 이성은 키에르케고르가 생각한 것처럼 언제나 적대 관계에 있다. 배타적이고 대립적이다. 실존은 이성을 벗어나서 초월자로 날아오르려 하고, 이성은 실존의 희망을 물리치고 완전한 내재적 세계에 머무를 것을 지향한다. 실존은 본성상 무이성적 실존이 되려고 하고, 이성은 또 무실존적 이성이 되려고 한다.

　야스퍼스의 철학은 실존과 이성의 모순 상극의 긴장 관계에서 이루어진다. 실존과 이성의 순수한 긴장 속에 야스퍼스의 불편부당한 진실이 드러난다. 야스퍼스는 자기의 철학을 종교와 과학의 긴장의 철학이라고 한다. 이러한 철학은 종교 측에서 보면 신앙이 없는 사람 같고, 과학 측에서 보면 연구가 없는 사람 같다. 그러나 철인은 일체의 형식적인 것에 무관하지만 경전이건 교회건 그 속에 숨어 있는 진리와는 무관할 수 없다.

　실존의 자주성은 모든 역사적 객관성 속에서 오직 초월자의 생명적 말씀만 듣고 그 말씀으로 산다. 이것이 실존의 본질이다. 실존에게는 신의 말씀을 듣고 그 말씀으로 사는 이상한 능력이 있다. 신은 지식의 대상도 아니요, 감각의 대상도 아니다. 그러나 실존은 신의 존재 없이 살 수 없다는 의미에서 신을 떠날 수가 없다. 실존이 신을 찾는 것을 살기 위해서다. 살기 위해서란 말은 자유를 위해서란 말이다. 신의 신앙은 인간이 가지고 있는 근본적인 자유성에 근거하고 있다.

　"자기의 자유를 참으로 자각하는 인간만이 동시에 신을 확인한다. 자유와 신과는 분리시킬 수가 없다. 왜냐하면 나의 자유는 나의 힘으로 얻어진 것이 아니고 나에게 주어진 것으로 확신하기 때문이다. 나는 내가 될 수 없기도 하고 나의 자유를 내 힘으로 붙잡을 수도 없기 때문이다. 내가 본래적으로 나 자신일 때에 나는 나 자신의 힘으로 나 자신인 것은 아니라는 것을 확신한다. 최고의 자유는 세계에 대한 자유에 있어서 초월자와 깊이 연결되어 있는 것을 자각한다. 인간의 자유 존재를 우리는 인간의 실존이라고 한다. 신은 지식 내용이 아니라 실존에 대한 현존으로서 확실한 것이다."

　실존의 자유는 속박으로부터의 자유도 아니고 선택의 자유도 아니다. 실존의 자유란 인간이 자기의 전존재를 걸고 행동을 하려고 결심할 때의 자유다. 이때 인간은 이런 결단의 자유는 이미 자력에 의한 자유가 아니고 신으로부터 인간에게 주어진 자유임을 자각하게 된다. 실존의 자유는 신의 존재를 전제로 한다. 신의 존재를 전제하지 않은 인간의 자유는 인간을 신격화하는 우상에 불과하다.

야스퍼스는 기독교의 계시 신앙과 계시 자체와를 구별한다. 계시는 성서 내용의 진리를 철학하면서 자기의 해석으로 자기 것을 만드는 것이다. 계시란 나에게 대한 신의 암호로서 그것은 나를 자유롭게 하는 참다운 근거가 된다. 그래서 철학은 종교와는 다르지만 절대자에 대한 관계는 더욱 절실하다.

야스퍼스의 주체는 실존 이성이고, 대상은 포괄자이고, 방법은 초월이다. 인간은 한계상황에 부딪쳐 좌절하지만 실존은 한계상황에 부딪쳐 비로소 존재하게 된다. 한계상황을 경험하는 것이 실존하는 것이요, 죽는 것이 사는 것이 된다. 한계상황의 경험은 초월하는 행위와 결부된다. 실존의 특징은 초월하는 행위다. 실존은 현존재도 아니고 존재도 아닌 하나의 초월적 자아로서 실존을 경험하게 된다. 실존이란 깬 사람이다. 보통 사람도 아니고 신도 아니고 깬 사람, 신과 통하는 사람이 실존이다.

진리란 실존이 본 것이 진리이다. 이런 진리는 보편타당한 진리는 아니지만 자기가 거기에 절대 복종한다는 의미에서 진리이다. 초월이란 이 세상과 인연을 끊는 것이다. 이 세상과 인연을 끊기 전에는 실존이 될 수가 없다. 이 세상과 인연을 끊은 실존은 신과 인연을 맺게 된다. 이것을 초월이라고 하고 신을 초월자라고 한다. 절대자가 초월자인 한 자기 부정을 안 할 수 없다. 초월자는 의식이 의식 자체를 넘어설 때 나타난다. 이런 경지는 깨닫는다고 밖에 말할 수 없다.

야스퍼스는 초월의 충동을 실존적 충동이라고 한다. 이 충동이 모든 저항을 극복하는 근원적 힘이라는 것이다. 이 충동은 세계정위에 있어서는 '존재를 알기 위해서는 세계를 알아야 한다.', 실존개명에 있어서는 '너 자신이 되라.', 형이상학에 있어서는 '우리들은 신을 구할 수 있다.' 라는 명제로 나타난다.

 인간은 의식적으로 세계 속에 정위되고 세계를 통하여 초월자에 관계하는 가능적 실존이다. 한마디로 실존적 각성으로 인간이 되는 것이다. 실존적 초월은 하나의 행동이기 때문에 이것은 주체성 속에 있다. 죽음을 초월하고, 고민을 초월하고, 죄책을 초월하고, 싸움을 초월하는 것은 생각으로써가 아니라 행동으로써이다. 이런 행동을 야스퍼스는 '내적 행동'이라고 한다. 이런 내적 행동은 아는 사람만이 안다. 그래서 야스퍼스는 이런 앎에 암호란 말을 쓴다.

 초월은 내적 행동으로 이루어지는데 이 내적 행동은 반드시 한계상황과 연결이 되어 있다. 죽음을 초월한다든지, 죄를 초월한다든지 하여 초월은 반드시 초월자와 연결이 되어야 하고, 이 초월을 통해서 인간은 역사적 개체, 또는 본래적인 자기가 되어야 한다. 자기가 된다는 말은 벌레가 나비가 되듯 주체 변혁을 일으킨다는 말이다.

 그런 의미에서 실존철학은 지知의 철학인 동시에 행行의 철학이요, 지와 행을 초월한 인간 자체의 철학이다. 실존의 초월은 한계상황의 초월이면서 동시에 포괄자적 초월이다. 포괄자란 현존재, 의식 일반, 정신이라는 내재적 포괄자에 대응하는 내재적 세계의 포괄자를 지나 실존에 대응하는 초월자인 궁극의 포괄자, 그 자체에 도달하는 것이다. 실존과 본래의 초월자는 초월성이라는 의미에서 포괄자이다.

 세상을 초월한다는 말은 세상을 떠난다는 말이 아니다. 세상과의 관계가 대상적인 관계가 아니라 비대상적인 관계가 되며, 세계는 하나의 초월자의 암호가 된다. 죽음 하면 나를 위협하는 한계상황인 하나의 벽이었는데 죽음을 초월하면서 죽음은 없어지는 것이 아니라 하나의 영원한 세계로 들어가게 하는 길이 되는 것이다. 이 세상은 나를 가둔 감옥이었으나 초월한 실존에게는 초월자에 도달하게 하는 길이 된다. 그 뿐만 아니라 세상은 초월자를 드러내는 하나의 일터가 되고, 하나의 신의 계기가 되고, 신의 편지가 되고, 신의 현현이 된다.

 세상을 초월한다는 말은 세상을 떠나서 세상으로 돌아오는 내재가 된다는 말이다. 학교를 졸업하고 학교를 떠나는 것이 아니다. 학교를 졸업하고 학교 선생이 되는 것이나 마찬가지이다. 실존은 초월하면서 동시에 내재한다. 졸업하면서 취직되는 것이나 마찬가지이다. 졸업한다는 말은 글을 다 배웠다는 것이요, 취직했다는 말은 글을 배워주게 된다는 것이다. 이 글을 야스퍼스는 암호문자라고 한다. 암호문자를 인생의 의미라고 하자. 인생의 의미는 아무도 모른다. 그 의미를 안 사람이 실존이요, 그 의미를 가르치는 사람이 실존이다. 인생의 의미는 초월자에 의하여 인생에게 맡겨진 사명이다. 이 사명을 암호문자라고 한다.

 실존은 내재적 초월자로서 암호문자를 알고 가르칠 수 있는 존재다. 세상의 모든 현존재는 초월자의 암호문자다. 이 암호문자는 실존에 의해서만 읽어진다. 이 세상은 현존재로서 초월에 의하여 한번 버림받았으나 그것이 다시 초월자의 암호 문자로서 구제를 받게 된다. 실존은 초월과 내재의 통일이요, 실존에 있어서 세상의 초월은 세상으로 되돌아옴을 의미 한다.

 야스퍼스는 암호란 말을 일체 만물에게 다 적용시킨다. 이 세상에 있는 현상 가운데서 초월자의 암호가 되지 않는 것이 없다. 이 세상 만물 가운데 신의 영광을 드러내지 않는 것은 아무 것도 없다. 신의 피조물인 만물은 신의 뜻을 드러내는 신의 편지가 아닌 것이 없다. 그런데 야스퍼스는 이 암호를 세 가지로 나눈다.

 첫째는 실존이 처음으로 해독한 암호, 실존의 절대 의식으로 처음들은 초월자의 말씀이라고 해도 좋다. 야스퍼스는 '형이상학적 경험'이라고 한다. 누구나 실존이 되려면 깨닫는다는 경험을 가지게 된다. 그런고로 맨 처음에 깨달은 것, 그것이 첫째 암호다. 이 암호가 여러 가지 모습으로 남에게 전달된다. 몸짓으로, 비유로, 어떤 형상으로, 이것이 상징인데 이것을 제2의 암호라고 한다. 이런 암호가 형이상학적 사변을 통하여 '철학적 언어'가 되면 이것을 제3의 암호라고 한다. 형이상학적 경험이란 현존재가 투명하게 됨에 따라 그것이 하나의 암호의 의미를 가지게 됨을 말한다. 우리는 이런 것을 '세계관'이라고 한다. 세계가 투명해짐으로 말미암아 세계가 새로운 의미를 지니게 된다. 지금까지 전혀 알 수 없었던 인생의 의미를 새롭게 이해하게 된다고 해도 좋다.

형이상학적 경험은 순간적이요, 직접적이다. 찰나 속에 영원을 본다는 이 경험은 개별적이오, 직접적이요, 말로 표현할 수 없는 경험이다. 이 경험은 암호를 통해서 초월자와 실존이 연결되는 것인데, 이 암호를 통해서 실존은 내적 행동을 하게 되고, 내적 행동을 통해서 계속 초월하게 된다. 이런 초월이 야스퍼스의 철학이며, 야스퍼스는 이런 초월을 통해서 암호를 읽을 수 있게 된다. 암호의 해독은 초월의 해독과 일치한다. 초월하면 할수록 암호도 많이 해독된다. 초월하면 할수록 인간이 되고, 본래적인 자아가 된다. 암호의 해독은 자아의 해독이요, 인생의 해독이다. 초월자의 암호를 읽기 위해서는 나를 버리고 싸워서 빼앗아야 한다. 진리를 깨닫기 위해서는 생명을 내던지는 용기가 있어야 한다. 이런 암호의 해독은 그것 자체가 창조적이다.

위대한 철학은 모두 암호 해독의 성격을 지닌다. 실존이 보고 말하는 것이 철학이다. 본다는 많은 현존재가 나타내는 신이 뜻을 보는 것이다. 이 뜻을 먹고 실존은 산다. 이 뜻을 먹으려고 하는 것이 가능적 실존이다. 야스퍼스의 형이상학적 의미는 초월자를 대상적으로 아는 것이 아니고 초월자와 실존적 관계에서 세계 존재의 현실적 의미를 밝은 눈으로 다시 봄을 의미한다. 암호는 세계 계시다. 형이상학의 의미는 존재를 어떤 의미로 결정하는 것이 아니라 현 존재를 투명하게 하는 것이다. 철학의 목적은 완성된 도취에 있는 것이 아니라 가혹한 현실을 보고 고민하는 인생이며, 이것은 세계를 사랑함으로써 극복할 수가 있는 것이다.

역사의 목표

2차 세계대전이 끝나자 야스퍼스의 정치적 발언이 많아지기 시작한다. 그것은 철학의 궁극적 관심은 정치가 아닐 수 없다고 생각했기 때문이다. 야스퍼스는 그의 자서전 속에서 "요즈음 한 10년 동안 정치론과 정치적 결론이 없는 철학이라는 것은 있을 수 없다는 결론이 내 머리를 지배하기 시작했다. 이런 생각은 수 천년 전부터 이미 뻔한 사실이었지만 나는 그런 것을 한동안 잊고 있었던 것뿐이다. 나는 요새 이런 뻔한 사실이 철학사 어디서나 있는 것을 보고 깜짝 놀랐다. 어떤 철학이건 위대한 철학이라면 정치적 사유를 못 가진 철학은 없다. 철학자들의 대정치론이 플라톤으로부터 시작하여 칸트, 헤겔, 키에르케고르, 니체에 이르기까지 계속되고 있다. 그 철학이 어떤 철학인지는 그 철학의 정치론 속에 나타나 있다. 이런 사실은 결코 부수적이 아니요, 중심적인 의미를 가지는 것이다. 따라서 나치스와 공산주의가 철학을 불구대천의 원수로 생각하는 것은 우연한 일이 아니다. 나는 정치적이 되었을 때의 나의 철학이 형이상학의 밑바닥에 이르기까지 완전히 알게 되었다고 느꼈다. 그 후 나는 모든 정치적 사고와 행동을 문제삼고 철학적 정신의 역사를 꿰뚫고 있는 사상의 위대함과 존경할만한 약동적인 선을 볼 수가 있다."고 말하고 있다.

그런고로 야스퍼스에 있어서 정치문제는 실존의 자유와 직결되는 문제다. 인간의 역사는 인간의 자유를 실현하기 위한 끊임없는 노력이다. 인간의 모든 집단은 질서를 유지하려는 강한 경향을 가지고 있다. 지금은 지구 전체가 공간적으로 한 통이 되어 평화적인 통일을 실현하고자 하는 충동이 높다.

인간의 자유는 법에 의한 정치적 자유에서만 보장된다. 그리고 이런 법은 자연법을 기초로 하는 정의가 구현될 때만 역사적으로 실현된다. 일체의 폭력이 배제되고 독재가 근절되어야 한다. 그리하여 누구나 자기 의견을 말할 수 있는 사회라야 한다. 이런 길을 가기 위한 길은 한 가지밖에 없다. 즉 모든 사람이 교육을 받는 일이다. 인간은 자기의 의지를 깊이 생각한 후에 자각을 통해서 자기의 참 의지를 깨우쳐 가야 한다. 모든 특권을 폐지하고 정의를 기준으로 하여 모든 사람이 같이 일하고 같이 살려는 의향과 계획은 어디서나 진행되고 있다.

현대의 교통 기관의 발달은 세계 모든 국가로 하여금 더욱 친밀하게 만들었다. 지금의 역사는 인류의 역사로 변해가고 있다. 모든 인류는 같은 운명을 지니게 되었다. 결국 지구의 정치적 통일은 이미 시간문제가 된 듯한 느낌이다.

그런데 야스퍼스는 세계 통일의 형식을 두 가지 든다. 하나는 세계 제국이요, 하나는 세계 질서이다. 세계 제국은 만인을 억압하는 유일한 통치로 획일적 세계관과 폭력에 의한 통치를 의미하고, 세계 질서는 토의에 의해 공동 질서를 유지하며 소수파를 수호하고 합법적인 질서 유지를 하는 것이다. 야스퍼스는 어떠한 역사적인 고난을 겪더라도 세계 질서 수립만이 진정한 평화를 가져온다는 것이다. 그는 세계 질서는 가능한가라는 질문에, "물론 그것은 지금까지 존재해 본 일이 없다. 그러나 그것은 세계 질서가 불가능하다는 의미는 아니다.

그 가능성은 민주주의적 질서에 의한 시민적 자유의 발전, 정의와 법에 의한 폭력의 극복이라는 사실로 미루어 생각할 수 있다. 폭력의 극복은 아주 드물게 아주 불완전하게 밖에 달성되지 않았지만, 그러나 드물게이긴 하지만 사실로서 성공했다. 국가 안에서 실현된 사실은 인류 전체에도 실현될 가능성이 있기 때문이다."라고 대답하였다.

야스퍼스는 어디까지나 인간의 존엄이 발휘되는 동시에 인간의 책임이 있는 곳에만 세계 질서는 성립할 수 있다고 믿었다. 그렇기 때문에 될 수 있는 대로 많은 나라의 정치적 자유의 각성과 단련이 필요하다. 야스퍼스의 세계 질서는 법적으로 제한된 지역이 자치제인 모든 국가의 토의와 결의에 의하여 부단히 갱신되는 질서, 즉 하나의 포괄적인 연방제를 의미한다.

야스퍼스는 제2차 세계대전 이후의 세계 역사의 흐름을 적어 놓았다. 『역사의 기원과 목표』라는 책이다. 물론 그의 의도는 세계사의 전체적인 개관을 통해서 현재를 확실히 알자는 것이다. 현대가 참으로 어떤 시대인지 알기 위해서는 세계사 전체의 움직임을 알 필요가 있다는 것이다. 사람은 언제나 역사를 전체적으로 객관화하고 또 역사를 주체적으로 주관화하여 이 두 긴장관계에서 역사는 의식되어져야 한다는 것이다. 결국 전체로서의 역사의 이성적 인식과 현재의 근원으로부터 실존적으로 살아가는 긴장 속에서 자기의 본래적인 역사성을 자각할 수 있다는 것이다. 과거의 역사에 대한 뼈저린 반성과 장래를 내다보는 심오한 사색 없이는 오늘의 현실에 참여할 수가 없다. 오늘의 깊이는 과거와 미래가 하나가 되어 과거의 회상과 미래의 이념이 일치될 때 더욱 밝아진다.

그런고로 역사라고 하는 것은 하나의 기원과 하나의 목표를 가지고 있다는 것이 야스퍼스의 근본적인 신앙이다. 이것이 상징적으로 표현된 기독교의 종말 사관이라고 볼 수도 있다. 종말이란 역사의 목표를 암호로 표시한 것뿐이다.

　야스퍼스는 세계사의 에덴 또는 정신적 고향을 추축樞軸이란 말로 쓴다. 그것은 인류의 정신의 최고점이요, 지금도 그 꼭대기에서 흘러 나오는 문화의 시냇물을 마시고 있는 고전시대를 말한다. 중국에서는 공자, 노자, 묵자, 장자. 열자가 나오고, 인도에서는 우파니샤드. 석가가 나오고, 이란에서는 조로아스터, 유대에서는 엘리야, 이사야, 희랍에서는 호머, 파르메니데스, 헤라클레이토스, 플라톤, 소포클레스. 투키디데스가 탄생한 기원전 500년을 인류 정신의 기원으로 보자는 것이다.

　이 추축 시대는 인간이 고대의 신화시대를 벗어나서 이성을 가지고 생각하기 시작한 때로서 인간이 인간이 되는 시대요, 인간이 인간을 자각하는 시대요, 인간이 인간을 발견하는 시대요, 인간의 정신화가 시작되고 정신적인 창조가 시작된 시대이다. 이 시대는 영원한 인류의 정신적인 고향으로서 오늘도 피곤한 정신을 다시 소생케 하는 문화의 기원이요, 인류의 정신적인 고향인 것이다.

　야스퍼스는 그의 『세계사의 구조』에서 추축 시대를 제3의 시대로 본다. 그리고 현재의 과학 문명을 제4의 시대로 본다. 제2의 시대는 메소포타미아, 이집트, 인더스. 황하 유역에 일어난 고대문화의 시작을 들고 제1의 시대로서는 언어와 도구와 불을 발견한 선사 시대의 까마득한 옛날을 회상해 본다. 인류의 선사 시대는 수십만 년 이상이 걸린다. 그 동안에 인간의 자연적 소질이 형성되었을 뿐 인간의 정신적 소질은 아직 구성되지 못했다고 본다. 그러면서도 야스퍼스는 인류의 기원을 하나로 본다. 그것은 오늘의 인류가 통일을 기원하는 것은 본래 하나였기 때문이라는 것이다 야스퍼스는 일원발생설이 증거를 과학적으로도 들지만 그것보다 인간은 서로 서로 이해할 수 있다는 하나의 사실만을 들어 인간 의식은 본래 동물과는 판이한 것을 말하고 있다.

　인간 상호의 친밀성, 사랑, 이것이 인간 본질의 핵심이요, 이것이 선사시대로부터 인간을 하나의 집단으로 끌어들인 본성이라고 본다. 그리하여 제2기 고대 고도 문화기에 접어들면 벌써 국가가 생기고 세계 제국으로까지 발달하여 공통 언어, 공통 문화, 공통 신화를 가지고 일체의 단결을 가진 민족이 발생하여 역사가 시작되고 인간은 외적 자연 시대를 벗어나게 된다. 미신의 공포, 기근의 공포, 자연의 공포로부터 해방된다. 민중은 대규모로 조직화되어 고도의 문명을 쌓아 올리지만 그들 속에 인간의 정신혁명이 보이지 않는 무자각한 삶을 영위해 왔다. 인간 정신의 참다운 발현은 추축 시대樞軸 時代부터 시작된다. 추축 시대에 비로소 인간의 역사의식은 새로워진다.

　그 주도자가 중국, 이란, 유대, 희랍의 여러 민족이요, 이것을 계승한 것이 게르만 로마 문화, 비잔틴 문화, 이슬람 문화, 한국 문화 등이다. 그런데 동양이 정체기에 들어가고 서양이 계속 발전하게 되는 것은 서양은 언제나 동양을 받아들이고 동양에 저항하면서 새로운 문화를 낳지만 동양은 문화를 전달해 주고 그만 노쇠해 버렸다는 것이다. 중국, 인도는 15세기까지도 계속 문명이 유지되었다가 근 400년 동안 정체되지만 이번에는 서양 문명의 침략을 받아 대립의식이 일어나 새로운 문화를 창조해 가게 되었다. 이제는 서양도 동양도 없다. 과학과 기술 문명을 받아들여 새로운 문화를 창조할 수 있는 민족만이 살아남게 된다.

　지금은 미국, 소련, 중국이란 큰 지반을 근거로 하여 지구 전체의 역사가 전개되어 가고 있다. 앞으로의 역사는 민족의 역사가 아니라 인류의 역사를 지향하고 있다. 인류는 이제 하나의 역사를 지향하고 있다. 인류는 이제 과학을 자기의 무기로 하게 되었다. 과학적 이성으로 질문하고 탐구하고 음미하고 숙련하는 시대가 온 것이다. 독단이나 맹신이나 종파나 분열은 참다운 과학적 태도 앞에는 있을 수가 없게 되었다. 과학은 자연의 순응과 복종에서 시작된다. 과학자가 자연을 대하는 태도는 겸허하고 성실하다. 이런 정신에서만 인간은 정신적 자유를 향유하고 인간의 내면적 독립을 가질 수 있다. 과학의 보편적 인식 태도와 확실한 방법적 비판과 순수한 탐구적 인식은 오늘날 인류 전체의 사고방식이 되어가고 있다. 인류는 모든 대상을 과학적 인식 대상으로 삼게 되었다. 그러나 과학에는 과학으로서의 한계가 있다. 그것은 세계를 전체적으로 인식할 수는 없다. 세계는 전체적으로 과학의 대상은 되지 못한다. 여기에 철학의 도움이 필요하게 된다. 인간에게 전체적 인식과 목적의식을 제공하는 것은 철학이다. 과학이나 기술이 인간을 자연의 공포로부터 해방하여 인간고유의 생활환경을 만들어준 것은 고마운 일이지만, 만일 과학 문명이 인간을 지배하여 인간 본래의 목적을 무시한다면 과학이야말로 인류파탄의 원동력이 될 수도 있다. 벌써 지구의 공장화는 인간의 유죄를 불러일으키고 있다. 전통과 정신의 고향은 상실되고 인간이 인간에 대하여 동물이 되고 개성을 상실하고 자기를 기만하여 자기를 몰락시키고 자기를 포기하는 비인간적 태도가 세상에 만연하게 되었다. 이리하여 대중은 하나의 기계처럼 무자각한 삶을 영위하게 되었다. 마치 고대의 제2기 집단 문명의 인간처럼 피라밋을 쌓는 노예로 변해가고 있다. 지금은 제3기의 시작처럼 정신의 새로운 문화가 창조되어야만 할 시기가 온 것이다.

절대의식

야스퍼스는 현대를 광명과 암흑이 구비된 시대라고 한다. 광명으로 말하자면 현대는 제2의 프로메테우스 시대라는 것이다. 일찍이 역사 이전 아득하고 먼 옛날, 인류가 처음으로 불을 발견하여 도구를 발명함으로써 인류문화가 처음으로 시작된 것과 마찬가지로 19세기 산업혁명에 의한 기계기술의 전환은 참으로 놀랄만한 현대를 열어 놓았다는 것이다. 현대의 원자 과학과 기술은 제2의 프로메테우스의 시대를 열어 놓았다는 것이다.

그런데 이러한 엄청난 시대에 도전할 만한 정신적 각성이 부족한 것이 이 시대의 암흑면이라는 것이다. 옛날 역사의 추축 시대에 인류가 민족과 국가의 틀을 깨뜨려 버리고 절대자와 만나 자기의 절대적인 존엄을 각성한 것처럼 이 시대는 마땅히 존재와 만난 인류적인, 세계적인 실존이 나와서 제2의 프로메테우스 시대에 대결하는 정신적인 제2의 추축 시대를 열어 놓아야 하는데 현대는 근대만큼도 인물이 안 나오는 것이 큰 암흑이라는 것이다.

근대는 미켈란젤로, 라파엘로, 레오나르도, 셰익스피어, 램브란트, 괴테, 스피노자, 칸트, 바하, 모차르트, 루터 등 꽤 인물이 나왔는데 현대에는 왜 인류사적 인간이 없느냐 하는 것이 그가 실존주의를 호소하는 이유인 것이다.

야스퍼스는 현대는 과학과 기술에 짓눌린 대중의 시대라고 한다. 이 조류는 지금 세계 방방곡곡에 스며들고 있어 현대는 인간을 수단화하고 자기 목적인 존엄을 상실케 하고 그 결과 인간은 불안과 절망에 빠져 허무주의에 가득 차 있다는 것이다. 결국 실존 철학이란 어떻게 인류의 역사가 이런 허무에서 벗어나느냐 하는 것이다. 이것이 그의 철학의 핵심이며 그러기 위해서는 실존이 나와야 한다는 것이다. 실존이란 사람이 나와야 한다는 것이다. 쭉정이만 가득 찬 세상에 정말로 실속 있는 사람이 나와야겠다는 것이 그의 염원이다. 알찬 사람, 사람다운 사람, 물질에 지배되지 않고 물질을 지배할 수 있는 사람, 시간에 쫓기지 않고 시간을 쫓으면서 살 수 있는 사람, 영원한 사람, 무한한 사람, 신령한 사람, 이런 사람을 구하고 있는 것이다. 그렇기 때문에 그의 철학은 종교적 철학이요, 초월적 철학이다. 초월자에 부딪친 사람, 죽었다 산 사람, 세상을 초월하여 다시 세상에 내재한 사람, 실존, 이런 사람을 그는 몹시도 찾고 있는 것이다.

 야스퍼스는 현대인간이 너무도 세상에 집착하고 있는 것을 끌어올리기 위하여 초월을 강조한다. 그의 철학적 기본 구조는 언제나 현존재 위에 의식 일반과 정신과 실존을 올려놓고 실존만이 생명과 혼의 근거라고 보고 있다. 그리하여 그는 이 세상을 유일한 실재로 보고 여기에서만 살려고 하는 실증주의에 가담하지 않을 뿐더러 프로티누스나 현실을 유리하려는 동양의 신비주의에도 가담함 없이 세계를 초월하면서 세계에 내재하는, 세계 밖에 있으면서 세계 안에 있는 실존적 입장을 그의 입장으로 하고 있다. 그리고 그는 언제나 초월자 앞에서 인간의 유한성을 강조한다. 마치 인간이 무한인 것 같이 착각하는 인간, 신화의 가면을 그는 여지없이 폭로한다. 인간은 실존이지 초월자가 아니다.

 인간은 어느 순간이든지 인간의 유한성과 불완전성을 잊어서는 안 된다. 인간의 유한성이 그의 철학의 출발점이며 죽음, 싸움, 고통, 책임이란 한계상황의 체험이 그의 철학의 근본 경험이다. 헤겔의 절대자유의 입장도 마르크스의 공산주의의 이상도, 영미의 공리주의나 실증주의의 복지국가건설도, 야스퍼스에 있어서는 모두 꿈이다. 인간은 개인이건 집단이건 현존재의 지배권을 확대할 수도 없고, 의식일반으로써 모든 것을 다 알아 통일된 세계상을 만들 수도 없고, 정신으로써 모든 것을 이념 속에 해소시키고 자기완성의 이념의 세계에 안주할 수도 없고, 언제나 나에게 반항하고 저항하는 어떤 것과의 관계에 있으며 한계에 당착되지 않을 수 없다. 물론 한계의 소재는 일정치도 않고 그때 그때마다 달라지지만 한계의 존재가 있는 것만은 확실하다. 그것은 한계상황을 경험하지 않고는 인간은 실존할 수가 없기 때문이다. 인간은 유한하다는 것이 야스퍼스의 근본 경험이다. 인간은 타자와 언제나 관계하고 있다. 현존재는 세계와, 의식 일반은 대상과, 정신은 이념과, 실존은 초월자와 관계하고 있는 것이다.

야스퍼스에 의하면 인간의 유한성이 철저하게 자각 될 때에만 무한은 인간 저편에서부터 생성을 넘어 현실적으로 성립되는 진무한이 된다. 모든 것을 초월해 있기 때문에 초월자에게는 아무나 도달할 수는 없지만, 그가 모든 것을 싸고 있는 한 무엇이든지 그것의 상징이 아닌 것은 없다. 달에 도달할 수는 없지만 달이 숨어 있지 않은 이슬은 없는 것이나 마찬가지다.

실존에게는 육체적 고통도 어린애의 울음소리도 하나님의 말씀 아닌 것이 없다. 모든 사물이 포괄자의 상징 아닌 것이 없다. 사람은 결국 좌절을 통해서만 존재를 경험할 수 있게 마련이다. 일체 유한은 무한을 제시하고 있다. 유한 속의 무한, 이것이 진무한이다. 인간은 한계상황에 부딪쳐 유한에 좌절하는 동시에 무한을 체험할 수가 있는 것이다. 인간이 인간 중심을 버리고 신 중심이 될 때 악무한을 벗어나 진무한에 도달할 수가 있는 것이다.

야스퍼스는 현대인의 이기성을 근대 철학의 주체의식에서 발견한다. 세계를 표상적으로 처리할 수 있는 세계상을 만들고 일체를 대상화하는데 근대 문명의 맹점이 있다.

데카르트(René Descartes, 1596-1650)는 표상의 세계에 머물러 있었지만 라이프니츠(Gottfried W. Leibniz, 1646-1716)나 칸트에서는 의지의 계기가 출현하고, 헤겔의 주체는 표상, 이지, 감정, 의지를 포함하는 정신이 되었으며, 최후에 니체의 권력의지는 세계를 처리하고 정복하고 파괴하는 무서운 철학이 되어 버린다. 이리하여 인간은 과학과 기술을 가지고 지구를 정복하는 제국주의자가 된다. 근대인은 자아의식과 대상의식 밖에 없다. 이것이 근대 철학의 가장 악마적인 요소다. 여기에 대하여 야스퍼스는 실존적 사귐을 강조하여 타아의식을 강조한다. 주체와 객체의 대립이 아니라 주체와 주체의 사귐이다. 실존적 사귐은 모든 객체성을 배제하고 주체 사이에 행해지는 물음과 대답이다. 이런 대화가 조금도 거짓없이 수행될 때 각자가 각자의 자기가 되어간다. 실존적 사귐은 혼과 혼이 가 닿는 주체적인 사귐이다. 이러한 실존적 공동체야말로 목적의 왕국을 실현할 수 있다.

근대의 또 하나의 특징은 능동적인 것이다. 근대인이 자유를 사랑하는 것도 이 때문인지 모른다. 그러나 현대인의 자유는 그 양상이 달라졌다. 현대는 기술과 경제와 대중이 지배하는 시대로 인간을 합리화하고 조직화하여 수단으로 삼기 때문에 인간의 자유는 질식되고 인간은 인격의 분열을 초래하여 자기 상실에 빠지고 불안과 절망에 빠지게 되었다. 이런 시대에 인간의 능동성은 하나의 광란이요, 자유는 위선이다. 인간의 자각과 본래의 자신으로 되돌아가는 것이 현대의 급선무이며 자기 본래의 소리를 듣고 생활의 일관성과 통일성을 선취하는 것이 자유의 전제 조건이다. 무엇으로부터의 자유가 아니라 무엇을 향한 자유가 더 중요하게 되었다. 자기가 자기가 되는 자유, 인간이 수단이 아니라 목적이 되는 자유, 이런 자유를 위해서는 능동성보다도 자기 운명을 사랑하고 자기 운명에 책임지는 수동성이 더욱 중요하게 되었다. 소란한 환경 속에 뛰어다니는 것이 아니라 고요한 자기 심화로써 자기의 실체를 회복하는 것이 무엇보다 중요하게 되었다.

야스퍼스는 개인은 어떤 경우에도 독립일 수는 없으나 결국 근원으로서의 자기 자신은 되찾아야 하므로 자기 자신이 가장 중요하다는 것을 자각하지 않으면 안 된다고 말한다. 아무리 공동체의 결정이라고 해도 그 공동체가 내적 혁명을 달성한 개인의 공동체여야 한다. 그것은 신에 관계된 인간존재의 실체 재생으로서만 형성된다. 언제나 지금, 이제가 제일 중요하다. 외적 사건보다도 본래적인 내적 사건에 즉시 달라붙는 것이 중요하며, 장래의 약속 때문에 현재를 속여 넘기면 안 된다. 내적 혁명을 위해서는 현재의 상황이 역사적으로 어떻게 생성했는지를 명확하게 알 필요가 있다. 과거를 과거로서 파묻어 버리고 전진하려 해도 안 된다. 과거를 진정으로 내 것으로 만든 자만이 전진할 기회를 얻을 수 있다.

실존이란 현존재가 단순한 현존재가 아니라 존재를 나타내고 있다는 자각에 의해 실존이 된다. 그런데 존재란 초월자요 영원자요 절대자이기 때문에 실존의식은 절대의식이요 초월의식이요 영원의식임을 면할 길이 없다. 그렇다고 이러한 의식을 논증할 수가 있느냐 하면 논증할 수도 없다. 그것은 하나의 체험으로서 실존이 가지고 있는 기본 사실에 불과하기 때문이다. 그것은 하나의 감격이요, 이 감격을 회상할 때마다 자유, 정신, 고귀한 삶, 영웅적인 생활, 신적인 상태가 나타날 수 있는 근원적인 체험에 불과하다. 그것은 현존재가 한계상황에 부딪쳐 고민하고 실존적 사귐을 통하여 한없이 그의 생각이 고양되었을 때 체험한 하나의 사실에 불과하다. 무지와 현기와 전율과 불안에 떨면서 양심과 사랑과 믿음과 구상력에 끌려 올라가다가 어떤 순간에 체험한 실존의식이다.

프로메테우스는 다른 동물이 다 털옷을 쓰고 있는데 사람만이 벌거벗고 맨발로 떨고 있는 것을 가엾게 여겨 올림프스 천계에 들어가 헤파이스토스의 화로로부터 불을 훔쳐다가 인간에게 주었다. 그리고 이것을 가지고 도구를 만들고 공동으로 생활하는 법을 가르쳤기 때문에 제우스신의 노여움을 자아내 쇠고랑으로 암벽에 묶여 낮에는 독수리가 심장을 쪼는 무서운 고통에 빠졌지만 자기의 의를 믿고 제우스에 반항하였다. 물론 마지막에는 신의 의를 믿고 화해하게 되지만 반항 없는 귀의는 비굴에 불과하다.

신은 언제나 반항 끝에 이루어지는 귀의를 원한다. 인간의 가치와 위대는 반항에 있기 때문이다. 욥의 반항도 마찬가지다. 신에 덤벼드는 것은 신을 찾기 때문이다. 한계상황의 심연에서 현존재의 모순에 고민하고 세상의 부정을 개탄하고 인생의 근본을 알려는 그것 자체가 하나의 반항이지만 이런 진실, 성실이 없이는 실존은 없다. 반항은 귀의에 대항하지만 그것 자신은 절대적이다. 신의 지배에서 나를 뜯어내려는 의지 자체가 이미 신적인 것이다. 신이 아니면 아무나 신에 대항할 수 없다. 반항 자체가 신적인 절대의식이다. 제우스도 생각을 바꾸어 결국 화해하지만 실존은 언제나 반항과 귀의의 긴장 속에 성립되는 절대의식이다.

실존범주

야스퍼스는 칸트의 양量, 질質, 관계關係, 양태樣態에 준하여 실존범주를 세웠다.

실존주의의 범주로서 양적 입장에서 보면 가장 근본적인 것이 생활의 일관성, 연속성, 통일성이다. 칸트는 양의 범주를 단일성單一性, 수다성數多性, 총체성總體性이라고 하였는데, '실존'의 입장에서 보면 실존적 결단이 단일성에 해당될 것이다. 실존적 결단은 '현존재'의 입장에서는 불가능하다. 현존재는 애욕, 자기 보존욕, 권력욕, 명예욕, 죽음의 불안 때문에 항상 흔들리고 있다. 현존재의 의지는 언제나 비이성적이기 때문에 자기의 말이나 행실을 뒤집어엎는 것은 식은 죽 먹기다. 언제나 교만과 이익이 앞서고 자의와 망각이 뒤따라 그들의 생활에서 진실을 찾을 수가 없다. 거짓과 허위가 그들의 전부이기 때문이다.

'의식 일반'의 입장은 어떨까. 의식 일반은 보편적 자기요, 개별적인 현실적 자기가 아니기 때문에 이런 입장은 자기의 획일화, 규격화를 가져 올 수밖에 없고, 대상적 지식이 보편 타당성을 요구하는 강제력을 가진다고 해도 자기 분열을 막을 재간이 없다. 의식 일반은 대상성으로서는 통일되어 있지만 그것은 형식적인 것이요, 그것이 과학적, 기술적인 현대인이 겪는 인간의 고통이다. 법적이나 사무적으로는 해결되지만 그것으로 인간의 근본 문제는 해결이 되지 않는다. 현대 생활의 기구 속에서 인간과 인간은 계속 충돌을 면할 수 없으며 이런 싸움은 인격의 분열 외에 아무 것도 아니다.

그러면 '정신'적 입장을 어떨까. 정신의 입장은 관상적이요 실천적이 아니다. 정신은 현실의 행위로부터 유리된 가능성의 세계를 구상하기 때문에 결단은 있을 수 없다. 그렇기 때문에 정신의 입장에서는 사람은 가공의 가능성을 뒤따르기 때문에 분열에 빠지게 되고 정신은 아름다움 속에서 그의 구원을 얻을 뿐이다. 결국 결단은 '실존'의 입장에서만 가능하다. 그것은 실존만이 한계상황 안에 설 수 있고, 이러한 한계에서만 인간은 자기의 사명을 깨달을 수 있기 때문이다. 이런 자각이 본래적 자각으로서 결단으로 이끌어가고 생활의 일관성을 가져오게 한다. 결단했을 때만 인간은 전체적이 된다. 결단의 순간은 결정으로서 쌓이지만 그것은 전 생애와 연결된다.

결단이 자기의 생명이나 행복과 상관없이 할 일을 뚫고 나갈 때 생활에 일관성과 집중성을 가져오게 된다. 결단은 내적인 행위다. 그것이 초월자와 연결이 될 때 그것은 하나의 목적이 될 수 있다. 이리하여 일관성이 된다. 사람은 일관성을 통해서 자기 자신을 회복해 간다.

키에르케고르는 신앙심이 돈독한 사상가라고 하지만 본인 자신은 누구한테도 신앙을 권유한 적이 없다. 그가 누구에게나 요구한 것은 다만 '진실'이라는 것이다. 그는 교인들에게 "나는 기독교를 위해서 희생한다기 보다는 진실을 위해서 희생한다."고 말하고 "나는 기독교인이라고 불리어질 자격은 없지만 누구보다도 진실하고자 한다."고 말하였다.

야스퍼스가 진실이라고 할 때는 무엇보다도 자기 자신에 대해서 진실하다는 것이다. 물론 사람이 변덕을 부리기도 하지만 그래도 사람은 언제나 자기 자신에게 진실하려고 한다. 남을 속일 수가 있지만 자기는 속일 수 없기 때문이다. 자기라는 것은 가장 절대적인 것이다. 사람은 누구나 양심의 명령을 거부할 수가 없다. 이 양심의 근원은 하도 멀고 깊어서 사람은 마음대로 그것을 뽑아버리거나 말살할 수가 없다. 가장 자기일 때에 자기 속의 깊은 소리가 들려온다. 물론 사람들은 생명욕, 자기 보존욕, 권력욕, 애욕 등에 잡혀서 무한히 헤매고 있고 별난 장애에도 부딪히고 고통과 쓰라림도 맛보고 죽음의 위협도 맛본다. 그러나 허망한 인간의 욕구는 무엇을 얻어도 아무런 만족과 안주가 없다. 역시 인간은 진실을 가지고 참 자아와 만나 화해하기 전에는 진정한 안식을 얻지 못한다. 참 자아에 대한 그리움은 언제나 내 속에서 용솟음친다. 어디로부터 나오는 것일까. 자기 자신으로부터다. 그것은 자기 속에서부터 나오고 있다. 자기 속은 현상계를 넘어서 영원한 실재계에 연결되어 있다. 인간은 참을 찾아서 자기 속으로 들어가는 수밖에 없다.

칸트는 질질의 범주를 실재성實在性, 부정성否定性, 제한성制限性이라는 구조로 설명하였지만 야스퍼스도 실재성에 도달하는 길은 부정성이라고 한다. 부정성이란 그가 말하는 한계상황으로 인간을 절망으로 이끄는 모든 것, 죽음, 고민, 싸움, 죄책, 무지, 무능, 현기, 전율, 불안 같은, 인간에게 있어서 부정적인 요소에 대하여 인간은 성실해야 한다는 것이다. 사람들은 이런 그늘진 면을 부정하고 망각하고 도피하고 무시하려고 하지만 진실은 그런 것을 체험함으로써 그것을 넘어서려고 한다.

하이데거가 "죽음을 받아들일 용기 없이는 본래적인 자아로 인도될 수 없다."고 했듯이 인생의 비극을 내 비극으로 받아들일 때에 인생은 비로소 진실이 무엇인지 알 수 있게 되는 것이다. 십자가에 뛰어들어 십자가를 지는 일만이 부정성에 대한 진실한 태도이다. 부정적인 것을 승인하는 진실 없이는 진실이 현실적으로 존재한다고 할 수가 없다. 언제나 자기의 한계를 알고 자기를 제한하여 초월자 앞에 겸손히 엎드림으로써 진무한에 도달하여, 불안, 동요의 악무한을 끊어버리고 진정한 자아로서 실존하게 된다. 인간은 인식의 대상으로 되었을 때보다는 훨씬 더 큰 존재다. 인생은 자기 무덤을 넘어서서 희망을 가질 수 있는 존재다. 진실은 무한의 길을 열어 놓는다. 길은 영원한 길이요, 절대의 길이기도 하다.

칸트는 관계의 범주는 실체성, 인과성, 상호성이라는 구조를 가지고 있다고 했다. 사귐이란 남과 같이 되는 것이 아니라 자기가 되는 것이다. 그런데 남과 사귐은 고독에서 시작된다. 고독에 견딜 수 있는 자만이 참으로 사귐에 들어갈 수 있다. 여기에 사귐의 실체성이 있다. 자기는 남과 분리되면서 결합한다는 이유 때문에 서로 묻고 대답하고 응하는 작용, 반작용을 가지게 된다. 여기에 인과성과 상호성이 있다. 상호성은 공통성으로 인도하고 결국은 초월자로 끌어올린다. 초월자란 원인 때문에 공동체라는 결과가 나온다고 볼 수도 있다.

실존적 사귐은 주체적 사귐이다. 그 사이에는 아무런 강요도 없고, 아무런 이해도 없다. 초월자를 통한 감동 때문에 사랑과 존경을 가질 뿐이다. 서로 하늘을 쳐다본다는 것이 실존적 사귐의 본질이기도 하다. 실존적 사귐은 종일 마주 보아도 보는 것이 아니요, 억만년 떨어져 있어도 떠나 있는 것이 아니다. 군자의 사귐은 담담하기가 물 같다고 한다. 그 사이는 아무런 애착이나 이해가 없다. 실존적 사귐에는 시간과 공간의 거리도 없다. 천년의 간격을 두고도 서로 사랑하고, 만리의 거리를 두고도 서로 존경한다. 인격과 인격과의 만남, 이 것이 실존적 사귐이다. 물론 그렇다고 해서 객체적 사귐을 멀리하는 것은 아니다.

주체적 사귐은 객체적 사귐을 더욱 아름답게 할 수가 있다. 의사와 환자의 주체적 사귐은 의사와 환자와의 객체적 사귐을 더욱 아름답게 할 수가 있다. 실존적 사귐은 결국 상호존경과 사랑으로 공동체를 조직하게 된다.

이런 공통체야말로 칸트의 '목적의 왕국'이라 할 수가 있다. 실존적 공동체도 현존재, 의식 일반, 정신을 수단으로 써야만 한다. 이리하여 실존주의만이 인간을 물건화로부터 구원하여 진정한 사회를 만들 수 있는 기틀을 양성한다. 이와 같은 공동체의 밑바닥에는 진리가 존재한다. 진리는 공동체를 세운다. 실존에 있어서 진리는 하나의 신앙으로 존재한다. 모든 진실이 사람의 가슴에 깊이 호소하며, 공동체를 이룰 수 있는 것은 한사람 한사람이 공동체에 소속한 일원으로서 진리를 사랑하기 때문이다. 많은 사람이 하나로서 단결되게 하는 것은 진리에 대한 애착일 것이다.

실존은 인간적인 현존재가 현존재에 그치지 않고 존재 자체를 자각적으로 나타내는 곳에 성립한다. 현존재가 아닐 수 없는 것은 필연적이지만 존재 자체를 나타내는 것은 가능성이라고 할 수 있다. 칸드는 양대의 범주로서 현실성, 필연성, 가능성을 들어 보여주었다. 인간의 필연성의 가장 큰 것은 한계상황이다. 비참, 무지, 무능, 현기, 전율, 불안이 필연이 될 때 실존은 여기에 견딜 수 있는 용기를 갖다 준다. 이 용기가 사명을 가져오게 하고 존재의 확신에 대한 양심적 결단을 가져오게 하고 본질적 자기로 깨어나게 한다. 이리하여 한계상황과 사귀는 사랑을 낳게끔 한다. 실존적 사귐에 있어서 회피할 수 없는 싸움, 죄책, 고민, 오해, 불신, 질투, 갈등, 이런 필연 속에서 인간은 처음으로 자기가 인간임을 자각한다. 사랑만이 모든 부정적인 고뇌에 견딜 수 있는 힘이다. 사랑이야말로 용기요, 이 사랑의 확신은 믿음을 낳게 되고, 믿음은 결국 소망을 열어준다.

이 소망에서 새로운 가능성을 발견한 실존 이성은 어떤 전제나 편견이나 성심에 구속되지 않는 자유정신이다. 인류의 위대한 교사들은 대담한 새처럼 멀리멀리 날아가는 것이었다. 가다가는 떨어지기도 하고 암초에 부딪치기도 하지만 무한을 향하여 나르는 그들의 날개는 접혀진 일이 없다. 가능성을 발견한 실존 이성은 기다릴 줄을 안다. 실존적 가능성은 실존적 필연성과 상응하여 언제나 실존적 현실을 이룩해 가야 한다.

인생이란 강을 건너기 위해서는 아무도 나를 위해서 다리를 놓아주지 않는다. 내 다리는 내가 놓는 수밖에 없다. 건네주겠다는 많은 다리가 있지만 그 길은 나 자신을 포기하는 길이다. 나는 내가 되어야 한다. 나란 한계상황이요 비참 자체다. 그러나 이 비참은 유일한 비참이요, 나만의 비참이다. 이 비참 속에 영원의 각인을 아로새기자. 그리하여 이 비참의 바위에서 영원의 기쁜 샘이 터져 나오게 하라. 한계상황 비참에 처하여 그 속에서 자기의 존엄과 가능성을 찾아내어 자기의 실존을 살아가는 것이다. 죽기 전에 벌써 죽은 사람이 되어 버리자. 그리하며 마음대로 사는 것이다. 지금 여기에 영원성을 아로새기는 길은 죽어서 다시 사는 길이다. 죽어서 다시 사는 이 길만이 본래적인 자기를 살게 하는 것이다. 죽어서 다시 사는 자기가 본래적인 자기가 되는 것이다. 참된 필연성은 참된 가능성을 낳게 하여 오늘의 실존을 진실한 존재로 만들어 간다. 운명을 사랑한다는 말은 필연적인 것 속에 영원한 것을 찾아가면서 가능적인 삶을 살아가는 것이다. 욕심을 버리고 정신을 통일하여 상상의 날개를 펴는 것이다.

철학적 신앙

이 세상의 모든 식물들은 태양을 향해 올라가고 있다. 그것은 모든 식물이 태양에서 왔기 때문이다. 모든 식물은 자기의 고향을 찾아가고 있다. 마치 연어가 산골짜기로 기어오르듯이 모든 식물들이 한없이 태양을 향하여 올라가는 것을 향일성向日性이라고 한다. 이런 향일성을 동양 사람들은 성性이라고 한다 그런데 야스퍼스는 이것을 절대적 의식絶對的 意識이라고 말했다. 이러한 절대의식은 인간의 기본의식이다. 이런 기본의식이 있기에 인간은 절대자를 그리워하고 절대자를 생각하지 않을 수 없다. 이러한 그리움이 신앙이요, 이런 생각이 철학이다.

절대자에 대한 그리움과 생각을 야스퍼스는 철학적 신앙이라고 한다. 철학적 신앙은 실존적 신앙이다. 진실하게 생각하려는 사람은 기성종교의 독단과 형식에 만족하기 어렵고 진실하게 실천하려는 사람은 인본적인 현대사상에 동참하기가 어렵다. 인간은 역시 자기 나름대로의 생각을 하지 않을 수 없고 자기 나름대로의 실천을 하지 않을 수 없다. 인간은 누구나 자기 나름대로의 철학이 필요하고 인간은 누구나 자기 나름대로의 신앙이 필요하다. 자기의 철학과 자기의 신앙을 가시고 살아가는 것이 현대인의 가장 바람직한 모습이다. 그래서 현대의 진실한 인간은 저절로 철학적인 신앙을 가지게 된다.

현대에 있어서 가장 진실한 사람들은 키에르케고르나 니체는 말할 것도 없고 모두 철학적 신앙을 가지고 산 사람들이다. 야스퍼스는 키에르케고르나 니체의 역사적 의의를 철학적 신앙이라고 단정하고 그는 그들의 후계자로서 자기 나름대로의 철학적 신앙을 한번 반성해 보았다. 그에게 있어서 철학적 신앙이란 이성理性과 실존實存을 통한 존재확인에 불과하다.

　야스퍼스는 『철학』이라는 그의 책에서 식물이 자라듯이 올라가는 향일성向日性을 철학하는 것으로 보고 싹이 트고 잎이 돋고 꽃이 피고 열매가 맺히면서 나무가 올라가듯이 현존재現存在로부터 의식일반意識一般으로, 의식일반에서 정신精神으로, 정신에서 인간의 본래적 자기존재인 실존을 거쳐서 실존을 넘어서 초월자인 존재를 찾아갔다. 그의 『철학』 3권은 정신까지를 철학적 세계정위哲學的 世界定位에서, 실존을 실존개명實存開明에서, 그리고 초월자인 존재탐구를 형이상학에서 논하고 있다.

　야스퍼스의 이러한 올라가는 길은 절대의식 향일성向日性의 자기실현이며 이러한 실현의 결과로서 얻어지는 초월자와의 만남은 존재의식의 변화를 가져오게 되어 실존적 삶은 절대적 삶이 되며 실존적 의식은 절대적 의식이 되어 진리의 직관과 신과의 동행은 철학적 신앙의 내용이 된다. 신과 직관과 초월이 그 특색이다. 야스퍼스는 신에 대해서 신이 존재한다라는 말로 신과 동행을 표현한다. 직관에 대해서 무제약無制約적 요구가 있다라는 말로 직관을 표현한다. 초월에 대해서 세계는 신과 실존과의 사이에 소멸하는 현존재를 가진다라는 말로 초월을 표시한다.

　이와 같은 철학적 신앙의 내용은 야스퍼스가 존재와의 만남이라는 근본적 경험을 가진 후에 하는 소리다. 맨 처음부터 무작정 신이 존재한다고 하는 것이 아니다. 그렇게 되면 독단이 된다. 야스퍼스는 그런 독단에 빠질 사람이 아니다. 존재와 만남이라는 근본 경험을 가진 후에 신이 있다는 것이다. 마치 초목에 꽃이 피어 태양을 바라본 후에 신이 있다는 것이다. 꽃이 태양을 보고 태양이 꽃을 보고 해바라기처럼 태양이 서편으로 가면 꽃도 서편으로 가는 신과의 동행을 경험한 후에 신이 있다고 하는 것이다. 꽃이 지고 열매가 맺히듯이 실존이 무르익어 실존개명을 경험한 후에 야스퍼스는 직관을 말한다.

그리고 열매가 땅에 떨어져 썩어 새싹이 트는 것을 경험한 후에야 세계는 신과 실존 사이에서 소멸하는 현존재를 가진다고 말하고 있다. 야스퍼스의 철학은 절대자의 그리움이요, 올라가는 것이 절대의식이요, 생각이요, 철학인데, 올라가서 절대자를 만나 절대자 안에서 무르익는 실존이 철학적 신앙의 내용이라고 볼 수 있다. 철학적 신앙은 사색이라는 올라가는 길 없이는 철학적 신앙이라는 내려오는 길은 없다는 것이다.

신이 존재한다는 말은 실존의 자각에서 일어나는 것이지 그것이 교회라든가 철학적 논증에서 얻어지는 것은 아니다. 꽃이 피었다는 사실 외에 신이 있다고 증명할 아무런 수단도 없다. 꽃이 피었다는 자각, 진리의 깨달음, 그것이 있다고 하는 것이다. 꽃이 피었다는 자각 없이는 신은 영원히 볼 수가 없기 때문이다. 나를 본 자는 신을 보았다는 것은 자기를 보았다는 것이요, 하늘의 눈인 태양과 자기의 눈인 꽃이 마주친 것이다. 범아일여梵我一如라고 해도 좋고 신인합일神人合一이라고 해도 좋다.

이러한 근본경험을 신이 있다는 말로 표현한다. 신이 있다는 말은 내가 있다는 말이다. 내가 있다, 혹은 신이 있다는 다 같은 말이다. 꽃과 태양은 같은 것이기 때문이다. 꽃이 피지 않고 신이 있다고 하는 것은 존재론적인 독단이요, 꽃이 피기 전에 신이 없다고 하는 것은 인식론적인 회의懷疑다. 독단론과 회의론은 모두 꽃이 피지 않았기 때문이다. 실존적 자각 없이 신을 말하는 것은 무신론 아니면 우상 숭배에 빠진다. 이것은 진실한 인간으로서 견딜 수 없는 일이다. 인간의 지성은 우상숭배를 용인할 수 없고, 인간의 덕성德性은 무신론을 인정할 수 없다. 지성은 거짓을 견딜 수 없고, 덕성은 타락을 견딜 수 없다. 사람은 빛이 있어야 하고, 힘이 있어야 한다.

빛이 있어 참을 보아야 하고, 힘이 있어 열고 나가야 한다. 참을 보고 열고 나가는 것이 진실 존재다. 진실 존재는 우상숭배의 독단도 무신론의 회의도 용납하지 못한다. 우상을 섬겨도 안되고 신의 이름을 망녕되이 불러도 안 된다. 신은 유일신이어야 한다. 내 앞에 다른 신을 섬겨도 안 된다. 신은 있다. 태양이 있듯이 신은 있는 것이다. 그것은 꽃이 필 때에만 있는 것이다. 봄이 와서 꽃이 피는 것이 아니다. 꽃이 피어 봄이 오는 것이다.

신의 존재는 실존개명에서 이루어진다. 실존개명 없이는 신이 있다는 것은 독단에 불과하다. 독단에서 나오는 신은 배타적이다. 그러나 꽃이 피어서 나오는 신은 배타적일 수 없다. 태양은 만물을 비치고 있고 살리고 있다. 신에게서 배타적인 요소는 찾아 볼 수 없다. 그래서 신은 사랑이라고 한다. 만물을 감싸준다고 야스퍼스는 포괄자包括者라는 말을 쓴다. 포괄자는 어머니의 사랑처럼 무조건 감싸주는 사랑이다. 거기는 배타적인 권위도 없고 불변적인 선택도 없다. 일체를 살리는 사랑, 그것이 신은 무한이요, 어떤 교리나 어떤 목적에 수단이 될 수는 없다.

철학적 신앙은 아무런 제약을 받지 않는다. 사람이 몰라주어도 문제가 안 된다. 신과의 만남, 그것이 모두다. 철학적 신앙은 한없이 너그럽고 포용적인 신앙이다. 그것은 자유로운 신앙이다. 이런 신앙은 인간이 가지고 있는 근본적인 절대의식의 산물이다. 모든 만물이 올라가고 있다. 인간이 초월자를 찾아 올라가는 것은 당연한 것이다.

신앙이란 올라가는 운동이다. 올라가는 모든 것이 신의 존재를 암시한다. 산도 나무도 집도 다 신을 가르치는 손가락이다. 별도 물도 벌레도 새도 모두 신을 가르치는 암호에 불과하다. 우주는 하나의 신을 가르치는 성경이다. 일체가 하나님을 가르치고 있다. 일체가 올라가고 있다. 이것이 초월이라는 것이다. 신의 존재는 논리적으로 증명될 수 있는 것이 아니다. 신의 존재는 제일 원리처럼 철학의 전제도 아니다. 신의 존재는 절대의식의 전개와 실존자각에 의해서만 가능한 것이다.

　야스퍼스는 신을 유일하다고 생각할 수 없고 세계도 신이 아니고 실존도 신은 아니라고 하지만 모든 만물이 신성을 드러내고 있다는 것을 부인하지는 않는다. 그것은 꽃이 피기 때문이다. 꽃이 핀다는 실존적 자각을 그는 누구에게나 인정할 수 있다. 꽃이 피는 것은 무제약적 요구다. 그것은 현존재의 목적이나 권위로부터도 제약될 수 없고 의식일반의 인식으로도 제약될 수 없다. 꽃이 핀다는 실존적 자각은 자기 존재의 요구다. 꽃피는 것이 없으면 자기존재는 있을 수 없다. 이런 존재적 요구는 자기보다 나은 사람에게는 한없이 배우려는 가난한 마음이며 배운 것은 무엇이든지 실천하려고 하는 의로운 태도다. 인간의 유한성의 자각은 인간이 무無임을 깨닫게 한다. 그러나 인간의 무가 곧 신의 유有로 채워질 때 인간은 한없는 힘을 느끼게 된다. 이리하여 인간은 실천 이성이 되고 신과 동행하게 되는 것이다.

　인간은 유한한 인간에서 무한한 인간이 된다. 인간이 자기를 알때 인간은 유한해지고 인간이 자기를 살때 인간은 무한해진다. 유한한 인간은 현존재요, 무한한 인간은 실존이다. 현존재가 실존으로 바뀌는 것은 보통 일이 아니다. 이것은 절대적 의식의 근본적인 운동으로 계란이 병아리가 된다는 것은 치명적인 위험을 수반하기 마련이다. 인간의 무지와 불안과 현기증과 위기는 어미 닭의 보살핌 없이는 도저히 견디어 내기 어려운 것이다. 그러나 절대의식의 근원인 사랑의 인도로 사람은 유한한 껍질을 깨고 무한한 병아리가 되어 나오는 것이다. 유한의 자각과 무한의 실천은 신의 보살핌을 통한 막을 수 없는 무제약적 요구다. 꽃이 피려는 인간의 절대의식은 무제약적 요구다. 신과 실존의 만남은 이 세계에서 이루어지는 것이다.

  이 세계는 실존이 드러나는 장소요, 존재가 현상하는 장소다. 세계는 신도 아니고 실존도 아니지만 신과 실존을 만나게 해주는 소중한 장소를 제공하고 있다. 이제 세계에는 계란껍질이라는 현존재가 주어진 것뿐이다. 세계의 실재성은 신과 실존과의 사이에 소멸하는 현존재를 가진다. 우리가 마주보는 이 세상은 대상으로서 하나의 현상에 불과하다. 그것은 세계전체도 아니요, 세계의 일부분으로서 신과 실존을 만나게 해주는 신의 암호에 불과하다. 세계 탐구는 우리의 인식작용의 유일한 길이다. 과학적 탐구는 철학적 신앙에서 뺄 수 없는 수단이다.

  인간은 과학을 통해서 철학으로 가게 되고, 철학을 통해서 종교로 가게 된다. 과학적 세계 없이 철학적 실존은 불가능하며, 철학적 실존 없이 종교적 신은 불가능하다. 과학에서 철학으로, 철학에서 종교로, 이것이 나무가 자라듯이 올라가는 절대의식이다. 철학적 신앙이란 인간의 절대의식을 피워 가는 길에 불과하다. 철학적 신앙은 막힌 데가 없다. 무제약적인 요구는 푸른 하늘처럼 일체를 포섭하는 사랑이 되고 그 속에는 지혜의 태양이 강하게 빛나고 있다. 철학적 신앙은 언제나 밝고 넓은 면을 가지고 있다. 철학적 신앙은 일체를 배우려는 지혜와 일체를 가르쳐 주려는 사랑을 가지고 있다.

  그런 의미에서 실존은 언제나 실존을 만나게 된다. 여기에 실존적 사귐이 벌어진다. 진리를 위한 모임이요, 생명을 위한 만남이다.

내재적 자유

야스퍼스는 신앙을 명확하게 의식된 사랑의 존재확신이라고 한다. 사랑은 신앙의 근원이요, 신앙은 그 양상이다. 그렇기 때문에 신앙의 진리는 사랑의 표현일 때 진리가 되고 사랑이 없을 때 비진리가 된다. 신앙은 사랑에서 나와서 사랑을 실현시키는 힘이 된다. 신앙은 사랑에서 나오기 때문에 사랑의 무제약성은 역시 신앙의 무제약성이다. 이 무제약성 때문에 신앙은 능동적인 존재확신이 된다.

신앙적 진리는 자유이기 때문에 그것은 자아와 일치되어 있다. 그렇기 때문에 신앙적 진리를 위해서는 언제나 생명이 바쳐지게 된다. 왜냐하면 신앙적 진리는 그것으로 그 사람의 생명이 유지되고 있기 때문에 신앙적 진리의 거부는 그 사람의 생명의 거부가 되는 것이다. 신앙이 생명과 일치함은 신앙의 근원이 사랑이기 때문이다. 사랑은 생명의 근원이며 신앙의 근원이다. 신앙의 자유성은 사랑의 자유성에 기인하지 않으면 그 진리는 보장되지 않는다. 왜냐하면 신앙은 사랑의 존재확신이요, 사랑이 진리의 근원이기 때문이다. 사랑이 진리의 근원이기 때문에 세계와 인간을 떠난 존재확신도 신앙은 아니다. 세계와 인간을 포기하고 신과 합일하려는 신비주의는 신앙이 아니다.

세계 밖에 피안을 존재로서 확신하는 것도 신앙은 아니다. 언제나 인간과 세상에서 역사적으로 전개되어야 한다. 역사성이야말로 현실 안에서 이상을 추구하는 인간의 근본양식이며 초월자와 내재자의 만남이 가능하게 되는 실존의 존재양식이다. 그렇기 때문에 사랑은 역사성으로서 존재한다. 동시에 신앙도 역사성으로서만 존재할 수 있다. 역사성에서만 현존재와 실존의 통일은 가능하고 시간과 영원, 필연과 자유의 통일은 가능하다. 역사성에서만, 역사적 현실의 한가운데서만 사랑에 의한 존재확신의 신앙은 가능하다. 결국 실존의 순간은 역사성에 의해서만 이루어진다. 현실에 대한 감각 없이는 신앙은 이루어지지 않는다. 세상을 구원하겠다는 사랑이 절대자의 힘을 필요로 하게 되며 이 절대자의 힘을 갈망할 때 절대자의 사랑이 계시된다. 이것이 순간이다. 시간과 영원의 통일로서의 영원한 현재, 이것이 순간이다.

순간은 신앙의 고정화를 깨뜨려 버린다. 신앙이 굳어지려고 할 때 신의 계시는 신앙을 다시 살려낸다. 신앙은 끊임없는 순간의 연속이다. 불연속의 연속점, 점의 연속, 이것이 신앙이다. 신앙은 하루살이다. 하루하루를 사는 것이지 어제와 오늘과 내일을 사는 것이 아니다. 순간은 장래의 예견과 과거의 회상과 연결된 현재의 내재적인 것이 아니다. 순간은 과거와 현재와 미래가 완전히 단절된 차원에서 일어나는 영원한 현재로서 시간을 초월한 영원한 존재가 시간 안에서 느끼는 실존적 사랑이다. 이러한 통일은 언제나 전후가 단절될 영원한 현재의 일회성—回性이다. 영원한 현재는 언제나 절대적인 순간이지 그것은 흘러가는 시간이 아니다. 그것은 하나의 단독자의 사건이요, 인간의 이성적 사고가 아니다. 그것은 절대자의 현현이요, 사랑의 구현이다. 사랑의 구현인 신앙에서만 영원한 현재는 가능하다. 사랑 때문에 일체의 현상은 초월자를 지시하는 암호가 된다.

야스퍼스에게 있어서 현재는 영원한 현재로서의 순간만이 현재라고 할 수 있다. 야스퍼스의 시간성은 사랑의 시간성으로 내재와 초월의 절대적 시간이다. 야스퍼스의 능동적 신앙은 역사성에 기인한 순간에 있어서 무제약적 행동을 가능케 한다. 신앙은 절대의식의 내적 행동으로 그것은 자유다. 야스퍼스의 자유는 신앙적 자유요, 그것은 사랑에 근거하고 있다. 야스퍼스의 신앙은 언제나 지식을 초월하고, 이념을 초월하고, 실존을 초월하고, 존재자체를 신앙한다. 그것은 일정한 대상을 믿는 것이 아니라 대상 없는 대상, 객관화, 고정화, 절대화 할 수 없는 현실에 있어서의 존재의 확신이다.

  신앙은 대상에 대한 지知가 아니라 존재에 대한 사랑이다. 신앙은 하나의 대상이 아니라 전체적인 태도다. 주체적인 신앙의 태도는 사랑의 존재확신으로서 그것은 자기를 아버지의 아들로 인식하고 있는 것이다. 그것은 언제나 절대의식으로서 초월자에 대한 사랑이요, 초월자의 사랑은 신앙에 의하여 충실해진다. 신앙은 내재에 있어서의 초월자의 현존을 믿는 것이다. 신앙은 현상에 있어서의 존재 확신이다.

  나무가 자꾸 굵어지는 것이 태양의 빛을 받고 있는 표적이다. 신앙은 나무가 자꾸 굵어지는 것이다. 신앙은 현상에 있어서의 존재확신이다. 자기가 자꾸 충실해지는 것이 신앙이다. 자기가 커지는 것은 초월자의 사랑, 태양 빛에 연유하고 있다. 초월자의 존재를 믿는다는 것은 초월자의 존재가 대상적 내용이 되는 것이 아니라 초월자의 존재가 주체적 내용이 되는 것이다. 내가 크는 것이 존재의 존재다. 내가 산 것이 존재자의 존재다. 존재는 초월이지만 그것은 내재다. 태양은 하늘에 있지만 태양의 축적은 내 속에서 이루어진다. 신앙은 언제나 땅에서 이루어지는 것이지 하늘에서 이루어지는 것이 아니다. 땅을 버리고 나무를 버리면 신앙은 없다. 태양을 찾아가는 것이 아니라 태양을 받아들이는 것이 신앙이다.

  신앙이 실체적이 될 때는 미신적 신앙이 주체적 신앙을 죽여버린다. 신앙은 초월자를 고정화시켜서 실체로 하는 것이 아니다. 신앙은 존재와의 신비적 합일도 아니다. 신앙은 언제나 주체적이어야 하며 다른 사람과의 관계에서 이루어진다. 자라는 나무는 나만이 아니다. 그것은 만물이 다같이 자라고 있는 것이다. 신비적 합일은 개인적인 것이지 사회적이 아니다. 신앙은 언제나 사회적이어야 하며 동시에 주체적이어야 한다. 신앙은 언제나 하나의 확신이지 개념이 아니다. 내가 그것을 알았을 때는 나는 믿지 않는다. 신앙은 인식될 수 없기 때문에 그것은 무엇으로든지 근거될 수가 없다. 신앙은 증명될 수가 없다. 신앙은 다만 상징적으로 설명될 수 있을 뿐이다. 신을 믿는다, 불사를 믿는다, 초월자를 믿는다에 대하여 나는 믿는지 안 믿는지는 모르지만 나는 내 신앙을 그런 식으로 밖에 설명할 수가 없다. 그것은 신앙의 대상이 아니라 신앙 내용을 설명하는 방법이다.

나무가 자라는 것을 믿지 않을 수 없고, 나무가 불[火]임을 믿지 않을 수 없고, 이 불이 태양임을 믿지 않을 수 없다. 내가 생명임을 믿지 않을 수 없고, 내가 진리임을 믿지 않을 수 없고, 이 진리가 도道임을 믿지 않을 수 없다. 신앙이란 나의 존재 확신이다. 내가 자라고 있고, 깨닫고 있고, 커지고 있다. 신앙은 생각이 끝나는 데서부터 시작하기 때문에 그것은 어떤 사유로서도 붙잡을 수가 없다. 객관적 지식은 신앙이 아니다. 신앙은 하나의 모험이요, 그것은 생명의 양식이며 그것은 지식의 초월이다. 신앙은 객관적 확실성으로 이루어지는 것이 아니다. 그것은 합리성에 반하는 비과학적인 뜻이 아니라 합리성을 초월하는 생명적인 것이다. 그것은 특수한 대상에 관계되는 것이 아니라 존재자체에 대한 확신, 내가 살고 있다는 확신, 생의 충만, 고양에 대한 확신이다.

신앙이 모든 객관적인 원천의 고갈에서 오는 것은 자유가 초월자와의 관계에서 오기 때문이다. 모든 객관적인 원천이 실존의 고뇌에 아무 도움도 주지 못한다는 실존의 경험이 실존으로 하여금 초월자와의 관계를 열어 젖히게 하는 것이다. 실존이 객관적인 초월에서 자유로워질 때 초월자의 존재를 확신하게 된다. 자유란 내재적인 것의 해방인 동시에 실존이 초월자에 의하여 존재한다는 확신이다. 그것은 존재 자체의 존재를 유일의 존재로 하여 그것을 행하는 사랑의 결과이다.

지식은 유한한 것에 적중하고, 신앙은 무한한 것에 적중한다. 무한한 것에 적중한다는 것은 실존이 무한 속에 내재해 있음을 의식한다는 것이다. 물고기가 바다 속에 있듯이 실로 이 존재 속에 있음을 인식하는 존재인식이다. 지식은 무한한 전진에 있어서 비판적 회의의 입장을 벗어날 수 없지만 신앙은 실존의 힘으로서 언제나 내적 자유를 느끼는 것이다.

그것은 본래적인 초월자를 믿기 때문이다. 물고기가 바다 속에서 느끼는 자유, 그것이 실존적인 자유다. 실존적인 자유에는 안전보다도 위험이 뒤따르지만 실존은 언제나 존재적 암호를 통해서 그것을 피할 수가 있다. 신앙에는 언제나 망망한 바다가 희망으로서 펼쳐져 있다. 신앙과 사랑과 희망은 끊을래야 끊을 수 없는 것이다. 그러나 사랑은 존재자신이기 때문에 사랑은 존재에서 흘러나오는 것이지만 신앙은 존재를 향하는 것이고 희망은 사랑의 세계를 바라보는 것이다. 신앙과 희망은 인간적이지만 사랑은 신적인 것이다. 사랑이 신앙과 희망의 근원이 된다. 물론 야스퍼스의 사랑이 실존적인 사랑으로서 초월자를 내재적으로 확신하는 것이지만 그러나 사랑에서 신앙이 나오고 신앙에서 희망이 나온다. 내재에 있어서의 초월자의 무심 없는 현재는 사랑에 근거한 신앙에서 가능하며 신 앞에서 나오는 행동은 내재적인 것에 지배되거나 목적에 구속되지 않고 자유로운 것이다.

그런고로 내재적인 것의 좌절에 있어서도 존재확신은 절대적이며 존재는 좌절에서 도리어 나타나게 된다. 좌절에 있어서 동요하지 않는 진정한 용기는 무제약적인 신앙에 근거하고 신앙은 사랑에 근거하고 있다. 사랑과 신앙이 없으면 용기는 참다운 용기일 수 없다. 절대의식은 그것이 사랑과 신앙과 희망으로서 이해될 수 있지만 절대의식은 언제나 전체로서 존재하고 그것은 언제나 하나로서 분리될 수는 없다. 절대의식은 대상적으로 생각할 수 없고 현존재로서 탐구할 수도 없으며, 체험으로서 표상할 수 없고 그것은 마치 무無와 같은 것이다. 그것은 대상적, 내재적으로는 무이지만 그러나 절대의식은 철학의 근원이요, 실존의 근본제약이다.

  절대의식은 실존의 의식에 대한 총괄적 기호다. 그것은 현존재에 있어서의 가능적 실존으로서의 인간에 대하여 근거와 만족과 안정과 화해와 결단을 가져다준다. 인간에게 절대적 의식의 확신이 없으면 일생의 의의와 가치는 궁극에 있어서 찾을 수가 없다. 절대의식은 자기존재라는 본래의 가능성을 확신하고 자기 존재의 근거인 초월자의 존재를 확신하고 자기 존재와 대응하는 세계의 존재를 확신한다. 이런 존재 확신은 가장 깊은 안정을 갖다준다. 절대적 의식은 초월적 의식이다. 그것은 형이상학적이요, 주체적인 의식이다. 야스퍼스에게 있어서 철학하는 궁극의 원동력은 사랑이다. 이 사랑 없이는 절대의식은 없고, 절대의식 없이는 실존은 실현되지 않는다. 이런 의식 없이는 가능적 실존이 자기를 현실적 실존으로 초월하게 할 수 없다.

니 체
Nietzsche, Friedrich Wilhelm 1884-1900

니 체
Nietzsche, Friedrich Wilhelm 1884-1900

생애

니체는 1844년에 태어났다. 그가 4세 때 아버지가 정신병으로 층계에서 굴러 떨어져 거의 일 년 정도를 앓다가 35세에 죽고 말았다. 그 후 그는 14세 때 엄격하기로 유명한 푸폴다 학원에 들어가 희랍고전을 탐독하게 된다. 24세에는 벌써 고전학자로서 스위스 바젤 대학에 초빙을 받아 리첼의 추천으로 교수가 된다. 이것은 대학사상에 거의 유래가 없는 일이다. 리첼의 소개장은 이런 내용으로 적혀 있다.

"내가 예언할 수 있는 것은 그가 장차 독일에서 문헌학으로 최고 위치를 차지할 것이라는 사실입니다. 그는 지금 하나의 우상입니다. 여기 있는 젊은 고전 문헌학자들은 그를 매우 부러워하고 있습니다. 그는 인품도 좋고 겸손한 사람입니다. 그는 그가 원하는 것을 무엇이나 할 수 있습니다."

그는 그 이듬해 곧 교수로 승진된다. 그의 강의는 감동적이었고 학사라기보다는 예술가라는 평까지 받았다.

34세 때 심한 두통과 현기증이 생기고 메스껍고 눈이 잘 보이지 않으며 위가 약한 한 사람의 병자로서 강단에 설 기력조차 없어 지친 몸을 이끌고 간신히 바닷가로 요양을 간다. 그 이듬해 그는 학교를 영원히 물러난다. 44세에 도리노 광장에 죽은 사람처럼 쓰러져 있는 것을 사람들이 발견하여 병원으로 옮겨왔다. 이틀을 혼수상태에 빠져 있다가 깨어나자 미친 소리를 하기 시작한다. 그 후 길가는 사람을 붙잡고 "내가 신이다. 이렇게 변장하고 온 것이다."라면서 떠들고 야단법석을 치기도 했다. 귀부인에게 사랑한다는 내용의 편지를 쓰는 등 그의 광증은 날로 심해져 어머니와 누나의 간호를 받으면서 자기의 명성이 그렇게 높이 오른 줄도 모르고 54세에 가엾이 여겨 흐느끼는 누나 곁에서 쓸쓸하게 세상을 떠나간다.

신의 죽음으로 너무도 유명한 니체를 계승하고 그와 대결하고 그를 극복한 하이데거는 「신이 죽었다는 니체의 말」이라는 그의 논문에서 니체의 신은 플라톤 철학 이래의 초감성적인 세계, 넓은 의미의 피안의 세계, 실재의 세계, 형이상학적 세계 전체를 의미하는 것이라고 말한다. 그런 의미에서 신의 죽음이란 플라톤의 철학으로 구성된 기독교를 포함해서 구라파 전체의 형이상학의 끝장으로 생각한다.

그것은 이승과 저승, 실재의 세계와 현상의 세계를 나누어 대립적으로 생각하는 이원적인 사고방식의 끝장을 의미한다. 도대체 현대 사람들은 무신無信이 아니면 불신不信에 빠져 있다. 물론 유신론을 주장하는 사람도 있지만 그것은 확신 없는 신의 그림자에 불과하다. 유신이건 무신이건 기독교도 가운데서 신에 대한 확신을 가졌던 이는 한 사람밖에 없었다고 니체는 말한다. 그는 물론 예수다.

니체는 기독교를 미워하지만 예수는 미워하지 않는다. 그가 미워한 것은 기독교라는 탈을 쓴 교회다. 그러나 시대와 더불어 교회의 권위도 사라진 지 오래다. 그 후 양심의 권위가 나타났고, 이성의 권위가 나타났고, 과학의 권위가 나타났다. 진보의 관념이나 행복의 관념이 절대적인 세력을 가지게 된다.

신의 구원의 확실성은 인간의 지식의 확실성으로 바꿔진다. 인간이 신을 대신할 때 신은 쓸데없는 존재가 되고, 인간이 신이 될 때 신은 죽어버리고 만다. 신을 죽인 것은 바로 인간이다. 니체가 외치듯 우리들이 신을 죽인 것이다. 너와 내가 신을 죽인 것이다. 데카르트 이후의 인간의 주관주의적인 형이상학이 신을 죽인 것이다. 그런고로 신의 죽음은 유럽에서 플라톤적인 기독교가 청산되고 진정한 허무주의의 시대가 시작된 것을 선언한 것이다.

신의 죽음을 선언한 니체는 목사의 아들로 태어났다. 아버지도 할아버지도 목사였고, 어머니, 할머니도 기독교도였다. 일생 기독교를 공격한 가장 파괴적인 디오니소스였고 십자가에 달린 자라고 외치면서 반기독자로 자처한 니체는 어려서는 유순하고 근엄하고 섬세하여 성자라고 칭찬 받고 목사님이라는 별명을 가진 부드러운 어린이였다. 그는 어렸을 때부터 음악을 좋아하고 4세에는 시를 짓고 작곡을 즐기는 천재적인 소년이었다.

아버지도 두통 때문에 35세 때 계단에서 떨어져 죽었다고 했지만 니체에게도 두통이 생긴 것은 12세부터라고 한다. 44세에 발광하여 최후에 진단을 받았을 때는 뇌연화증腦軟化症이었다지만 그전부터 진행성 마비증에 걸려 있던 것으로 추측된다.

토마스 만(Thomas Mann, 1875-1955)은 니체가 22세 때 예나 대학 정신과에서 진단 받은 것을 붙잡아 가지고 니체를 모델로 하여 『파우스트 박사』라는 작품을 썼다.

니체는 어려서부터 두통에 시달리고 눈을 앓고 그의 기발한 착상과 열광적인 설득력 등을 상기해 볼 때 진행성 마비증進行性 魔痺症의 전조라고 볼 수 있는 의상분일증意想奔逸症에 걸려 있었는지도 모른다. 이 병의 특징은 연상작용이 활발해지고 기발한 생각이 쏟아져 나오는 증세가 있다고 한다. 그런 면에서 니체의 작품은 파우스트

박사의 악마적인 것인지도 모른다. 그래서 우리들도 그의 작품에 그렇게 매력을 느끼고 끌려 들어가는지 모른다.

하여튼 중학교 시절에 벌써 문학, 철학, 음악, 종교의 고전을 탐독하고 친구들과 게루마니아라는 모임을 조직하여 동인잡지를 출판하여 자기의 시와 작곡과 수필을 실었다 셰익스피어, 횔덜린, 실러를 사랑하고 피히테, 에머슨을 존경하였으며 졸업 논문에는 고대 희랍의 비가 시인 데오구니스를 정확한 라틴문으로 작문을 할 정도의 실력이었다.

그는 20세에 본 대학에 들어갔다. 처음에는 어머니의 소원대로 목사가 될 희망을 가지고 신학부에 들어가 신학과 철학을 공부했으나 일년도 못 가서 리첼 교수의 고전문헌학에 끌려서 라이프찌히 대학으로 옮겨가 정확하고 엄밀한 고전 연구에 심혈을 기울였다. 그는 이러한 지적 성실知的 誠實의 훈련을 통해서 그의 열광적인 마음을 가라앉히고 생의 분출을 통제하는 합리론적 규제로써 니체의 생을 큰 과오 없이 44세까지 끌고 갈 수 있는 중요한 요인이 된다.

그런데 라이프찌히에 온 지 얼마 안 되는 늦은 가을날 책방을 소요하던 니체의 눈에 우연히도 걸려든 한 권의 책, 니체 자신의 말대로 어떤 악마가 자신에게 이 책을 잡으라고 속삭였는지 모른다고 술회한 한 권의 책은 니체의 운명에 불을 지르는 도화선이 된다. 그는 마치 신에 접한 사람처럼 손에서 그 책을 놓지 못하고 아침 6시에 일어나 밤 2시까지 2주일 동안을 계속해서 읽어간다. 그것은 생을 부정하는 염세주의 사상가 쇼펜하우어(Arthur Schopenhauer, 1788-1860)의 『의지와 표상으로서의 세계』라는 책이다.

우울, 부정, 체념, 그러면서도 자기와 자기의 사명을 확신한 저자의 인격과 문체의 마력이 니체로 하여금 최고의 감동과 격찬을 아끼지 않게 하였다. 그는 그의 사상보다도 염세적인 인격이 더 좋았다.

인생의 불행과 절망을 바라다만 보는 것이 아니라 그것을 직시하고 정직하고 용감하게 자기 심정에 받아들이는 그의 위대한 인격에 그는 사로잡히고 말았다. 또한 니체가 그에게 도취하게 되는 이유 중 하나는 그가 무엇보다도 사랑하는 음악을 정말로 이해한 음악의 철학자라는 점이었다.

그는 『비극의 탄생』이라는 그의 처녀작에서 쇼펜하우어의 음악론을 감격하여 인용한다.

"음악은 현상의 묘사가 아니고 직접적인 의지 자체의 묘사이기 때문에 세계의 일체의 형이하학적인 것에 대해서는 형이상학적인 것을, 모든 현상에 대해서는 물자체物自體를 표현하는 점에서 다른 모든 예술과 판이하게 다르다. 음악은 인간의 개체화의 원리를 해소하고 자연의 깊음으로부터 터져 나오는 기쁨과 황홀의 디오니소스적인 전체 감정을 일으켜 주는 오직 하나의 예술이다."

쇼펜하우어의 체험이 있은 지 삼 년만에 그의 생애에 있어서 가장 착잡한 애정과 증오의 운명적인 또 하나의 체험에 부딪힌다. 그것이 바그너(Richard Wagner, 1813-1883) 체험이다. 30년의 세월을 사이에 두고 별의 우정이라고 불린 두 개의 정신이 쇼펜하우어의 음악 철학으로 연결되어 바젤 대학의 젊은 고전학 교수와 독일 최고의 영광을 껴안고도 아직 그 빛에 현혹되지 않은 「니벨룽겐」의 작곡가가 열렬한 정신적 사랑으로 한데 녹아 버린다.

그는 바그너를 위하여 그의 처녀작 『비극의 탄생』을 쓴다. 공포와 심연을 엿보게 하는 생의 밑바닥을 예술을 통하여 긍정하려는 희랍 사람들의 삶의 의지를 독일 사람의 의지와 감정으로 되살려내자는 것이 니체의 속셈이었다. 쇼펜하우어의 에지와 바그너의 음악을 함께 뭉쳐서 독일의 마음으로 이해한 희랍정신을 통하여 자기를 살리고 세계를 살리자는 것이 그의 꿈이었다. 『음악 정신을 통한 희랍 비극의 탄생』, 이것이 바그너에게 바친 그의 처녀작이었다. 바그너의 감격은 말할 것도 없었다.

그러나 우정의 절정에는 언제나 싸늘한 바람이 불게 마련이다. 은사 리첼의 냉랭한 태도와 더불어 그의 교실에는 고전학을 전공하는 학생은 한 사람도 들어오지 않게 되었다. 학계의 냉대와 은사의 침묵은 니체의 꿈을 깨뜨릴 만큼 그렇게 강한 것은 아니었다. 그러나 『비극의 탄생』이 나온 지 4년 후인 1876년 7월 바이로이트 축제극장 낙성식에 도취된 바그너의 교만과 위선을 본 니체의 꿈은 천 조각 만 조각으로 깨지고 말았다. 책을 써서 바그너에게 보냈다. 그것은 너무도 인간적인, 퇴폐된 약자로서의 바그너 대한 도전이었다.

그러는 동안에 세월은 흘러 그가 34세 되는, 그의 생애의 가장 어두운 해로 접어들게 된다. 생명의 최저에 도달한 최악의 병상은 그로 하여금 다시는 강단에 설 수 없게 하였다. 2년을 지나 이태리 지중해 바닷가의 제노바로 요양을 떠난다. 그는 바닷가를 거닐면서 바다에 우뚝 솟은 바위를 바라보며 거대한 침묵, 그것은 아름다움인 동시에 전율임을 느끼면서 "내 가슴은 찢어질 것만 같다."고 그는 일기에 적어 놓았다.

그는 다음해 또다시 스위스 알프스 협곡의 엔가덴에 있는 시루스 마리아에 머무른다. 맑은 하늘, 흰 멧부리, 가득 찬 빛, 사람과 시간을 떠난 6천 피트의 높은 협곡에서 니체는 또 하나의 체험을 가진다. 실바플라나 호반을 산책하고 주를라이 근처의 뾰죽하고 커다란 바위 밑에 왔을 때 돌연 이상한 신비를 경험한다. 그는 이 체험을 이렇게 기록해 놓았다.

"인생은 있는 그대로의 모습으로는 의미도 없고 목표도 없고 무無의 마지막 악장도 없는, 피할 수 없이 돌아가는 영원한 쳇바퀴〔永遠回歸〕다. 이것이 허무주의의 극한이다. 즉 아무 의미도 없는 무의 영원이다."

그는 이 체험을 통해서 환희의 눈물을 흘리고 몸부림 치며 소리 높이 웃었다

그리고 그 다음해 1882년에는 소위 '루와 레' 사건을 겪게 된다. 루라고 하는 러시아 장군의 딸이 있었다. 나중에 릴케와 프로이드의 친구가 되는 루 폰 사로메라는 여자로서 날카로운 지력과 풍부한 상상력을 가진 21세의 비범한 여성이었다. 37세의 니체는 다 죽어 가면서도 루를 만나자마자 결혼을 신청하는 어이없는 사건이 벌어진다.

또 레라고 하는 심리주의적인 도덕군자요, 니체의 친구가 있었다. 루는 니체가 레의 초대로 로마에 갔을 때 그의 소개로 알게 된 여성인데 그들은 갑자기 가까워져서 우정의 삼위일체라고까지 부르짖는 사이였지만 레도 루를 사랑하고 있는 삼각 관계였다. 게다가 니체를 돌보아주는 여동생, 엘리자베스가 루를 싫어하여 니체는 자기 동생과 절교까지 하게 되고 실연과 의혹과 고민으로 세 번씩이나 자살을 기도하는 진통과 허무의 회색적인 시기를 갖게 된다.

그후 또다시 따뜻한 지중해 연안으로 내려와 제노바 가까운 보루도퓌노라는 바다 속으로 뻗어 있는 바위에 도달하여 시커먼 바다 속을 들여다보았을 때 신의 죽음을 선언하는 차라투스트라의 일부의 윤곽이 머리에 떠올랐다. 떠올랐다기보다는 차라투스트라가 그를 습격한 것이다. 제일부가 끝나는 날, 그렇게도 존경하던 스승 바그너가 죽었다. 그리고 그의 백절불굴의 권력의지인 초인이 탄생하는 것이다. 운명은 신성한 시간을 일치시킨 것이다.

니체의 작품생활은 3기로 구분된다. 제 1기는 그가 몹시도 위대한 것을 숭배하던 시내로서 현실적으로 그가 가장 숭배한 인물은 바그너였다. 바그너야말로 그 당시 시인이요, 작곡가요, 평론가요, 철학자요, 혁명가로 왕의 사랑을 받았고 독일의 영광을 혼자서 차지한 것

같이 보이는 인물이었다. 니체가 바그너에게 도취된 것은 단순히 그의 영광의 찬란한 후광 때문이 아니었다. 바그너야말로 쇼펜하우어의 형이상학을 음악으로 표현하여 주었으며 바그너야말로 희랍적 생의 깊이를 현대 독일 정신으로 살려낸 독일문화의 구현으로 보았기 때문이다.

그는 친구에게 이런 편지를 썼다. "음악의 본질을 이해한 철학자는 쇼펜하우어밖에 없는데 바그너가 쇼펜하우어에 대하여 말할 때에 그의 어조가 어떻게 열을 띠었던지 나는 너무 기뻐 어쩔 줄을 모를 지경이었다. 쇼펜하우어의 천재의 모습을 누구보다도 나에게 계시해 준 사람은 바그너였다." 그의 처녀작 『비극의 탄생』은 실로 바그너에 대한 찬양이라고 해도 과언이 아니다.

그러나 얼마 되지 않아 제2기는 시작된다. 그것은 그가 그렇게도 숭배하고 또 친히 바그너를 찾아가서 그 집에서 머물기도 했던 니체가 너무도 인간적인 퇴폐한 얼간이라고 바그너를 비판할 때에 벌써 제2기는 무르익는다. 그는 일체를 부정한다. 그리고 특히 기독교 세계를 부정한다. 그가 바그너를 박차버림도 그가 비겁하게 기독교 신앙으로 들어갔다는 것 때문이다.

부정의 시기가 지나면 창작의 시기가 온다. 이것이 제3기다. 제3기는 차라투스트라의 영감으로부터 시작된다. 작품시대의 세 시기는 니체의 정신적 단계의 세 변천이라고 할 수 있다. 그것은 『차라투스트라』 첫머리에 나오는 낙타와 사자와 어린애의 시기다. 무거운 짐을 지고 가는 낙타는 무지와 금욕을 의미하고 존경할만한 분에게 복종하며 적극적으로 찾고 배우는 정신이다. 이 시대야말로 계율에 이르는 시대라고 할 수 있다.

그러나 사막에 들어서면 낙타는 사자로 바뀐다. 사자는 자유를 갈망하고 고독을 견디어 내고 주체의식으로 충만하다. 존경과 복종의 고삐를 끊어 버리고 내 마음대로 뛰는 자유의 정신만이 그의 피요, 비판과 싸움인 그의 이〔齒牙〕이다. 그러나 사막도 끝이 나면 사자는 어느새 어린애로 바뀐다. 사자처럼 날뛰는 자유정신이 창조와 창작의 정신은 아니다. 니체는 창조의 정신을 이렇게 표현한다.

"나의 형제들이여, 사자도 할 수 없는 일을 어린애가 어떻게 할 수 있을까? 어린애는 죄가 없다. 책임이 없다. 기억이 없다. 무엇이나 새롭게 시작하고 유희하고 적극적인 발언을 한다. 그렇다. 형제들이여, 창조라는 유희를 위해서는 얼마든지 좋다〔肯定〕라는 거룩한 발언이 필요하다."

니체는 적극적인 창조의 어린애가 되어『차라투스트라』를 비롯한 니체 고유의 독창적인 작품을 써낸다. 이것은 니체의 운명뿐 아니라 인류의 운명적 발전을 암시하기도 한다. 오랫동안 중세적인 낙타의 운명을 벗어나 무엇에나 반항하는 근세와 현대의 운명이 지나가면 가장 창조적인 어린애의 시대가 올 것을 바라는 의미에서, 그리고 니체는 자기 속에 보이지 않는 어떤 전조를 통하여 인간의 미래에 확실한 기대를 걸 수가 있었다.

『차라투스트라』는 1부에서 4부로 되어 있는데 그것은 5부와 6부까지 써서 끝낼 예정이었다. 그런데 제4부가 끝나자 니체는 더 이상 서사시 형식의 암시나 비유를 통해 말하기가 싫어졌다. 이제부터는 자기가 직접 말한다고 선언한 후『차라투스트라』를 4부로 중단해 버렸다.

니체는『이 사람을 보라』는 작품에서 내 사명은 인류 최고의 깊은 순간, 즉 인류가 과거를 돌아보고 미래를 내다보며 우연의 지배, 승려의 지배로부터 벗어나 왜 그럴까, 무엇 때문일까를 인류 전체가 물을 수 있는 위대한 내낮을 준비하는 것이 자기의 사명이라고 말한다.

니체의 내면적인 3단계 발전은 인류의 역사, 특히 유럽 정신사의 발전의 역사를 암시하기도 한다.

오랫동안 승려의 지배 밑에 낙타처럼 무거운 짐을 지고 걸어가던 시대정신은 신의 죽음의 확인으로 사막의 사자가 된다. 그리고 자유를 구가하여 이리 뛰고 저리 뛰고 마음대로 뛸 수 있었으나 인간존재에의 의미와 가치를 주어오던 신의 죽음은 인간존재로 하여금 너무도 허무와 적막을 느끼게 하였다. 인간의 무의미와 무가치, 인간존재의 우연성, 이 세상에는 아무 필연성도 없어지고 사막은 그만큼 메마르고 먹을 것이라고는 아무 것도 없었다. 그리고 한번 먹이를 얻기 위해서는 이리 뛰고 저리 뛰고 그것이야말로 일체를 우연에 맡길 수밖에 없는 허무한 인생이 되었다. 이러한 허무나 공포의 울부짖는 사막의 사자는 또 하나의 새 시대를 향해서 줄달음질 친다. 이것이 다가오는 어린애의 시대로 나는 인간들에게 그들의 삶의 뜻을 보여 주어야 한다. 삶의 뜻이란 초인超人이 되는 것이다. 이것이 『차라투스트라』의 내용이요, 니체의 진정이다.

"초인은 세상을 초월한다는 뜻이 아니라 초인은 땅의 의미다."라고 니체가 외치듯이 초인은 어디까지나 땅에 충실하려고 한다. 땅은 거친 사막으로 거기에 무슨 뜻이 있을 리 없다. 추악과 죄악과 책무와 공포와 허위와 가식뿐인 세상이다. 니체의 말대로 거대한 추악, 거대한 불행, 거대한 실패 이외의 아무 것도 찾아볼 수 없는 세상, 그것이 땅이다. 그러나 세상을 그런 줄 알면서, 아니 그렇기 때문에 그것을 감히 사랑하려고 덤벼드는 운명애運命愛, 그것이 초인이다. 다시 말하면 기독교회의 신이 죽은 이상, 기독교회의 시간관도 사라지고 말았다.

기독교의 시간관은 구원의 시간관이다. 창조로 시작해서 구원에 이르는 목적론적인 희랍의 형이상학으로 수놓은 직선의 시간관이다. 기독교회의 신관을 깨뜨리고 추악한 지상의 우연적인 생에 충실하려고 하는 니체의 머리에 기독교의 시간관이 들어있을 리 없다.

그는 다시 소박한 희랍의 고대로 돌아가서 자연적으로 순환하는 시간 속에 자기의 사상적인 디딤돌을 얻고자 한다. 거기는 최후의 심판도 구원도 없는 개미의 쳇바퀴처럼 거저 돌아가는 영원회귀永遠回歸가 있을 뿐이다.

니체의 니힐리즘[虛無主義]은 이처럼 극단적인 것이다. 세상에 이처럼 견디기 어려운 허무주의도 없을 것이다. 목적도 구원도 의미도 가치도 없는 아무 것도 없는 이 허무를, 그러나 허무이기 때문에, 견딜 수 없기 때문에 '다시 한번' 하고 덤벼드는 운명애, 이것이 니체의 초인의 사상이다.

니체는 그의 유명한 경구 "이것이 생이었던가. 그래, 그렇다면 다시 한번, 마치 아무 것도 없이 뜨거운 사막에 던져진 타조알처럼, 밑도 끝도 없이 영원히 도는 영원회귀의 타조알, 이것이 생이었던가. 그렇다면 ......" 하고 끼어 안는 초인의 운명애만이 새로운 타조의 어린 새끼가 허무주의의 뜨거운 껍질을 깨뜨리고 기어 나올 수 있게 하는 유일한 일인지도 모른다.

하여튼『차라투스트라』는 시적 사색詩的 思索이다. 은유와 상징과 피육이 뒤범벅된 시와 사색과의 융합이다. 보통 작품처럼 슬쩍 훑어 보아 알아지는 작품이 아니라 씹고 또 씹고 생각하고 생각하여 겨우 그 진미를 찾아볼 수 있는 심오한 작품이다. 니체의 말대로 계시에 의지하여 시적 영감으로 화산이 폭발하듯 연기와 용암과 재와 흙이 막 뒤섞여 쏟아져 나와 기암 괴석을 이루기도 하고 풍광명미한 호수를 이루기도 하고 폭포와 계곡과 심연으로 수놓기도 하는 일대장관이『차라투스트라』다.

보루도퓌노의 영감으로 1883년 2월 3일부터 13일까지 10일 동안 한꺼번에 씨 내려긴 직품이『차라투스트라』의 제1부요, 그해 여름 시루스 마리아에서 두 주일 동안에 써낸 것이 제2부, 그 다음해 프랑스 남쪽 니이스에서 10일 동안에 쓴 것이 제3부, 그리고 그 이듬해 2월

단기간에 써낸 것이 제4부다. 니체가 39세에 쓰기 시작하여 41세에 끝마친 거의 말기의 작품이다. 이때 벌써 니체는 두통과 불면으로 보기에도 처참한 모습을 하고 있었다. 제4부는 인쇄를 맡아줄 출판사가 없어서 집에서 프린트로 약 40부쯤 찍어서 일곱 사람에게 보여 주었을 뿐이다.

차라투스트라는 페르샤 배화교拜火敎의 개조 조로아스타〔希臘名〕의 페르샤식 이름이다. 10년 동안 산에 들어가서 명상을 하다가 나이 40에 불덩어리 하나를 얻어 손에 들고 세상에 나온다. 이 불덩어리는 무엇이든지 갖다 대기만 하면 활활 붙어 올라 흰빛을 뿜는 백열의 불덩이가 된다. 차라투스트라는 그것을 손바닥에 놓고 궁전을 찾아가서 새로운 시대를 이룩한다.

니체가 영감을 받아 『차라투스트라』를 썼던 것이 40세요, 신의 죽음을 선언하고 새 시대의 환상을 보여주는 것이 차라투스트라와 비슷하다. 물론 『차라투스트라』가 그의 최후작은 아니다. 그 후에도 『선악의 피안』, 『도덕의 계보』, 『반기독자』 등 거작이 속출한다. 더구나 그가 미쳐 버리는 44세에 꺼져 가는 촛불이 반짝하듯 백열적인 문장이 쏟아져 나온다. 『우상의 황혼』, 『이 사람을 보라』, 『니체 대 바그너』, 『디오니소스의 취가醉歌』 등 세상의 무시와 고독과 병고를 초월한 자기도취의 황홀한 작품들이 쏟아져 나오지만 그래도 가장 체계적이요, 니체의 본질을 가장 잘 드러내 보인 것은 역시 『차라투스트라』라고 할 수 있을 것이다.

병에 시달리고 사람에게 버림받아 그야말로 허무와 고뇌의 생의 심연에서, 그럼에도 불구하고 터져 나오는 생의 비약과 환희, 이것이 니체가 실존철학자이면서 동시에 생의 철학자라고 불리우는 이유이다.

철학적이요 거의 종교적이라고 할 수 있는 실존과 생의 철학자, 니체의 간단한 생의 몇 토막을 더듬어 본 것이다.

자연

　니체가 가장 사랑한 것은 시와 음악과 우정이었다. 그의 누이는 어린 시절의 오빠를 회상하면서 "오빠의 두드러진 성격은 시와 음악과 우정에 집중되었고 바로 이 세 가지가 그의 학교 생활을 생기 있는 것으로 만들었다."라고 말하였다.
　시와 음악과 우정이라는 것은 다른 말로는 자연과 신과 인생이란 말로 표현할 수도 있겠다. 그가 자연을 얼마나 사랑했는지 모른다. 그가 괴테와 통한 이유도 자연에 대한 그의 애착과 자연 속에서 느끼는 그의 생명이 그들로 하여금 하나로 녹아버리게 한 것이며 대자연과의 신비적 통합, 이것을 우리는 니체 속에서 빼버릴 수가 없다.
　니체는 1844년 라이프치히에서 가까운 작은 마을 렉켄에서 목사의 맏아들로 태어났다. 니체는 언젠가 그의 고향을 다음과 같이 묘사하였다. "렉켄이라는 마을은 루체른에서 반시간 가량 걸어가면 큰길가에 나타나는 마을입니다. 이 길을 따라가는 사람은 누구나 이 마을에 눈동자를 모으지 않을 수 없을 것입니다. 그 이유는 렉켄이란 마을이 너무도 아름답게 숲과 연못으로 아롱지어있기 때문입니다. 특히 그 가운데서도 눈에 뜨이는 것은 넝쿨로 덮인 교회의 종탑입니다. 나에게 아직도 잊혀지지 않는 것은 내가 어렸을 때 아버지의 손을 잡고 루체른으로부터 렉켄으로 돌아올 때 부활절의 종소리가 멀리 우리들에게 들려온 것입니다. 이 종소리는 너무도 가끔 내 마음속에서 되살아나곤 하였습니다. 그럴 때마다 나는 고향에 대한 향수에 사로잡히곤 하였습니다. 이 향수는 곧 내가 태어난 본가로 나를 이끌어 가는 것이 있습니다. 지금도 교회 근방의 묘지가 어렴풋이 눈에 띠오릅니다."
　목사의 아들로 태어나 교회의 사택에서 자라난 니체는 커서 대학교수가 되어 스위스와 이태리를 여행하다가도 이따금 자기의 고향을 찾아가곤 하였다. 거기서 그의 누나를 만나 이런 말을 주고받기도 하였다.
"어렸을 때 내가 본 경치들을 생각하면 나의 마음은 언제나 깊이 움직여지지 않을 수가 없다. 저기에 광이 있었고, 묘지 옆에 교회당이 있었고, 작은 연못과 함께 우거진 수풀이 있었다. 나는 언제나 그것을 고민하는 사람으로서 바라보곤 했다. 우리들이 그 후 얼마나 괴로워하고 고민하지 않으면 안 되었는지 모른다. 그러나 여기 고향의 모든 것은 언제나 고요하고, 언제나 영원하고, 언제나 그대로 남아 있다."

니체는 이렇게 고요하고 아름답고 시적인 수풀과 연못과 교회가 있는 작은 마을에서 태어났다. 자연에 대한 사랑은 이러한 환경에서 길러졌는지도 모른다. 그가 라이프치히 대학에 가서도 친구들에게 보낸 편지에 "세 가지가 나를 위로해 준다. 그것은 쇼펜하우어와 슈만의 음악, 그리고 무엇보다도 한적한 곳을 찾는 것이다."라고 썼다.

그는 혼자서 숲 속을 거닐며 언제나 삶을 느꼈다. 그가 스위스의 엔가덴을 그렇게 사랑한 것도 세상의 사람들과 멀리 떨어져 일체를 초월한 육 천 피트의 대 자연이 그에게 너무도 매력적이었기 때문이다. 그가 이태리의 해변가를 거닐 때도 무한한 수평선 저편의 아름다운 저녁 노을은 내놓고 싶지가 않았었다. 하늘에 빛나는 아름다운 성좌, 가을 하늘 높이 솟은 단풍에 물든 붉은 산, 험한 바위가 무섭게 뻗어나간 지중해의 고요한 바다는 그것이 하나의 자연이라기보다도 니체에게는 그 이상의 어떤 영적으로 그에게 밀려드는 매혹이었다. 그것은 대자연 속에 약동하는 하나의 거대한 생명이다.

밀물처럼 밀려드는 하나의 거대한 생명이 모래 위의 발자취처럼 인간의 역사와 문화를 밀고 지나간다. 자연과 인간과의 신비한 합일이 자연을 바라보는 니체의 가슴을 뭉클하게 하였다. 여기에 시인 괴테를 사랑하는 같은 시인 니체가 나타나게 된다.

그는 이미 열 살도 못되어 시인이 되었다. 니체는 "내가 처음으로 시를 진 것은 1854년,55년경의 일이다. 내가 이 때 처음으로 그려보려고 한 것은 자연의 풍경이었다. 거친 파도와 번쩍이는 폭풍, 이런 것들이 최초의 나의 시재였다."고 말했다.

니체에게는 자연은 하나의 힘이었다. 그것은 살아 움직이는 어떤 율동을 가진다. 니체의 자연 밑에는 음악이 있다. 니체는 시인이기 이전에 음악가였는지 모른다. 그래서 니체가 그렇게도 쇼펜하우어를 사랑하게 된 것인지 모른다. 그는 음악의 철학을 쇼펜하우어에서 발견하고 매우 흥분에 사로잡혀 있었다.

니체의 마음속에서는 언제나 음악이 움직이고 있었다. 이것이 그로 하여금 디오니소스의 종교로 끌어들이게 한 것 같다. 디오니소스는 음악의 신이요, 율동의 신이요, 무용의 신이다. 니체에게 음악은 절대적이었다. 니체는 한 두 살 때에도 아버지의 피아노 소리만 들으면 언제나 울다가도 울음을 그쳤다고 한다. 니체의 무의식 속에는 음악의 세계가 펼쳐져 있었다. 니체는 10세에 성악곡을 작곡했으며 12세에는 「푸스다 강 위의 달빛」을 작곡하여 길가는 나그네의 발걸음을 멈추게 하였다. 이 집 이층에서 흘러나오는 음악을 듣고는 발길을 옮길 수가 없다고 동네사람들은 말하곤 하였다.

그가 대학에 가서도 방 값을 5불 지불하고 3불로는 피아노를 빌렸다. 그는 학생들 사이에서도 음악의 권위로 통했다. 특히 대학 시절에 그는 비극적인 음악을 좋아했으며 이 비극적인 음악 속에서 다이몬적인 매력에 더욱 끌렸다. 그가 『비극의 탄생』을 쓰고 바그너에게 끌리는 것도 이러한 그의 경향의 산물이라고 할 수 있다. 음악이 얼마나 니체의 생각에 기초가 되었는지는 그의 작품 특히 『차라투스트라』가 말해주고 있다. 『차라투스드라』는 시라고 하기보다도 음악이라고 하는 편이 더 진실하다. 니체의 생각이 얼마나 음악적이고 선율적이고 율동적인지는 그의 작품의 어디서나 볼 수 있는 하나의 특징이다. 그에게 있어서 우주의 근원적 생명은 음악이요, 그의 사상의 모태도 음악이다.

그는 『이 사람을 보라』라는 책에서 그의 영원회귀의 사상이 하늘의 계시처럼 그에게 나타난 그 때를 회상하였다.

"그때 나에게는 하나의 사상이 나타났다. 이날부터 두 세 달 앞서 나에게는 하나의 예시로 나의 취미 특히 음악에 대한 취미가 돌연 달라진 것을 알아차릴 수가 있었다."

『차라투스트라』는 하나의 음악이라고 하는 것이 좋을 것이다. 귀로 들을 수 있는 영혼의 재생, 그것이 『차라투스트라』에 대한 예비조건이다. 니체는 종이 위에 가득 악곡을 적어놓은 후 베토벤의 「A장조 교향악」과 깊이 연결시켜 갔다. 그는 소렌트 산밑에 있는 삼나무와 들장미 사이를 거닐면서 그의 사색의 실마리를 풀어가기 시작했다. 그것은 베토벤의 경쾌한 리듬을 타고 울려 퍼져 갔다. 그는 이 기쁨을 시각적으로 표현하기 위하여 말로 적어갔다. 그가 불러주는 것을 적어간 그의 제자 피터 가스트는 소렌트의 니체를 생각할 때마다 언제나 니체가 적어놓은 음곡을 생각했으며 베토벤처럼 마치 신에 접한 사람같이 산골짜기를 방황하는 니체의 모습을 잊을 수가 없었다. 그는 황홀한 광경에 넋을 잃고 새로운 세계에 끌려 들어갔다. 새로운 인식과 전망이 그의 작품을 수놓아 주었다. 피터 가스트는 언제나 이 음곡을 가지고 니체의 작품을 바라보았다. 니체의 작품 밑에는 늘 음악이 있었다. 그에게는 우주의 뿌리에 디오니소스적인 음악의 신이 도사리고 있는 것이다. 그는 제자들에게 이런 말을 하였다.

"지금 음악은 나의 마음을 뛰게 한다. 이런 일은 과거에 좀처럼 없었던 일이다. 음악은 나를 나로부터 해방한다. 음악은 나를 나로부터 눈뜨게 한다. 나는 나와 멀리 떨어져 나를 돌아보고 나를 느끼는 듯 하다. 음악은 나를 강하게 한다. 이것은 실로 놀랄만한 일이다. 나는 한층 더 자연 깊은 원소 속에서 목욕하는 것 같은 느낌이다. 음악 없는 생활은 간단히 말하면 무엇인가 잘못된 생활이다."

음악은 니체에 있어서 유한한 개체로부터 인간을 해방하여 무한한 유동적 생명으로 인간을 끌어들이고 우주의 근원적인 생명과 인간을 합치게 하는 것이다. 니체는 음악을 통하여 우주의 근원인 디오니소스와 접할 수 있었다. 우주의 속에서 마치 화산처럼 터져 나오는 무의식의 세계가 술과 노래와 춤의 무의식의 세계요, 그것을 창조하면서 동시에 무너뜨리는 비극적인 신이다. 니체의 자연 밑에는 디오니소스의 신이 있었고 신의 품안에는 인간이 있었다. 니체의 가장 깊은 곳에 인간에 대한 사랑이 있었다. 그것은 하나의 기체처럼 니체에게 풍겨있는 것이다.

니체에게는 언제나 그림자처럼 따라 다니는 것이 있었다. 그것은 그의 친구들이다. 소학교 시절에 놀던 시인 빌헤름 핀다, 또 음악가 구수타프 크루그, 중학교의 친구 폴도 입센, 대학시절의 엘뵌 로테, 교수시절의 역사가 야콥 부르크하르트, 그의 정신적인 스승 쇼펜하우어, 쇼펜하우어의 구현자인 리하르트 바그너, 말년에 피터 카스트, 루 사로메, 그의 어머니, 그리고 죽을 때까지 병상을 지켜준 누이동생, 그는 애인은 없었으나 우정에는 굶주리지 않았다.

니체의 철학의 중심은 우정이다. 『차라투스트라』 제1편의 가장 핵심은 우정론이다. 초인의 철학도 우정에서 출발한다. 그가 신자를 미워하고 친구를 구하는 것이 제1편의 종말이다. 신자는 노예도덕의 상징이다. 친구는 노예가 아니다. 친구는 평등과 존경 대상이다. 연애는 사람의 마음을 한 점으로 모아가지만 우정은 언제나 사람의 마음을 사회로 넓혀간다. 우정은 인류애까지 확장되어 간다.

니체에게는 어려서부터 심한 결벽증이 있었다. 추한 것, 더러운 것은 만지기도 싫어했다. 학창 시절에도 이 결벽증은 병적인 데가 있었다. 그는 깨끗한 것을 지나치게 좋아했으며 더러운 것은 지나치게 싫어했다. 그가 세상을 떠나 산을 좋아하고 바다를 좋아한 것도 그의 결벽증이 그를 깨끗한 산이나 바다로 몰고 갔기 때문이었다. 사람은 그렇게 사랑했어도 더러운 인간의 추잡은 싫었다. 추잡한 인간들을 보고 그는 견딜 수가 없었다. 그는 위선을 싫어했다. 속에 썩은 냄새가 나면서 겉으로는 회칠을 한 거짓세상이 싫었다. 그가 그렇게 존경하던 바그너와 갈라지게 되는 것도 그의 스승 속에서 거짓을 보았기 때문이다. 그는 더러운 것을 보고는 참을 수가 없었다. 그에게는 대나무를 쪼갠 듯한 결벽함이 있었다.

그러나 그는 우정 없이는 살 수가 없었다. 그는 평생 우정을 찾았다. 배신을 당하면서도 우정을 찾았다. 그는 친구에게 그의 마음속에 일어나는 모든 희로애락을 털어놓았다. 그의 친구들이 없었다면 그의 작품은 하나도 쓰여지지 않았을지도 모른다. 그의 작품이 그렇게도 긴박하게 독자 앞으로 다가드는 것은 독자가 모두 그의 친구이기 때문이다. 그는 그의 친구에게 그리고 독자에게 그리고 온 인류 앞에 그의 깊은 심정을 털어놓는다. 그것이 너무도 진실하기에 그의 작품은 만인의 글이며 누구 하나만의 글도 아닌 것이다.

니체는 어려서부터 자연을 사랑했고, 음악을 사랑했고, 친구를 사랑했다. 니체가 자연을 사랑했다기보다도 니체 자신이 자연이었는지도 모른다. 니체는 생리적으로 더러운 것을 견뎌내지 못했다. 그에게는 언제나 구토증이 따라 다녔다. 무엇이나 더러운 것은 그에게 구토를 자아내게 하였다.

니체의 자연은 그대로 하늘의 자연이요, 바다의 자연이요, 높은 산마루의 향기로운 공기의 자연이다. 그는 빛나는 별과 하늘을 쳐다보면서 얼음이 녹아 내리는 알프스의 시냇물 소리를 들으면서 높은 멧부리와 같이 대자연을 호흡하고 있었다. 그는 더러운 인간의 세계에 언제나 얼굴을 찌푸렸다. 깨끗, 이 한 마디가 니체의 전부라면 전부이다. 그것이 니체이면서 동시에 자연이다. 세상에 살기에는 너무도 깨끗한 결벽이었다. 그는 언제나 청결한 것을 좋아했으며 그와 동시에 순결한 것을 사랑했다. 그는 순결의 침범을 살인보다 더 나쁘게 생각했다.

남녀의 음란을 그는 인정할 수가 없었다. 그는 음란한 남녀의 머리에는 진흙이 박혀 있다고 말했다. 그는 자기자신이 깨끗하기에 조금이라도 불순한 조건이 있는 곳에서는 살아갈 수가 없었다. 마치 더러운 물에서는 견딜 수 없는 금붕어처럼 그의 어항은 언제나 맑은 물로 채워져야 했다. 그는 집안에서 나오는 더러운 냄새에 견딜 수가 없었다. 그가 산을 사랑하고 바다를 사랑하는 것도 산과 바다의 깨끗한 공기에 끌리기 때문이었다.

그는 자연의 깨끗함만을 그리워한 것이 아니다. 그는 인간의 순결도 그리워하였다. 그는 우정의 허위를 용납할 수가 없었다. 그는 진정으로 친구를 사랑했으며 그 우정이 조금이라도 변질을 초래한다든가 그것에 조금이라도 위선이 섞일 때는 그는 곧 절교장을 보내지 않을 수가 없었다. 그는 다 있든지 없든지 해야지 중간 계단은 허용할 수가 없었다. 그는 인간의 마음의 변천을 누구보다도 꿰뚫어 보고 있었다. 그는 자연의 부패에도 견딜 수 없었지만 인간의 부패에도 견딜 수가 없었다. 그는 인간의 부패만 견디지 못한 것이 아니라 세계의 부패에도 견디지 못했다. 그는 썩어져 가는 사회를 볼 수가 없었다.

그는 마음의 부패만 아니라 정신의 부패도 꿰뚫어 보았다. 또 정신의 부패뿐만 아니라 시대정신의 부패, 사회정신의 부패, 인간의 깊은 혼 속에 도사리고 있는 부패까지도 꿰뚫어 볼 수 있는 본능을 가지고 있었다. 그는 인간의 혼의 건강과 불건강을 분별할 수 있는 예리한 능력을 가지고 있었다. 또 원한에 시달리는 혼의 감정도 알아낼 수가 있었다. 그는 썩어 가는 혼을 그대로 묵인할 수는 없었다. 그는 새로운 혼을 다시 살리기 위한 위대한 작업이 필요하다고 생각했다.

그는 유대사람의 혼에는 언제나 억울하게 천대받은 그들 원한이 떨어지지 않는다고 보았다. 이 원한의 감정은 기독교 도덕마저도 노예의 도덕으로 떨어뜨리고 있다고 생각했다. 그는 간접적인 신앙으로부터 오는 혼의 안정과 평안을 좋아하지 않았으며 자연의 조화를 즐겼다. 거기에는 싸우고 물어뜯는 원한이 없다. 거기에는 다만 새것이 있을 뿐이다. 무엇이나 낡은 것은 지나가고 새것이 온다. 거기에는 싸움도 없고 복수도 없고 원한도 없다. 다만 대지를 뚫고 모든 썩은 것을 뚫고 돋아나는 봄 동산의 새싹처럼 거기에는 새것이 있을 뿐이다.

니체는 간접적인 신앙보다도 직접적인 진리를 사랑했다. 누구를 통해서보다 자기가 죽으면서도 자기가 찾아가는 진리의 세계에 그는 더욱 매력을 느꼈다. 그는 대학시절부터 신앙보다 진리를 더 찾았다. 그는 인간적이기보다 너무도 자연적이었기 때문이다. 아니 자연적이라기보다 자연 자체였는지도 모른다. 그는 학생시절에 이런 편지를 쓴 적이 있었다.

"과연 신과 세계가 화해하는 세계관, 거기서 인간이 안식과 평안을 얻게 되는 그런 세계관이 정말 필요할 것인가. 나는 그보다도 나의 탐구의 결과가 무엇이든 간에 그런 것에 구애됨 없이 참된 탐구자가 되겠다. 그리고 그런 것은 사실 그리 문제될 것이 없는 게 아닐까. 사람들은 정말 무엇을 탐구하려고 할 때에 진정으로 안정과 평화와 행복을 얻는 것일까. 그런 것이 아니라고 생각한다. 그런 것이 아니고 그저 진리를 찾고 있는 것이다. 그 진리가 더할 수 없이 무섭고 추한 것이라 할지라도 사람의 길은 두 가지로 갈릴 수밖에 없다. 만일 사람이 영혼의 안식과 평안을 추구한다면 그는 신앙의 길을 택하는 것이 좋을 것이요, 사람이 다만 진리를 찾기를 원하면 그는 진리를 찾는 것뿐이다."

결국 니체의 자연은 그의 신앙마저도 진리의 탐구의 길을 찾게 하였다. 그는 신앙보다도 진리를 찾았다. 그가 목사의 집안에 태어났고 그 자신 목사의 아들이면서 그가 무신론자가 되고 반기독인으로 자처하게 된 것은 그의 살이 그대로 자연이요, 그의 피가 그대로 자연이었기 때문이다. 그는 타고난 자연을 이와 같이 호소한다.

"나는 사람과 사귈 때면 적지 않은 어려움에 부딪친다. 그것은 나의 본래적인 성격 때문이다. 나는 지나칠 정도로 과민한 순결의 본능을 가지고 태어났다. 나는 어떤 사람에게나 곧 무엇인가 느껴지는 것이 있다. 그의 껍데기는 말할 것도 없고 그의 내부의 속까지 본능적으로 느껴진다. 마치 냄새를 맡는 강아지처럼 인간의 속까지 그의 영혼까지 냄새를 맡아내는 본능이 있다. 나는 이와 같은 자극 받기 쉬운 심리적 촉각을 소유하고 있다. 나는 이 촉각을 가지고 내가 만나는 모든 사람의 혼의 비밀을 탐지하고 그것을 손으로 잡고 들여다본다. 나는 많은 사람의 밑바탕에 숨겨진 더러운 것들, 그것이 천한 핏줄에 의해서 유전되었든지 또는 후천적으로 받은 오염이기 때문에 그것을 감추기 위해 고약을 붙여놓았든지 간에 곧 그것을 알아차릴 수가 있다. 내가 가만히 그들을 들여다보면 그들은 나의 결벽과 순결성이 그들의 더러움에 견뎌내지 못하여 곧 메스꺼워지려는 것을 알아차리고 나의 구토를 처리할 준비를 하기도 하지만 그렇다고 그들이 깨끗해질 리는 없다. 나의 생존은 나의 극단적인 결벽증 때문이 유지되어 간다. 나는 조금이라도 불순한 조건 밑에서는 곧 죽어버린다. 나는 물고기처럼 투명하고 빛나는 물 속에서 헤엄도 치고 물장구도 치기 전에는 도저히 살아나갈 수가 없다."

그는 오염된 세계는 질색이었다. 무엇이나 그는 더러운 것이 싫었다. 자연도 인생도 신까지도 이것이 그의 타고난 결벽증이었다. 그것은 그의 자연이 그렇게 만들었다고 할 수밖에 없다. 그렇기 때문에 그는 산을 찾았고 바다를 찾았으며 그렇기 때문에 그는 신앙보다도 진리를, 안식보다 덕을 찾았다. 니체의 이러한 체질은 그의 혼에 있어서 계시종교보다도 자연종교를 찾았다. 니체는 22세 때 이런 경험을 하였다.

"어제는 굉장한 먹구름이 하늘을 뒤덮었다. 그때 나는 어떤 산꼭대기를 오르고 있었다. 우리는 요행 산의 움막으로 대피할 수가 있었다. 움막에서는 어떤 사나이가 두 마리의 어린양을 죽이고 있었다. 소나기는 쏟아지고 우레와 번개는 무섭게 다그치는데 폭풍은 우박까지 몰고 밀려왔다. 무엇인가 한없이 강한 것이 밀려오고 있었다. 나는 말할 수 없는 흥분을 느꼈다. 나는 자기의 근심과 피곤으로부터 벗어나 자연으로 피하지 않을 수 없는 그때에야 비로소 인간은 자연을 알 수 있을 것이라고 생각했다. 나에게 있어서 인간의 조그만 불안정과 의지란 도대체 무엇일까. 무엇을 해야 한다든가 하지 말라든가 하는 인간의 의지가 도대체 무슨 의미가 있단 말인가. 아아, 번개와 우레와 우박은 이런 것들과 얼마나 질이 다른가. 거기에는 인간의 윤리를 무시하는 자유로운 힘이 있지 않은가. 그 힘이야말로 얼마나 강하며 얼마나 깨끗한 의지의 힘인가."

니체 속에서도 인간의 선악을 넘어선 대자연의 너무도 강한 의지가 깨어 나오기 시작했다. 그에게는 무서운 힘의 의지가 나중에는 권력의 의지가 깨어나기 시작했다. 니체에게 있어서 그것은 신적인 것에 직결되어 있었다. 그는 12세에 벌써 신의 빛나는 모습을 보았다고 한다.

"나는 열 살에 이상한 삼위일체를 구상하였다. 신은 성부, 성자, 성신이 아니라 아버지와 아들과 악마였다."고 할 정도로 니체의 신은 성신의 신이 아니었다. 그것은 악마의 신이었다. 니체에 있어서 역사는 창조이면서 자연이요, 필연이면서 운명이요, 시간이면서 영겁회귀요, 내재이면서 초월이었다. 그의 신은 우주의 근원으로서 디오니소스적인 희랍신이었다. 니체에 있어서는 자유보다도 자연이 더 근원적이요, 인위보다도 필연이 더 본질적이요, 은총보다도 생성이 더 본질적이었다. 그에게 있어서는 역사마저 깊이 자연에 뿌리박고 있었다.

니체에게는 불신과 신앙보다도 건강과 불건강이 더 근본적인 문제였다. 니체는 어렸을 때에「올림피아의 신들」이라는 희곡을 썼으며 그는 디오니소스적인 악마적인 신을 자연과 더불어 민족과 개인 속에서도 볼 수가 있었다. 여기에 음악을 좋아하는 니체의 신관이 깃들인다.

그는 어렸을 때에는 금발의 아름다운 소년이었다. 그러나 그의 눈병은 어려서부터 시작되었으며 그 얼마 후에는 불면증으로 인한 편두통이 시작되고 신경성 소화불량의 심한 구토증이 겹쳤으며, 나중에는 정신착란까지 몰고 가는 무서운 병을 지고 살았다. 그는 평생 질병과 싸우면서 자기의 작품을 창조해 갔다. 마치 십자가를 지고 골고다를 올라가는 인간 구원의 사업을 마치신 예수처럼 그는 인간의 죽음이 아니라 인간의 병을 지고 엔가덴의 험한 길을 올라가는 구세주였다. 십자가에 걸린 자와 병에 걸린 자, 이것이 예수와 니체의 좋은 대조였다.

그는 모든 생활력이 위축되어 교회 밖에 쓰러졌을 때에도 골고다에서 쓰러진 그리스도의 입에서 사랑의 피가 넘쳐흐르듯 그의 속에서 새로운 사상이 용솟음치며 흘러나왔다. 그것은 그의 사상을 필요로 하는 인간이 있기 때문이었다. 그 인간을 위해서 그는 마지막까지 펜을 놓지 않았다. 그는 피로 글을 썼다. 모든 정신적인 것을 피로 쓴다는 것이 그의 소신이었다. 그는 너무도 작아진 인간에게 대하여 구토를 느끼면서도 그들을 위해서 열 번이라도 이 세상에 태어날 운명을 기쁘게 생각했다.

"나는 오늘날까지도 모든 사람에게 대하여 사랑을 느끼고 있다. 나는 가장 낮은 사람들에게 대해서 충분한 경의를 표하고 싶다. 나의 모든 태도 속에는 아무런 교만과 멸시가 없다. 나는 나에게 멸시를 당했다고 생각하는 사람을 멸시한다. 더러운 피를 가진 사람은 내가 그들 앞에 서기만 하여도 마음이 흔들리는 모양이다. 그러나 내가 인간에게 표시할 수 있는 나의 사랑은 운명애라는 것이다."

가장 낮고 추한 인간까지도 사랑할 수 있게 되는 운명애, 이것이 니체의 우정에서 나온 인간애이다.

니체는 높은 하늘에선 홀로 반짝이는 별이었는지도 모를 일이다. 니체는 선악 위에 초도덕적 별을 빛나게 하는 초인을 보여주려 했다. 그것은 사랑에서 이루어졌기 때문이 도덕적이라기 보다도 종교적일지도 모른다. 그러나 니체는 너무도 정직했기 때문에 그는 행복하지 못했다.

정직한 인간들은 복이 없다. 그들은 사랑하는 사람들에게는 하나의 공포이기 때문이다. 니체는 정신적 귀족을 생각하고 있었다. 이 정신적 세계의 도덕은 별의 도덕이어야 한다.

이것은 니체의 유명한 별의 도덕이라는 시다.

궤도가 미리 정해진 그대 별이여,

어둠과 무슨 상관이 있나.
이 시대를 깨끗이 굴러가거라!
시대 고난을 모르고 멀리 하라!
그대의 빛은 먼 나라의 것이요,
동정은 그대에게 죄가 되리라!
깨끗하라는 계고만이 그대에게 소중하리!

　니체가 사랑한 것은 별이다. 초인의 사상도 별에서 나왔을 것이다. 그것은 한없이 반짝이는 것이요, 그것은 한없이 높은 하늘에 자리잡고 있다. 그것은 이 세상에 내려오지 않는다. 별이 세상에 내려오면 그것은 죄가 될 정도다. 그것은 일체를 돌아보지 않는다. 그것은 자기만이 반짝거리면 그만이다. 한없이 높은 나라에서 자기만이 반짝이면 그만이다. 그것은 영원한 절대자다. 그것은 상대세계를 초월한 영원한 별이다. 그것은 존경할만한 관습과 진정한 품위를 가지고 있는 것뿐이다. 그것은 영원히 자기의 궤도를 돌아가고 있는 것뿐이다. 그것도 미리 정해진 궤도를 돌아가고 있는 것이다.
　니체의 영원회귀의 사상도 별의 도덕에서 나온 사상이다. 초인이나 영원회귀나 다 마찬가지다. 별이 되는 것이다. 그리하여 암흑을 비치는 것뿐이다. 그것이 지혜의 세계다. 그는 땅 위의 고통과는 아무 아랑곳이 없다. 시대의 고난을 모르기도 하지만 시대의 고난과는 영원히 동떨어져 있는 단절된 상태이다. 사람이 나건 죽건 별은 오직 반짝이는 것뿐이다. 오직 자기의 궤도를 돌아가는 것만이 마치 시계처럼 자기가 돌아야 할 시간에 일 분의 지체됨이 없이 돌아가는 것만이 별의 의무요, 그것이 별의 사명이다.
　별은 자기의 사명을 지켜야 한다. 이 사명을 지킬 때만 별은 대양의 깊은 배를 인도할 수 있고 수많은 인류에게 희망을 던져 줄 수 있다. 차가운 별빛만이 인류의 방향을 정해줄 수 있다. 별이 만일 자기의 궤도를 벗어나 세상에 내려왔다면 그것은 이미 별이 아니다. 그런 별을 니체는 용납할 수가 없었을 것이다.

　귀족적인 니체는 평민적인 그리스도를 이해할 수는 없었을 것이다. 하나님의 아들이 하늘을 버리고 세상에 내려 왔다는 것은 한없이 큰 죄가 될 것이다. 동정은 그대에게 죄가 될 뿐이다. 하늘을 버리고 세상에 내려온다는 것은 자기의 운명을 포기하는 것이다.

　별은 별의 운명이 있다. 별은 하늘을 돌아가는 것이 별의 운명이다. 땅위에서 아무리 희로애락이 벌어져도 거기에 동정의 눈초리를 보내서는 아니 된다. 별은 별의 운명을 사랑해야 한다. 별이 자기의 운명을 저주하고 별의 궤도에서 떠나간다면 우주는 혼란에 빠져 세계는 순간에 엉망이 되고 말 것이다. 그것은 별의 도리가 아니다. 별은 어디까지나 자기의 운명을 사랑하고 자기의 운명을 지켜가야 한다. 그것이 니체의 운명애이다.

　니체는 우리 운명에 대해서 최고의 요구를 제시하고 있다. 저 숨겨진 명령적인 그 무엇이 그것이 이름이 무엇인지 오랫동안 모르고 있었으나 드디어는 그것이 우리들의 과제로서 나타나 우리가 피하거나 빠져나가려고 노력하는 모든 시도에 대해서 또 우리들을 엄격한 책임의 준엄성으로부터 보호하고자 하는 덕에 대해서 까지도 무서운 보복을 취하고 있다.

　우리가 우리의 과제에 대한 권리를 의심하고자 할 때 또는 우리가 그 권리를 어떤 점에서 좀더 가볍게 하려고 할 때면 그 해답은 질병이다. 기이하고도 무시무시하다. 우리의 진통은 우리들이 가장 가혹하게 속죄해야 한다는 것이다. 그리고 만일에 그후 우리가 건강을 회복하고자 하려면 우리에게는 선택의 자유가 없다. 즉 우리들은 전보다도 더 무거운 짐을 져야 한다는 것이다. 이 요구는 니체의 본질적 요구다. 별이 일단 궤도를 떠나기만 하면 그것은 무거운 고통과 병으로 보복되며 앞으로의 책임은 더 무거워진다. 이 궤도를 영원히 도는 것만이 별의 건강이다. 이 건강을 지켜 가는 것이 생의 의지요, 그것이 쉽게 이루어지는 것이 권력의지다.

　권력의지란 건강한 생의 내용이다. 건강한 생만이 힘을 가지고 있으며 힘 속에만 기쁨과 즐거움을 발견할 수 있다. 별이 별로서 기쁘게 반짝거릴 수 있는 것은 별에 힘이 있고 권력이 있기 때문이다. 권력을 가지고 싶어서 가지는 것이 아니다. 궤도 속에 붙어있는 한 별에는 궤도를 돌 수 있는 힘이 있으며 이 힘은 궤도를 영원히 돌게 하는 의지가 내포되어 있는 것이다.

　권력의지는 자연적으로 구비되어 있는 내재적 힘이요, 인간의 노력으로 얻어지는 외적인 힘이 아니다. 별은 영원히 궤도를 돌 수 있는 힘이 있으며 그 궤도를 돌고 있는 동안은 영원히 반짝일 수 있는 힘을 가지고 있다. 권력의지는 별의 힘이요, 별의 기쁨이요, 별의 축복이다. 그것은 절대적인 것이요, 내재적인 것이요, 본래적인 것이다. 별은 자기의 궤도를 돌면서 한없는 기쁨으로 웃고 있으며 반짝이고 있는 것이다. 무수한 천군 천사의 노래가 있고 기쁨이 넘치면 모두 억지가 아니요 자유다. 그들은 자발적으로 웃고 있으며 노래 부르고 있다. 그들은 힘이 넘치고 권력의지도 넘치고 있기 때문이다.

　니체의 권력의지는 노예의 도덕이 아니다. 승리자의 도덕이며 초월자의 도덕이다. 초인은 권력의지를 가지고 있고 영원히 빛나고 있다. 억지로 자기 운명을 사랑하는 것이 아니다. 진정으로 자기 운명을 사랑하는 것이다. 마치 왕자가 자기의 운명을 즐기는 것처럼 별은 자기의 권력을 이지하고 있다. 양지의 기쁨, 초월자의 기쁨, 이것이 별의 반짝임이다. 별은 영원히 반짝거리며 영원히 힘차게 돌아가고 있으며 별은 영원히 웃고 있는 것이다.

니체의 도덕은 염세의 도덕이 아니다. 낙관의 도덕이다. 니체의 도덕은 허무의 도덕이 아니다. 실존의 도덕이다. 니체의 도덕은 회의의 도덕이 아니다 그것은 섭리의 도덕이다. 별이 돌아가고 있다. 일분 일초도 틀림없이 돌아가고 있으며 별은 없어지는 일이 없다. 영원히 반짝거리고 있으며 별은 슬퍼하지 않는다. 자기의 운명을 사랑하고 모든 눈에서 눈물을 거두어 주는 희망의 별이다. 별은 깨어지지 않는다. 언제나 별은 가엾은 인간을 동정하여 반짝이고 있다.

그러나 별은 내려올 수는 없다. 언제나 하늘에 속해 있으며 하늘에서 반짝이고 있다. 이것이 냉엄한 별의 도덕이다.

니체에 있어서 도덕은 별의 도덕만이 있을 수 있었다. 그 밖의 도덕이란 모두 허위뿐이다. 이 세상에는 도덕적인 현상이란 없다. 단지 있는 것은 현상들에 대한 도덕적 해석뿐이다. 이 세상의 모든 도덕은 인간이 세상으로부터 떨어져 나가지 않기 위해서 인간 속에 있는 야수를 기만하려는 하나의 일시적 거짓인 것이다.

도덕은 철학자들의 최고의 연인이다. 우선적으로 또 지상적으로 인간에게 명령하는 도덕교육은 그렇게 함으로써 인간에게 독특한 병을 초래하고 있다. 장차 인간을 내부로부터 혹은 외부로부터 밀치고 끌어당기고 유혹하고 자극할 수 있는 것은 더 이상 믿어서는 안되며 끊임없이 방어하는 자세로 자기 자신에 대해서 무장을 하고 예리하고 불신의 눈으로 인간 자신이 만들어 놓은 성곽의 영원한 감시자로서 있어야 한다.

니체는 도덕이 생명자체를 빨아먹고 빈혈증으로 만드는 데서 나타나는 생명의 독부인 동시에 중상부인 것이다. 도덕은 인간의 피를 빨아먹는 흡혈주의다. 도덕은 배후의식을 가지고 생명에 복수를 하려는 퇴폐자의 개인적 성벽이다. 도덕으로 인해서 위대한 힘의 원천이며 때로는 위험하고 압도적으로 쏟아져 나오는 영혼의 급류가 봉쇄

되고 말았다.

　니체는 도덕을 말하는 사람에게 말한다.

　"만일 그대들이 가장 좋은 사물들이나 상태에서 마지막으로 모든 잉여와 가치를 빼앗으려거든 이제까지와 같이 그것들을 입에 담는 일을 계속하시오."

　허위허식의 도덕을 독거머리 같이 미워하였다. 진실을 사랑한 인간에게 가장 미워할 대상은 허위요, 허위 중에 가장 악독한 허위는 도덕인 것이다. 전혀 자기와 관계없는 도덕의 사람은 얼마나 고문과 학대를 당하고 있는 것인가. 도덕의 위조지폐가 사회를 얼마나 혼미의 구렁텅이로 몰아넣고 있는 것일까. 그는 신앙이 빠진 기독교 도덕을 노예도덕이라고 하였다.

　기쁨이 없는 사람이 억지로 짓는 미소가 얼마나 가증한 것이며, 사랑이 없는 사람의 자선행위가 얼마나 실리적인 것인가를 니체는 너무도 잘 알고 있었다.

　인간은 어느덧 도덕의 노예가 되고 말았다. 허위와 허식인 인간의 사회생활을 휩쓸기 시작했다. 그것은 사막의 모진 바람처럼 사회를 불만의 모래밭으로 만들어 버렸다. 도대체 우리 모든 사람들을 위해 우리 시대 사람들 중에 식자와 무식자, 귀한 자와 천한 자, 우리의 도덕적 모범과 명사들이 어디 있단 말인가. 이 시대에 있어서 모든 창조적 도덕을 볼 수 있는 총체가 어디 있단 말인가. 도대체 어느 시대에 있어서나 더 고상한 발전을 거듭해 내려오고, 모든 사고가 골몰했던 도덕적 문제에 대한 사려는 어디로 가버리고 말았는가. 그런 종류의 명사와 사려는 이젠 하나도 없다. 우리들은 조상들이 축적해 놓은 물려받은 도덕의 재산을 늘리기는커녕 낭비만 힐 줄 알고 재산을 실지로 파먹고만 있지 않은가.

　니체에게 있어서 진실이 없는 도덕은 아무런 가치가 없다. 니체는 전승한 도덕에 대해서 꾸준히 그리고 통분을 느끼고 싸웠던 것이다. 니체가 별의 도덕을 체험한 것은 그가 학생시절이었다.

"어제 하늘에 장엄한 뇌성벽력이 일어났다. 나는 이웃 로이쉬 산으로 달려갔다. 산 위에서 나는 판자집 한 채와 어린양을 도살하고 있는 한 남자와 그의 어린 자식을 보았다. 뇌우는 폭풍과 우박을 몰아왔다. 나는 비할 수 없는 비약을 느꼈다. 그리고 우레의 번민과 고뇌에서 벗어나 자연으로 도피해야 할 때는 우선 자연을 어떻게 이해해야 하는가를 알았다. 나에게 영원히 내가 해야 할 것이 무엇이고 내가 해서는 안 되는 것은 무엇인가. 번개와 폭풍과 우박이 어쩌면 이렇게도 인간적인 것과 다른가. 자유의 위력, 윤리학도 필요 없다. 그것들은 얼마나 행복하고 얼마나 힘찬가."

오성으로 흐려지지 않은 순수한 의지, 이것이 니체의 별의 도덕 체험이다.

초인의 가치, 순수한 의지, 행복한 기쁨, 힘, 권력의지, 그리고 영원한 자연, 영원히 도는 자연, 때묻지 않고 힘차게 도는 자연, 이것을 니체는 체험한 것이다. 영원회귀, 권력의지, 초인은 모두 니체의 새로운 도덕의 내용이다.

우숨

나는 초월적인 삶을 '우숨(웃음)'이라고 한다. '우'라는 것은 '위〔上〕'라는 말이요, 초월을 의미하며, '숨'은 '숨쉰다'는 말이요, 생명을 의미한다. 우숨은 초월적인 삶이다. 초월적인 삶의 특징은 우숨이다. 일체에 매인 것 없는 자유로운 삶에는 무슨 우울이나 구김살이 있을 수 없다. "만군의 여호와가 웃으리로다." 하는 말처럼 일체를 초월한 태양은 오늘도 무한히 웃고 있지 않은가.

니체의 영원회귀의 사상은 윤회설 같은 면도 있지만 매일처럼 반복되는 일상생활 속에 한없는 기쁨을 느끼는 평상시도平常是道라는 불교적인 진리가 숨어있는 듯하다. 니체를 서구적인 불교라고 하지만 니체가 어느 정도 불교에 접근했는지는 알 수 없으나 그가 범신론적인 입장에서 기독교와 대립하는 고등종교를 의도했을 때 의례 나타난 것이 불교적인 것과 비슷했을 것이라는 것은 짐작이 간다.

그가 희랍의 종교를 파헤칠 때에 희랍과 인도는 같은 아리안 족속들의 후예로서 그들의 종교는 깊은 속에서 결부되어 있었을 것이다. 쇼펜하우어를 통하여 인도사상에 접하고 차라투스트라를 통하여 페르샤에 접한 니체가 서구를 넘어서는 지역에서 기독교에 대치할 만한 고등종교를 찾았을 때에 저절로 불교적인 표현과 접근하지 않을 수 없었으리라.

종교란 초월적인 삶이며, 초월적인 삶이 '우슴'이며, 이것이 얼의 핵심임은 말할 것도 없다. "내가 기뻐하고 기뻐하노니."라든가 일체를 웃어넘기는 옛 선승들의 경지는 초월적인 삶의 단적인 표현이 아닐 수 없다.

영원회귀란 동양의 무위나 같다. 영원은 무無의 한 형태요, 회귀는 위爲의 한 형태. 무위는 아무 것도 하는 것이 없으나 지루하고 따분한 것이 아니라 더할 것이 없는 일체를 초월한 완성된 세계로 거기에 왕자의 기쁨이 있는 것이다. 일체에서 해탈한 신선의 자유로운 세계는 억압과 우울을 벗어난 광명과 환희의 세계임에 틀림이 없다. 광명과 환희의 세계는 기쁨과 우슴으로 밖에 표현할 수가 없을 것이다.

옛날 약산이 어느 날 밤에 산에 올라가 홀로 구름을 헤치고 나타나는 달을 보고 그것이 번뇌를 헤치고 나타나는 보리와 일치할 때 그는 터져 나오는 우슴을 견딜 수가 없어서 자기도 모르게 한없이 크게 웃어 구십 리 아래 마을에까지 들렸다고 한다. 구십 리건, 백리건, 그런 것이 문제가 아니다. 약산과 같은 세계에 들어간 사람은 누구나 이런 우슘 소리와 같이 우슘을 터뜨리지 않을 수가 없을 것이다. 천리 밖이나 천년 후에도 이런 우슘 소리는 막을 길이 없고 이런 우슘 소리는 들리게 마련이다.

어떤 때 산꼭대기에 올라〔有時直上孤峯〕 달 밑의 구름을 헤치고 한 마디의 우슘 소리가 터져 나온다〔月下坡雲一聲〕. 이런 우슘은 세상을 초월하여 높은 산꼭대기에 올라가서 사는 사람에는 진리의 달이 구름을 헤치고 나오기 마련이며 그때마다 막혔던 가슴이 터져 우슘을 금할 길이 없을 것이다.

우슘은 터져 나오는 것이 우슘이다. 우슘은 그대로 해방이요, 우슘은 그대로 초월이며, 우슘은 그대로 기쁨이다. 우슘이 그친다고 해서 우슘이 끊어진 것이 아니다. 우슘이 그쳐도 우슘이 간 곳은 아무도 알 수가 없다〔笑態不知何處去〕. 영원한 슬픔의 근원 되시는 하나님께로 돌릴 수밖에 길이 없다. 기쁨은 단순한 기쁨이 되어서는 안 된다. 기쁨은 다시 슬픔을 구제하기 위해 땅으로 내려와야 한다. 그리하여 기쁨이 다시 슬픔으로 변해야 한다. 그것이 화육의 비밀인지도 모른다.

우슘은 다시 슬픔에 싸여져야 하며, 무서운 칼을 품은 우슘으로 바뀌어져야 한다. 우슘 속에는 칼이 있는 법이요, 우슘 속에는 악의가 있는 법이다. 가짜 우슘을 웃어 버리는 악의에 찬 우슘이 니체의 우슘이 아니었던가 생각된다. 그는 웃는 사자를 기다렸고 유령을 물리칠 수 있는 용기만이 웃기를 바란다고도 말하고 있다. 하여튼 초월적인 삶이 우슘임은 말할 것도 없다.

"너희들 자신을 넘어서 웃는다는 것을 너희는 배워야 한다. 그대들 더 높은 사람들이여, 그대들은 제발 웃는 것을 배워야 한다. 아아, 내 위에 있는 하늘이여, 그대 순수한 하늘이여, 그대 깊은 하늘이여, 그대 빛의 근원이여, 그대를 보면서 나는 신적인 욕망으로 몸서리친다. 그대의 높음 속에 나를 내던지는 것, 그것이 나의 깊음이다. 그대의 순수 속에 나를 숨기는 것, 그것이 나의 깨끗이다. 우리들은 모든 것을 한꺼번에 배웠다. 우리들을 넘어서 우리들 자신에까지 높이 올라 그리고 한 조각의 구름도 없이 미소짓는 것, 그것을 다함께 배운 것이다. 나는 나의 우슴을 가장 거룩한 것이라고 생각한다."

　니체의 초월은 세상을 떠난 초월은 아니다. 세상이 그대로 초월이다. 일을 떠나서 쉬는 것이 쉬는 것이 아니다. 일하는 것이 그대로 쉬는 것이 되는 것이 참 쉬는 것이다. 슬픔을 떠난 기쁨이 아니라 슬픔이 그대로 기쁨이 되는 것이다. 일하는 것을 떠나 노는 것이 아니라 일하는 것이 그대로 노는 것이다. 할 것 없는, 따분히 그대로 더할 것이 없는 기쁨이 되는 것이다. 변을 떠나 불변이 아니라 변이 그대로 불변인 것이다. 죽음을 떠나 사는 것이 아니라 죽음이 그대로 사는 것이다. 일하는 것이 그대로 노는 것이다. 변하는 것 속에 불변을, 강력한 것을, 깨끗한 것을 찾는 것이다. 지루한 영원회귀를 긍정하는 것이다. 그것은 허무가 곧 실재라는 말이나 같은 말이다. 허무를 떠나서 실재가 있는 것이 아니라 허무가 곧 실재라는 것이다. 공즉시색 空卽是色이다.

　있는 대로의 현존재가 의미도 없고 목표도 없이 필연적으로 돌아간다는 말은 인간을 마비시키는 가장 지루한 사상이다. 그것은 무無 속에 끝날 수도 없다. 허무도 이 이상 더 허무할 수가 없다. 이런 허무는 허무주의치고도 가장 극단적인 허무주의다. 그러나 그 허무가 영원이라는 것이다. 허무가 그대로 실재라는 것이다. 이것은 기계론과 목적론, 생성의 철학과 실재의 철학의 통일이리고 할 수기 있디.

　나의 친구 차라투스트라는 왔다. 손님 가운데도 가장 고귀한 손님이 오신다. 이제 세계는 웃고 거대한 휘장이 갈라진다. 빛과 어둠이 혼인하는 때가 왔다. 영원회귀의 사상은 운명애의 사상이며 동시에 초인의 사상이다. 슬픔을 웃어넘길 수 있는 사람이 초인이요, 초인만이 운명을 사랑할 수 있을 것이다. 초인의 내림을 위해서는 휘장이 찢어지는 순간이 있어야 한다. 결국 영원은 순간에서만 이루어지기 때문이다.

밤과 대낮이 하나가 되는 것은 순간뿐이다. 심연이 정상과 하나가 되는 것은 순간뿐이다. 정상이 정말 정상이 되고 심연이 정말 심연이 될 때 정상과 심연은 하나가 된다. 순간은 시간을 벗어난 시간이다. 탈자적 시간이요, 엑스타시스의 시간이다. 그것은 내가 내가 되는 시간이요, 세계가 세계가 되는 시간이다. 내가 내가 되고, 세계가 세계가 되고, 하나님이 하나님이 되는 시간, 이런 시간이 순간이다. 그것은 시간이 깨져 나가는 시간이요, 자기 자신을 벗어버리는 시간이다. 마치 계란이 병아리가 되듯이 하늘과 땅과 사람이 하나가 되는 시간이다. 하늘도 돌아가고, 땅도 돌아가고, 사람도 돌아가는 일체가 돌아가는 영원회귀의 시간이다. 이런 시간이 되기 위하여 가운데 찍힌 점이 순간이요, 깨침이요, 깨달음이다. 이런 삶이 영원한 삶이다.

"이것이 생이라면 그래 다시 한번." 이것이 운명이다. 운명애라기보다는 천명애다. 자기의 천명을 즐기는 것이다. 숙명에 휩쓸리는 것도 아니다. 운명에 떠는 것도 아니다. 천명을 당당하게 사는 것이다. 그것이 권력의지다. 자기의 삶을 자기가 계획하고 자기가 창조해 가며 사는 것이다. 그것이 영원한 삶이다. 이 영원은 순간에서만 터져 나온다. 영원은 시간 밖이 아니라 시간 바퀴 속에, 영원히 돌아가는 시간 속에 있는 것이다.

니체는 초월을 내재에서 찾았다. 그렇기 때문에 범신론적 양상을 띠게 되고 디오니소스를 끌어들이게 된다. 초인에게는 힘이 있어야 하며 이 힘은 진리를 깨달은 데서 오는 힘이기 때문이다. 이 힘은 고난의 극복이어야 하며 고행 없이 이루어질 수 없는 힘이다. 일체를 긍정하고 일체를 사랑할 수 있는 자, 슬픔까지도 괴로움까지도 추한 것도 왜소한 것도 사랑할 수 있는 자, 일체를 웃어버릴 수 있는 자, 이런 자가 초인이다. 이런 초인은 무엇보다도 자기를 사랑한다. 자기 속에 디오니소스가 있기 때문이다. 자기 자신에 대한 사랑이 동시에 가장 비소하고 가장 추한 것까지도 사랑하는 사랑이다. 그것은 일체 속에 디오니소스가 들어 있기 때문이다.

운명애는 일체를 사랑하는 데서 온다. 일체를 긍정하고 일체를 사랑하는 대자대비의 사랑이 운명애다. 운명애는 인간의 가장 고귀한 본성이다. 가장 성숙한 초인만이 해낼 수 있는 것이 운명애다. 운명애는 인간의 가장 깊은 본성이라고 한다. 그것은 신성이요, 일체를 긍정하는 정신이다. 성숙해 보면 일체가 합해서 유익이 된다.

니체는 나는 나의 생애의 가장 곤란한 세월에 대해서도 다른 어떠한 세월에서 보다 더 깊은 신세를 지고 있다고 생각한다. 나의 가장 깊은 본성이 가르치는 것처럼 일체 필연적인 것은 한없이 높은 데서 보았을 경우, 대국적인 경제의 입장에서 보았을 경우, 그렇게 유용한 것은 없었다. 사람은 필연적인 것을 할 수 없이 받아들이는 것이 아니라 그것을 사랑으로 맞아들여야 한다.

운명애, 이것만이 나의 가장 깊은 곳에 자리잡고 있는 인간의 본성이다. 인간이 자기의 본성인 영성을 회복했을 때 모든 물질성과 필연성을 마치 자기의 품안에 안긴 인형처럼 사랑할 수가 있다. 인간이 영이 되었을 때 인간은 육을 사랑할 수 있다. 인간이 어른이 되었을 때 인간은 아이를 사랑할 수 있다. 인간이 천명이 되었을 때 인간은 운명을 사랑할 수 있다. 초인이 되었을 때, 디오니소스가 되었을 때, 권력의지가 되었을 때 인간은 자기의 운명을 사랑할 수가 있다.

니체는 평생 시달린 병을 통해서 고통을 알게 되었고 고통을 통해서 철학을 알게 되었고 철학을 통해서 그는 초인이 될 수 있었다. 고통만이 정신의 최후의 해방자이다. 일체의 애착을 끊게 하는 것은 고통뿐이다. 일체의 애착에서 해방되었을 때 인간은 정말 위대한 초인이 될 수 있으며 위대한 인간이 될 수 있을 때 인간은 일체를 사랑할 수 있다.

인간은 허무에 빠져서 허무를 벗어나게 된다. 허무야말로 운명의 극단적인 형식이며 허무를 사랑하게 될 때 인간은 가장 성숙한 무욕의 인간이 되는 것이다. 무를 통해서 무가 되고, 무가 되어 무를 사랑하게 되는 것이 인생의 가는 길인지도 모른다.

일체를 웃어넘길 수 있는 초인의 세계만이 성숙한 영으로 사는 세계이며 이런 성숙한 인간만이 쓴 것을 사랑하는 운명애의 어른의 세계다. 어른만이 힘을 가지고 새로운 세계를 창조해 가는 권력의지의 세계다. 초인, 권력의지, 운명애는 하나의 삼 면이다.

니체가 사랑한 것은 진실이었다. 그 대신 니체가 미워한 것은 거짓이었다. 무엇이나 실감나지 않은 것을 그는 일체 물리쳤다. 그 대표적인 것으로 그는 기독교를 들었다. 기독교의 모든 교리체계에 그는 만족할 수가 없었다. 속죄니 신앙이니 십자가니 부활이니 신이니 교회니, 이러한 모든 개념이 그에게 실감을 주지 못했다. 그에게는 이런 모든 것이 하나의 유리된 관념에 불과했다. 이런 관념은 그에게 아무 힘도 주지 못했다. 그에게 힘이 될 수 있는 것은 오직 진실뿐이다.

그는 얼마나 열렬하게 기독교를 사랑했는지 모른다. 경건한 프로테스탄트 목사의 아들로 태어나서 어려서부터 목사라는 별명을 듣고 일생을 신에게 바치기로 맹세한 니체가 얼마나 기독교를 사랑했는지는 누구나 다 짐작할 수가 있다. 12세에 꿈속에서 영광에 빛나는 하나님을 보았다는 니체, 그가 얼마나 기독교를 사랑했는지는 그의 친구에게 쓴 편지 속에 나타나 있다.

"기독교에 관하여 이 한 점만은 믿어주기를 바란다. 나는 마음속에서부터 기독교에 대하여 무례했던 일은 한번도 없고 어렸을 때부터 줄곧 기독교의 이상을 위하여 마음속으로 깊이 노력하여 왔다. 그것은 너무도 높은 별이었다."

그는 이 별을 좇아갈 수가 없었다. 그는 좌절하고 말았다. 그러나 그에게는 다른 길을 제시할 수가 없었다. 그의 진실은 마침내 신앙의 길을 좇아갈 수가 없었다. 신앙을 그는 인정할 수가 없었다. 남의 힘으로 구원받는다는 가르침을 인정할 수가 없었다. 남을 의지하는 것은 노예도덕이다. 자기를 버린다는 것은 너무나 비굴하다. 니체는 죽었다가 다시 사는 바울의 논리를 인정할 수가 없었다. 그의 논리는 생의 논리였다. 그는 죽음을 인정할 수가 없다. 죽음은 허무다. 그것은 퇴폐다. 그것은 데카당이다. 그것은 신학이다. 그것은 이론이다. 그것은 거짓이다. 그것은 생이 아니다. 생과 반대되는 일체는 거짓이다.

이런 논리 때문에 그는 기독교를 거부하고 그의 새로운 종교, 범신론적인 디오니소스의 종교로 가게 되었다. 비극이라면 비극이지만 운명이라면 운명이다. 그는 교회가 싫었다. 그는 혼자 있기를 좋아했다. 그는 교회를 헐라고 한 예수에게 공감이 갔다. 그는 승려들의 손에 죽은 예수에게 동정하였다. 기독교는 본래 승려의 종교가 아니다. 승려의 종교는 기독교의 타락이다. 승려의 종교로 타락하게 한 장본인은 바울이다.

바울이 타력을 주장한 나머지 사람들은 자력을 버리고 타력을 인정하게 되어 타력의 첫 시작이 승려라는 것이다. 제 힘으로가 아니고 남의 힘으로 구원을 받고자 하는데 전문가 직업인 제사장 승려가 나타나 그들이 나중에는 어리석은 사람을 희롱하게 하는 구실을 준 것이 바울이라는 것이다.

'남의 힘으로'를 주장하는 것은 나를 노예화하는 길이다. 자력으로가 진실이요, 남을 의지하는 것은 거짓이다. 여기에 니체가 기독교를 그리스도와 분리하고 바울을 기독교를 만든 장본인으로서 그리스도의 적이라고 낙인을 찍는 것이다. 그는 바울에게 대하여 바울은 예수가 생명을 걸고 싸운 것을 송두리째 부정하고 예수가 그렇게 싫어한 학자와 서기관 바리새 교인보다 몇 배 더 강한 신학자와 종교계급과 교단을 만들어 놓았다고 말한다.

로마교회는 국가까지도 인정하며 교회는 하나의 세계적인 관료가 되었다. 교회는 로마제국뿐만 아니라 유럽의 모든 민족을 지배하게 되었다. 이리하여 예수와 전혀 판이한 교회정치가 유럽을 지배하게 되었다. 백성들의 피를 빠는 흡혈귀의 기독교도덕이 노예도덕으로서 이천 년의 인류 역사에 오점을 찍게 하였다.

기독교의 역사는 예수의 교훈을 말살해 가는 기독교 반역의 역사다. 유대인들이 예수를 죽인 것처럼 교회인들은 예수의 근본사상을 오랜 시일을 소모하여 말살하고 있다. 이것은 유대인 바울이 시작한 일이다. 감정적으로 격렬하고 우울하고 간질병환자이며 악랄한 증오심과 교만한 자부심 때문에 율법에 고민하는 바울에게 예수의 모습은 하나의 유혹이 아닐 수 없었다.

예수라는 기이한 존재의 십자가에서의 죽음과 다메섹 성문에서의 그의 환각은 그의 생각을 뒤집어 놓았다. 유대 사람 뿐이 아니라 온 인류의 운명이 그의 생각, 그의 환각과 연결된다고 생각했다. 그는 사상 중의 사상, 열쇠 중의 열쇠, 빛 속의 빛을 붙잡았다고 생각했다. 이제 역사는 자기를 중심해서 돌아간다고 생각했다. 이와 같은 바울의 신학이 예수와는 엉뚱한 생각을 시작하게 되었고, 예수의 삶은 그에게는 문제가 안되었다. 예수의 죽음, 그것만이 그에게는 문제였다. 죽음만이 인간의 죄를 소멸할 수 있다. 양을 잡아 제사를 지내던 유대인의 관습이 바울을 통해서 다시 살아난 것이다. 그리하여 유대의 종교 계급이 일어나고 승려들이 피를 빨기 시작한다.

니체가 미워한 것은 바울이다. 바울은 예수의 적이다. 예수는 승려가 아니다. 그는 피를 빠는 족속이 아니었다. 그는 제사장과 서기관과 바리새 교인에게 무참히도 피를 빨린 사람이었다. 니체는 예수를 무한히 존경하였다. 그는 거짓을 모르는 정직한 사람이었다. 그는 순진하기 끝이 없다. 그는 모든 사람을 사랑하였다. 그는 누구도 미워하지 않았다. 그는 누구와도 싸우지 않았다. 그는 아무한테도 저항하지 않았다. 악한 자에게도 원수에게도 저항하지 않았다. 그에게는 원수까지도 사랑할 수 있는 실력이 있었다. 그에게는 무서운 힘이 있었다. 세상을 웃어넘길 수 있는 힘이 있었다. 니체의 눈에는 그는 초인이었다. 그는 초인이기 때문에 누구한테도 이길 수가 있었다. 그렇기 때문에 아무한테도 대들지 않았다. 악한 자에게도 대들지 않았다. 물론 원수에게도 대들지 않았다. 악한 자에게 대들지 말라는 무저항은 힘있는 자만이 할 수 있는 무저항의 저항이다. 마치 어른이 어린애들에게 대들지 않는 것이나 마찬가지다.

예수는 무서운 힘을 가진 어른이다. 이것이 복음의 핵심이다. 복음이란 힘의 충만이다. 이 힘 속에 평화가 있고, 행복이 있고, 만족이 있다. 이 힘 속에 부드러움이 있고 깨끗함이 있다. 힘의 충만, 이것이 진실이다. 이것이 생명이다. 힘에는 거짓이 없다. 분열이 없다. 죽음이 없다. 생명은 하나다. 생명은 한 생명이다. 이 생명은 내 생명이 아니다. 다 같은 생명이다. 우리는 한 생명을 호흡하고 있다. 복음이란 힘의 충만이다. 힘의 넘침이다. 그것이 사는 것이요, 사랑이다. 이것이 하나님의 나라다. 하나님의 나라는 힘의 넘침이다. 삶도 힘의 넘침이요, 진리도 빛도 말씀의 넘침이요, 빛의 넘침이다.

예수가 우리에게 보여준 것은 내적 힘의 충만과 빛의 충만과 기쁨의 충만을 보여준 것뿐이다. 예수는 자기를 힘으로 보여준 것뿐이다. 생명의 혼연일체를 보여준 것이다. 일체의 거리와 분열이 지양된 하나님과 사람 사이의 모든 거리가 사라진 신인일체의 모습을 보여준 것뿐이다.

예수의 죽음은 힘의 구체화지 그것이 양이 잡히듯이 잡힌 것이 아니다. 진리를 위해서 죽어 가는 강한 정신의 참 모습이다. 그것은 내적 힘의 구현이다. 그것은 현실이요, 실천이요, 신의 길이다. 예수에게는 죄나 죄의 사함이나 신앙이나 신앙의 구속이나 그런 유대적인 생각은 없다. 그런 유대적 관념 때문에 죽임을 당한 사람이 예수다. 유대교가 예수를 죽인 것이다.

예수의 천국은 죽은 후에 가는 천국이 아니다. 지금 여기 있는 영원한 현재, 어디나 있고 아무 데도 없는 해탈한 경지다. 예수의 생은 삶이요, 행함이요, 깨끗한 경지다.

기독교는 어떻게 이런 삶을 가지느냐는 데 있지 종교집단에 속하는 것이 아니다. 예수의 일생은 생의 실천이요, 일체의 거짓이 없고 순수한 생명, 무한한 힘이 있을 뿐이다.

예수는 후세에 기독교가 생각한 것 같은 마술사도 아니고 구세주도 아니다. 그는 착하게 산 것뿐이다. 그는 진실하게 살았던 것뿐이다. 그는 어린양에 불과하다. 이 어린양을 잡은 것은 악독한 유대의 종교가들이다. 그들이야말로 흡혈귀들이다. 피를 빨아먹는 족속들이다. 그들은 산사람들이 아니다. 그들은 악마다.

기독교도 어느새 유대교가 되어버렸다. 다시 종교인이 되고 말았다. 양이 되지 않고, 양을 잡아먹는 흡혈귀가 되고 만 것이다.

니체에 있어서는 기독교는 양이 되는 것이지 양을 잡아먹는 흡혈 귀가 되는 것이 아니다. 기독교는 예수뿐이다. 그 후에 기독교는 이리 가죽을 쓴 양이요, 기독교의 타락이다. 이렇게 생각하는 것이 니체였다.

예수처럼 사는 것이 기독교지, 예수의 공로를 믿는 것이 기독교가 아니다. 사는 것과 믿는 것은 양과 흡혈귀와의 차이가 있다. 양은 순진하다. 그런데 흡혈귀는 악마요, 거짓이다. 이것이 생의 철학자, 니체의 사고방식이다. 양이 되느냐, 흡혈귀가 되느냐. 이것이 그의 문제다. 양이 되는 것이다. 거룩한 짐승이 되는 것이다. 신적 자연이 되는 것이다. 신인이 아니라 신수神獸, 이것이 니체의 기독교의 핵심이다.

니체는 물론 기독교를 절대화하지 않았다. 진리를 산 사람은 예수뿐이 아니다. 조로아스터, 모세, 마호멧, 예수, 플라톤, 프루닥, 스피노자, 미라보 등이 그에게는 생을 실천한 사람이다. 이러한 사람을 움직인 신속에 나도 살고 있다. 지금까지 씨앗으로 이삼천 년을 기다린 것이 지금 내 속에서 성숙해지고 햇빛을 쏘이기 시작한다.

니체는 자기도 이런 사람의 반열에 들기 시작한 것을 무척 자랑스럽게 생각했다. 물론 예수를 가장 고귀한 사람, 자유로운 정신, 초인이라고 생각했음에 틀림이 없다. 그러나 예수가 신이라든가 절대라고 생각하지는 않았다. 그는 아직도 나이가 젊어서 완전에까지 도달할 기회가 없었다. 예수는 좀더 살았어야만 했다. 예수의 십자가 위에서의 요절은 너무도 비통한 노릇이었다. 진실로 저 히브리 사람은 너무도 일찍 죽고 말았다. 만일 그이가 저 광야에 그대로 머물러 있었더라면, 만일 그이가 이 세상의 착하다는 이나 의로운 이들로부터 멀리 떨어져 있었더라면 그야말로 찬사하는 법을 배웠을 것이다. 그야말로 대지를 사랑하는 것을 배웠을 것이다. 그리고 그 보다도 그는 웃는 것을 배웠을 것이다. 그런데 형제들이여, 내 말을 믿어다오. 그는 너무도 빨리 죽은 것이다. 만일 그가 내 나이만큼 살았어도 그는 자기의 가르침을 철회했을 것이다. 그리고 인간의 최고의 경지에 도달했을 것이다. 그는 이런 경지에 도달할 만큼 충분히 고귀한 사람이었다.

그는 인간의 최고의 경지를 신을 위해서 사람을 사랑하는 사람이다. 이런 경지야말로 인간이 도달할 수 있는 최고의 고귀한 경지다. 이런 경지를 체험한 사람은 어떤 사람이든간에 이런 경지를 표현하기 위해서 얼마나 말하려고 애를 썼을까. 이런 사람이야말로 지금까지 가장 높이 날고 가장 아름답게 헤맸던 인간으로 어떤 세상에서도 가장 존경을 받을 거룩한 성자인 것이다.

니체의 아버지는 니체에게 세례를 주고 이렇게 적어 놓았다.
"축복된 10월 달에는 어느 해를 통해서나 내 생애의 가장 중요한 일들이 일어나긴 했지만 내가 이 아기에게 세례를 주게 된 오늘 겪는 일은 그 중에서도 가장 위대하고 훌륭한 것이다. 축복된 이 순간이여, 고귀한 이 의식이여, 말할 수 없는 이 신성함이여, 주님의 이름으로 나에게 축복을 내리소서. 더할 수 없이 감동된 마음으로 나는 말하렵니다. 나는 이 어린애를 주님께 바치노라."

그러나 니체는 커가면서 이렇게 생각했다.
만일에 기독교가 어떤 하나의 역사적 사건이나 혹은 특정한 역사적 사물에 대한 신앙이라고 한다면 나는 그런 기독교에는 전혀 관여하고 싶지도 않다. 그러나 기독교가 간단히 말해서 구제를 바라는 마음이라고 한다면 나는 그것을 최대로 존경할 수 있을 것이다. 그러나 슈바벤 지방 출신의 신비주의자나 그밖에 얼빠진 교인들의 기독교라면 기독교가 도대체 실제로 무슨 뜻이 있단 말인가.

뿌리 없는 나무처럼 시들어버린 기독교에 대하여 니체는 완전히 단념하고 새로운 디오니소스 종교로 대치시키고 싶었다. 그 속에는 힘이 있었고 진실이 있었기 때문이다.

니체는 생의 쇠퇴의 상징으로 기독교와 생의 활력의 상징으로 디오니소스를 대립시켰다. 그는 그의 정신 앞에 디오니소스가 나타난 후로 기독교의 제거를 절감하였다. 그는 변질된 관례상의 의식적인 기독교에 대해서 공격을 가했을 뿐만 아니라 기독교의 본질자체를 공격했다.

니체가 보기에는 신약성서 속에는 작은 종파 투성이며 신기한 것 뿐만 아니라 때로는 목가적인 감미성마저 곁들인 편협한 분위기가 가득 차 있다. 거기에는 자유롭고 관대하고 솔직하고 공정한 것이란 아무 것도 없다. 신약성서 속에는 순수성에 대한 본능이 결여되어 있다. 복음서가 우리에게 소개해 주는 그 기묘하고도 병든 세계는 마치 사회의 찌꺼기 같은 존재이며 정신박약자나 어린이 같은 백치들이 사이좋게 함께 모인 러시아 소설 속에 묘사된 세계와 같다. 여러 가지 점을 감안할 때에 기독교의 창시자는 경박하다.

복음서의 내용에 따르면, 오늘날일지라도 시베리아 유형을 면할 수 없는, 그런 언동을 통하여 비천한 민중과 사회에서 몰려난 자, 또는 죄인, 그리고 유대인의 천직자들로 하여금 기존질서에 항거하도록 선동한, 이 신성한 무정부주의자는, 그 당시와 같은 부조리하고 비정치적인 사회공동체에서도 우리가 정치적 범죄자라는 개념을 적응시킬 수만 있다면 그는 틀림없이 정치범이었다고 할 수 있다. 이 이유 때문에 그는 십자가에 못 박혔으며 이 사실은 십자가에 새겨진 명비가 그것을 증명하고 있다. 그는 결국 자기가 지은 죄로 인해서 죽은 것이지 흔히들 주장하듯이 타인의 죄의 값으로 죽음을 당한 것은 아니다.

　나사렛 예수는 악인을 사랑했지 선인을 사랑하지는 않았다. 그는 도덕의 파괴자가 되기를 원했다. 예수는 신과 일체감을 느끼기 위해서는 어떻게 살아야 하느냐를 보여주고 있으며 죄를 저지르는 것은 대단한 문제가 아니었다. 이런 것이 니체의 예수에 대한 판단이다. 그러나 니체는 그의 『권력의 의지』에서 말한다. "십자가의 예수는 지금에 이르기까지 여전히 가장 숭고한 상징이다. 근본적으로 볼 때 또 하나의 그리스도만이 존재하였으며 그는 십자가에 못 박혀 죽었던 것이다."

　바울은 가장 명예욕이 강하고 성급한 마음의 소유자이며 교활한 두뇌에다가 고통에 억눌려 있는 동정할 만한 존재일 뿐만 아니라 남에게도 자기 스스로에게도 불쾌감을 갖고 있는 사람인데도 불구하고 1500년이 지나도록 아무 독자층을 갖고 있지 못했기 때문에 그 누구도 이런 점을 알아차리지 못했다.

　바울에게는 기쁨의 사자와는 반대의 유형이 구현되었으며 굽힐 줄 모르는 증오의 환상 속에 체질적인 증오의 능력이 갖추어져 있다. 교회는 전적으로 그에게 있어서는 예수가 설교를 통하여 항거한 바로 그런 것이다.

　어떠한 종교든지 그것이 일단 지배적인 세력으로 등장하고 나면 그 종교의 초기의 신도들 모두가 그의 적으로 변해버리는 것이다.

　교회란 일종의 국가와 같은 것이면서도 가장 허위로 가득 찬 것이다. 결국은 병적인 야만성 자체가 권력으로 증강되는 것이 교회이며 모든 정직한 것, 숭고한 영혼, 그리고 자제하는 정신이나 공명하고 정신적인 인간성에 반하는 형태이다. 기독교 교리는 끊임없이 그 중심점을 변화시키고 있다. 즉 하나의 전형으로서의 그리스도가 원래 부인하던 것들을 모두 점진적으로 흡수해 나갔다. 그리스도는 시민,

병사, 형무관, 노동자, 상인, 학자, 농민, 또는 애국자가 되었으며 자기가 하지 않기로 맹세했던 모든 행위를 다시 받아들이고 있는 것이다. 따라서 모든 기독교인들의 생활은, 드디어는 그리스도가 벗어나라고 설교했던 바로 그런 생활이 되어버리고 말았던 것이다. 이것은 교회가 현대 국가나 현대 민족주의에 있어서와 같이 반기독교적인 것이 승리한 결과이며 교회는 기독교의 야만화인 것이다.

니체는 신학자에 대하여 체내에 신학자의 혈통을 지닌 자는 처음부터 보는 사물에 대하여 비뚤어지고 불성실한 태도를 취하기 마련이다라고 했다. "나는 도처에서 신학자의 본능이라는 것을 발굴해 냈는데 이것이야말로 이 지상에 존재하는 가장 널리 알려지고 원래 선동적이라고 할 수 있는 진리의 형태인 것이다. 신학자가 진실이라고 느낀 것은 틀림없이 그릇된 것이라고 생각할 수도 있다. 우리는 거의 진리의 기준을 거기에다 둘 수 없다."

니체는 성직자에 대하여 성직자들이야말로 항상 세계사에 등장한 가장 완전하고 위대한 증오자이며, 또 가장 정신적인 증오자였다고 말한다. "성직자들이 지니고 있는 복수의 일념에 대하여 생각한다면 모든 정신은 언급할 필요도 없다. 성직자에 있어서는 그들의 치료제나 의술뿐 아니라 그들이 역시 지니고 있는 교만성, 복수심, 예민한 감각, 방종, 사랑, 정복욕, 덕성, 그리고 질병 등과 같은 모든 것이 위험스럽기만 하다. 어느 정도 자신을 가지고 여기에 첨가해서 말할 수 있는 것은 본질적으로 위험스러운 인간의 존재형식이라고도 할 수 있을 성직자로서의 존재형식을 기반으로 해서 비로소 인간은 하나의 흥미있는 동물이 되었던 것이고 또한 이 단계에 와서 처음으로 인간의 영혼은 고도의 의미에 있어서 깊이도 갖추게 되었고 또한 아하게 될 수도 있었던 것이다."

니체는 기독교 발생을 유대적 본능에 대립되는 운동이 아니라 거기서 연유된 거대한 힘을 발산하는 논리의 귀결로 보았다. 기독교는 유대왕국 대 로마 제국의 투쟁이며 이같이 극단적인 모순보다 더 큰 사건이라고는 있어본 일이 없다. 니체는 중세를 유럽이 주독으로 오염된 시대라고 하고 루터의 종교개혁을 교회의 양순한 범절에 화가 난 우악스러운 자들의 반란이라고 보았다.

기독교야말로 최초로 이 지상에 죄악의 씨를 뿌린 장본인이다. 기독교는 젊은 신생 야만 민족에게는 독소와 같은 것이다. 예를 들면 고대 독일인이 지녔던 영웅심이나 또는 유아적이거나 동물적인 심성 속의 죄의 가능성과 저주에 관한 교리를 주입한다는 것은 그들에게 독소를 퍼붓는 것과 다를 것이 없으며, 거기서는 전혀 다른 어마어마한 화학적 비등과 분해 그리고 감정과 이성적 판단의 혼란 상태를 이루는 결과를 초래하게 되어 그런 상태가 경과함에 따라서 이 야만민족의 근본적 약화를 가져오고야 말 것이다.

기독교는 강자를 분쇄하려 하며 그들의 용기를 박탈하고 그들이 무용하게 보내는 시간과 권태를 이용할 대로 이용하고 또한 그들의 자신만만한 마음의 안정을 불안과 양심의 가책으로 뒤집어 놓으려 하며 나아가서는 고귀한 본능까지도 독소에 침식되어 병들게 하는 것이다. 이리하여 결국에 가서는 강자는 자조와 자학에 시달려 멸망해 버리고 마는 저 몸서리치는 자멸의 모습을 우리는 파스칼이 제시한 너무나도 유명한 예로써 알 수 있다.

기독교는 예를 들어 파스칼이나 혹은 그 이전에 에크하르트 같은 많은 사람들을 파멸의 구렁으로 몰아넣은 비정을 저질렀다. 그것은 심지어는 예술가의 개념조차 파멸시키고 라파엘에 대해서까지도 떳떳하지 못한 위선을 행사했던 것이다. 이 기독교가 변용시키고 있는 그리스도는 전라全裸의 상태로는 내놓을 수 없는 천박한, 동시에 무엇엔가 도취되어 있는 성직자로 되어버리고 말았다. 이 세계를 아주

흉하고 나쁘게 본 기독교적 판단이야말로 이 세계를 흉하고 나쁜 것으로 만들었다.

니체는 기독교의 실천강령을 정신과 자만심 또는 용기와 자유 그리고 정신의 방자성 등을 모두 증오하는 것이 바로 기독교적인 것이며 감성과 감각적 기쁨 또 모든 기쁨마저도 증오하는 것이 곧 기독교적인 것이라고 한다.

기독교란 사형리의 형이상학이다. 오늘날 인류가 겪은 최대 불행은 기독교다. 모든 기독교를 큰 저주이며 가장 내면적인 부패인 동시에 복수심이 불타는 본능이라고 부르겠다. 그것은 영원히 지워질 수 없는 인류의 치욕이다. 그는 기독교인에 대하여 내가 이 신도들의 구세주를 믿기 위해서는 우선 이 구제 받은 자들이 더 구제의 감격에 넘쳐 있어야 한다. 성경 속 기쁜 소식이 바로 그대들 얼굴로 새겨질 정도라면 그대들은 구태여 이 책의 권위를 믿으라고 신경질적인 요구를 할 필요는 없을 것이다. 왜냐하면 그대들의 말과 행동이 곧 성경을 점차 불필요하게 해줄 뿐만 아니라 하나의 새로운 성경이 그대들 속에서 생겨날 수 있을 것이기 때문이다. 이리하여 그대들이 기독교를 옹호하며 떠들어대는 모든 소리는 바로 비기독교 정신에 뿌리박고 있는 것이 되며 기독교에 대한 그대들의 변경으로 그대들 자신의 고발장을 쓰고 있는 것이다.

니체의 기독교 비난이 아무리 신랄하다 해도 니체의 어머니는 병든 아들의 말년에 와서는 크리스마스 때마다 잔치를 베풀어주곤 했었다. 한번은 어떤 크리스마스 트리를 원하느냐 하는 질문에 이 정신병 환자는 물론 아주 큰 것을 원한다고 대답했다. 그 축제일 저녁에 이미 정신이 혼미해졌던 이 철학자는 크리스마스 트리 앞에 놓인 안락의자에 몸을 담고 있었다. 그의 어머니가 후에 쓴 글을 보면 그의 얼굴은 빛나고 있었으며 또 그는 행복한 눈초리로 반짝이는 방울들과 타오르는 듯한 불빛들을 바라보고 있었는데 바로 이 때 형용할 수 없는 장면이 벌어졌던 것이다. 즉 그야말로 황홀해진 반기독교도의 저자는 기독교를 축복하는 크리스마스의 상징물 앞에서 어린애와 같이 기뻐했다고 전해진다.

루 터

니체는 종교개혁 속에서도 인간의 자연적인 본능이 살아 나오는 모습을 볼 수 있었다. 종교개혁 밑에서 개인의 자유가 호소되고 배로 하나님을 삼는 자유의 복음이 싹트고 있었다. 지금까지 눌려 있고 숨어 있던 일체의 본능이 마치 늑대처럼 뛰쳐나오기 시작했다. 맹수적인 욕망이 한꺼번에 자기를 드러낼 용기를 얻어 모든 것이 용납된 것처럼 생각하게 되었다.

복음적 자유란 사실은 맹수적 자유의 비밀을 용납하는 자유처럼 생각되었다.

니체에게 있어서 루터가 할 수 있었던 최대의 공적은 맹수적 자유를 복음적 자유라는 미명하에 감추어준 것이다. 루터의 최대의 공적은 관능에의 용기를 가졌던 것이다. 그는 카톨릭성자의 이상인 독신생활을 신앙이란 미명하에 집어치우고 결혼이란 자연적 생의 본능에로의 길을 터놓았다. 루터는 종교개혁이란 미명하에 다시 디오니소스의 길을 열어 놓은 것이다.

루터는 본래가 디오니소스적인 존재였다. 루터의 마음에는 너무도 강한 디오니소스적인 맹수가 날뛰고 있었다. 루터가 복음의 자유를 들고 나오는 동안에 정말 뛰쳐나온 것은 디오니소스적인 성적 야수뿐이다.

니체는 루터의 본질을 야수로 규정한다. 그는 루터의 찬송 속에서 독일정신이 다시 살아나옴을, 노래 부르는 디오니소스의 봄 노래를 들을 수가 있었다. 루터를 뒤따르는 바하나 베토벤이나 바그너도 디오니소스의 독일행렬에 불과하다.

니체는 독일정신을 디오니소스적인 것이라고 못박는다. 종교개혁 속에는 독일 신화의 재생이 있다. 현대문화의 황무지 속에 우뚝 솟은 아름다운 기사가 있다면 그것은 디오니소스의 용기를 가진 독일정신 뿐이다. 독일정신은 기독교적인 노예정신이 아니다. 그것은 야만적인 귀족정신이다. 그것은 비극숭배가 아니다. 그것은 강자의 정신이다. 로마법왕 앞에서 "나는 지금 여기 있다."고 외치는 용감한 청동기사의 루터는 기독교인이 아니라 독일인이다. 루터는 독일정신의 구현이요, 디오니소스의 마력이다. 진정한 독일 정신이 종교개혁의 탈을 뚫고 솟아 나온 것이다.

루터는 종교적이라기보다 민족적이다. 신약적이기보다 구약적이다. 니체는 마치 다윗처럼 돌을 들고 이방인 골리앗을 때려부수는 디오니소스적인 민족혼을 법왕에게 대드는 루터에게서 본 것이다

종교개혁은 신앙문제가 아니었다. 독일민족이 로마제국을 때려부수는 늠름한 하나의 장면이었다. 니체가 루터에게 불만이 있다면 그의 기독교적인 복장을 벗어버리는 일이었다. 좀더 순수한 독일정신만을 나타내 주기를 바랬다.

독일정신은 본래 순수한 것이었다. 그것은 본래가 야만적인 것이다. 그것은 본래 맹수적인 것이요, 늑대적인 것이다. 그것은 자연적인 것이며, 본능적인 것이며, 디오니소스적인 것이다. 독일정신에는 눈꼽만큼도 기독교적인 것은 없다. 독일정신 속에는 노예도터은 없다. 그 속에는 강자의 도덕이 있을 뿐이다. 귀족의 도덕이 있을 뿐이다.

독일인은 본래가 이교도다. 독일민족은 본래 비신앙적이다. 비기

독교적이다. 기독교를 집어치우고 신앙을 집어치우고 다시 빛나는 야수로 되돌아오는 것만이 독일인이 되는 길이다. 기독교적인 문화, 기독교적인 마취에서 깨어나서 순 야수적인 독일인이 되는 것만이 독일혼이 살아나는 길이며 독일인이 되는 것이다. 독일인이 그의 야수적인 강건을 회복했을 때만 유럽인은 오랜 중세기의 어두운 그림자를 벗어나게 된다. 독일이 처음으로 비기독교적인 국민이 되었을 때, 오랜 이교도라는 악명이 영광이 되고, 세계는 중세에서 벗어날 수 있다. 독일인이 독일인이 될 때 유럽은 유럽인이 되고 인류는 미래의 희망을 되찾을 수 있다. 그런데 루터는 기독교에 취하여 완전한 독일인을 이룩하지 못하였으며 현대의 독일인도 기독교를 벗어나지 못하여 아직도 허무주의의 암흑 속에서 헤매고 있다.

니체의 사명은 어떻게 해서라도 중세기적 암흑을 벗어나 빛나는 대낮을 가져오는 데 있다. 그것을 위해서 중세기의 거짓을 폭로하고 현대의 진실을 추구하기 위하여 그가 뛰어든 것이 자기 스스로 디오니소스의 사제가 되어 중세 천년에 도전하는 길이었다. 디오니소스적인 신과 인간은 무섭고 의심스런 외모를 자기 자신에게 용납할 뿐만 아니라 무서운 행동도 용납할 수 있다.

니체가 루터에게서 찾은 것은 기독교가 아니라 디오니소스를 찾은 것이다. 그러나 루터 속에 있는 기독교적인 체취도 그는 무시하지 않았다. 그 가운데서도 니체의 초인주의를 가장 거슬린 것은 루터의 평민주의라는 것이다. 루터가 결혼한 것은 자연에 복귀라는 의미에서 디오니소스화의 한 걸음을 내딛었지만 동시에 루터의 결혼은 성직자의 계급주의를 파괴하고 평민주의로 떨어뜨렸다는 것이 다.

니체의 귀족주의는 계급을 그 기초로 하고 있다. 계급들 가운데 최고의 계급이 초인의 계급이다. 이 우주는 초인에 의하여 지배되어야 한다. 눈먼 천민들이 세계를 지배하는 우민정치처럼 위험한 것은 없다. 그런데 루터는 원시기독교로 복귀한다 하여 로마의 계급주의를 인정하지 못하고, 승려의 계급의식을 타파하고, 독신을 깨뜨리고 결혼함으로 말미암아, 승려로서의 성서고해라는 신성한 권리를 포기하고, 천민과 야합함으로써 또다시 기독교적인 천민주의로 떨어져 농민폭동을 빚어내고 마침내는 정신적인 폭동까지 저질렀다는 것이다.

 종교개혁이란 하나의 천민폭동이요, 그것은 프랑스혁명과 다를 것이 없다는 것이다. 프랑스혁명은 다시 나폴레옹의 귀족정치에 의하여 진압되지만 프로테스탄트의 천민폭동은 현재까지 진압되지 않고 있으며 이러한 천민운동은 우매한 민주주의를 도발하였다. 민주주의란 고귀한 귀족주의의 적이며 생의 퇴폐요, 떼를 지은 약소동물의 원한의 도전에 불과하다. 무정부주의도 사회주의도 모두 기독교적인 천민주의의 연장에 불과하다. 프랑스혁명도 파리 콤뮨도 모두 기독교의 평민주의의 연장이요, 중세의 연명에 불과하다. 종교개혁은 결국 중세를 끝내지 못하고 중세를 연장시키는 역할을 한 것에 불과하다.

 루터의 신앙으로만 구원을 얻는다는 교리는 중세의 고귀한 계급을 송두리째 무너뜨렸다. 믿음만으로 구원을 얻는다는 이야기는 자기가 선행을 할 수 없어 카톨릭의 귀족이 되지 못한 천민들의 자기변호에 불과하다. 만인이 모두 신과 직접 통할 수가 있다는 만인 사제설은 카톨릭의 귀족계급을 파괴하고 동시에 종교회의 영감을 거절하고 교회의 신성을 모독한 폭거에 불과하다.

 카톨릭은 신적인 귀족계급에 인도된다. 그런데 이 계급을 깨뜨려 버리고 누구든지 신과 만날 수가 있다든지, 성서를 모든 사람에게 가지게 한다든지, 승려에게 결혼을 허락하여 승려의 신성을 해친다든지 하는 이런 모든 계급의 파괴는 무서운 천민이 우민정치를 끝이들이는 원인이 된다. 우리 유럽인들은 거대한 폐허의 세계를 볼 수 있게 되었다. 거기에는 아직도 몇 개가 우뚝 솟아 있고 태반이 무너질 것 같은 모습을 나타내고 있다. 대부분은 벌써 땅에 쓰러지고 말았다. 그리하여 크고 작은 잡초에 묻혀 버리고 말았다. 교회가 무너져 버린 황폐한 모습이다. 우리는 기독교의 종교사회가 최하의 계층까지 흔들리고 있는 것을 본다. 고귀의 신앙은 전복되었다. 기독교적인 금욕주의의 이상은 지금 최후의 싸움을 싸우고 있다.

니체는 야수의 야만성을 찬양하지만 약소동물의 군중성을 싫어한다. 니체가 숭배하는 것은 초인이요, 사자의 고귀함뿐이다. 그는 사자의 고독을 사랑한다. 금발의 사자가 종횡무진 약소동물을 살육하는 것을 좋아한다. 그는 루터의 맹수성을 좋아하지만 루터 군중성을 좋아하지는 않는다. 루터가 결혼하여 야수가 되는 것을 좋아하지만 결혼하여 군중이 되는 것은 좋아하지 않는다. 그는 고귀한 야수를 좋아한다. 그는 낙타를 물어뜯는 사자를 좋아한다. 그는 신앙만이란 말을 군중으로의 타락으로 보았다.

고귀한 인간은 남의 힘에 의지하지 않는다. 자기의 힘으로 무엇이건 해내야 한다. 무엇을 하는데 실력이 생기고, 습관이 생기고, 기술이 생기고, 가치가 생기고, 개성이 생기고, 독특한 것이 생긴다. 이런 고귀한 행위를 부정하고 놀고먹겠다는 신앙만의 주장은 복음이 아니라 화음禍音이다.

기독교의 본질은 행에 있지 믿음에 있는 것이 아니다. 복음의 실천, 복음의 생활만이 기독교의 본질이다. 이런 실천을 무시하고 신앙을 들고 나온 루터는 바울처럼 기독교의 적이다. 그것은 유대주의의 부활이요, 군중주의 천민주의의 귀족에 대한 증오와 복수심을 일으켜 민중봉기와 농민폭동을 일으키고 민주혁명과 천민집단과 우민정치를 일으켜 인간의 모든 고귀성을 송두리째 빼앗아 버렸다.

기독교는 부끄러움도 모르고 지껄여대는 잡담으로 떨어지고 말았다. 신앙만을 주장한 루터는 바울처럼 기독교에 대해서는 못할 짓을 하였다. 그는 유럽의 적이요, 인류의 적일 뿐만 아니라 기독교의 적이기도 하다.

니체의 기독교는 행의 기독교지 신앙의 기독교가 아니다. 니체는 로마 카톨릭을 기독교적인 것으로 보지 않고 로마적인 것으로 본다. 로마는 한 때 기독교에 굴복하였다. 그러나 얼마 있다가 로마는 다시 가사상태에서 일어나기 시작했다. 로마교회는 껍데기로는 교회의 탈을 쓰고 있지만 속은 로마의 귀족주의가 다시 자리를 잡게 되었다.

종교개혁은 귀족주의에 대한 천민들의 복수의식이다. 그런 의미에서 니체는 종교개혁을 슬퍼하였다. 루터의 종교혁명은 저급한 대중의 승리를 의미한다. 어리석은 것이 다시 유럽을 지배하게 하였다. 독일인은 르네상스라는 역사상 최후의 위대한 시대에 그 의미를 상실케 하였다. 고귀한 것 대신에 천한 것을 승리로 이끌어가게 했기 때문이다.

니체가 싫어하는 것은 군중이요, 낮고 천한 것이다. 모든 고귀한 것은 희귀한 것이다. 그것은 마치 병든 세상에서 건강을 찾는 것이나 마찬가지다. 하나의 병든 시대가 지나가고 건강한 시대가 나타나야 한다.

니체에 있어서 현대는 병든 시대다. 그것은 중세기라는 병든 시대를 극복하지 못했기 때문이다. 루터 같은 야수도 그것을 극복하려고 했지만 또다시 군중병에 걸려서, 신앙만이라는 병에 걸려서 거짓을 끊어 버리지 못하고 말았다. 근대의 모든 병든 유럽인들이여, 새로운 건강의 길을 찾는 것, 이것만이 승리의 길이요, 시대극복의 길이다.

건강, 이것이 병든 니체의 유일한 희망이요, 소원이다. 이 건강을 그는 디오니소스의 초인에서 찾았다. 모두 병든 시대에 건강한 사람은 오직 한 분밖에 없다. 정신적으로 모두가 병에 걸려있다. 병을 이겨낸 사람, 그가 초인이다. 생의 긍정, 이것이 권력의지다. 바울의 기독교는 생의 부정이다. 기독교가 끝나는 날 중세도 끝나고 생의 부정도 끝난다.

파스칼

　희랍정신을 누구보다도 사랑한 니체와 기독교 정신을 누구보다도 사랑한 파스칼(Blaise Pascal, 1623-1662)은 어쩔 수 없이 운명적인 숙적으로서 한없이 미워하고 한없이 공격하면서도 서로 존경하고 서로 감탄하고 서로 사랑하는 좋은 친구였다.『이 사람을 보라』라는 니체의 글 속에 "나는 파스칼을 읽는 것이 아니라 그를 사랑하고 있다."고 고백한다. 처음에는 육체적으로, 다음에는 심리적으로 서서히 죽음을 당하는 가장 교훈에 넘치는 기독교의 희생제물로서 비인간적인, 솜털이 오싹 돋는, 잔인한 형식의 온전한 논리로서 그를 사랑한다고 말한다.

　기독교의 퇴폐적인 논리의 구상화인 파스칼, 고귀한 것을 병들게 하고 오염시키는 기독교의 잔인성을 파스칼에서 보면서, 기독교에 대한 증오에 가슴을 불태우면서도 어리석게도 기독교도가 되어 보려고 자기를 내던지는 파스칼의 우둔한 진실성에 니체는 한없는 동정과 애착을 금할 수가 없었다. 그것은 기독교를 폭파하기 위하여 니체도 희랍정신의 희생제물로서 디오니소스의 폭탄이 되어 기독교 속에 뛰어드는 가장 어리석은 진실을 몸소 그리고 마음으로부터 실천할 결심을 했기 때문이다.

　파스칼이 기독교의 희생제물이라면 니체는 희랍정신의 희생제물이다. 두 사람은 숙명적인 원수이면서 동시에 가엾은 희생제물들이다. 파스칼과 니체는 같은 제물로서 서로 통하는 데가 있었다. 니체는 내가 플라톤, 파스칼, 스피노자, 괴테에 대해서 생각할 때는 그들의 피가 내 피 속에 통하는 것을 느끼게 된다. 내가 그들에 대하여 진실을 말할 때에 나는 나도 모르게 우쭐해진다. 거짓을 꾸미고 숨기거나 할 필요가 없을 정도로 이 사람들의 피들은 훌륭하다. 모든 과거에 대한 나의 태도도 이들과 마찬가지였고 나는 인간성에 대하여 긍지를 가지고 조건 없이 성실하게 이들을 자랑하고 싶다고 했다.

그의 가장 정신적인 침체기였던 36세에 그의 활력은 가장 밑바닥에 떨어졌다. 살고는 있었지만 세 발자국 앞도 보이지 않는 시기였다. 이 때 그의 유일한 벗은 파스칼의 『팡세』였다. 가장 깊은, 다 퍼낼 수 없는 깊이를 가진 책은 파스칼의 『팡세』 같은 책이다. 『팡세』 같은 책이 없었다면 니체의 정신, 생명은 부지하지 못했을지 모른다.

기독교적인 신앙을 잃고 다섯 번이나 죽으려고 몸부림치면서 회의와 고독과 허무에 시달려 광야의 사막에서 죽기를 기다리던 니체가 기독교에는 동조할 수 없었지만 같이 죽어 가는 파스칼에 무한한 우정을 느낀 것은 동병상린의 어쩔 수 없는 운명이었다.

니체는 이러한 무서운 죽음의 골짜기에서 기독교를 벗어났으며 파스칼은 이 죽음의 골짜기에서 희랍정신을 벗어났다. 두 사람은, 하나는 디오니소스의 사도가 되고 하나는 바울의 후계자로서 적대하게 된 것이다.

니체와 파스칼이 인간의 고독과 비참 속에 그들의 낡은 허물을 벗어 가는 탈피의 과정은 정반대이지만 그러나 두 사람의 허위를 극복하고 실존이 되어 가는 과정은 서로 같은 데가 있다. 누구보다도 파스칼을 자기의 완전한 적이라고 생각한다. 파스칼이 기독교 정신의 가장 완벽한 전형이요, 한없는 정열과 정신의 구현이기 때문이다.

니체는 우리는 프랑스를 지금까지 지상에서 가장 기독교적인 국민이었다고 인정하지 않을 수 없다고 한다. 그것은 대중 신앙이 다른 나라 보다 앞섰다는 의미가 아니고, 가장 곤란한 기독교적인 이상이 그들에게는 인간으로 구현되고, 단순한 관념이니 실마리가 도중에 그치지 않고 정열과 성실과 정신의 결합에 있어서 모든 그리스도인 가운데서 제일인자인 파스칼을 내어놓았기 때문이다.

니체는 프랑스가 낳은 최대의 기독교도인 파스칼의 지성과 양심처럼 깊고 크고 상처받은 지성과 양심은 어떤 역사에도 없다고 장담하고 있다. 파스칼의 용기와 지혜와 섬세는 니체에게 한없는 용기와 지혜와 섬세를 북돋아 주었다.

니체에게 있어서 파스칼은 고귀한 영혼이며 힘센 사나이며 예외자요, 전형적인 인간이다. 니체처럼 파스칼의 인간적인 위대성을 이해하고 존경한 사람도 드물 것이다. 파스칼은 니체가 존경하는 최대의 한 사람이었다. 그런데 그 파스칼이 기독교라고 하는 악성 전염병에 걸려서 썩어지고 만다. 기독교는 이러한 보다 높은 전형적인 사람에 대해서 필사의 전투를 벌인 것이다. 기독교는 정신적인 최고의 이성을 유죄로 처리하고 말았다. 여기에 걸려들어 파스칼이 망하고 만 것이다.

니체는 기독교가 파스칼 같은 인물을 파멸케 한 것은 도저히 용서할 수 없는 일이라고 생각했다. 기독교가 가장 강하고 가장 고귀한 혼을 파괴하려는 의지를 가진 것은 절대 묵과할 수 없는 것이다. 우리는 결코 이런 기독교를 그냥 두어서는 안 된다. 기독교를 박멸하여 고귀한 정신이 파멸되지 않도록 인간 정신을 구원하는 것이 니체의 사명이었다. 니체는 기독교를 하나의 무서운 전염병으로 보았다.

기독교는 본질적으로 하나의 병이요, 간질 같은 것이다. 저 신성한 십자가처럼 사람을 유혹하고, 도취시키고, 타락시키는 것은 없다. 저 십자가의 신이란 무서운 역설처럼, 또 인류를 구원하기 위하여 신 자신이 십자가에 달렸다는 잔인한 연극처럼 인류를 파멸시키는 또 무엇이 있을 것인가. 비참한 자, 가난한 자, 힘없는 자, 낮은 자, 고뇌에 빠진 자, 가진 것 없는 자, 병든 자, 추한 자가 행복한 자요, 고귀한 힘을 가진 자가 영원히 저주받아 지옥에 떨어질 것이라고 하는 이러한 허무한 가치체계가 유럽 역사의 이천 년을 지배하다니, 이것은 순전히 예수의 십자가의 희생을 이용하여 바울의 신학적 천재의 손을 거쳐 도덕적으로 굳어진 유럽역사의 허무주의의 원인이다. 이것은 고귀한 귀족들에게 적개심을 가진 천민의 승려계급들이 만들어 낸 복수의 영이다. 이런 전염병에 고귀한 영들까지 걸려들어 파스칼도 파멸의 희생이 된 것이다. 특히 파스칼에게는 이런 전염병에 걸려들기 쉬운 체질을 가지고 있었다.

기독교도가 된다는 것은 누구나 제멋대로 되는 것이 아니다. 사람에게 배워서 기독교도가 되는 것이 아니라 거기에는 본래 타고난 병적 체질이 필요하다. 그것은 절망이란 것이다. 니체는 적어도 절망할 가능성을 가진 사람에게 기독교는 사냥개처럼 달려 붙는다고 한다. 파스칼은 절망의 인간이었다. 이러한 체질 때문에 그도 기독교에 걸려든 것이다. 고귀한 파스칼의 혼이 가장 피로했을 때 그도 기독교의 유혹에 빠져들고 만 것이다.

니체는 격한 어조로 이렇게 말한다.

"우리가 기독교에 있어서 타도하려고 하는 것은 무엇인가. 그것은 기독교가 강자를 무찌르려고 하는 점이다. 강자의 용기를 떨어뜨리고 그들의 약한 순간과 피로를 이용하여 그들의 자랑스런 확신을 고쳐 불안과 양심의 가책을 일으키려고 하는 점이다. 그들의 고귀한 본능을 병들게 하여 그의 능력과 힘의 의지를 퇴화시키는 점이다. 이리하여 강자들이 자기 멸시와 자기 학대의 파멸에 빠져버린다. 이것이야말로 무서운 파멸이요, 그 대표적인 예가 파스칼이다."

니체는 분노와 동정과 경악을 가지고 이렇게 외치지 않고는 견디지 못한다.

"아, 그대 어리석은 천치여, 교만하고 가엾은 바보여, 어떻게 이 꼴이 되었는가. 내가 이런 꼴이 되다니 너는 가장 아름다운 돌을 박살을 내고 말았다. 도대체 어떻게 하다 이런 짓을 했는가."

니체에게 파스칼은 더욱 절망적이다. 그는 인식자체도 부패한 것,

허망한 것으로 생각하고 이 세계도 부정한 것으로 이해했기 때문에 그에게는 계시가 필요했던 것이다. 자기를 미워하고 신만을 사랑하라는 파스칼의 생각은 초월적 십자가의 신을 위해서, 인간적 생을 십자가에 달라는 파스칼의 생각은 니체에게는 인간을 파멸시키는 무서운 죄악이요, 어리석은 지랄이었다. 그것은 지랄병의 체계다.

 니체에게는 죽어서 다시 산다는 비밀을 이해할 수가 없었다. 그것은 하나의 종교적인 망상이었다. 파스칼은 바늘로 자기 몸을 찌르고 자기 몸을 찢을 정도로 자기를 미워하려고 하였다. 자기에 대한 애착이 이웃에 대한 사랑을 방해한다고 생각했기 때문이다. 자기를 사랑할 수 없게 되는 것, 이 때에 비로소 신만을 사랑할 수 있게 될 것이다. 신만이 일체를 넘어설 수 있는 절대의 초월자이다. 신 이외의 것은 일체가 우상이다. 그런 의미에 있어서 인간이 넘어서야 할 최대의 우상은 자기 자신이다. 그러나 니체에 있어서 그런 초월은 파멸의 길이다.

 니체도 초월은 알고 있다. 그것은 약한 생을 넘어서 강한 생으로 넘어가는 초월이다. 파스칼의 유일신관과 니체의 범신론적 신관이 정면으로 대립한다. 인간이 부정되고 신만이 긍정되는 그런 초월을 니체는 이해할 수가 없었다. 인류의 타락과 구원의 연극은 니체에게는 필요가 없었다. 기독교의 신은 죽은 것이다. 그러나 니체는 파스칼을 버릴 수가 없었다. 파스칼을 읽는 것이 아니고 사랑한다는 니체는 예수와 파스칼의 대화는 신약성서 속의 어떤 것보다도 훨씬 더 아름답다. 그것은 일찍이 말로 된 것 가운데서 가장 매혹적인 것이다. 이처럼 아름답게 예수에 대해서 쓰여진 일이 없다. 그렇기 때문에 폴로와 이야루 이후에 기독교는 어디나 타락뿐이다.

 니체는 기독교의 제물이라고 파스칼을 비난하다가도 현대의 타락한 기독교와는 격이 다른 기독교인 파스칼을 그는 극구 칭찬하는 것도 잊지 않았다. 파스칼은 자기 위안의 쾌락주의적인 현대의 기독교와는 차원이 다른 기독교인이었다. 니체는 파스칼을 통하여 자기 자신을 발견하고 있었다. 그것은 두 사람이 가지고 있는 타고난 종교성이다. 유일신을 찾는 파스칼이나 범신론을 찾은 니체나 두 사람이 가지고 있는 종교성만은 서로 부인할 수가 없었다.

니체는 말한다 "얼마나 많은 새로운 신들이 앞으로도 얼마나 일어날 것인가. 종교적 본능이 다시 말해서 신을 형성하는 본능이 가끔 생각지도 않게 되살아 나오는 나에게는 그 때마다 언제나 신적인 것이 얼마나 다른 모습으로 그 모습을 나타내는 것일까." 신은 죽었다고 하면서 누구보다도 신적인 것을 살고 간 니체, 그는 파스칼을 자기와 같은 본질을 가진 자임을 알고 있었다.

파스칼이 젊었을 때 죽지 않았다면 그는 탁월하고 악랄한 혼을 가지고 기독교 자체를 웃음으로 죽여버렸을 것이다. 그러나 그는 너무도 일찍 삼십대에 젊음으로 죽어버린 것이다. 가엾은 파스칼, 니체는 파스칼이 철이 없어서 기독교에 끌려 다녔지만 나이 들어 철이 들었다면 자기처럼 기독교를 박멸하는데 앞장섰을 것이라고 생각한 모양이다. 하여튼 니체나 파스칼이나 키에르케고르나 도스토예프스키는 그들의 종교성에 있어서 모두 성실함을 가진 존재였다. 그런 의미에서 그들은 세계사의 과도기에 태어나 누구보다도 일찍 깨어나서 미래를 예언한 예언자였으며 위대한 시대의 희생자였다.

니체는 넘치는 태양처럼 무진장이다. 그것은 니체만 그런 것이 아닙니다. 누구나 실존이 되면 그런 것이다. 태양처럼 창조적 생명에 넘치기 때문에 누구나 실존이 되면 넘치는 것이다. 이러한 실존적 체험

없이는 니체를 이해할 수 없다. 실존을 이해하는 길은 실존이 되는 수밖에 없다. 니체는 하나의 과제가 아니다. 니체는 하나의 과녁이다. 니체를 자기 것으로 할 때에 나는 내가 되는 것이다. 니체의 중심 과제는 내가 되는 것이다. 어떤 내가 되는가. 본래 있던 내가 되는 것이다. 기독교식으로 표현하면 하나님께서 태초에 지어주셨던 본래의 원형이 되는 것이다. 하나님의 형상인 본래의 원형이 되는 것이다. 나중에 그 원형을 초인이라는 말을 쓰고 있지만 니체가 내가 된다는 말은 본래적인 자아, 초인이 되는 것이다.

초인은 초월적인 존재이면서 초월적인 존재가 아니다. 그것은 누구나 다 될 수 있는 내재적인 존재다. 초월적인 노력은 내재적인 노력이다. 자기를 넘어서는 길은 언제나 자기로 돌아오는 길이다. 자기를 넘어선다는 말은 자기를 넘어서는 것 같지만 사실은 세상을 넘어서는 것이다. 세상을 초월할 때에 태양은 진정한 태양이 되고 태양이 세상을 넘어설 때 태양은 세상을 비추게 되고 다시 세상으로 돌아오게 되는 것이다. 태양이 자기를 깨뜨리고 넘쳐흐르는 빛은 결국 자기에게로 다시 돌아오는 만물이 되어 버린다.

니체는 자기를 넘어서 자기를 말한다. 그것은 태양이 자기를 넘어서 자기를 비추는 것과 같다. 태양이 나다. 이것이 니체의 핵심이다. 나는 태양이다. 이것이 니체의 실존이다. 인간은 누구나 태양이 될 수 있다. 인간의 노력은 태양이 되는 노력이다. 누구나 노력하면 될 수 있다. 못되면 초인이 아니다. 그러나 되면 초인이다. 태양이 태양이 되는 것이다. 태양이 태양이 되는 것처럼 쉬운 일은 없다. 자기가 태양인 줄 알면 누구나 태양이 될 수 있다. 알면 그 앎에서 힘이 나온다. 봄이 되면 싹이 터 나오듯이 내가 태양인 줄 알면 나는 태양이 될 수 있는 힘이 저절로 내 속에서 터져 나온다. 봄이 되면 내가 내가 된다. 봄이 되면 내가 내가 되게 마련이다. 봄이 되어야 한다. 자기를 알아야 한다. 아는 노력, 알기만 하면 되기는 저절로 되는 것이다.

사람은 오랜 역사 속에서 사람이라는 것이 무엇인지 모르고 살아왔다. 그러나 요즘처럼 사람이 문제가 되는 시대는 없었다. 사람은 사람이 무엇인지 알려고 애를 쓰고 있다. 그것은 사람이 무엇인지 모르고 있는 줄을 모두가 알고 있기 때문이다.

요즘처럼 인간을 알려는 노력이 심한 때는 없다. 그런데 니체는 현대의 선구자로서 자기를 안 사람이다. 알고 보니 인간은 태양이라는 것이다. 태양에서 빛이 나오듯이 사람에게서 말이 나온다. 니체는 한없이 말을 한다. 모두 자기 표현이요, 자기 소리다. 단순한 말이 아니라 자기를 넘어선 말이다. 자기를 넘어서 자기를 말한다. 마치 자기 속에 누가 들어가서 말하고 있는 축음기 같다. 축음기에서 노래가 흘러나오듯이 니체를 넘어서 노래가 흘러나온다. 노래라기보다 시다.

니체는 자기가 말하는 것 같지 않다. 자기 속에 누가 어떤 존재가 있어서 그것이 말하는 것 같다. 니체는 그것을 디오니소스라고 한다. 어떤 영이 자기 속에서 말하고 있는 것이다. 니체는 자기가 말하는 것이 아니라 어떤 영이 말하고 있다고 생각하였다. 그러나 이 영이 초인이요, 그것이 니체의 영이다. 니체는 영에 깨어난 것이다. 봄에 싹이 트듯이 영이 깨어난 것이다. 씨가 싹을 체험하듯이 니체는 자기 속에 영을 체험한 것이다. 디오니소스를 체험한 것이다. 그러나 그것은 니체의 혼이다.

니체는 자기를 아는 순간 자기의 혼이 깨어난 것이다. 혼이 깨어보니, 혼은 태양처럼 무한하다. 빛이 비쳐 나오는 태양처럼 말이 흘러나온다. 혼의 말이다. 혼은 본래 말씀이었다. 말씀의 말이다. 말씀이 육신이 되었던 것이 육신이 다시 말씀이 된 것이다. 물이 얼어서 얼음이 되었던 것이 얼음이 다시 녹기 시작한 것이다. 다시 봄이 온 것이다. 본래적인 물이 되는 것이다. 내가 내가 되는 것이다. 내가 본래 말씀이었는데 말씀이 된 것뿐이다. 봄이 와서 할 수 없이 녹는 것이 아니다. 억지로 말하는 것이 아니다. 억지로 기쁜 것이 아니다. 저절로 기쁜 것이다. 억지로 하는 말이 아니다. 저절로 하는 말이다.

 니체는 한없이 말한다. 얼음이 녹아서 물이 흘러내리는 것처럼 물은 계속해서 흘러나온다. 인간은 어떻게 해서 인간이 되는가. 물은 어떻게 물이 되는가. 말씀은 어떻게 말씀이 되는가. 때가 와야 한다. 다시 봄이 돌아와야 한다. 그것이 영원회귀. 영원이라는 봄이 돌아와야 태양이 태양이 되고, 물이 물이 된다.

 인간이 인간 되는 길은 한길 밖에 없다. 철이 드는 것이다. 어떻게 철이 드나. 그것은 아무도 모른다. 다만 가까운 길은 고난뿐이다. 그것도 정확한 길은 아니다. 가까운 길일 뿐이다.

 봄이 오기 위해서는 겨울을 지나가야 한다. 이것이 자연의 순리다. 인간을 자연으로 환원시켜야 한다. 인간을 겨울 속에 집어넣어야 한다. 봄을 얻기 위해서 인간은 한번 겨울 속에 들어가야 한다. 겨울을 지내는 의지, 이것이 권력의지다. 자기가 되려는 의지, 이것이 힘의 의지요 권력의지다. 자기가 되려는 의지가 없으면 자기로서 깨어날 수가 없다. 자기가 되려는 의지조차도 억지로 되는 것이 아니다. 겨울이 오는 것도 억지로 오는 것이 아니다. 저절로 오는 것이요, 운명적으로 오는 것이다. 세상에 고행하는 모든 수도자들을 보라. 억지로 하는 것이 아니라 어쩔 수 없이 하는 것이다.

 무한히 자기가 되려는 힘의 의지만이 본래의 자기를 자기 앞에 나타나게 할 수가 있다. 본래의 자기가 자기 앞에 나타나는 것, 싹이 트는 것, 그것을 실존개시라고 한다. 씨가 싹이 트는 것이고, 얼음이 물이 되는 것이다. 얼음이 풀림을 존재 해석이라고 한다.

 존재란 해석된 존재다. 존재란 녹은 물이다. 존재란 말씀이다. 있는 것은 물뿐이다. 물이 얼었던 것뿐이다. 만물은 다시 녹아 존재가 된다. 얼음은 물이었다. 녹아서 물이 된 것뿐이다. 얼음도 본래 물이었다. 다만 얼어붙은 것뿐이다. 여기에 범신론적 사고가 들어 있다. 니체를 서양의 불교라고 하는 까닭이 여기에 있다. 녹으면 물이요, 얼면 얼음이다. 존재는 녹은 물이요, 실존은 녹기 시작한 물이다.

자기가 존재임을 알고 있는 이가 현존재다. 사람이 말을 하고, 사람이 정신이 있다는 것이 자기가 본래 신임을, 자기가 본래 말씀임을 어렴풋이 알고 있는 것이다.

사람은 말을 하다가 자기 속에서 말이 솟아 나오는 것을 느끼게 된다. 그것이 실존이다. 자기가 아무 생각도 안 하는데 말이 자꾸 솟아 나온다. 자기 속이 온통 말이다. 자기 속에 말바다가 있다. 내 속에 말이 샘처럼 솟는다. 이 때에 사람은 자기 속에 자기 이상의 신을 느끼기 시작한다.

니체는 자기 속에 디오니소스를 느끼기 시작한 것이다. 디오니소스가 말하고 있다. 그러나 그것은 디오니소스가 아니라 니체라는 얼음이 녹은 것이다. 그것이 존재요 말씀이다. 니체는 니체가 되고자 할 때에 니체는 존재가 된 것이다.

내가 무엇인가. 내가 그 무엇이 되고 싶다. 사람은 무엇인가. 사람은 무엇이 되어야 한다. 사람은 무엇일까. 사람은 사람이다. 사람은 사람이 되어야 한다. 나는 내가 되어야 한다. 사람은 무엇이 되는 것이 아니다. 사람은 사람이 되는 것이다. 나는 내가 아닌 것이 되는 것이 아니다. 나는 내가 되는 것이다. 내가 나다. 물이 물이다. 말씀이 말씀이다. 존재다.

내가 내가 되는 것처럼 쉬운 길은 없다. 그것은 저절로 된다. 강아지가 강아지가 되는 것은 저절로 된다. 그런데 사람은 사람이 되질 않는다. 여기에 인간의 저주가 있다. 인간의 비참한 운명이 있다. 그러나 이 운명을 저주해서는 안 된다. 이 운명을 사랑해야 한다. 사람은 고통을 달게 받아야 한다. 사람은 겨울을 지나야 한다. 사람에게는 겨울을 넘기는 고행이 필요하다. 권력의지가 필요한 것이다. 인간은 가장 어려운 길을 가장 견디기 어려운 고통의 길을 걸어야 한다. 아무리 그것이 어리석게 보일지라도 내가 되기 위해서는 그 길 밖에 없는 것이다.

쇠가 쇠가 되기 위해서 불 속에 들어가야 하듯이 인간은 인간이 되기 위하여 자발적으로 불 속에 뛰어들어야 한다. 마치 콜롬부스가 미대륙을 찾아 목선을 타고 깊은 바닷물에 뛰어들듯이 니체는 자기라는 존재의 심연에 뛰어들어가지 않으면 안되었다.

니체는 『이 사람을 보라』에서 아름답게 자기를 말하고 있다. 끝없이 긴 사다리를 타고 끝없이 깊은 심연으로 내려갈 수 있는 영혼, 그것은 한없이 먼 끝까지 자기 속으로 뛰어들어가 더듬고 헤맬 수 있는 한없이 넓은 영혼이다. 그것은 한없는 기쁨을 가지고 우연 속에 뛰어들어가는 한없이 높은 필연必然의 혼이다.

그것은 자기에게서부터 달아나면서 가장 넓은 바퀴를 그리면서 자기를 잡으려고 좇아가는 혼이기도 하다. 그것은 한없이 똑똑한 혼이면서 꿀처럼 단 말씀 속에 끌려드는 어리석은 혼이다. 가장 깊이 자기를 사랑하는 좋은 혼이면서 역경과 순탄, 밀물과 썰물, 일체를 받아들일 수 있는 가장 너그러운 혼이다.

니체의 자아는 하나의 혼돈이다. 그것은 태양처럼 타오르는 혼돈이다. 자기를 극복하여 무엇을 창조해 내려고 하는 조형적인 의지다. 인간은 자기 속에 혼돈을 지녀야 한다. 그리고 그 속에서 춤추는 별을 생산해 내야 한다. 그대들은 지금도 혼돈을 그대들 안에 가지고 있다.

인간은 누구나 혼돈을 지니고 있다. 그것이 인간이 가지고 있는 능력이요 생명이요 자연이다. 그것은 하나님께 뿌리박고 있는 원자연이다. 그것이 디오니소스의 구렁텅이다. 이 구렁텅이 없이는 아무 것도 생산할 수 없다. 이 구렁텅이는 투명하여 들여다 볼 수 있는 것이 아니다. 이 구렁텅이가 나다. 이 나는 생산된 내가 아니다. 내가 나를 생산하는 나다. 모태적인 나, 주체적인 나, 어디서나 주인이 될 수 있는 힘있는 나다.

내 속은 아무도 모른다. 그것은 힘의 근원이요 혼돈인 것뿐이다. 그것은 선도 아니고 악도 아니다. 그것은 선악을 넘어서 있다. 그것은 일체를 포함한 무서운 바다다. 그 속에는 잔인한 상어와 욕심 많은 고래도 뛰어 다닌다. 그러나 내가 사랑하는 것은 바다뿐이다. 내가 마음속으로부터 깊이 사랑하는 것은 생명의 바다뿐이다. 내가 생을 미워할 때 나는 그것을 가장 사랑하고 있는 것이다. 이 혼돈은 언제나 자기를 표현코자 한다. 그것이 창조요 말씀이다.

인간이 말하지 않을 수 없는 것은 자기 속에 불만의 불을 가지고 있기 때문이다. 힘의 의지란 하나의 불이요, 하나의 열정이다. 그러나 이 불 속에는 원초적인 예지가 번뜩이고 있다.

영웅

니체는 1844년에 나서 1900년에 죽었다. 헤겔의 절대주의적인 철학사상이 무너져 버리고 철학은 갈래갈래 찢어지기 시작했다.

1848년에 2월 혁명이 일어났다. 1871년에 파리 콤뮨은 한 때 프로레타리아의 독재를 실현하고 75년 마르크스, 엥겔스 지도하에 독일사회주의 노동당이 결성되었다. 중세 카톨릭적 통일이 무너지고 지상적 권위의 세속화가 진행되고 자본주의 사회의 이기적 맘모니즘이 횡행하고 국가권력의 독재화 신화가 역사에 떠오르기 시작한다.

니체는 우리들은 원자의 시대, 원자적 혼돈의 시대에 살고 있다고 한다. 중세에는 서로 적대되는 여러 힘이 교회에 의하여 통일되고 강한 그의 영향력으로 어느 정도 동화되었다. 그러나 유대가 끊어지고 압력이 늦춰지면서 여러 갈래의 힘은 다시 물어뜯기 시작한다. 교회는 종교개혁 이후 여러 사건에 간섭하지 않겠다고 선언하였다. 종교개혁이래 교회로부터 떠나가는 것이 많아졌다. 이제 지상의 모든 것은 난폭하고 악랄한 힘에 의하여 실업가의 이기주의와 군국주의의 독재자 힘에 의하여 지배받게 되었다. 독재자의 손에 든 국가는 실업가의 이기주의와 마찬가지로 모든 것을 새롭게 완성하여 모든 적대세력을 다시 결속시키려고 한다.

국가는 사람들이 교회에 바쳤던 우상숭배를 요구한다. 이것이 어떤 결과를 초래할 것인지 우리들이 몸소 맛보게 될 것이다. 하여튼 우리는 아직도 중세의 얼음덩이 속에 살고 있다. 얼음은 녹기 시작하고 물결은 일체를 떠내려보낸다. 얼음덩이는 덧놓이고 강가는 홍수로 넘쳐흐른다. 혁명은 피할 도리가 없게 되었다. 일체가 해체하는 원자적 혁명이다. 이제 해체를 면할 것이 무엇이 남았을까.

니체는 일체가 해체해 버리는 것을 니힐리즘이라고 한다. 덩어리란 아무 것도 없는 것이다. 결국 인간적인 것마저 해체해 버릴 위험에 직면하게 되었다. 인간성의 보물마저 깨어져가고 있다.

인간은 동물적이고 기계적인 것으로 타락하고 있다. 기독교적인 최고가치가 상실되고 시민사회와 국가 속에서 인간의 정신과 문화의 세속화, 자유주의 민주주의의 이념 속에서 인격의 추상화와 수평화, 과학문명과 자본주의 경제체제 속의 인간의 기계화와 상품화, 코페르니쿠스(Nicolas Copernicus, 1473-1543)이래 인간은 중심점을 이탈하고 있다. 인간은 인간을 멸시하고 인간멸시는 코페르니쿠스이래 계속되고 있다. 존재의 위기에서의 인간의 품위, 독자성, 불가대체성에 대한 신앙은 상실되었다. 인간은 짐승이 되고 말았다. 인간들은 과거의 신앙에서는 거의 신이었는데 코페르니쿠스이래 인간은 산비탈에 쓰러져 지금 그 중심을 떠나 계속 더 빨리 굴러 떨어지고 있다. 어디로 가나? 결국은 허무로 가고 있는 것이다.

니체의 염두에 있는 것은 떨어지는 인간을 어떻게 다시 끌어올릴 것인가. 인간을 고귀하게 하는 것이 가능할 것인가. 기독교의 최고가치가 무너진 이상 신앙으로서가 아니고 이성으로 위로부터의 구원이 아니고 아래로부터의 구원이 구상되었다. 그리하여 생각해 낸 것이 초인이며 '초인은 땅의 의미다.' 하는 말이 나오게 된다.

땅을 뚫고 나오는 새싹처럼 이성의 자각으로 형성되는 새로운 실존적 인간이 니체의 인간이었을 것이다. 그것 때문에 범신론을 가지게 되고 대지의 의미가 싹트게 된 것이다. 니체가 만일 민주주의 의식으로 대중계몽의 방향으로 나갔으면 얼마나 다행이었을까. 그러나 니체는 희랍세계에 매혹되어 귀족주의로 끌리게 되어 민중을 천시하고 소수의 초인을 구상하게 되었다. 그는 시대를 등지고 고대신화에서 모델을 찾았고 초인 속에서도 비인간적인 것에서 예증을 구했다. 디오니소스와 그 예언자 차라투스트라가 나타나게 된 것이다. 차라투스트라가 제자에게 말한다. 너희들, 오늘에 있어서 고독한 자여, 대중으로부터 멀리 떠난 존재여, 언젠가 너희들은 하나의 집단이 될 것이다. 서로 선출된 너희들 속에서 선출된 민족이 태어날 것이다. 그리하여 이 민족 속에서 초인이 나타날 것이다. 이러한 니체의 생각은 그대로 나치스의 신화가 되어 버렸다. 민중에 대한 천시가 니체를 반시대적인 반동의 입장으로 몰고 간 것이다. 신앙을 버리고 다시 신화로 더듬어 올라간 것이다.

니체의 미래중족은 역사의 혁명적 전환을 지도하는 정신귀족의 군상으로서 권력의지를 가지고 상승하는 막강한 인간으로서 세계를 주도하는 영웅의 군상으로 변해간다. 이리하여 제국주의적 나치스의 지도자군상의 신화로까지 발전하게 된다. 니체의 미래족은 가난한 대중, 무식한 대중이 아니었다. 니체의 구원의 대상은 대중이 아니라 고귀한 초인족의 자기구제였다. 대중의 생활문제라든가, 대중의 행복이라든가, 대중의 향상이라든가 하는 것을 니체는 생각하지 않았다.

니체의 귀족주의는 언제나 민중운동과 반대되는 것이다. 그는 민중을 천민이라 생각하고 민중의 지혜 대신에 민중의 부패만을 생각했다. 사회주의자들은 될 수 있는 대로 많은 사람들의 안락한 생활을 건설하려고 열망하고 있다. 그런데 이런 안락한 생활이 끊임없이 쏟아져 나오는 지반인 완전한 국가가 정말 나타났다고 가정했을 때 위대한 지성이나 거대한 개인이 자라날 수 있는 대지는 그것 때문에 황폐해질 것이다. 그런 국가가 실현되었을 때에는 인류는 완전히 황폐하여 다시는 천재를 내어놓을 수가 없게 될 것이다.

니체가 찾은 것은 민주도 아니고 사회도 아니었다. 다만 영웅과 천재였다. 그는 민중을 믿지 못하고 민중을 무시해 버렸다. 그의 생각에는 영웅과 천재만이 미래의 종족으로 등장한 것이다. 고대 희랍시대에 나오는 영웅과 근세에 들어와 나타난 천재들, 그는 한때 루소와 괴테와 쇼펜하우어를 천재라고 생각한 때도 있었다.

니체가 민주주의나 사회주의를 천대한 이유는 그 속에 기독교적인 노예도덕이 깔려 있다고 생각했기 때문이다. 신 앞에 만인은 다 평등하다는 기독교의 노예도덕을 증오한 나머지 부르조아 자유주의의 민주제도도, 프로레타리아 통제주의의 사회제도도, 모두 기독교의 잔재로서 무시해 버린 것이다. 니체는 근대의 노동자가 옛날 노예제도 속의 노예 이상으로 노예적 존재이며 자본주의적 기계생산조직이 비인격적인 노예제도라는 것을 현실적으로 보면서도 대중에 대한 동정을 하지 못한 것은 독일제국주의에 동조한 탓이 아닌가 한다. 비스마르크가 자본가 대지주와 결탁하여 노동운동을 탄압하고 독일의 정치적인 지상권을 세우기 위하여 로마법황과 싸우고 있었으며 독일을 부강케 하는 비스마르크의 현실정책에 니체도 동조하여 민주주의나 사회주의에 관심을 돌리지 못한 것 같다. 그것보다도 독일제국주의의 부강만이 니체의 사상을 지배했는지 모른다.

니체는 사회주의적 봉기를 무산계급의 원한을 품은 천민적 폭행이라고 보았고 그 원인은 부르조아의 맘모니즘이 만든 것이라고 한다. 통틀어 니체는 현대의 민주주의, 무정부주의, 특히 지금 유럽의 모든 사회주의자의 공통된, 저 공산이라는 원시사회 형태의 경향은 가장 근본적인 점에서 하나의 거대한 원시 천민 종족으로의 복귀다.

니체에 있어서는 자본계급도, 노동계급도 모두 노예계급으로의 하락에 불과하다. 소유자들은 소유의 노예가 되고 노동자들은 원한의 노예가 된다. 모두 노예로 전락되기는 마찬가지다. 결국 부르조아 계급 속에서 자란 지식인으로서 니체가 외치는 것은 정신적인 귀족주의를 들고 나오는 길밖에 없었다. 고귀한 인간으로 살아가려므나. 고귀한 문화를 창조해 가려므나. 이것이 니체가 말하는 전부다.

니체는 고귀한 것을 찾으면 찾을수록 비천한 것을 깔보기 시작했다. 니체는 산업국가란 민간회사의 영리사업의 조직체와 다를 것이 없다. 그곳에는 철인국가의 이념이란 손톱만치도 찾아 볼 길이 없다. 국가의 본래적인 숭고한 임무는 일체 망각되었다. 특히 사회주의국가는 천재의 자유를 완전히 거부해 버린다. 나는 국가의 적대자다. 국가 가운데서도 사회주의 국가를 더욱 미워한다.

니체는 사람들은 모두 인생으로부터 모든 뾰족한 끄트머리나 모퉁이를 갈아 떨구는 것 같은 터무니없는 의도를 가지고 인간을 마치 모래나 자살도 만드는 길로 가고 있시 않은가 생각한다. 작고 부드립고 동그란 수없이 많은 모래, 그것이 그대들의 이상이란 말인가.

니체는 민주주의나 사회주의는 인간을 모래알로 비소하고 비천하게 만드는 것뿐이라고 생각했다. 인간의 수평화, 그것을 인정할 수 없었다. 이런 수평화에서 해방하는 것이 교육이다. 고귀한 수직선을 올라가게 하는 것이 교육이다. 현재를 고정해 버리고 역사적 가치를 절대화 해버리는 수평정신으로부터 해방되어 본래적인 자기의 창조적 생명을 해방하고 끝없이 높은 목표를 향하여 자기를 치켜올림이 교육의 사명이다.

인간의 참된 본질은 인간 내부에 깊이 숨겨져 있는 것이 아니고 인간 위에 인간이 적어도 자기라고 생각하는 그 위에 끝없이 높게 존재하는 것이다. 만일 사람이 시민사회의 습관도덕에 끌려 다니는 동물로 굴러 떨어지든지 장사를 본질로 하는 영리문화에 빠져 버린다면 인간의 고귀함의 일체의 가능성은 빼앗겨 버린다. 민중은 언제나 속기 마련이다. 민중은 언제나 쫓아가기 마련이다. 이러한 민중에게 어떻게 정치를 맡긴단 말인가. 가장 개인적이어야 할 양심마저도 최대다수의 수평선에 굴복하게 마련이다. 결국 수평화한 세계에서는 인간으로 살 수는 없게 될 것이다.

인간으로 사는 길은 자기 자신의 주인이 되는 것이다. 우선 인간성을 회복하는 것이 필요하다. 행복은 외적 제도의 변혁에 있는 것이 아니고 내적인 자기변혁에 있다. 평등의 요구가 있는 곳에는 어디나 부패의 징후가 있다. 강한 자, 고귀한 자가 삶의 힘이 약한 비천한 자의 수평까지 끌려 내려온다면 인간의 자연적 순위는 무너지고 인간 존재는 병원과 같아지고 만다.

인간은 초인을 향하여 올라가야 한다. 생에 있어서 값있는 것은 힘뿐이다. 고차원적인 힘을 지니고 있는 고귀한 인간을 깨우쳐 가는 것만이 인류의 멸망을 막는 길이다. 보다 더 나은 자가 되기 위하여서는 지금보다도 더 나은 것을 가져야 한다. 아직도 나는 한번도 의기가 침체될 이유를 발견하지 못했다. 넓은 정신과 강한 의지를 가진 인간은 과거의 어떤 시대보다도 현대는 유리한 기회를 갖다 준다. 왜냐하면 민주주의적인 유럽에 있어서 인간이 너무나 끌려 다니기 쉽게 되었기 때문이다. 대부분의 인간이 쉽게 배우고 쉽게 따른다. 가축의 무리처럼 고도의 지적 가축의 무리가 형성되었다. 이런 시대에 니체는 사자 같은 금발의 초인이 출현하기를 기대하고 그것을 위하여 준비하는 것이 자기의 사명인 줄 안 것뿐이다. 이런 생각이 나치스의 좋은 구실을 준 것만은 부인할 수 없는 역사적 사실이 되고 말았다.

니체는 허무주의를 극복하기 위해서 새로운 세계를 찾았다. 새롭고 오직 한번만 있을 수 있는, 무엇과 비교할 수 없고 자기 자신을 구제할 수 있고 스스로 창조할 수 있는 새로운 세계를 갈망한 것이다. 그리하여 이 새로운 세계에서는 모든 사물의 무게가 새롭게 정해질 수 있는 그런 세계를 갈망한 것이다.

니체는 우리는 새로운 목적을 위해서 새로운 방법과 새로운 건강이 필요하다고 하였다. "그대들은 그대들의 아들의 나라를 사랑해야 한다. 이 사랑이 그대들의 새로운 귀족을 만나게 할 것이다. 그러나 이 새로운 귀족은 미지의 대양 속에서 아직 발견되지 못한 것이다. 그것을 향해 그대들의 배를 저어라. 배를 저어 모든 태양이 지는 그곳으로 우리는 하나의 새로운 세상을 알고 있지 않는가. 출범할 것을 알고 있지 않는가. 우선 나부터 다시 희망이 있다. 나는 새로운 길을 간다."

니체는 19세기 하반기에 살면서 모든 인간이 신외 창조행위를 잇고 다만 권세와 사치에 눈이 멀어 세도와 섹스를 즐기기 위해서 돈만 벌려고 정신이 뒤집혔을 때, 그리고 뿌리 없는 기계에 의해서 모든 정신이 말라버리고 비인간화된 인생의 현실이 그 한계를 훨씬 넘어서 인간 생명의 마지막 빛이 사라지는 그 순간에 니체가 찾은 것은 새로운 세계였다.

니체도 물론 그 새로운 세계가 어떤 것인지는 알 수가 없었다. 그러나 그는 그것이 영원한 것임을 믿고 있었다. 영원은 있다. 그것은 모든 타락자, 향락자와는 하나의 절벽으로 분리되어 있는 것이다. 이 영원한 세계는 향락으로 도달할 수는 없다. 그러나 고통이 그 길을 열어 줄지도 모른다. 고통은 인간을 더 깊게 해주는 사실을 니체는 알고 있었기 때문이다.

니체는 첫째로 큰 고통이, 시간을 요하는 큰 고통이, 그 고통 속에서 우리가 마치 생나무처럼 태워지는 저 길고 지루한 큰 고통이, 우리들 철학자들로 하여금 우리의 최종 심연 속으로 우리를 내려가게 하여 아마도 우리로 하여금 우리의 인간성과 그 속에 숨겨진 모든 신뢰와 선량과 온화와 중용적인 것들을 우리에게 되찾아 주려고 하고 있다. "나는 이 같은 고통이 우리를 더 나아지게 하려는지 어떤지를 의심한다. 그러나 그 고통이 우리를 더 깊게 해주고 있다는 사실을 나는 알고 있다."

니체는 용광로 속에서 새로운 순금으로 솟아나는 새로운 삶이 오직 고통으로만 도달될 것 같은 느낌을 가졌던 것이다. 그리하여 그는 고뇌에 가득 찬 그의 존재를 모범적으로 이겨내면서 산 것이다. 그는 자기에게 부과된 고통을 운명으로 받아들였다. 운명애, 이것이 이제부터 나의 사랑이다. 불가피한 운명을 사랑으로 이겨내고 죽음 앞에서도 환희로 타오르는 새로운 불길을 찾은 것이다. 그는 죽음을 생과 적대하는 것으로 보지 않았다. 그는 죽음을 생에 속하는 것으로 보았고 그것은 가장 사랑할만한 운명으로 보았다. 죽음을 사랑할 수 있는 용기는 영웅만이 가질 수 있는 것이다. 그대의 영혼 속에 영웅을 버리지 말라. 그대의 최고의 희망을 신성하게 보존하라. 만일 자랑스러운 방법으로 사는 것이 불가능하다면 자랑스러운 방법으로 죽는 것이다.

　자유롭게 선택한 죽음, 빛나고 기쁨이 있는 알맞은 때의 죽음, 이같은 대담한 죽음의 철학으로 니체는 죽음을 생의 일부분으로 빛나게 하였다. 고통을 사랑하고 운명을 사랑하고 죽음을 사랑한 니체는 땅을 사랑하고 현세를 사랑하였다. 땅속에 솟아나는 물이 맑은 샘물인 것처럼 땅을 뚫고 나오는 삶만이, 순수한 생명이기 때문이다. 이 땅의 심장은 황금으로 되어 있다. 형제들이여, 지상에 충실하라. 지상은 현재를 말할 수 없는 기쁨으로 충만케 한다.

　지상에 충실한 니체는 육체에 대하여도 아낌없는 긍정을 표시하였다. 그는 지중해 바닷가에서 빛나고 충만한 햇빛 속에서 일광욕을 하여 이내 건강해졌고 모든 경련이 그에게서 떨어져 나가는 것을 기뻐하였다. 그는 자기에게 주어진 황금같이 명랑한 기분을 마음껏 즐겼고 그때부터 그는 자연을 기쁜 소리로 노래하였다. 그는 자연을 노래하고 자연을 신화하기 시작했다. 풍요하고 승리를 축복하는 자연은 인간에게 무엇을 말해주고 있다. 자연 속에 현존하는 모든 것이 선악을 불문하고 동일하게 신화되어 있다.

　니체는 자연을 통하여 영웅적인 희랍정신을 꿈꾸게 되었다. 그는 희랍적인 것 속에서 삶의 근원적인 것을 느꼈으며 모든 인간적 존재의 근원에 놓여 있는 없앨 수 없는 황홀을 느꼈다. 이 황홀한 삶 속에서 끓어오르는 고대 희랍정신을 그는 보게 되었다. 그는 아폴로의 아름다움을 뚫고 디오니소스의 무서운 힘을 느끼게 된다. 나는 디오니소스라는 희랍의 상징적 표현보다 더 높은 상징을 아직 모르고 있다. 그 속에는 생명의 가장 심오한 충동이 끓어오른다. 삶이 미래에 대한 충동이 있고 감동된 생명의 영원에 대한 충동이 있다. 거기에는 생명을 위한 길 자체가 있으며 성스러운 길로서의 증거가 있다.

디오니소스는 니체에 있어서 그 자체가 생활감정이고 그 생활감정 속에서 생의 원동력 자체가 또다시 흘러나오기 시작하는 것이며 그 원동력은 파악할 수도 설명할 수도 없고 다만 신비 속에서 그리고 무진장 속에서 체험할 수 있을 뿐이다. 생의 원동력은 그것이 표현될 수 없기 때문에 말로 표현은 불가능하며 다만 화산 같은 폭발을 체험할 뿐이다. "나를 믿으시오. 현존에서 가장 많은 수확과 가장 많은 쾌락을 걷어들이는 비결은 위험하게 사는 것이다. 그대들이 마을들을 베수비우스 화산 옆에 세우시오. 그대들의 배들을 미개의 바다로 보내시오. 전쟁 속에서도 그대들답게 그대들 자신과 사시오."

니체는 생의 심연을 들여다 본 것이다. 그는 아름다움 속에 도사리고 있는 무서운 힘을 본 것이다. 아폴로 속에 도사리고 있는 디오니소스를 본 것이다. 그는 마치 불에 뛰어드는 불나방처럼 불 속에 뛰어든 것이다. 이것은 신비주의자의 체험과 그리 차이가 있는 것이 아니다. 불 속에 뛰어드는 불나방처럼 그는 디오니소스의 정열의 불 속으로 뛰어든 것이다. 신과의 접촉은 니체로 하여금 귀의의 열정을 요구하는 디오니소스에 대해서 필연적으로 하나의 신앙적 관계를 낳게 하였다.

디오니소스 체험은 니체의 일생에 있어서 가장 큰 사건이었다. 니체의 세계는 완전히 디오니소스의 세계가 되었다. 원세계의 심연이 니체와 또다시 말을 시작했던 것이다. 그는 의자 뒤에서 들려오는 몸서리칠 정도로 희미하고 비인간적인 모습의 소리를 듣게 된 것이다. 니체는 때때로 저 이상하고 섬뜩한 외모를 느꼈으며 그의 가장 친한 친구들도 그에게서 역시 같은 이상하고 불안한 인상을 받았다.

니체는 그의 일생을 통해서 마치 폭풍과도 같이 계속 디오니소스 신이 불어 닥쳤다. 이 신은 마치 폭풍우처럼 인간 속에 나타나 인간들을 진동시키고 그들의 반항을 광기의 채찍으로 억제하는 것이다.

모든 관습적이고 질서적인 것은 파괴되어야 한다. 존재는 돌연 행복의 도취가 된다. 그러나 못지 않게 경악의 도취가 되는 것이다. 니체 자신에게도 술에 취한 황홀감 같은 것이 닥쳐왔다. 도취한 하나의 신이, 인간의 힘을 완전히 자아망각 상태에까지 끌어올리는 광적인 하나의 신이 니체를 열렬한 흥분 속에 빠뜨렸던 것이다.

디오니소스는 그 난폭한 광기를 희랍에서만 일으켰던 것은 아니다. 중세 독일에 있어서도 같은 디오니소스적인 난폭한 행동을 하며 점점 늘어가는 군중들이 노래를 부르고 춤을 추며 이곳에서 저곳으로 물밀듯이 설치고 다녔던 것이다.

니체는 이제 디오니소스적 행동을 하는 군중 속에 끼어 들었다. 디오니소스의 위력은 근본적인 힘으로 그에게 밀어닥쳤고 그는 무조건 광란의 물결 속에 참여하여 신의 황홀한 군중 속에 끼여들었다. 인간과 인간과의 유대가 다시 연결되었다. 적과 같이 멀어졌던 인간관계가 다시 화해의 광기로 녹아들었다. 말할 수 없는 환희가 그들에게 몰아닥쳤다. 니체는 케케묵은 지식만을 쌓아올리고 생명과 무관계한 학자들을 드디어 몹시 멸시하며 공격을 퍼부었다. "그대들은 학자들을 조심하시오. 그들은 당신들을 미워하고 있습니다. 왜냐하면 그들은 결실이 없기 때문입니다. 그들은 냉정하고 메마른 눈을 가지고 있습니다. 그 눈앞에서는 여하한 새도 홀랑 털을 뽑히고 맙니다." 그는 동료들과도 멀어져 갔다. "나는 전에 학생들 사이에서 느낀다. 그것은 전적으로 그들과 비교적 가까이 교제할 아무 필요도 없고 전혀 하고 싶은 마음도 없기 때문이다. 더 정확히 말해서 나는 그들에 대해서 마음속에 가벼운 멸시를 느낀다. 나는 그들을 떠나 무엇이건 간에 자기의 전력을 다히여 모든 사물의 무게를 새로 결정하여야 한다. 나와 함께 공명하는 자는 누군가. 그는 그에게 공명하는 자를 찾기 위하여 그도 차라투스트라처럼 산을 내려오게 되는 것이다."

니체는 새로운 종교를 가장 오랜 디오니소스에서 찾았다. 욥을 알려면 욥이 되어야 하는 것처럼 그는 과감하게도 디오니소스가 되려고 노력한 것이다. 또 모든 사람들보다도 무엇인가 더 위대하게 더 높은 체험을 하지 못하는 자는 과거 속에서 위대한 것, 고귀한 것이 뜻하는 바를 모를 것이다.

과거의 사건은 언제나 하나의 신탁神託인 것이다. 미래의 건설자로서 또 현재의 식자로서만이 그대들은 이 신탁을 이해하게 될 것이다. 그는 희랍 정신을 이제부터 체험해야 할 전혀 미지의 세계로 여겼다. 고대 희랍인들은 삶의 예술가로서 현대에 파열된 상태에 있어서 가능한 것보다도 더 깊은 세계적 계시를 인식하고 있었다. 그들은 그 속에서 살 수 있는 미의 가면 속에 놀랄만한 것을 가지고 있었다. 희랍인들은 존재라는 것이 놀랍고 무서운 것이라는 것을 잘 알며 느끼고 있었다. 무엇보다도 살 수 있기 위해서 희랍인들은 스스로 가장 찬란한 올림프스의 꿈의 재생을 이룩해야 했었다. 이 재생을 위해서 희랍인들이 만들어낸 신이 디오니소스다.

니체와 디오니소스와의 만남은 그에게 있어서 하나의 절박한 현실이었다. 니체는 자기 자신의 존재와 똑같이 이 존재를 확신했던 것이다. 디오니소스와의 만남은 영원한 존재력과의 생명 있는 만남이었다. 디오니소스로부터 직접 말을 듣게 된다는 것은 니체에게 있어서 새롭고 숭고한 사실이었다. 니체의 신, 디오니소스는 지상에서 탄생하여 지상에서 사는 자였다.

그는 인간이 새로 뿌리를 박아야 할 이 지상의 화신에게 충성을 다짐하였다. 지상에 대한 확고부동한 사랑에 얽매인 현대인을 위하여 니체는 그 대변인이 되었다. 이 세상에서부터의 구제가 아니라 이 세상에 대한 성스러운 충성을 그는 강조하고 있다. 형제들이여, 지상에 충실하라. 이것이 그의 예언인 것이다.

초인

　니체는 생의 목적을 초인이라고 설명했다. 인생은 왜 사나. 초인이 되려고 산다. 초인은 땅의 의미다. 우주의 목적이 초인의 생산에 있다. 마치 나무가 땅 속에 들어가 금강석이 되듯이 인생은 이 세상에서 초인이 되는 것이다.
　초인이 되기 위해서는 땅속에 금강석처럼 몇 억 년의 고난을 견디어 내야 한다. 인간은 초극되어야 한다. 광석이 용광로 속에서 순금이 되듯이 인생도 순금이 되기 위해서는 어려운 고난을 이겨내야 한다. 이겨낸 자만이 순금처럼 빛날 것이다.
　니체는 두 가지 빛을 보여준다. 태양 빛과 금강석 빛이다. 태양 빛은 이상적인 빛이요, 금강석 빛은 현실적인 빛이다. 초인의 이상은 태양이다. 초인의 현실은 금강석이다. 차라투스트라는 초인을 가르친다. 그것은 태양에 대한 가르침이다. 동시에 차라투스트라는 보여준다. 그것은 자기가 금강석임을 보여준다.
　초인에 대해서 말할 때 그것은 태양으로서 이상적인 인간이다. 그러나 초인을 보여줄 때 그것은 금강석으로서의 현실적인 인간이다. 가르치는 인간, 차라투스트라와 보여주는 인간, 차라투스트라는 하나의 인간이면서 전혀 다른 인간이다. 말하는 인간은 태양을 설명하는 학자다. 학자도 위대하다. 남이 모르는 진리를 정확하게 가르쳐야 하기 때문이다. 이론적으로 정리하고 실험적으로 계산하여 태양을 설명하는 것이 학자로서의 차라투스트라다. 그러나 금강석이 되려는 차라투스트라, 아니 이제 금강석이 된 차라투스트라는 전혀 다른 차원의 인간이다.
　사람들은 한 사람에 대하여 두 가지 인간을 본다. 태양을 말하는 학자로서의 인간과 진리를 깨달은 철인으로서의 인간이다. 진리를 깨달은 철인으로서의 인간은 진리 자체의 인간이다. 진리자체의 인간은 금강석의 후광을 발하고 있다. 그곳에 진리의 현존이 있다. 이 진리는 보는 사람의 눈에만 보이는 빛이다. 그것은 암흑의 빛이요, 인격의 빛이요, 생명의 빛이다. 그것은 독특한 빛이다. 그것은 신의 현존이요, 실존의 빛이다. 그러나 보아도 보지 못하는 사람의 눈에는 태양에 대해서 말하는 학자로서의 차라투스트라를 보고 있을 뿐이다. 그것은 평범한 선생일 뿐이다. 그러나 보이지 않는 것을 보는 사람의 눈에는 차라투스트라는 평범한 선생이 아니라 비범한 구세주다. 차라투스트라는 초인이요 신이요 부처다.

우리는 차라투스트라가 가르치는 태양과 같은 초인을 한번 살펴보자. 그것은 진리에 대한 해설이다. 그리고 또 한번 눈을 다시 뜨고 금강석과 같은 초인을 들여다보자. 그때에만 나는 차라투스트라와 실존적인 관계를 가지게 된다. 우선 태양으로서의 초인을 바라보고 다시 금강석으로서의 초인을 알아보자. 태양으로서의 초인은 차라투스트라가 가르친 내용, 이상적 초인이요, 금강석으로서의 초인은 차라투스트라가 되려고 노력하고 결국은 되어서 보여준 초인이다. 하나는 지의 내용이요, 하나는 행의 내용이다. 지행이 일치하듯이 이 둘은 하나로 겹쳐져야 한다.

니체가 말하는 초인의 태양은 생의 태양이다. 그것은 육체의 태양이요, 정신보다도 위대한 육체의 태양이다. 나는 끝까지 오직 육체다. 그 외에 아무 것도 아니다. 정신이란 육체에 붙어 있는 작은 것에 불과하다. 육체야말로 거대한 이성이며, 정신이야말로 형편없는 이성이다. 육체라는 대아가 정신이라는 소아를 명하여 괴로워하라 하면 괴로워하고 즐거워라 하면 즐거워한다.

정신은 육체의 도구에 불과하다. 정신은 육체의 그림자요 관념에 불과하다. 그렇기 때문에 늙은 정신보다는 어린 육체가 더 큰 이성이다.

차라투스트라에 있어서 모든 것을 견디어 내는 낙타정신보다는 모든 것을 창조해 내는 육체의 어린이가 더 소중하다. 어린이의 얼굴처럼 해맑은 태양, 그 태양은 대낮에 가장 아름답게 빛을 발한다. 그 때 태양은 일체의 그림자를 없이 하고 모든 잘못을 판가름하는 심판의 태양이기도 하며 일체를 새롭게 창조하는 창조의 시작이기도 하다.

대낮 그림자가 가장 짧아지는 순간, 그것은 모든 잘못의 종말이며 인류의 정상이요, 차라투스트라의 시작이다. 대낮은 일체의 그림자가 없어지는 때다. 일체의 죄가 없어지고 일체의 악이 없어지는 순간이다. 그것은 일체가 긍정되는 절대의 순간이며, 영원회귀의 핵심이기도 하다. 그것은 진리를 깨달은 순간이요, 시간을 초월한 순간이다. 그것은 의식을 넘어선 순간이요, 무의식에서 초의식이 살아나는 디오니소스의 순간이다. 그것은 무섭게 투명한 시대요, 위대한 대낮의 시대다.

지금이야말로 위대한 대낮이요, 무서운 투명의 때다. 내가 다시 오마. 이 태양과 함께, 이 대지와 함께, 이 매와 함께, 이 뱀과 함께. 그래도 그것은 새로운 생이 아니다. 또는 비슷한 생이 아니다. 나는 영원히 이 하나의 생으로 되돌아온다. 그것은 만물의 영겁회귀를 말하기 위해서다. 그것은 대지와 인간의 위대한 대낮을 말하기 위해서다. 그것은 인간에게 초인을 말하기 위해서다.

그렇기 때문에 이제부터는 더 높은 육체를 창조해야 한다. 운동의 시작과 스스로 돌아가는 바퀴와 스스로 창조하는 자를 창조하여야 한다. 생의 태양이란 창조하는 태양이다. 그렇기 때문에 니체는 창조주 하나님을 거부한다. 창조는 신에게 맡길 수가 없다. "그러니까 친구들이여, 내가 이제 내 마음을 송두리째 보여주마. 만일 신이 있다면 내가 어떻게 신이 아님을 견디어 낼 수 있겠는가." 그렇기 때문에 어떤 신도 있을 수 없다.

만일 신이 있고, 신이 예정하고, 신이 결정하고, 신이 창조한다면, 인간은 아무 것도 할 것이 없지 않느냐. 인간에게 창조가 없다면 인간에게는 자유도 없을 것이고, 인간에게 자유가 없다면 인간에게는 구제가 없고, 인간에게 구제가 없다면 인간에게는 아무런 기쁨도 없고, 인간은 영원한 고통 속에서 사라지고 말 것이다. 그렇기 때문에 인간은 신의 존재를 용납할 수가 없다. 신의 존재를 용납하면 인간의 존재는 영원히 무의미한 것이 되기 때문이다.

신이 만일 존재한다면 어떻게 내가 신이 못된 것을 견디어 낼 수가 있겠는가. 그렇기 때문에 신은 없는 것이다. 이것이 니체의 무신론의 근거다. 신이 있으면 인간이 살 수가 없기 때문에 인간이 있다는 것이 신이 있을 수 없다는 증거다. 신은 죽었다. 인간에 대한 동정 때문에 신은 죽었다. 인간이 살려면 신이 죽어야 하고 신이 살려면 인간이 죽어야 한다. 신과 인간은 같이 살 수 없기 때문에 신은 죽었다는 것이 니체의 무신론이다.

니체가 이런 말을 하는 것은 생의 태양의 본질을 창조에 두기 때문이다. 인간의 창조를 위해서 창조주 신을 인정할 수 없다는 것이다. 결국 니체는 유일신 사상을 집어치우고 범신사상을 가지게 된다. 그것이 디오니소스의 종교요 희랍 자연신교다. 니체에 있어서는 일체가 신이요, 일체가 중심이기 때문에 따로 신을 인정할 필요가 없는 것이다.

"아아, 차라투스트라여, 그대는 믿음이 없으면서도 보기보다는 경건하다. 그대 속에 아마 신이 있어서 그대를 그대의 무신으로 바꾸어 놓은 것이 아닌가. 그대로 하여금 신을 믿지 않게 한 것은 그대 속에 있는 신의 경건 때문이 아니겠는가. 그대의 너무도 위대한 정직과 그대로 하여금 선악을 넘어서게 하는, 때 없는 깨끗이 아니겠는가."

범신론에는 죄악이 없다. 이것이 범신론의 특징이며 비현실이기도

하다. 사람은 누구나 다 죄인인데 죄가 없다면 그것이야말로 거짓임에 틀림없다. 그러나 범신론의 입장에서 보면 일체가 무구다. 때가 없고, 악이 없고, 죄가 없다. 마치 대낮에 그림자가 없는 것처럼 일체는 깨끗하다. 그것은 마치 대자연과 같다. 대자연은 일체가 깨끗한 것뿐이다. 해도 달도 별도 나무도 짐승도 일체가 깨끗하다.

희랍의 자연주의는 역시 범신론이 될 수밖에 길이 없다. 그렇기 때문에 차라투스트라는 대지의 심장은 황금이라고 한다. "아아, 생이여, 나는 네 속에 황금의 찬란한 빛을 본다." 생은 쾌락의 샘이다. 일체가 신이다. 일체가 춤이다. 기쁨이다. 거기는 선도 없고 악도 없다. 거기는 생의 태양만이 빛날 뿐이다. 위대한 생의 육체, 위대한 생의 자연, 일체는 살아 있으며 일체가 신인 디오니소스의 태양이다. "아아, 위대한 하늘이여, 머리 위에 있는 위대한 하늘이여, 그대 한없이 깨끗한 하늘이여, 한없이 깊은 하늘이여, 그대의 빛의 심연 속에 나는 신적인 욕망 때문에 전율을 느낀다. 그대의 높이 속에 나의 몸을 던지리라. 그대의 깨끗 속에 나의 몸을 던지리라. 한없이 깊고 깨끗한 빛의 바다, 빛의 심연, 세계는 깊다. 대낮에 생각했던 것보다도 더욱 깊다. 고뇌는 깊다. 그러나 기쁨은 더욱 깊다. 고뇌는 외친다, 물러가라고. 그러나 모든 기쁨은 영원을 바란다. 깊고 깊은 영원을 바란다."

니체는 푸른 하늘의 까만 태양을 종탑에서 울리고 있는 종의 모습으로 상징한다. 텅 빈 허공의 종갓이 있다. 그 속에 종투가 달려있다. 종갓 속에 종투는 마치 푸른 허공에 달린 태양을 상징한다. 은은히 울려 퍼지는 종소리가 만물을 감싸주듯이 생의 태양은 일체를 감싸준다. 선한 것도 악한 것도 일체를 긍정하고 초월한다. 그리고 고요한 적막 속에 종소리가 더욱 저마을 돋보이게 하는 것처럼 아은 선을 돋보이게 하는 더 높은 선인 것을 니체는 인정하고 있다.

내가 배운 것은 인간에게 있어서 최악의 것이 최선을 위해서는 꼭 필요하다. 모든 최악의 것은 최고의 창조자에게 있어서는 그의 최선의 힘이요, 가장 견고한 터다. 그러니까 인간은 착하게 되는 것도 좋지만 악하게 되기도 해야 한다. 악은 최선의 수단이기 때문이다. 니체의 태양은 생의 태양이며 그것은 흑점을 간직한 태양처럼 악을 내포한 선이며, 그것은 빛인 동시에 암흑의 빛이기도 하다. 절대부정, 절대악을 내포한 절대긍정, 절대선의 세계, 그것이 영원한 기쁨의 원천인 생의 태양이다. 생의 태양은 생의 바다라고 해도 좋다.

가을, 깨끗하게 맑고 푸른 하늘 밑에 무화과가 빨갛게 익어서 나무에서 떨어지는 어떤 오후, 멀리 바다를 바라보고 있던 차라투스트라는 이렇게 말했다. "일찍이 사람들은 저 먼바다를 바라보며 신이라고 외쳤다. 그래도 나는 너희에게 이렇게 가르친다. 그것은 초인이라고."

니체는 초재신超在神대신에 내재신內在神을 초인이라고 했다. 그것은 미래에 나타나는 것이 아니라 오늘 창공에 빛나는 태양처럼 현재의 창조 속에 나타나는 생의 태양이다. 그것은 최후의 심판자라기보다도 현재의 창조자다. 너희들은 스스로 초인의 아버지요, 초인의 조상이요, 진실로 너희들은 최고의 창조자가 되어야 한다. 창조만이 고뇌에서 벗어나는 길이요, 죽음을 이기는 길이요, 생을 기쁘게 하는 길이다. 초인은 현재의 생의 구체적 표현이며, 표현의 생의 구체적 긍정이다.

태양으로서의 초인이 생의 철학인 것처럼 금강석으로서의 초인은 실존철학이다. 이것은 되는 철학이요, 가르치는 철학이 아니다. 이것은 가르치는 내용의 이상이 아니고, 되어서 보여주는 체험의 현실이다. 내가 너희들에게 초인을 알려 주마. 인간은 초극되어야 한다. 너희들은 인간을 초극하기 위하여 무엇을 했나. 초인은 땅의 의미다. 너희들의 의지가 말해야 한다. 초인으로 하여금 땅의 의미가 되게 할 것이다.

초인은 되어야 한다. 그러기 위해서는 자기를 이기고 넘어야 한다. 자기가 무엇인가. 그것은 중력의 정령이다. 이것 때문에 인간은 영원회귀에 사로잡혀 있다. 탐진치의 중력의 정령 때문에 인간은 영원히 생사의 쳇바퀴를 벗어나지 못하고 있는 것이다. 그렇기 때문에 인간이 초인이 되기 위해서는 중력의 정령을 벗어나야 한다. 그리고 생사의 영원회귀를 벗어나야 한다. 차라투스트라는 중력의 정령을 이렇게 설명한다.

중력의 정령이란 사는 것이 귀찮고 죽었으면 좋겠다고 생각게 하는 우울과 염세와 고독의 정령이다. 정말 살기 어렵다고 한숨짓게 하는 의지박약, 이것이 중력의 정령이다. 중력의 정령은 치명적인 적이요, 숙명적 적이요, 근원적 적이다. 이 적 때문에 얼마나 많은 사람이 쓸쓸하게 사라져 갔는가. 중력의 정령이란 인간의 생을 좀먹는 인간고의 깊은 늪이다. 사람을 못살게 하는 일체의 망상이다. 악마, 원수, 생을 부정하는 허무주의와 염세주의 이런 것이 중력의 정령이다.

행복의 섬을 떠나서 고향으로 돌아오는 차라투스트라는 무섭고 시커먼 바다를 건너가기 위하여 배를 탄다. 이틀 동안 침묵을 지키고 있던 차라투스트라는 같이 탄 사람들에게 이런 이야기를 한다.

"죽은 시체처럼 창백한 저녁, 나는 어두운 기분으로 언덕길을 올라가고 있었다. 태양은 까맣게 지고 말았다. 풀 한 포기도 안 돋던 언덕길은 어떻게 가파르고 험한지 한 걸음씩 발을 옮길 때마다 풀이 무너지고 흙이 떨어져 나를 뒤로 떨어뜨린다. 그래도 나는 위로 위로 올라가 보려고 애를 쓰고 있었다. 그 때 중력의 요정이 나타난 것이다.

중력의 요정은 상반신은 난장이요, 하반신은 두더지 같은 모습을 하고 있었다. 이 중력의 요정이 납덩이보다도 무거운 생각을 내 마음속에 집어넣었다." 그는 이렇게 말했다.

"그대는 돌을 위로 던질 작정인가? 지혜의 돌을 위로 던질 작정이구만. 그대 자신의 몸까지도 위로 던질 작정이구만. 그것도 높이 올려 던질 작정이구만. 그런데 잘 알아두라구. 위로 던져진 모든 돌은 모두 떨어지게 마련이라구. 그것도 그대 자신 위에 떨어져서 그대를 죽이고 말 것이라는 것을 알아두어야지." 난쟁이는 또박또박 이렇게 말하고 입을 다물었다.

나는 무섭게 우울과 고독을 느꼈다. 내 발은 피가 안도는 것처럼 떨렸다. 그래도 나는 계속 올라갔다. 꿈 속 같은 기분이었다. 그 때 나는 갑자기 꿈속을 벗어나 안개가 걷힌 것처럼 내 생각으로 돌아왔다. 그것은 내 속의 무엇이 깨어났기 때문이다. 그것은 용기였다. 죽을 힘을 다하여 적과 싸울 수 있는 용기였다. 존재의 용기, 그렇다. 너 아니면 나다. 네가 죽든지 내가 죽든지 한번 겨루어야 한다. 나는 난장이를 향하여 맹렬히 달려들었다. 생사의 결단을 내야 한다. 결국 나는 이기고 말았다. 그것은 허깨비에 지나지 않았다. 그것은 꿈이었다. 깨는 순간 일체는 사라져버렸다.

물질이 정신을 억누르는 것이 중력의 요정이다. 그런데 물질의 세계란 다람쥐가 쳇바퀴를 도는 것처럼 뺑뺑 도는 끝없는 윤회의 세계다. 그것은 영원회귀의 세계다. 세계에 새 것이라고는 하나도 없는 과거의 세계요, 일체가 때문은 옛 것이다. "진실로 나의 친구여, 내가 사람 사이로 걸어가니, 사람은 없고 인간의 단편과 시체뿐이다." 그것은 싸움터에 버려진 시체처럼 조각이 나고 흐트러져 있었다. 이런 과거와 죽음이 영원히 되돌아가는 것이 물질의 세계다.

니체는 이런 윤회를 깨뜨리는 것은 결단이라고 생각한다. 시간의 바퀴를 깨뜨리는 것은 존재의 용기다. 여기 의지철학자, 니체의 초인의 의지가 엿보인다.

"나는 달빛 속에 개 짖는 소리를 들었다. 개 짖는 소리를 따라가 보니 어떤 사나이가 달빛 속에서 신음하고 있었다. 목동이었다. 목동의 입에 검은 것이 늘어져 있었다. 그것은 뱀이었다. 나는 이렇게 고민하는 모습을 본 일이 없다. 구토와 고뇌가 얼굴에 넘친다. 이 검은 뱀은 영원회귀의 사상을 상징하는 것이다. 목동이 자는 사이에 입으로 기어들어 목젖을 물고 늘어진 것이다. 나는 증오와 연민으로 힘껏 깨물어 버리라고 소리 질렀다. 그 사나이는 혼신의 힘을 다해서 뱀의 목덜미를 이로 끊어 버렸다. 뱀이 땅 위에 떨어지고 말았다. 영원회귀의 윤회가 끊어진 것이다. 이 세상에의 인연이 끊어진 것이다. 그는 깔깔대고 웃었다. 그 사나이는 이미 사람이 아니었다. 나는 이렇게 웃는 것을 본 일이 없다."

세상과 인연을 끊은 사나이는 초인이었다. 그는 윤회의 바퀴를 벗어났기 때문이다. 인생을 누르는 무거운 짐도 세상이요, 밤낮 되돌아오는 것도 세상이다. 그것은 구역질 날 정도로 더러운 것이다.

모든 시간은 때다. 그것은 더러운 것이다. 이 시간의 바퀴를 초월해야 한다. 이 바퀴를 끊을 수 있는 것은 정신뿐이다. 정신 속에는 사상이 있고 사상 속에는 진리가 있다. 시간을 넘어 설 수 있는 것은 진리뿐이다. 시간, 그것은 인생을 내리누르는 짐이다. 인생은 있는 그대로의 모습에서 의미도 없고 목표도 없고 언제 끝난다는 소식도 없이 피할 수 없게 계속 돌아가고 있다. 이것이 영원회귀다. 이것이야말로 허무주의의 극단적인 형식이다. 그것은 아무 의미가 없는 허무의 영원한 것이라고 말할 수 있다.

시간의 바퀴, 이것처럼 허무한 것은 없다. 또 나고 또 죽고 수없이 나고 수없이 죽는 인생, 생사의 바퀴처럼 허무한 것은 없다. 여기 이 바퀴를 깨뜨리고 생사를 넘어서는 것이 용기다. 결단이다. 용기는 죽음도 죽인다. 용기는 최선의 살인자다. 그런데 허무를 어떻게 없이 하는가. 그것은 허무는 허무로 없이 한다. 부정은 부정으로 긍정을 만든다. "허무한 인생!"하고 다시 한 번 허무에 뛰어들 때 허무는 떠나가고 실존이 된다.

  세상을 벗어나는 길은 세상으로 뛰어드는 데 있다. 더위를 벗어나는 길은 더위로 뛰어드는 것이다. 이열치열이다. "이런 것이 생이었던가. 그러면 다시 한번." 하고 운명을 사랑할 때 인간은 윤회를 벗어날 수가 있다. 영원회귀는 영원회귀에 뛰어드는 용기를 가지고 극복할 수 있다.

  니체는 진리의 기준은 권력감정의 고양에 있다고 한다. 인간을 결단으로 몰아가는 것이 진리다. 진리의 칼날이 세상과의 인연을 끊어 버린다. 한번 죽자고 뛰어드는데 살아나는 진리의 비결이 있다. 시간의 바퀴를 끊어 버리고 과거에서 벗어나야 인생은 새로운 가치를 창조하게 된다. 여기에 낙타의 시간을 사자의 용기로 끊어 버리고 어린애의 때묻지 않은 순결한 창조의 세계가 전개된다. 과거의 영원회귀의 허무주의가 없어지고 의지의 자유로운 창조가 시작된다. 결국 의지는 미래를 창조하는 자유로운 의지가 된다. 그것은 영원회귀를 초월한 세계다.

  이제 초인은 영원회귀를 초월하여 영원회귀의 원인이 된다. 그리하여 다시 영원회귀를 사랑하고, 운명을 긍정하고, 운명을 창조하는 자유가 된다. 이 자유 속에서 과거와 미래는 현재가 되고, 영원회귀는 영원한 현재가 되어 과거와 미래가 하나가 되고, 필연과 자유가 하나가 되고, 시간과 존재가 하나가 되고, 나와 만물이 하나가 되어 사랑과 창조의 절대긍정이 이루어진다. 영원회귀의 허무가 극복되는 것은 나 자신이 영원회귀의 원인의 하나가 되는 것이다. 바퀴의 초월이 바퀴를 내재시킨다.

　니체는 "내가 영원회귀를 생산한 순간, 나는 불사다. 이 순간 때문에 나는 영원회귀를 견디어 낼 수가 있다."고 했다. 진리를 깨달은 순간, 니체는 영원회귀를 극복한다. 그것은 시루스 마리아의 체험이었다. 이 체험을 통해서 그는 실존이 되는 것이다. 이제 어두운 암흑 속에서 금강석이 빛을 발하게 된다. 모든 것은 깨지고 모든 것은 다시 결합된다. 새로운 세계가 열린 것이다. 그것은 춤추는 유희의 세계다. 시간에 잡힌 세계가 아니다. 시간을 탄생시키는 세계다.

　니체가 차라투스트라의 계시를 받은 것은 1881년 37세 때다. 엔가덴의 스위스의 산골짜기, 사람과 시대를 떠난 2천 미터의 높은 시루스 마리아에서였다. 8월의 뜨거운 햇빛이 내리 쪼이는 날, 숲 속을 헤치고 실바플라나 호수가를 걸어 뾰족하게 솟구친 거대한 바위 밑에 도달했을 때 그는 영원회귀의 사상을 붙잡게 되었다. 우주의 어디나 중심인 이 사상은 니체로 하여금 선악을 넘어서고 생사를 넘어선 절대법열에 도취하게 만든 것이다.

　니체는 시루스 마리아라는 제목으로 시를 지었다. 그것은 대낮이었다. 그 때 하나는 둘이 된 것이다. 이리하여 차라투스트라는 내 옆을 지나가게 되었다. 18개월이란 진통을 거쳐서 니체는 자기 자신을 낳게 된 것이다. 이리하여 니체는 초인이 된 것이다. 그리고 디오니소스의 세계에서 춤추게 된 것이다.

　"아아, 삶의 대낮이여, 두 번째 청춘이여. 아아, 여름의 동산이여, 서서 바라보며 기다리는 초조한 행복이여, 친구를 기다린다. 밤낮을 가리지 않고 새로운 친구를 기다린다. 오세요, 지금이 좋은 때입니다."

　"이렇게 노래를 부르며 달콤한 동경의 부르짖음은 내 입에서 떠나지 않았다. 이것이 마법사의 힘일까. 기다리는 친구의 힘일까, 대낮의 친구의 힘일까 라고 묻지를 말아라. 그리고 그가 어떤 분인가 라고 묻지를 말아라." 그때야말로 대낮이었다. 그때 하나는 둘이 된 것이다. 이제 우리들은 서로 승리를 다짐하면서 축제중의 축제를 베풀고자 한다. 친구 차라투스트라가 왔기 때문이다. 친구중의 친구가 왔기 때문이다. 이제 세계는 웃고 근심의 장막이 사라진다. 빛과 어둠이 만나는 순간이 오기 때문이다.

니체가 시대와 인간을 떠난 6천 피이트라고 말했듯이 그것은 초월의 경험이요, 동시에 대낮이라고 말했듯이 그 때는 아무 그림자도 나타날 수 없는, 때 없는 무구無垢의 세계다. 초월과 무구 속에 나타난 이는 차라투스트라다. 선악을 넘어서 빛과 힘을 지닌 불의 예언자 초인이 나타난 것이다. 이 힘에 일체는 부서지고 이 빛에 일체는 다시 하나가 된다. 파괴와 창조를 거쳐 새로운 인간이 나타난다. 이리하여 새 시대가 열리는 것이다. 새로운 세계가 탄생하는 것이다. 일체가 긍정되고, 일체가 빛나는 영원회귀永遠回歸가 시작되는 것이다.

새 땅

현대에 와서 신앙이 없다는 말은 신을 무시하고 자기가 신이 되어 세계를 지배하려고 하는 교만한 독재자의 악마적 근성을 말한다. 이것이 자아의 모습이요, 근대 이성의 내용이다. "나는 생각한다." 할 때 '나'는 악마적인 나요, '생각'은 착취할 생각이다.

자아와 의식은 자아와 욕심이다. 자기를 우주의 중심이라고 생각하는 근대 이성은 가증할 만 하다. 하나님을 대신하여 자기를 세계의 중심으로 하는 근대 이성은 세계를 혼란케 하고 세계에 사는 인간의 존재를 이해할 수 없는 혼돈으로 몰아 넣었다. 인간은 마치 얼빠진 사람처럼 인간은 인간에게 전혀 이해할 수 없는 괴물이요, 생의 의미나 죽음의 의미도 알 수 없는 혼돈뿐이다. 인간은 비열하고 부정한 정념情念과 교만하고 잔인하고 이성 사이를 왔다 갔다 하는 미친 사람이 되고 말았다. 그리하여 인식은 생이 그 위에 서 있는 밑바닥을 파헤쳐서 생을 더 위험한 것으로 하지만 그러나 현대인에게 남은 정신의 고귀함이 있다면 인식의 정열뿐이다. 이성과 의식이 비록 교만과 욕심으로 변질되어 가고 있지마는 아직도 그 속에는 이성과 의식이 내재하여 인식의 정열을 품고 있는 것은 사실이다.

정신이란 자기의 살을 파헤치는 칼이다. 정신은 아픔을 통해서 더욱 알려고 한다. 아는 것은 아픈 것이다. 아픔이 없이 알 수는 없다. 인식은 고통이요, 이 고통을 견디는 것이 정신이다. 정신이란 자기의 죽음을 지켜보는 것이다. 정신의 본질은 자기를 죽이는 일이다. 정신이 자기를 죽인 후에 얻는 것이 무엇인가. 아무 것도 없다. 이것이 허무주의다. 허무주의란 무엇인가. 최고의 가치가 그 가치를 잃는 것이다. 인간의 목표가 없어지는 것이다. 무엇 때문에 사는가 하는데 대한 답변이 없어지는 것이다. 생의 밑바닥에 구멍이 난 것이다. 인생이 추구하던 모든 가치가 의미가 없어진 것이다. 그러나 그것이 인식의 본질이다. 일체를 깎아 버리는 칼의 본질이다. 인식의 정신은 자기의 비밀까지 폭로하여 자기의 사실을 밝히려 한다. 그것이 비록 생명의 비밀이라도 파헤침을 주저하지 않는다.

인식은 자기를 죽여서 그것을 알고자 한다. 자기가 죽은 후에 무엇이 남는가. 아무 것도 남는 것이 없다. 그렇기 때문에 허무하다는 것이다. 그러나 허무해도 좋다는 것이 허무주다. 니체 허무주의는 인생이 허무하다는 기본적 허무주의가 아니다. 인식의 정열이 자기의 밑바닥을 파고 들어가 자기의 밑바닥에 구멍이 뚫려서 자기 자신이 허무가 되고 마는 허무주의다. 즉 자기가 없어지고 마는 것이다. 무아가 되고 마는 것이다. 무욕이 되고 마는 것이다. 나는 생각한다가 아니라 나도 없고 생각도 없는 무아 무념이 되고 무지 무욕이 되고 마는 것이다. 무의 세계, 절대무絕對無, 이것이 지성의 산물이다.

유럽정신사에 있어서 희랍철학이나 기독교는 인간존재나 도덕 저편에 객관적인 초월적인 체계를 설정함으로써 완전한 무가 되지 못했다. 이것을 니체는 눈치챈 것이다. 나 외의 일체를 부정하고 내가 나의 속을 파고 들어가 자기의 밑바닥을 뚫어 버리고 밑 없는 물통이 되어서 무가 되어 버릴 때 인간은 자기가 자기 자신에게만 관계하는 관계로서의 본래의 의미의 주체성을 되찾은 실존이 되는 것이다.

인간은 자기가 자기를 완전히 죽여버렸을 때 자기가 된다. 자기가 자기가 되는 길은 자기를 이기는 자기 초극뿐이다. 무아의 자아가 진정한 자아다. 성숙한 자아요, 사랑인 자아요, 사랑 자체다. 사랑은 없이 있는 나다. 희생적 정신, 이것이 나다. 이러한 나는 지적으로 자기 속을 파들어 갈 수밖에 길이 없다.

니체의 생각은 데카르트의 생각과는 다르다. 데카르트의 생각은 의심하는 생각이다. 일체를 의심해도 의심할 수 없는 자아를 자아라고 했다. 바다에 있는 물고기를 다 잡아먹고도 잡아먹을 수 없는 고래처럼 침략 착취하는 자아, 자연을 객관화하고 물질화하여 파괴하고 무시하는 자아가 데카르트의 자아다. 그러나 니체의 자아는 외향적인 자아가 아니다. 내향적이다. 자기의 의식을 다 청산하고 마음이 가난해진 자아가 니체의 자아다. 초월적인 세계를 허구로 보고 내재적인 세계에서 진실을 찾은 자아다. 지금까지의 모든 가치를 버리고 아무 것도 갖지 않고도 능히 살 수 있는 자아, 이것이 고귀한 자아요 초인이다. 지금까지 인간이 찾던 모든 가치 모든 의미 없이도 살 수 있는 인간, 무의미 무가치에 만족할 수 있는 인간, 그런 인간이 초인이다.

초인은 사랑의 화신이다. 지금까지 가족이 단위가 되어 살 때는 아버지 어머니가 집안을 보살피는 주체가 되었고 국가단위로 살 때에는 국가의 중심은 왕이나 대통령이 맡았다고 하자. 그렇다면 세계가 하나가 될 때 무엇이 중심이 될 것인가. 왕이 또 중심이 될 것인가. 그렇다면 그것은 제국이지 세계는 아니다. 세계의 중심은 무다. 성숙한 나라들이 서로 양보하면서 사이좋게 살아가는 것이다. 그렇게 되려면 국가의 수준이 모두 높아져야 한다. 남을 침략하는 이리떼가 아니고 자기의 이익만을 구하는 늑대가 아니다. 자기를 지배할 줄 알고 자기에 만족할 줄 아는 나라들이 서로 물물을 교환하면서 의좋게 살아가는 것이다. 이것은 성숙한 인격으로써만이 가능하다. 누구의 신세를 지지 않고도 모두 자기의 소질을 살려가며 분업을 통해서 살아가는 것이다. 이런 성숙한 나라들이 모여서 사는 곳이 세계다.

　니체가 생각하는 미래는 세계시대다. 이 세계를 유지하는 핵심은 허무다. 세계 정부가 있는 것이 아니다. 무정부다. 정부는 각각 국가 안에 있으며 국가는 자치하고 국가와 국가와의 관계는 협조로 이루어져 그 가운데는 정치할 만한 문제가 없다. 이것이 무정부주의다. 별과 해가 중간에 조정하는 아무런 장치가 없어도 허공을 착오 없이 돌아가는 것이나 마찬가지다. 국가와 국가 사이에는 허무뿐이다. 그러나 충돌도 마찰도 없고 잘 돌아간다.

　국가는 세계-내-존재世界-內-存在다. 성숙한 나라가 한 가족을 이룬 것이 세계다. 어린애가 뱀 구멍에 손을 넣어도 물리지 않고, 사자와 염소가 같은 굴속에서 자고 깨는 그런 것이 세계다. 나와 세계의 관계는 하나다. 세계는 거울과 같아서 거울을 보면 내 얼굴 뿐이요, 내 얼굴을 붙잡으면 그것은 내 얼굴이 아니고 거울이다. 세계와 나는 하나다. 세계와 나는 서로 비추는 순한관계로서 세계는 니의 그림자요, 나는 세계의 내용이다. 세계기투世界企投와 자기요해自己了解는 표리일체다.

니체 293

세계평화와 국가독립은 같은 말이다. 세계가 평화하기 위해서는 내가 내 발로 서야 하고 내가 내 발로 걸어다니면 세계에 아무런 문제도 없다. 내가 세계를 평화롭게 하는 것, 세계의 모든 나라를 나라답게 하는 것, 세계 안에 있는 모든 존재자를 전체적인 의미있는 연관 속에 배치하고 모든 존재자로 하여금 각각 자기 나름대로의 의미있는 존재자로서 존재케 하는 기투企投는 언제나 그런 존재자와 연관되어 있는 자기와 그런 존재자의 연관으로서의 그런 세계를 선택하고 있는 그런 자기의 자기요해自己了解와는 언제나 떼어놓을 수 없는 상대적인 것이다.

내가 서야 세계가 되고 나의 요해가 세계의 기투를 이룩한다. 세계와 나와의 관계는 세계를 초월한 어떤 추상적 자기가 있어서 거기서 내려온 빛으로 세계를 인식하고 해석하는 것이 아니다. 물건을 물건으로 있게 하는 기투企投의 운동, 세계기투를 빼놓고 자기의 인식이나 자기의 요해는 있을 수 없다.

인식은 생의 연관을 떠나서는 있을 수 없다. 생과의 연관을 떠난 초월적 진리나 가치를 생각하는 것은 허구요 거짓이다. 그런 의미에서 세계는 의미도 없고 가치도 없다. 있는 것은 세계와 나 뿐이요, 나는 세계 안의 여러 존재와 연결되어 있는 세계 내의 존재다. 인간의 세계인식은 언제나 인간의 관점과 연결되기 때문에 인간의 성숙도는 세계인식을 더욱 가능케 한다.

인간의 세계인식은 세계해석世界解釋이다. 세계해석이란 해석하는 인간의 주체성이 그대로 세계의 개시성開示性이 된다는 것이다. 세계개시와 자기 성숙은 하나다. 성숙한 주체 없이 세계개시는 불가능하다. 성숙한 나라들이 모이지 않으면 세계평화는 없다. 해석은 성숙한 주체들에게만 가능하다. 그런 의미에서 세계 해석은 상대적인 것이다. 니체는 이런 상대적 인식관계에 원근법이란 말을 썼다.

인간의 행위는 무엇하나 고립되어 있는 것은 없고 세계의 모든 일도 무엇하나 유리되어 있는 것은 없다. 아무리 작은 일이라도 그 일에 대해서 불평하고 불만하는 것은 세계 전체에 대해서 불평하고 불만하는 것이다. 그렇기 때문에 아무리 작은 것에 대해서도 불평이 없어야 세계에 대해서 불평이 없다. 이런 현실 긍정, 생의 긍정, 세계 긍정은 세계가 나의 그림자인 이상 자기에 대해 불만이 없을 때 세계에 대한 불만이 없다.

인간은 자기가 사람이 되었을 때, 자기에 대한 욕구가 없어졌을 때, 자기가 없어졌을 때, 인간이 무가 되었을 때만 세계 긍정이 가능하다. 세계 긍정은 성숙한 사람, 초인만이 가능하다. 인생을 낙관할 수 있는 사람은 성숙한 사람이다. 성숙한 사람만이 불평이 없고 불만이 없으며 세계를 사랑하고 세계를 충만케 한다

니체는 인간의 성숙을 힘의 증대라고 보고 그것을 의지의 내용으로 삼았다. 권력의지勸力意志란 생의 충만을 의미한다. 17세기를 데카르트의 귀족적 이성이 지배했다면, 18세기는 루소의 여성숭배적 감정이 지배하는 시대요, 니체는 19세기를 쇼펜하우어의 동물적 의지가 지배하는 세기라고 생각하였다. 생의 생다운 소이所以는 고정화하려는 것을 계속 깨뜨리면서 자기 자신을 넘어서려고 하는 초극의 운동이다.

생의 본질은 언제나 자기를 넘어서는 운동이다. 정신은 언제나 자기의 껍질을 깨뜨리고 자기를 비판하는 것이다. 자기비판을 못하게 되면 자기는 굳어버리고 죽어버린다. 자기 비판은 생의 본질이다. 생은 생 이상의 것을 산출한다. 계란은 병아리를 산출하고 육체는 정신을 산출하고 정신은 신을 산출한다. 인간외 모든 문화는 생이 산출한 것이요, 인간의 문화가 고정되어 인간의 생을 억압할 때 인간은 용감하게 문화를 깨뜨리고 나가야 한다. 도덕, 종교, 문예, 법제, 과학기

술이 인간을 지배하게 되면 인간은 그 옷을 벗어버리고 새 옷을 입고 나가야 한다.

  문화는 인간의 창조이면서 동시에 인간의 적이다. 니체는 신도 인간정신의 창조이면서 동시에 인간정신의 적이라고 했다. 신이 우상화 될 때 신은 인간의 정신을 억압하기 때문에 니체는 신도 죽여야 한다고 외치고 신은 죽었다고 개가를 올렸다. 그것은 신이 인간을 억압했기 때문이다. 권력의지는 일체를 넘어서 증진하고 확대해 간다. 이것이 초인의 세계다.

하이데거
Heidegger, Martin 1889-1976

하이데거
Heidegger, Martin 1889-1976

산언덕에서 밭을 갈고 있는 한 농부가 있었다. 이 산을 찾아가는 사람들은 한없이 산의 아름다움을 찬양하지만 산에 사는 농부는 산의 아름다움을 보려고도 하지 않는다. 왜냐하면 그는 산과 같이 살고 있으며 그는 벌써 산이 되고 말았기 때문에 자연을 하나의 아름다운 경치로 감상하며 자연의 가치를 떨어뜨릴 수는 없었기 때문이다. 그는 이미 자연이 그대로 자기임을 믿고 있었다.

침엽수가 우거진 검푸른 숲은 그가 평생 찾은 존재의 빛이 비취는 곳이요, 검은 숲 가운데 오두막집에서 그는 『존재와 시간』을 비롯해서 많은 글을 쓰며 지금도 살고 있다.

그가 어렸을 때 자란 메스킬히의 성곽을 지나 밀밭과 목장을 지나 언덕을 넘고 숲을 건너 다시 마을로 돌아오는 좁다란 들길이 있었다. 봄에는 푸릇푸릇 밀이 자라고 여름에는 이름 모를 꽃들이 길가에 만발했다. 아침에는 종달새 높이 뜨고 저녁에는 알프스의 먼 산들이 숲 속으로 자취를 감추었다. 애들은 언제나 이 길에서 뛰어 놀고 저녁이면 나무꾼들이 장작을 지고 돌아온다. 하이데거가 걸은 길은 언제나 이 길이었다. 청년시대도 가끔 이 길을 걸었고 길을 걷다가는 전나무 그늘에 주저앉아서 위대한 사상가들의 책을 읽기도 하고 사색에 잠기기도 하였다. 남의 책을 읽을 때나 자기의 사색에 잠길 때나 그를 인도해 준 것은 그가 어렸을 때 걸은 이 산길이다. 이 산길에서 하이데거가 종이배를 띄우며 놀던 어린 시절부터 어렴풋하게 들어온 것은 가는 존재의 숨은 소리였다. 철을 따라 바뀌는 풍경 속에서도 어렴풋이 보이는 좁은 산길은 언제나 존재의 진리를 말해주고 있었다.

아버지는 나무통을 만드는 직공이요, 어머니와 더불어 깊은 신앙을 가진 분이었다. 그가 14세에 8년제인 보덴 호숫가의 아름다운 중고등학교를 가게 되는 것은 아버지가 돌보는 마틴 성당의 신부님의 주선이었고 또 그의 주선으로 20세에 프라이부르크 대학에 들어갔다. 프라이부르크는 바덴 주가 자랑하는 가장 경치 좋은 검은 숲(슈발츠발트)이 있는 산기슭에 있었다.

그후에 그는 말부르크 대학에 근무한 6년을 제하고는 한평생을 검은 숲에서 살게 된다. 대학에 들어가서는 신부가 되기 위하여 신학을 공부하고 있었다. 그러나 22세 때 또다시 고향의 산길을 걸으면서 그는 점점 철학으로 수학으로 자연과학으로 쏠리기 시작하다가 브렌타노의 작품이 결정적으로 그를 철학으로 몰아 넣었다. 그때 프라이부르크에는 리케르트(Heinrich Rickert, 1863-1936)가 중심이 되어 신칸트학파의 요새를 이루고 있었다. 리케르트의 지도로 1914년 제1차 세계대전이 나던 25세에 판단론에 관한 학위논문을 내고 그 다음 여름에는 둔스 스코투스(John Duns Scotus, 1265-1308)의 범주론을 가지고 교수자격 시험에 통과하여 처음으로 철학강사에 오른다. 세계대전이 퍼져가는 1916년에 리케르트의 후임으로 후설(Edmund Husserl, 1859-1938)이 오게 된다. 신칸트학파에 반대하여 본질직관을 부르짖는 현상학파다. 그는 하이데거로 하여금 새로운 철학의 길을 걷게 한다.

그 후 11년, 후설의 영향 밑에서 침묵의 시대가 지나간다. 결국 1927년 그는 후설에게 드리는 책으로『존재와 시간』이라는 세기적인 작품을 내놓게 된다.『존재와 시간』이 나오는 이 시기는 독일국가의 가장 진통이 큰 때였다. 독일뿐만 아니라 전 구라파가 몹시 큰 상처를 입은 때다. 6,000만 명이 동원되어 900만 명이 죽었고, 200만 명이 부상을 입었다. 그 위에 기근과 장티푸스 학살 등으로 900만의 일반 시민이 쓰러졌다. 전비戰費는 3,300억불, 물적 손해 1,800억불 이리하여 나라들의 4분의 1이 없어지고 말았다. 이와 같은 대소모전은 과학기술의 덕택이었다. 과학기술은 새로운 대량살육의 무기를 만들어 주었다.

전쟁은 옛날처럼 영웅들의 명예를 건 인격전이 아니었다. 사람은 하나의 흙덩이처럼 되고, 전쟁은 물량전이 되어 버렸다. 전쟁의 아픔은 국민생활 전체에 침투되었다. 세금은 폭등하여 소득의 4분의 1이 되고 물가는 3배로 오르고 인플레는 1불에 4마르크 하던 것이 전후 1924년에는 1불이 25억 2천만 마르크가 되고 우표 한 장에 5천만 마르크를 붙여야 했다.

유럽은 그 사유의 중심에서 자기를 자기로 인정할 수도 없고 자기가 자기를 느낄 수도 없게 되었다. 오랫동안 그들이 의지했던 가치질서가 송두리째 무너지고 위기와 불안만이 그들의 마음속에 파고 들어갔다. 처처에서 폭동이 일어나고 좌우의 충돌이 피로 물들었다.

칼 야스퍼스는 이 시대의 위기와 불안을『현대의 정신적상황』이라는 책에 기록해 놓았다. 슈펭글러(Oswald Spengler, 1880-1936)의『서양의 몰락』이 나오고 제국주의 전쟁의 비판이 나타나기 시작하였다. 이때 하이데거에게 가장 큰 자극을 준 것은 키에르케고르였다. 키에르케고르의 영향은 하이데거뿐이 아니었다. 마르셀(Gabriel

Marcel)은 『형이상학 일기』를 쓰고 있었고, 야스퍼스는 『세계관의 심리학』을 썼고 바르트는 『로마서 강해』를 내고 1926년 8월 8일 하이데거는 검은 숲 산장에서 『존재와 시간』을 쓰기 시작하여 27년 봄에 발간되었다. 이 책 때문에 하이데거는 일약 세계적인 철학자가 되어 1930년과 1933년에 두 번씩이나 베를린 대학에서 초청이 왔다. 그러나 하이데거는 베를린의 호화로움보다도 검은 숲의 자연이 더 좋았다. 도회지 사람들은 시골 풍경을 그저 즐기고 관찰하는데 불과하다. 그러나 하이데거는 그런 사람들을 멸시하였다.

세계적인 도시 베를린은 그에게 있어서 존재를 망각한 현대 문명의 상징으로 밖에 보이지 않았다. 그는 단호히 거부하고 검은 숲 가까이서 그의 여생을 보내기로 했다. 1933년에는 모교인 프라이부르크 대학의 총장까지 된다. 이 때에 독일을 다시 안정으로 이끌어 간 것은 히틀러의 나치스였다. 이때 하이데거는 대학의 사명을 사회 참여로 보아 위기에 처한 민족의 운명을 방관시할 수 없었다. 이때 나치스는 '반자본 반공산'을 국시로 하여 독일의 중산계급을 배경으로 하고 있었다. 대자본가인 유대사람에게 반기를 들면서 사유재산과 기업에 반대하는 공산주의에도 반대하였다. 나치스는 농민층을 보호하고 베르사이유 조약을 파기하고 독일민족의 해방을 선언하고 질서 회복에 적극 노력하였다. 유니폼을 입고 질서정연하게 거리를 걷는 히틀러 청년단은 독일의 장래를 상징하는 듯 퍽 믿음직하게 보였다.

그러나 1933년 히틀러가 정권을 장악하자 국회는 해산되고 반대파는 숙청되고 무서운 사상의 통제가 시작되었다. 마르크스와 프로이드는 말할 것도 없고 하이네, 만, 브레히트, 츠바이크의 책이 불살라지고 괴테나 니체의 책까지도 삭제 파기되어 갔다. 아인슈타인이나 토마스 만이 망명하고 야스퍼스는 대학에서 추방됐다. 하이데거도 일년이 못 가 총장직을 그만두고 다시 산장에 들어가 또다시 희미한 산길을 걷게 된다.

그는 횔덜린의 시에 도취되어 시인의 가는 길을 걸어간다. 1938년에 히틀러는 오스트리아로 진주하고 체코를 병합하고 그 다음 해에는 폴란드로 진군한다. 9월 3일 폴란드와 동맹관계를 맺고 있던 영국과 프랑스가 선전포고를 하고, 1945년 5월 5일 베를린까지 쫓긴 나치스가 항복하고, 8월 15일은 독일과 동맹했던 일본이 항복하여 제2차 대전이 끝난다.

이러한 격동기에도 하이데거는 검은 숲 도나우 산장에서 신비한 존재의 산길을 걷는 사색의 길을 그치지 않았다. 전후 나치스 협력 이유로 대학에서 추방된 후에도 검은 숲 산장은 더욱 그를 아늑하게 품어 주었다. 1953년 추방해제 후에 가끔 프라이부르크 대학에 내려가 교수들과 상급생을 상대로 강의하는 때도 있지만 그의 대부분은 고요한 산장에서 사색의 희미한 길을 걷고 있었다.

오늘도 늙은 하이데거는 무엇을 사색하고 있을까. 하이데거가 자라난 20세기초는 근대와 현대가 전환되는 격심한 변동기였다. 그 때에 조성된 위기의식은 반세기가 지나서 20세기가 그치려고 하는 오늘에 이르기까지 가실 줄을 모르고 있다. 현대의 위기는 어디에 기인한 것일까. 16세기에 시작된 과학의 발전과 생산기술의 혁명은 19세기 후반기에 와서 인류생활 전체로 침투하기 시작했다. 생산부분만 아니라 경제, 정치, 문화, 사회, 어디서나 과학적으로 사고하고 기술적으로 처리하게 되었다. 생활은 유족해지고 살림은 즐거워졌다. 그러나 이와 동시에 두 번씩이나 세계전쟁을 치르게 되었다.

세계는 또다시 더 큰 전쟁을 향하여 달리고 있는 것 같다. 지구는 작은 흙덩이로 움추러 들고 있으며, 인간은 대중이 되어 아무 개성이 없는 잡초처럼 흙 위에 자라서 유행의 바람이 불 때마다 이리 쏠리고 저리 쏠리고 있다. 옛날 울창하던 검은 숲의 나무는 다 없어지고 다만 평균화되고 물량화되고 소외된 인간만이 더욱 작아져서 마치 그 늘진 곳에 자란 이끼처럼 말초신경의 자극으로써 생의 주체를 회복한 것 같은 망상을 하게 되었다. 인간은 자기를 구해준다고 생각했던 거대한 기계문명이 결국 입을 벌리고 인류의 모든 종족을 휩쓸어 삼키려고 할 때 이 문명의 근원지인 유럽에서 이 괴물의 정체를 밝혀 보자는 눈초리가 여기저기서 빛나기 시작했다.

하이데거는 이 괴물의 정체를 주관주의라고 한다. 주관주의란 모든 것을 객관화하지 않고는 못 견디는 과학적인 이성을 말한다. 주관은 언제나 인식될 것을 자기와는 단절된 것으로 생각하고 자기의 틀 속에 집어넣어 무엇이나 죽여 버린다.

서양문명, 과학문명, 기술문명은 전쟁문명, 권력문명, 살인문명이 되고 말았다. 자기만 사람이라고 하고 남을 짐승처럼 대하는 주관주의, 남을 죽이려다가 자기네들끼리 죽는 제국주의가 되었다. 하이데거는 서양문명의 살인성을 이성理性의 철학에서 보고 데카르트의 "나는 생각한다. 고로 나는 있다."의 이성주의를 근세에 와서 구체화된 악마라고 생각한다.

그런고로 하이데거의 철학은 자기가 사는 현재와 이 현대를 생산하는 구라파의 정신사精神史에 대한 깊은 통찰과 비판이라고 할 수 있다. 하이데거가 공격하는 주관주의, 내가 제일이라는 사상, 사람이 제일이라는 사상은 근대를 지배하고 특징짓는 사상으로서 현대의 기술문명에 이르러 그 꼭대기에 올랐다고 볼 수 있다. 주관주의는 근대뿐만이 아니다. 플라톤, 아리스토텔레스의 철학이 탄생할 때 벌써 싹이 텄고 그 후 2천여 년을 구라파의 사상과 문명을 지배해 온 것이다.

유럽의 역사는 나의 근거인 우리를 잊어버린 역사요, 정신의 고향인 존재存在를 잊어버리고 존재를 떠나버린 역사다. 현대는 고향을 잃은 사람들이 어두운 세계의 밤을 지나 존재의 빛이 하늘을 붉히는 새벽의 먼동을 기다리고 있는 시대다. 이때 하이데거는 하늘에 올라가서 불을 훔쳐내는 푸로메테우스처럼 플라톤, 아리스토텔레스 이전의 철인 아낙시만드로스, 파르메니데스, 헤라크레이토스와 같은 존재의 철인들에게 올라가 존재의 개시開示를 받아 가지고 과학기술을 구가하는 현대에 대하여 냉엄하게 대결하며 용감하게 덤벼든다. 옛날 곰팡이가 쓴 것 같은 존재라는 문제를 내걸어 현대와 대결하며 현대를 넘어서는 새로운 길을 지시하고 있다. 비록 어려워서 좀처럼 가까이 하기 어려운 사상이지만 현대철학에 있어서 제일 높은 봉우리라는 것은 온 세상 사람이 다 인정하게 되었다.

현대가 막다른 골목에 부딪혀 모든 사람이 앓고 있는 것만은 세 살 난 아이도 느끼는 사실이다. 현대 사람들은 거대한 기구 속에서 꼼짝달싹도 못하게 되어버려 삶의 자유를 잃고 말았다. 자기를 잃은 현대인은 그것을 이제는 당연한 진리처럼 믿고 있다.

자기를 잃은 인간이 달나라에 도착하면 자기를 찾을 수 있을 것인가. 현대가 빠져있는 암흑은 과학기술의 부수적 결과라기 보다는 과학기술의 본질 속에 그 근본 병통이 있다고 본다. 그런고로 현대를 넘어서기 위해서는 행동과 기술보다도 현대인의 머릿속에 깊이 뿌리박고 있는 이성理性의 우위성에 대하여 깊은 의심을 품고 이성적 사색을 넘어서는 근원적 사색, 주관과 객관이 갈라지기 이전의 근본적 사색으로 올라가서 존재의 바위틈에서 나오는 샘물을 퍼마셔야 인류의 살길은 열릴 것 같다. 하이데거가 의도하는 것은 적어도 우리에게 지금까지의 사색보다도 한 걸음 더 깊은 무엇을 암시해 준다.

1946년 「휴머니즘을 넘어서」라는 그의 논문에서 인간의 본질은 존재의 빛을 빛는 데 있다고 갈파한 적이 있다. 인간의 일은 존재의 명령에 의하여 결정된다. 그런고로 인간성을 확보하기 위해서는 존재의 빛을 받아야 한다. 지금까지의 인간성은 이와 반대의 길을 걸어왔다.

인간성을 문제삼은 인본주의는 인간성을 단순히 존재자存在者의 차원에서 규정했지 존재의 진리 즉 존재의 빛을 묻지 않았다. 그런 의미에서 인본주의는 존재를 망각한 인간 중심주의요, 주관주의에 불과하다. 그렇기 때문에 먼저 인본주의를 넘어서야 한다고 그는 말한다. 인본주의를 넘어서기 위해서 그는 플라톤, 아리스토텔레스 이전의 철인들의 사색으로 올라간다. 하이데거는 말씀을 존재의 집이라고 하는데 존재의 뜻이 들어 있는 말씀은 플라톤 이전의 고대희랍의 말씀뿐이고 그 이후의 말들은 사람의 뜻을 전달하는 개념화된 말이기 때문에 그런 말은 아무런 뜻이 들어있지 않다고 한다. 현대에 있어서 존재의 집이라고 할 수 있는 말은 몇몇 사람의 시를 통하여 읽혀진 말씀이다.

횔덜린이나 릴케의 시를 통하여 그는 존재의 영감을 느낀다고 하였다. 그는 앞으로는 철학이 아니라 시상詩想으로 표현되어야 한다고 한다. 시적인 표현의 아름다움은 말할 것도 없지만 그 대신 한없이 깊은 뜻을 지니게 된다. 하이데거는 존재의 집인 말씀을 존재의 빛으로 되새겨 본다. 존재의 빛은 인간만 비춰는 것이 아니라 모든 만물을 비춰고 있다. 세계란 존재의 빛, 존재의 열림을 의미한다.

하이데거는 1956년의「존재 물음에 관해서」라는 논문에서 존재를 천지신명天地神明이라고 부르기도 한다. 명明이란 죽음을 묻는 인간을 말한다. 하이데거는 하늘과 땅과 신들과 사람들을 분열되지 않은 근원적인 통일로서의 자연으로 본다. 하늘이란 태양의 운행, 달의 삭망, 반짝이는 별들, 낮의 빛, 밤의 어두움, 기후의 변천 등을 말하며, 땅이란 꽃이 피고 열매 맺고 바위가 솟고 샘물이 터지고 식물이 나고 동물이 뛰는 일체를 말한다.

신이란 모든 신령한 것, 그리고 사람이란 죽음이라는 것이 문제되는 존재다. 죽음이란 그저 죽는 것이 아니다. 값있게 죽을 수 있는 죽음만이 참 죽음이다. 이러한 죽음은 땅 위, 하늘 아래 신들 앞에 언제나 떳떳한 인간만이 능히 죽음다운 죽음을 죽어 갈 수 있다. 하늘을 나타내는 시간, 땅을 나타내는 공간, 신을 나타내는 인간, 사람을 나타내는 세간은 언제나 하나로 묶여 있다. 하나를 들면 다른 것도 껴묻혀 나온다. 시간은 인간이요, 공간은 세간이요, 하나가 있는 곳에 셋은 언제나 반영되어 있다. 이 네 가지가 서로 비치고 뛰어 노는 곳을 세계라고 한다.

여기에 다리가 하나 강물 위에 걸려 있다고 하자. 다리는 가볍고 힘있게 물위에 걸려 있다. 다리는 이편저편을 연결시켜 주는 것뿐만 아니라 두 언덕을 뚜렷하게 나타나게 하기도 한다. 두 언덕뿐만 아니라 그 부근의 모든 풍경을 끌어 모으기도 한다. 그런 의미에서 다리는 땅을 배경으로 하고 있다. 다리는 그 밑에 강물을 지나가게 한다. 바람이 없는 날은 고요히 흘러가지만 폭풍이 불고 눈비가 칠 때에는 미친 강물이 다리를 넘어뜨린다. 다리는 모든 기후의 변화에 자기 자신을 맡기고 있다. 그런 의미에서 다리는 하늘과도 연결되어 바람뿐 아니라 빛에 타고 달빛에 젖어 별과 같이 반짝인다.

다리는 또한 물위에 걸려 있으며 죽음을 묻는 존재에게 길을 열어 주고 있다. 이런 의미에서 사람과 연결되어 있다. 사람은 이 다리를 건너면서 일상의 불행을 넘어서서 신적인 영원성 앞에 인간의 근원적인 아픔을 나타내게 한다. 인간은 언제나 최후의 다리 위에 다가선 것을 느끼게 한다. 이런 의미에서 다리는 신적인 것과도 연결되어 있다. 다리뿐만 아니다. 무엇이나 이 네 가지의 모임이다. 존재자를 존재케 할 뿐만 아니라 하나로 뭉친 것은 결국 존재요, 만물은 존재의 유희라고 할 수 있을 것이다.

장미꽃 한 송이가 피어 있다. 아무 이유 없이 그저 핀다. 사람들이 자기를 보든, 보지 않든 그것이 문제가 안 된다. 장미는 존재하기 위하여 자기 자신을 꾸밀 필요가 없다. 장미에게는 이런 꾸밈없는 자기가 존재하는 근거를 밝힐 이유가 없다. 장미는 아무 이유 없이 피어 있다. 이유란 주관이 객관에게 주는 근거를 말한다. 장미에게는 주관도 객관도 없다. 존재자는 그저 있기 때문에 있다. 등산가에게 산에 왜 올라가는가고 물었더니 산이 거기 있으니까 올라간다고 대답했다고 한다. 인간은 무슨 이유가 있어서 사는 것이 아니다. 그저 살고 있다.

하이데거의 인생의 근거는 존재뿐이다. 무엇을 위해 사는 것이 아니다. 삶이기 때문에 사는 것뿐이다. 그런고로 존재자체는 그 이상 더 자기 자신을 근거 지을 아무 근거도 없다. 존재는 심연이요, 근거가 없다. 그런 의미에서 존재는 무다. 장미는 핀다. 이유 없이 핀다. 피는 자체가 피는 이유요 근거다. 아무 이유 없이 피어나는 이 출현을 하이데거는 존재의 유희라고 표현한다. 인간도 한 송이의 꽃이다. 그런 의미에서 인간도 존재의 유희다.

하이데거는 인간을 현존재라고 말한다. '현'은 존재의 피어남을 의미한다. 존재의 피어남이란 존재가 밝아지는 것이요, 인간은 존재가 밝아지는 터이기도 하다. 하이데거가 인간을 특히 죽음을 묻는 존재자로서 하늘과 땅과 신들과 대등하게 취급되는 이유는 인간도 하나의 존재자로서 나무나 돌이나 새와 마찬가지로 존재전체에 속해 있고 세계 안에 하나이지만 그러나 인간만이 존재와 통할 수 있고, 존재를 물을 수 있고, 존재에 응답할 수 있는 말씀이라는 것이다.

로고스라는 말씀은 본래 존재라는 뜻을 포함하고 있다. 존재는 인간에게 묻고 말하고 요구하고 명령함으로써 비로소 존재하고 존속되며, 인간도 존재에게 응답함으로써 존재하고 존속된다. 인간은 존재에게 양도되고, 존재는 인간에게 양도됨으로써 서로 참다운 자기가 될 수 있다. 하이데거는 인간의 본질은 존재와 통하는 것이요, 인간의 자유는 아집我執을 버리고 존재의 빛 속에, 존재의 진리 속에 나서는 것이며 그런 의미에서 인간의 현존재를, 실존재를 실존이라고 부르기도 한다.

  자유란 인간의 속성이 아니라 자유가 인간을 소유하고 있고 인간은 존재자 전체에게 연결되어 역사를 가지게 되는 것이다. 말씀도 인간의 소유가 아니라 인간이 말씀의 소유요, 인간이 말하는 것이 아니라 말씀이 말한다. 물을 마신 고기가 아니라 물 속에서 뛰는 고기처럼 말씀 속에서 뛰는 인간, 이것이 현존재다. 말씀이야말로 존재의 열림이요, 세계의 열림이요, 존재와 인간이 접촉되는 곳이다. 말씀을 통해서 존재가 인간에게 말하고 인간이 그것을 듣고 응답하고 서로 귀속되고 양도될 때 존재와 인간은 말씀으로 하나가 되고 각각 자기의 고유성을 획득하고 각기 자기가 된다. 그런 의미에서 말씀은 존재의 집이다.

  말씀의 깊이가 참으로 드러나는 것은 시詩에 있어서다. 존재의 빛이 나타나는 말씀의 세계가 시다. 존재의 집인 말씀 속에서 인간이 사는 것, 그것이 시상詩想이다. 시를 짓는 것이 그대로 존재의 집에 사는 것이요, 존재에 대한 응답이다. 근원적인 사색은 시상과 마찬가지다. 존재가 하는 사색이요, 존재에 대한 사색이다. 존재의 사색은 인간이 제멋대로 할 수 있는 것이 아니다. 존재의 소리를 들으므로 말미암아 사색한다. 영감 없이는 사색이 없다. 그런고로 영감이 사라진 현대에는 사색이 있을 수 없는 것이다.

  존재는 사색에서 말씀이 되고, 말씀은 사색을 통해서 존재를 드러낸다. 존재의 파수병, 이것이 시인과 철인의 직책이다. 현대사람들은 사색하는 것이 아니라 미워하고 있다. 주관으로서의 인간이 세상에 있는 만물을 객관화히여 주관 객관이란 관계를 만들어, 존재지와 존재자의 관계를 만들어 일체를 죽여버리고 만다.

  서양문명은 남만 죽이는 것이 아니라 자기도 죽여버리는 전쟁문명이요 살인문명이다. 존재와 존재자와의 차이는 없어지고 마치 존재자가 존재인 것처럼 행세한다. 주관주의는 완전히 존재망각의 사상이다. 현대인은 존재망각의 한가운데 살고 있다. 빈탕 한데서 떨고 있다. 고향을 떠나고 집을 잃은 가엾은 나그네가 되었다. 인간은 걷잡을 수 없는 위기의식에 빠져 넓은 길을 걸어가는 미혹에 빠져 있다. 그 길은 결국 파멸로 가는 길이다. 평균화, 대중화, 기계화가 결국 인류를 삼켜 버리려고 하고 있다.

하이데거가 우리에게 보여 주는 길은 좁은 존재의 산길이다. 보일락말락한 산길이지만 고요히 가라앉아 기다리며 걸어갈 때 역시 존재의 진리는 보인다고 한다. 하이데거는 마치 시인처럼 이 땅위에 살면서 존재의 새로운 역사를 쓰기 시작한다. 존재망각의 역사로부터 존재의 종말론을 쓰기 시작한다. 제일 처음에 있던 존재의 진리가 가장 위험한 끝날에 다시 나타난다. 진리의 먼동이 터오고 있다. 첫새벽을 알리는 우렁찬 닭소리, 그것이 하이데거의 존재와 시간이다.

작품

하이데거는 1889년, 스위스의 국경 근처 알프스산 밑 바덴 지방의 메스킬히라는 작은 마을에서 태어났다. 아버지는 나무통을 만드는 목수이자 교회 관리인이었다. 하이데거는 14세까지는 시골 학교에 다니고 그 후 3년 동안은 콘스탄츠의 중학교에 다니고, 그 후는 프라이부르크에서 고등학교를 마친다. 대학에는 20세에 들어가 처음에는 막연하게 신학과 철학 강의를 들었으나 22세에는 특히 철학, 수학, 자연과학과 역사학에 관심을 가지고 들었다. 이때 그는 늘 뒷동산에 올라가 많은 생각에 잠기기 시작했으며, 이때가 그의 철학이 시작된

때라고 보아야 한다. 그 후 16년이 지난 38세에 세계적인 명작 『존재와 시간』이라는 꽃을 피우게 된다. 40세에는 『칸트의 형이상학의 문제』, 『근거의 본질에 관하여』, 『형이상학이란 무엇인가』하는 세 책을 내놓았다. 44세에 프라이부르크 대학 총장이 되었으나 정치와 손을 잡았다가 일년도 못 가서 쫓겨나는 쓰라림을 경험했으며, 이 때부터 그의 사상이 뒤집히기 시작한다.

'존재와 시간'에서 '시간과 존재'로 180도 전환을 하게 되는 것이다. 46세부터 그는 새 시대를 열기 시작하는 것이다. 45세까지의 전기가 '현존재로부터 존재'라는 방향을 취했다면, 후기는 '존재에서 현존재'라는 방향을 취한다. 전기가 선생을 찾는 시기라면 후기는 학생을 찾는 시기라고 볼 수 있다.

하이데거는 학문하는 사람은 언제나 새로운 발견과 새로운 학문을 시작하여야 한다고 한다. 그렇지 않으면 학문은 썩어버리기 때문이다. 그렇지만 사상가에게는 오직 하나의 사상만이 필요하다고 한다. 사상가에게 있어서 가장 어려운 일은 오직 하나의 사상만을 생각하고, 오직 하나의 사상만을 실천하고, 오직 하나의 사상만을 생활하고, 오직 하나의 사상만을 언제나 때에 적합하게 표현하는 것이라고 말한다. 하이데거의 철학을 실존을 통한 존재의 철학이라고 한다면 하이데거는 이 하나를 가지고 평생 탐색하고 또 여러 가지 양식으로 이것을 표현해 가는 것뿐이다. 자연은 같은 자연이지만 언제나 다르듯이 하이데거가 찾는 존재는 언제나 같지만 그것을 표현하는 방법은 언제나 새롭다. 여기에 생명의 신비가 있고 사색의 법열이 넘치게 되는 것이다.

하이데거가 철학을 시작한 것은 22세이고 그 후 27세까지 배운 것은 신칸트학파의 철학이라고 할 수 있다. 신칸트학파의 대표적 학자 리케르트의 사상은 '인식론적 의식 내재주의'라고 말할 수 있다. 사는 것보다도 아는 것에 무게를 두는 학문이라고 할 수 있다. 여기에 대한 반발이 하이데거의 사색의 출발이다. 마치 쉘링이 헤겔에 대하며 반기를 들면서 적극철학이 나오고 실존사상이 싹트듯이, 신칸트학파에 대한 비판은 하이데거로 하여금 자기도 모르게 실존주의로 이끌어 갔다. 신칸트학파란 한마디로 '주객 분열'이라고 할 수 있다. 주관이 객관을 소유하는 그런 세계관이다. 자연을 정복한다든지 하는 사고방식이다.

헤겔의 절대정신도 결국 주관이 객관을 변증법적으로 통일하는 그런 사고방식이다. 거기에 대하여 하이데거는 잡아먹는 것이 아니라 같이 사는 주체의 개념을 창립하기 시작했다. 주관의 개념을 깨뜨려 버리고 '주체'란 개념을 내세웠다. 결국 실존 개념이 형성되는 것은 주객분열을 바탕으로 하는 근세의 인식론적, 논리학적, 사고방식을 깨뜨리는 데서부터 시작된다. 아는 것이 아니라 사는 것, 죽이는 것이 아니라 살리는 것, 전쟁이 아니라 평화, 이것이 전쟁이 있을 때마다 일어나는 주체적 철학이다. 하이데거는 싸우는 것이 인간의 본래적인 양식이 아니라 같이 평화스럽게 살아가는 것이 더 근원적이라고 생각한다. 동물들도 마찬가지다. 사자와 소떼가 같이 평화스럽게 살아간다. 그러다가 저녁때가 되면 사자는 소를 잡아먹음으로써 저녁식사를 한다. 그러나 곧 평화는 회복된다. 인식이나 지식은 식사와 같아서 일시적인 것이지 본래적인 것이 아니다. 그런고로 하이데거는 인식은 '세계 내 존재'라는 근원적인 존재양식의 독특한 경우지 일상적인 모습이 아니라고 한다. 하이데거는 인식 문제를 넘어선 보다 더 근본적인 존재 문제를 들고 나온다. 결국 글이 아니라 길이요, 아는 것이 문제가 아니라 사는 것이 문제라는 것이다.

60세가 된 하이데거는 자기의 어린 시절에 동네의 뒷산에 올라가면 자기의 미래를 꿈꾸던 소년 시절을 회상하는 「숲 속의 오솔길」이라는 아름다운 글을 썼다. 그는 거기에서 떡갈나무 껍질로 배를 만들어 시냇물에 띄우던 일, 교회 종을 치면서 부모를 좇아 다니던 일, 그리고 좀 커서는 오솔길 옆에 있는 벤취에 앉아서 철학 책을 읽던 일, 산책 도중 떡갈나무가 대지에 깊이 뿌리를 박고 푸른 하늘에 두 손을 올리고 존재의 생명을 받아 자라가는 모습을 보며, 계절이 바뀌는 속에서도 언제나 한가지 사실, 뿌리를 뻗은 위대한 존재자와 단순한 존재의 이야기가 쉴새없이 길가는 사람들에게 고향이 있음을 깨우쳐 주고, 이런 것들은 언제나 한결같이 숲 속의 공기 속에서만 자라고 그것을 동경하는 이에게만 열리고, 거기에 순종할 때에 소란한 현대로 넘어설 수 있는 영원한 문호가 열려 지적인 청정이 생육하고 일체가 하나의 조화된 소리 속에서 정화되어 간다는 것을 느낄 수 있었다고 말하고 있다.

거기서는 혼이 말하는 것도 아니고, 또는 세상이나 신이 말하는 것도 아니고, 오직 모든 것은 '같은 것에 있어서의 내어 던짐'을 말하고 있다고 한다. 다시 말해서 자기 자신의 포기, 소아를 내던지고 대아에 순응, 영원히 같은, 오직 하나이신 일체의 존재자가 거기에 근거하고, 영원한 과거로부터 우리들을 규정하고, 장래도 그러할 존재에 대한 몰아적인 투신, 즉 존재에의 귀의, 이 길만이 오직 유일한 살 길임을 말하고 있다. 이 때에 벌써 하이데거는 희미하기는 하지만 산 길을 오르기 시작한 모양이다.

그 후 존재라는 궁극적인 근원에의 형이상학적 지향, 이것을 22세에 목표로 결정하고 외줄기 사색의 길을 줄기차게 걷기 시작하여 38세에는 『존재와 시간』을 쓸 수 있게까지 성숙한 모양이다.

22세에 철학에 몰입하여 26세까지 박사학위 논문을 끝내고 교수 자격을 취득하기 위하여 27세에 처음으로 「둔스 스코투스의 범주론과 의미론」이라는 논문을 내놓았다. 여기에서 그는 "우리는 어디서나 무제약자를 찾고 있지만 만나는 것마다 사물뿐이로구나." 하는 노발리스(Novalis, 1772-1801)의 한탄을 표어로 싣고, 그 결론에서 논리학이 초논리학적인 원천으로 환원되어야 할 것과, 참빛 가운데서 보기 위해서는 본래적인 광학인 형이상학을 가지고 보아야 한다고 강조하며, 인식론적 주관은 형이상학적으로 가장 뜻깊은 정신의 의미를 해결할 수가 없다고 주장한다.

그렇기 때문에 철학이 철학의 본래적인 사명인 진리인 현실 및 현실적 진리에 뚫고 들어가는 것을 지향하지 않는다면 세계관으로서의 철학은 성립할 수가 없다고 한다. 그는 마치 이스라엘의 예언자처럼 현실 직시의 안목을 철학의 핵심이라고 생각하게 된다. 철학은 논리에 의하여 인도되는 별이 아니고 초논리적인 형이상학적 빛으로, 그리고 나아가서 존재자체의 빛에 의하여 빚어진 세계다.

옛날 플라톤이 "시각적인 것이 보여지기 위해서는 빛, 즉 태양이 필요하고 눈은 빛을 보아야 하는 것처럼 모든 사유적인 것이 사유되기 위하여서는 존재자 저편에 선의 이데아가 필요하고 마음의 눈은 선을 볼 수 있어야 한다."라고 말했듯이, 하이데거는 "선의 이데아가 존재자의 저편에 있다."고 하는 말을 "존재가 존재자 저편에 있다."라고 표현하고 사색을 비쳐주는 빛을 존재의 빛이라고 하였다. 그렇기 때문에 하이데거에 있어서는 논리가 아니라 형이상학적 빛이 중요하게 되었다. 그리고 "역사적 현실을 통해서 신의 절대적 정신을 산채로 붙잡는다."라는 생각이 강하게 나타나고 있다.

"시간은 변하고 다양화하지만 영원은 단순한 대로 멎어 있다."라는 에크하르트(Meister Eckhart, 1260-1327)의 말을 표어로 하여 잡다하게 변화하는 역사적 시간에 몰입하는 동시에 영원을 기대하는 산 정신에의 사모가 그의 애원이다. 철학은 삶에서 유리해서는 안되고 어디까지나 진리인 현실, 현실인 진리를 돌파하고 나가는 세계관적인, 인간 실존적인 생활양식임을 그는 강조한다. 철학은 언제나 산 인격의 긴장에서 이루어지고 인격의 깊이와 생의 충실로부터 넘쳐 나온다. 개개의 철학적 개념의 밑바닥에는 해당 철학자의 인격적 태도가 가로놓여 있다. 이에 대해 니체는 "철학은 피로 쓰여진 것이다."라고 말했고, "충동, 이것이 철학이다."라고 하이데거는 말하고 있다.

여기에서의 '충동'은 중세적 세계관에 가깝다. 산 정신의 철학은 현실을 글자로 표현하는 데는 만족할 수 없고, 알 수 있는 세계를 넘어서 현실인 진리와 진리인 현실 속에 뛰어 들어가야 한다. 이에 대해 칼 뢰비트는 "만일 그의 교수 자격 논문 속에서 사람이 진리인 현실 및 현실인 진리라는 말을 존재의 진리, 진리의 존재라는 말로 바꾸어 놓고, 초월적인 것 속에 펼쳐지는 혼의 차원을 실존이라는 말로 바꾸어 놓고, 신을 존재란 말로 바꾸어놓고, 감성적 세계 속의 자기 상실을 세계의 퇴락, 또는 존재의 퇴락이란 말로 바꾸어 놓으면, 후년의 하이데거를 볼 수 있다."고 말할 정도다. 이리하여 하이데거는 교수 자격을 얻어 프라이브르크 대학의 강사가 된다. 이때 그의 나이 27세이다.

1916년은 제1차 대전이 삼 년째로 접어들어 독일 패배의 기색이 짙어지기 시작하고, 그 다음 해는 러시아가 혁명을 일으켰으며, 그 다음 해엔 드디어 독일이 참패하고 만다. 슈펭글러의 『서구의 몰락』이 그대로 현실화되고 말았다. 일체는 무너지고 말았다. 암흑과 혼돈이 유럽을 뒤덮었다. 이때 과연 누가 빛을 찾아낼 것인가? 하이데거는 "이 2, 3년 내 철학 속에 어떤 종류의 형이상학적 충동이 각성되어오고 있다. 단순한 인식론으로 만족하기에는 시대는 너무도 달라졌다."라고 말하고 있다.

이 1919년에 야스퍼스는 『세계관의 심리학』을 썼고, 바르트는 신의 말씀을 기다리는 『로마서 강해』를 썼다. 그리고 프랑스에서는 마르셀이 『형이상학 일기』를 쓰고 있었다. 사람들은 너나 할 것 없이 형이상학적인 빛을 찾고 있었다. 인간 존재에 대한 탐구, 릴케의 오직 한가지 있어야 할 가장 최후의 것, 그것을 모든 사람은 찾고 있었다. 구원은 어디서 올까. 그는 악마에게 끌려 죄를 짓고 타락하여 불안과 무의 깊은 심연에서 방황하면서 한줄기의 구원의 빛을 구하는 인간 존재의 모습을 현대 유럽의 운명과 자기의 모습 속에서 발견했다.

사 색

하이데거의 철학이란 본래 "왜 있어야 하고 없어서는 안 되는가? 왜 有유이고 無무가 아닌가? 사람은 왜 살아야 하며 죽으면 안 되는가?" 하는 기막힌 절규에서부터 시작된다. 이 말은 "고뇌의 절정에서도 인간은 왜 살아야 하며 죽어서는 안 되는가?" 하는 지옥에서의 절규라고 할 수가 있다. 이 절규에 대하여 "죽긴 왜 죽느냐. 아무렇게라도 살아야겠다. 왜 무냐, 유가 아니고." 하는 천국의 개시가 하이데거의 철학이다.

"무가 다 무엇이냐, 유다. 죽음이 다 무엇이냐, 생명뿐이다." 이것이 그가 우리에게 보여주고 싶어하는 '사랑' 일 것이다.

하이데거의 철학은 사랑의 철학이다. 그는 우리에게 가장 가까운 세계를 보여줌으로써 멀어져 있던 진리를 깨닫게 한다. 그러면 그가 보여주려는 것은 무엇일까. 그것은 푸른 나무 한 그루다. 그 나무에서 우리는 인간의 본래적인 모습을 보아야 하고 본래적인 모습으로 되돌아가야만 한다. 인간은 본래 무가 아니고 유다. 무를 소유하고 힘있게 일어선 유다.

하이데거는 "인간은 절망을 내포한 절대적 경지."라고 자신만만하게 말하고 있다. 그것은 땅 위에서 사는 허무한 인간이 근원적인 존재의 비의를 열어 보여주고 있기 때문이다. 즉, 인간은 '존재'를 드러내는 '현존재'이다. 마치 존재의 태양빛을 흠뻑 받으면서 말없이 대지에 핀 한 송이의 꽃과 같은 존재, 이것이 실존으로서의 현존재이다. 꽃은 태양의 형상이요, 푸른 잎은 하늘의 형상이요, 둥근 열매는 대지의 형상이요, 무수히 자라나는 싹은 뭇별의 형상이라고 할 수 있다. 하늘과 땅과 태양과 별들이 꽃 한 그루 속에 나타나기에 인간은 존재를 개시하는 현존재라는 것이다.

하이데거는 인간을 근본적으로 존재개시의 장소로 본다. 하나님의 영광을 드러내는 꽃이다. 구체적으로는 죽을 수밖에 없는 유한적인 존재이면서 동시에 존재의 소리에 호응하고 청종하는 영원한 존재이기도 하다. 한마디로 인간은 '찰나 속의 영원'이다. 흙 속에 묻힌 진주, 절망적인 절대자이다. 아무 이유 없이 묵묵히 존재를 드러내는 꽃 한 포기, 태양은 꽃을 비추고 꽃은 태양을 드러낸다. 존재는 인간을 부르고 인간은 존재를 증거한다. 인간은 존재의 소리에 응하며 인간과 존재는 서로 귀속한다. 사람은 하늘에 속해 있다.

하이데거는 '본유화本有化'란 말을 쓴다. 본래 하나님의 소유라는 것이다. 하나님과 사람은 본래 통해 있다. 본래 속해 있다. 그런 의미에서 인간은 초월자이다. 존재는 인간을 통해서만 자기를 드러내고, 인간은 존재에 응할 때 비로소 궁극의 탁월한 존재자가 된다.

인간은 말하는 존재다. 말씀은 존재의 집이다. 말할 수 있는 것은 인간뿐이다. 말씀을 통해서 존재는 드러나고 말씀을 통해서 인간은 인간이 된다. 이 두 가지가 본질을 드러내는 개시의 순간, 서로 밝히고 통하는 찰나, 이것이 근원이요, 이것이 인간의 본질이다. 존재 진리의 사시 개시의 장소, 이것이 인간으로서의 현존재이다. 인간은 결국 존재와 통하는데 그 궁극적인 본질이 있다. 부자유친父子有親, 하나님은 내 안에 있고 나는 하나님 안에 있다는 본유화本有化의 관계

속에 실존의 근원이 숨겨져 있다. 하나님은 영이시고 사람도 영이라는 본질의 동일성이 이런 사고를 가능케 한다. 인간이 얼이 될 때 얼이신 아버지를 사색하게 된다. 사색과 존재는 같은 것에 근거하여 같은 것을 드러내는 서로 상관적인 관계이다. 동일성이나 본유화나 사랑이나 존재나 근거나 인간이 참 인간 되는 유일한 길이다. 그런데 현대는 존재가 횡령 당한 시대이다.

하이데거는 존재와 인간의 본질을 드러내는 본유화의 과정에서 인간적 실존의 근원을 본다. 인간의 본질은 하나님의 영광을 드러내는 존재개시의 문지기라는 데에 가치가 있다. 인간이 존재의 개시이기 위해서는 하나의 흙덩이어야 한다. 죽어야 할 존재로서 흙덩이로서, 땅위에 사는[住] 무아, 무욕, 무, 하나의 이름 없는 꽃이 되어야 한다. 아무 욕심 없는 사람, 나무나 돌이 될 때에 대지와 창공과 거룩한 것들이 서로 반사하게 마련이다. 이렇게 무가 되어 사는 것을 하이데거는 주住한다고 한다. 나무가 대지에 뿌리를 박고 살듯이 온 세계와 한 통이 되어 사는 것을 주住한다고 한다. 주住하는 인간, 나무와 같은 인간에게는 아무런 욕심이 없다. 생에 대한 애착이 없기에 언제나 죽을 수 있는 존재이다. 더구나 죽음 속에는 존재의 비밀이 가득 담겨져 있기에 죽을 수 있는 존재만이 존재의 비의를 드러낼 수 있다.

철학은 죽음의 연습이라고 한다. 죽을 수 있는 존재만이 존재자 아닌 존재의 빛을 드러낼 수 있다. 꽃 한 포기가 솔로몬도 드러내지 못하는 존재의 빛을 드러내듯이 아무 욕심이 없는 인간만이, 죽을 수 있는 인간만이, 무를 내포하고 절망을 내포한 찰나가 된 인간만이, 이미 죽어서 사는 인간만이, 어느 때 죽음이 와도 상관이 없고 언제 어디서나 죽을 각오가 되어 있는 인간만이 존재의 비밀을 드러낸다. 무의 거울만이 유의 모습을 드러내듯이, 이슬에 달빛이 드러나듯이, 유한성의 극한인 죽음만이 영원한 생명을 드러낼 수 있다. 불타는 죽음 속에서만 삶의 광명이 울려 퍼진다.

흙덩이가 그대로 빛이다. 흙덩이가 되는 것, 죽음 속에 뛰어드는 것, 무아가 되는 것, 마음이 가난한 것, 거기에 천국이 있다. 이미 죽어버린 자기의 기재既在를 짊어지고 언제라도 죽을 수 있는 자기의 도래到來를 각오하면서 순간 속에서 사는 현존재만 이 죽음이라는 극한을 매개로 하여 나를 부르는 낯선 존재의 빛을 현성現成한다. 이것이 현존재의 본질이다.

인간은 본래 종말론적 유한성 속에 살고 있다. 찰나 속에 살고 있다. 사람들은 오늘을 살고 있는 것이다. 실존에는 내일이 없다. 실존에는 오늘이 있을 뿐이다. 죽음이라는 마지막에 사는 존재로서 자각적으로 생존할 때 지상의 일체와 창공의 광휘가 타는 듯한 절대자의 모습으로 신성한 천지신명天地神明과 더불어 내 속에서 춤을 춘다. 그때에 비로소 존재자가 존재하고 세계가 열리고 인간생존의 비의가 수수께끼처럼 인간에게 다가올 것이다. 무서운 존재라는 것이 절대자의 모습으로 유한한 우리 속으로 밀려들어 올 것이다.

인간은 흙처럼 죽을 수밖에 없는 존재로서 유한한 삶을 살고 있는 것이다. 실존은 하루살이다. 이미 죽어 사는 유한한 존재로서 아무 욕심이 없는 인간에게 존재의 부르심에 귀를 기울이고 침묵 속에 말씀을 듣고 그 말씀을 이해하고 그 말씀에 복종하는 영과 통하는 세계가 열려진다.

인간이 산[住]다는 것은 존재와 통하고 존재를 열어 보이는 말씀 속에서, 사색 속에서 사는 것이다. 죽을 수밖에 없는 흙덩이 같은 인간, 언제 죽어도 좋은 완성된 인간은 이 세상에 살면서 천지신명과 같이 즐긴다. 내, 시, 창공, 거룩한 것, 죽을 수밖에 없는 것들을 그대로 받아들이고 살아간다.

하늘, 땅, 별, 풀, 푸른 하늘, 넓은 땅, 빛나는 별, 마른 풀, 이런 것들 속에서 인간은 그 본질을 진동시키면서 살아가고 있다. 이렇게 사는 것을 하이데거는 '시적으로 산다' 고 한다. 인간이 산다는 것은 이 땅 위에서 주住하며 살고 있는 것이다. 대지에 뿌리를 박고 하늘을 어루만지면서 별빛과의 속삭임, 새들과 대화를 하는 것, 이것이 사색思索이요, 시 지음[詩作]이요, 사는 것이요, 자라는 것이요, 키우는 것이요, 세우는 것이다.

하이데거는 '세운다' 라는 말[存心]과, '기른다' 는 말[養性]을 주住하는 것의 본질로 삼고 있다. 욕심 없는 삶에는 곧이[直]가 있고 옳음[義]이 있다. 위를 향하여 한없이 곧장 올라가는 의인의 주림이 있다. 여기에 초월자로서의 현존재의 핵심이 있다. 건양建養과 사색思索과 시작詩作은 근원적인 삶의 존재 방식이기도 하다. 시작詩作과 사색思索과 존심存心과 양성養性은 실존의 한 모습이다. 사색이 싹 트는 것이라면 시작은 꽃피는 것이요, 존심이 열매 맺는 것이라면 양성은 잎이 무성한 것이다. 사색과 시작과 건양은 인간이 말씀에 따라 살 때에, 죽을 수밖에 없는 존재로서 절망을 안고 존재에 순종하며 절대적으로 살 때에 인간의 주住하는 양식이 된다. 시색詩索과 건양建養은 천지신명을 살려 가는 길이기도 하다 하늘과 땅과 별과 나무는 시색건양詩索建養을 통해서 밝아진다.

자연의 자연스러움은 태양, 달, 별들의 출몰이요, 그 자연은 그 속에 사는 인간들에게 직접 말을 걸어오고 세계의 비밀을 이야기해 준다. 말씀은 인간이 나무처럼 푸른 하늘 밑 넓은 대지 위, 세계라는 집 속에 살면서 그 영역을 열어 보여주는 문이다. 사람이란 지상에 뿌리를 내리고 푸른 하늘에 꽃 피우고 열매를 맺는 나무처럼 말씀이란 길을 통하여 세계의 비밀을 말하고 열어 보여주고 아름답게 개화의 영역을 실현하는 곳이다. 언제나 무시로 그 집에 드나들면서 희로애락을 같이 하고 기쁠 때는 손님이 되고 슬플 때는 주인이 되는 그런 사람, 그런 사람이 하이데거가 말하는 인간의 본질이다. 존재는 나타나면서 동시에 존재자의 그늘에 숨어버리는 보이지 않는 것이요, 일체를 지탱하는 근거이면서 일체를 집어삼키는 심연이기도 하다. 다만 있는 것은 천지신명에 따라 춤추는 유희와 이유 없는 존재의 사실뿐이다. 존재의 생기生起는 존재에 의하여 보내지고 또 사라지지만, 그것이 어디서 와서 어디로 가는지는 아무도 모른다. 존재는 나타나는 법이 없으며 또한 신도 아니다. 그것은 말할 수 없는, 붙잡을 수 없는 비의 뿐이다. 그러나 그 밝은 무를 간직한 감추어진 세계가 인간의 집이요, 존재 개시의 장소이다. 언어 도단의 절망을 내포한 절대의 경지, 고요하게 존재자의 생멸이 탈락해 가는 순간, 거기에 존재의 소리를 듣게 되는 지반이 열린다.

  이러한 순간을 찾아다니며 죽을 수밖에 없는 유한성 속에서 양심의 부르심이 응하는 유한성과의 호응적 청종, 이것이 인간존재의 핵심이다. 찰나 속의 영원, 이것이 생존 역사의 근거가 되어야 한다. 시퍼렇게 선 칼날처럼 날이 서면 설수록 그것은 보이지 않는 근거요 심연이다. 정신은 칼날 같은 것이다. 어느새 없어지는 존재, 그것이 인간이다. 죽을 수밖에 없는 유한의 자각, 그 순간에 존재의 비의가 드러난다.

  없어질 때 있어지는 없이 계심, 이것이 정신의 모습이요, 존재의 비다. 집속은 없이 있는 인간의 최심의 본질을 드러낸다. 사색도, 시작도, 건양도 다 없이 있는 존재 방식이다. 소박한 자연의 고향 속에 주住하는 인간의 사명, 이것이 절망을 안은 절대의 경지다. 무의 심연에서 그대를 찾는 절망적 절대, 이것이 인간의 모습이다. 비극적 희극, 하이데거의 인간관은 절망과 체념을 깊이 감춘 절대적 신비경이라고나 할까.

자 연

하이데거의 존재는 신은 아니지만 일체 만물의 근원으로서 만물을 구원하고 고쳐주는 건강한 것이다. 하이데거의 존재는 결코 무한한 밝음도 아니고 일체 존재자의 궁극 근거로서의 절대적 존재가 아니며 모든 존재자를 살려가면서 자신은 조용히 숨어 가는 알 수 없는 근원이다. 하이데거의 존재는 일체 존재자의 생성의 근원으로서 희랍적인 자연에 가깝다.

그래서 하이데거는 소크라테스 이전의 자연이라는 개념을 소중히 생각하고 횔덜린의 자연관을 칭찬해 마지않는다. 하이데거는 존재를 단순한 것이라고 한다. 그렇기 때문에 존재의 사색도 단순해야 한다. 존재는 단순하면서 비밀에 가득 차 있다. 존재의 사색은 너무도 단순해서 알 수 없을 정도다. 그것은 안으로 깊이 스며드는 파스칼의 심정 같은 것이다. 데카르트식의 존재자에 고집하여 그것을 표상화하고 정복하려는 잘못된 근대적 사고방식을 극복하고 심정의 내부 공간을 충만케 하는 심오한 사색이다. 그것은 신은 아니지만 구원과 치유를 내포하는 근원적인 힘으로서 현존재에 개시되는 존재 자체다.

하이데거가 말하는 존재란 부드러운 정신, 타산적이 아닌 마음속을 깊이 꿰뚫어 보는 사색에 의해서만 열려지는 단순한 것이다. 그것은 신은 아니나 구원과 치유를 가능케 하는 것이고, 존재자를 존재자이게 하는 근원적인 부드러운 것으로 현존재의 밑바닥을 이루고 있는 것이다. 이것이 드러나기 위해서는 정말 단순한 지반을 뚫고 나와야 하며 이런 지반으로 그는 소크라테스 이전의 철인을 든다. 그 중에 아리스토텔레스가 전해 주었다는 이야기, 즉 많은 사람들, 헤라클레이토스를 찾아갔을 때 그들은 명상에 잠긴 심오한 철인을 예상했는데 정작 철인은 추위에 몸을 움추리고 오두막집에서 빵을 구우며 초라한 모습으로 그들에게 어서 들어오라고 권하면서, "여기에도 하나님은 계십니다."라고 말했다는 것이다.

하이데거는 인간의 평범 속에 신은 도래한다는 것이다. 존재의 진리는 이상하고 비상한데 있는 것이 아니라 평상하고 평범한 인간의 삶 속에서만 가능하다는 것이다. 이러한 평범한 터전 위에 거룩함, 신성, 신의 근원인 존재의 빛이 스며든다는 것이다.

하이데거는 산장에서 이런 그림을 그려본다. 새벽빛이 고요하게 산마루로 퍼져갈 때 세계의 암흑은 존재의 빛까지는 도달할 수 없다. 물레방아는 몰아닥치는 폭풍 속에서도 노래를 부른다. 사색하는 용기가 존재의 권면으로 일어날 때만 운명의 말씀은 무르익는다. 검은 비구름 찢어진 틈바구니에서 돌연 한 줄기의 햇빛이 풀 위를 스쳐갈 때 우리가 사상을 찾는 것이 아니라 사상이 우리를 찾아온다.

이른 여름 들판에 수선화 필 때, 또는 시닥나무 그늘에 들장미 빛날 때, 간소한 것의 한없는 장엄함이 드러난다. 산 속의 작은 암자나 새벽 빛, 산바람, 수선화, 시냇물, 흰눈, 염소 떼, 저녁놀, 일체가 존재의 근원적인 것을 비쳐주는 고장인 것 같다. 예전에는 집도 샘도 나무도 옷도 모두가 한없이 정답고 한없이 깊게 인간적인 생명을 지니고 그리고 존재를 말하고 있었을 것이다. 길을 걸으면서 생각하고 숲 속 시냇가에서 존재를 생각하면서 한 줄기 좁은 길을 걸어갈 때 생각은 깊어지고 생각은 무르익는다.

긴 사색 끝에 자연 자체가 싱싱한 차원을 열어 헤치고 갇힘에서 풀려 나와 존재의 진리를 밝음 속에 열어 보인다. 숲이 퍼지고, 시냇물 흐르고, 바위는 우뚝 솟고, 비는 쏟아진다. 들은 기다린 듯 샘이 솟고, 바람은 가라앉아 축복은 익어간다. 이런 시색에는 존재가 몰밀듯 밀려 들어와 적은 인간 존재는 없는 것이나 마찬가지다. 그러나 존재가 말하기 위해서 무와 같은 인간을 통할 수밖에 없다. 그것은 인간만이 생각할 수 있는 능력을 가졌기 때문이다. 존재자의 밑바닥에 숨어 있는 존재는 생각이나 노래를 통해서 자기를 드러내게 된다.

존재를 드러내는 자, 존재는 마치 전기처럼 어디에나 있다. 그러나 그 존재를 모아서 빛나게 하는 자가 시인이다. 존재는 번개처럼 시원적始源的으로 출현하는 우주에 편만한 것이다. 마치 전기로 모든 만물이 형성되듯이 존재로 이루어진 것이 자연이다. 그것은 모든 시간보다 더 이전에 있고, 모든 신들보다 더 이전에 있는 가장 깨끗하고 거룩하고 건전한 것이다. 그것은 거룩한 혼돈에서 나타나는 번개처럼 현실을 밝히는 영감이기도 하다. 번개가 번쩍 하듯이 하늘이 찢어지고 땅이 흔들리는 그 찢어짐, 그 순간 일체를 밝히는 그 밝음, 이 밝음 속에 일체를 내포하는 그 열림, 이 열림 속에 모든 것을 드러내는 가장 거룩한 것, 성스러운 것, 신도 인간도 사물도 가까이 할 수 없는 가장 무서운 것, 시인은 이런 열림 속에서 가장 거룩한 것을 붙잡는 신인이다.

하이데거는, 존재는 가장 먼 것보다 더 멀고 가장 가까운 것보다 더 가깝다고 한다. 횔덜린의 고향은 알프스산 꼭대기 가장 깨끗하고 맑은 호수가 있는 곳으로 하늘은 끝없이 높고 한없이 밝다. 그곳은 근원적인 곳, 최고의 곳, 거룩한 곳, 가장 깊은 곳이고, 기쁜 곳이다. 그 속에 가장 순수한 밝음이 있다. 그리고 이곳 가장 높은 곳에 가장 높은 것들의 거룩한 빛의 유희가 있다. 그리고 가장 큰 기쁨이 거기서 살고 있다.

그들은 언제나 밝은 것을 좋아하여 맑고 밝은 것을 열어 보여 주기를 기뻐한다. 그들은 즐거운 밝음으로 인간의 마음을 밝혀준다. 그들은 인간들의 굳게 닫혀진 마음을 열어제친다. 그들은 높고 맑은 것을 가지고 어둡고 깊은 골짜기들을 열어 밝힌다. 그들은 슬픈 자를 위로하고 기뻐하는 자를 더욱 기쁘게 하는 기쁨의 아버지이기도 하다. 맑고 깨끗한 이곳에 사는 그는 이곳에서 살게 될 때 비로소 그의 이름이 지어진다. 그는 '거룩한 영기靈氣'라고 불린다. 솔솔 부는 바람, 빛나는 햇빛, 꽃피는 대지는 이 영기를 얻어 하나가 된다.

이 영기는 맑고 밝음을 더욱 맑고 밝게 하고, 큰 기쁨에 더욱 큰 즐거움을 가져온다. 아버지이며 집의 천사인 대지, 해의 천사인 광명은, 시인을 통해서 비로소 열려진다. 시인만이 맑음을 볼 수가 있다. 시인만이 밝음을 인도하여 인간 세계로 끌어내린다. 시인만이 알프스로 달려가 사랑과 정성으로 근원에 접근하여 알프스를 노래부를 수 있다.

시인은 노래 부른다. 그것이 시인의 즐거움이 되기 때문이다. 기쁜 시를 짓는 일은 그대로 즐거운 일이다. 시인은 최고의 즐거움을 가장 즐겁게 노래 부르려고 하지만 그것은 슬픔 속에서이다. 왜냐하면 노래 부르는 마음은 확실히 맑고 밝은 것을 보지만 가장 높은 것은 볼 수가 없기 때문이다. 노래 부르는 자의 눈은 멀었다. 거룩한 것은 나타나지만 신은 한없이 멀기 때문이다. 이 시대는 신이 떠난 시대다. 남아있는 것은 거룩한 것이다.

시인의 사명은 고향에 돌아가는 것뿐이다. 고향은 다만 근원의 가까이에 사는 것뿐이다. 가장 기쁜 것, 가장 깊이 감추인 가까운 비밀을 지키고 그것을 지키면서 열어 보임이 고향으로 돌아가는 일이다. 귀향은 가장 독일적인 것의 역사적인 본질에 도달하는 것이다. 귀향은 존재의 가까이로 도달하는 것이다. 존재의 가까이에 있는 것은 존재 자신은 아니지만 존재의 빛 속에 있는 것이다. 존재는 알프스의 근원에서 구해지고 존재는 각각 멀고 가장 가깝다. 하이데거는, 귀향은 근원의 기꺼이로 돌이오는 것이리고 말힌다. 오랫동안 고향을 떠나서 방황하던 사람이, 그리고 고향을 멀리멀리 떠났던 사람만이 가장 가까이 구하는 심정으로 고향으로 돌아오는 사람들이다. 가장 먼 사람이 가장 가까워지는 것이 귀향의 특징이다.
 휠덜린의 귀향은 자연에로의 귀향이다. 자연이란 말은 '스스로 불탄다' 는 뜻으로 빛나는 것이요, 밝히는 것이다. 모든 것을 나타나게 하는 것이요, 모든 것에 편만한 것이며, 모든 것을 창조하고 모든 것을 살리는 것이다. 자연은 가장 오랜 시간이요, 자연은 신마저도 초월해 있다. 그런 뜻으로 자연은 거룩하고 자연이 깨어날 때 영혼도 깨어나고 얼김이 온 천지에 가득 찬다. 자연은 모든 것을 창조하는 얼김이요, 자연은 얼김자체이기도 하다. 자연은 영이기 때문에 영감만이 자연을 나타낸다. 영인 정신은 모든 것을 하나로 만드는 영이요, 모든 것이 하나가 될 때 나타난 정신은 모든 나타난 것을 편만해 있는 통일로 끌어넣는 영으로 가득 채우는 양식이다. 편만해 있는 이 영은 영감으로만 눈이 뜬다. 영감만이 자연을 깨우친다. 자연은 모든 것에 앞서는 원초적인 것이기 때문에 자연이 깨어날 때는 원초적으로 깨어난다. 자연이 깨어나면 위는 허공으로부터 아래는 심연까지 지배한다. 둘 다 영감에 의하여 영으로 채워진다. 거룩한 것은 내면성이요 마음이다. 거룩한 것은 시간보다도 더 오래고 신보다도 더 크시다.
 휠덜린에 있어서 존재는 자연이지만 보통 말하는 자연이 아니고 얼김으로 가득 찬 자연이다. 그것은 태초부터 있으며 어디에나 있다. 그렇기 때문에 모든 시간보다 더 오래 되었고 모든 공간보다도 더 넓은, 어디에나 있는 있음이다. 시간으로서는 모든 시간에 앞서는 가장 젊은 시간이요, 아무리 오래 되어도 늙지 않는 새로움이다. 모든 시간보다도 더 성숙한 어른이다. 이 밝음이 열려져야 비로소 현실적인 일체가 나타난다. 그렇기 때문에 모든 현실적인 것보다 더 앞서 있다. 신보다도 더 앞서고 더 너머 있다.
 신성하다는 것은 이러한 자연의 거룩하고 건전한 것으로부터 온다. 이러한 자연은 깨어남으로 자기에로 돌아간다. 영감은 새롭게 다시 자기를 깨우친다. 이리하여 어디나 있는 자연은 일체를 창조하게 된다. 그리고 일체를 밝히고 일체를 철들게 한다. 자연은 영감 자체다. 그것은 얼이기 때문에 일체를 얽어맬 수가 있다. 하이데거도 자연은 얼이라고 한다. 자연은 옛날부터 존재했으며 깨지는 법도 없고 다치는 법도 없다. 그렇기 때문에 거룩한 것이다. 그의 건강은 그의 충만으로 모든 현실적인 것을 감싸준다.

　자연은 직접적인 것이요, 모든 충실과 하나로 얽어맨다. 그것은 신에게 있어서나 사람에게 있어서나 기타 만물에 있어서나 접근하기 어려운 것이다 그것은 무서운 것이고 차디찬 것이다. 다만 그 품에 안긴 시인만이 무서움과 놀람을 헤치고 자연의 거룩함을 예감할 수 있다. 이 예감이 시인의 혼을 빛나게 한다. 이 빛이 하늘의 허공과 바다의 심연까지도 비추고 밝히고 열어 보인다. 이렇게 열려진 밝음이 세계인 것이다. 세계란 얼로 밝혀진 곳이요, 어른이 지배하는 곳이다. 이 세계는 역사의 거룩한 곳으로 규정된 본질적 장소이다. 역사적 민족의 자연은 역사가 역사적인 것이 될 때 비로소 참다운 자연이 될 수 있고, 민족의 역사는 그의 고유한 것이 드러날 때 비로소 역사적인 것이 되는 것이다.

　사람이 역사적이 되기 위해서는 그의 고유한 것이 드러나야 하고 그의 고유한 것이 드러나기 위해서는 사람은 한번 자기가 없다는 체험을 가져야 한다. 사람이 육체적으로나 정신적으로나 정말 건강할 때에는 자기가 있다는 의식이 없다. 몸이 있다는 의식도 없고 마음이 있다는 의식도 없다. 몸이 있다든지, 마음이 있다든지 하는 의식은 몸에 병이 들었거나 마음에 걱정이 있을 때 있게 된다. 정말 몸이 건강하고 마음이 건강하면 아무 것도 느끼는 것이 없다. 그때 나는 힘덩어리요. 그때 나는 정신덩어리다. 그때처럼 기분 좋은 때는 없고, 그때처럼 정신이 상쾌한 때는 없다. 자기를 의식하지 못하지만 기분은 참 좋다.

마치 불이 고열이 될 때 흰 불이 되어 연기가 없는 것과 같다. 완전 연소일 때 연기는 없고 빛만 가득 찬다. 건강한 육체와 건강한 정신도 육체와 정신의 신진대사가 최고도에 달하여 완전 연소할 때에 있는 것이다. 자의식이 없으며 빛이 가득 찬 듯 심신이 상쾌하다. 이런 것에 탈자성脫自性이란 말을 쓴다. 자기 의식이 없다는 것이다. 있다면 사랑과 진리가 있을 뿐이다. 선생은 언제나 무아요, 탈자적이요 빛덩어리다. 천지동근이요 심신일여다. 이런 경지를 동양 사람들은 무라고 한다. 이런 세계를 하이데거는 현존재라고 한다.

동양식으로 존재를 도라고 한다면 현은 통했다고 할 수 있을까. 도에 통한 사람, 존재를 이해理解하는 존재자, 여기에서 이해란 지적인 이해가 아니라 체득이다. 체득한 사람, 존재의 체득자가 현존재現存在다. 산천초목은 본래 자연이요, 내가 있는 힘을 다하여 내가 되었을 때 내가 겨우 자연이 된 것뿐이다. 나와 세계는 하나다. 내가 세계요, 세계가 나다. 내가 내가 될 때 세계는 세계가 된다. 현존재는 모든 만물을 만물로서 있게 한다. 나무를 마음속에 있게 하는 것이 아니라 나무를 검은 대지 위에 있게 한다. 이때 현존재에는 마음이 없다. 심신이 탈락했기 때문이다. 현존재는 나도 없고 주관도 없고 주체도 없다. 세계와 하나가 되어서 세계 안에 있다〔世界-內-存在〕. 있다면 빛이 있고 진리가 있다. 존재의 광명 속에 섰을 때 인간은 하나의 탈존脫存이 된다고 한다. 인간은 탈존이 될 때 존재를 드러낸다. 인간은 자기가 없어질 때 존재를 드러낸다. 내가 무가 될 때 무는 드러난다. 내가 없어질 때 하나님의 영광이 드러나고, 내가 없어질 때 진리가 드러나고, 내가 없어질 때 사랑이 드러나듯이 내가 빛이 될 때 빛이 드러난다. 무가 되었다는 말은 한없이 큰 나〔大我〕가 되었다는 것이다. '무아'가 '대아'다. 연기가 없어질 때 흰 불이 된 것처럼 무의 체험은 무를 드러낸다. 이것이 현존재이다.

현존재란 '심신탈락적 자기'이다. 이런 자기는 부처나 그리스도나 위대한 인물에서 볼 수 있는 것도 사실이지만 우리의 일상생활 어디에서나 볼 수 있다. 어머니의 모습에서, 선생님의 모습에서, 일과 하나가 된 일꾼의 모습에서, 그리고 태양에서, 별에서, 나무에서, 이 세상에 있는 일체의 모습에서 현존재를 본다. 그러나 하이데거가 인간에게만 '현존재'라고 하고 그 밖의 모든 것에는 '존재자'라고 하는 것은 인간만이 존재 요해了解를 가지기 때문이라고 한다. 사람은 누구나 존재가 되려고 한다. 그리고 결국에는 존재체험을 가지게 될 것이다. 그리하여 진리에 뿌리박은 탈존이 되어 자유 존재로서 당당하게 자기를 드러내게 될 것이다. 이런 실력 있는 존재를 '실존實存'이라고도 한다.

이런 실존은 허무를 느끼지 않는다. 허무를 느끼는 것은 실존이 아니다. 허무를 느끼는 사람은 자기의 초라함을 느끼지 않을 수 없다. 허무를 느끼는 것은 소아가 더 소아小我로 위축될 때 느끼는 것이다. 허무의식은 자기의식이다. 그러나 존재의식, 무無의 의식, 실존의식은 자기의식이 없다. 세계가 있을 뿐이요, 천지가 있을 뿐이다. 밝음이 있고 즐거움이 있고 기쁨이 있을 뿐이다. 하이데거는 인간이 기쁨이 될 때 그것을 현존재라고 한다. 현존재에는 자기가 없다. 인간이 존재자체를 밝히는 터로서 있게 될 때 현존재라고 한다. 무경험은 허무경험의 정반대로 실재경험을 의미한다. 하나님을 만났다든지, 진리를 깨달았다든지 하는 근원적인 경험을 무경험이라고 한다. 그때에 소아라는 내가 탈락해 버리고 무아가 되어 일체 존재자의 존재를 도와주고 살펴주는 대아가 되기 때문이다.

모든 초목이 빛의 축적이듯이 초목은 본래 태양임에 틀림이 없다. 다만 초목이 자기가 태양이었음을 깨닫는 것은 꽃을 피워 보고야 느낄 것이다. 꽃은 태양이요, 태양은 꽃이다. 꽃이 현존재다. 꽃이 존재인 태양을 드러내고 있기 때문이다. 꽃이 지고 열매가 맺히면 그때는 실존이 된다. 현존재는 실존의 가능성이다.

현대인들은 존재를 상실하고 있다. 현대 사람들은 공기를 상실하고, 물을 상실하고, 건강을 상실하고, 자연을 상실하듯이 더불어 존재를 상실하고 있다. 본래성을 상실하고 있다. 순진성을 상실하고 있다. 얼을 상실하고 있다. 이와 같은 근본적인 것에 하이데거는 존재자의 존재란 말을 쓴다. 존재자가 나무라면 존재는 태양 같은 것이다. 현대인은 나무의 근원인 태양을 잊어버렸다. 잊어버렸다고 태양이 없어진 것도 아니고 물이 없어진 것도 아니다. 연기에 가리어졌고 폐수에 오염된 것뿐이다. 하이데거는 본래적인 것을 다시 회복하자는 것이다. 그러니까 존재는 본래부터 있는 것이지 우리가 만들어 내는 것이 아니다. 우리가 만든 것은 연기요 오물뿐이다. 이 오물을 없이하고 연기를 없이 하자는 것이 하이데거의 무의 철학이요, 무의 경험이다. 물을 가라앉히듯이 깨끗한 물을 만들어 보자는 것이 기초적 존재론이다. 그가 쓴 기초적 존재론은 학교나 도회지에서 쓴 것이 아니다. 깊은 산골에서 오랜 명상 끝에 쓴 것이다.

그는 "내가 쓴 책은 하나의 사명 밖에 없다. 우리들 자신이 그것이고, 우리를 언제나 점령하고 있고, 우리를 꿰뚫고 있고, 우리를 지배하고 있는 존재자를 앉을 수도 설 수도 없게 만들어 이것을 진짜로 해방하는 것이 유일한 사명이다. 책도 없어지고 글도 없어진다. 그것들이 그의 사명을 다했을 때 비로소 정말로 알았다는 것이 이루어질 것이다. 마치 뗏목을 떠나서 육지에 오르듯이 책과 생각이 끊어지고 무념무상의 존재가 되었을 때 존재는 비로소 회복될 수가 있을 것이다."

밝음을 회복하고 맑음을 회복하는 것이 무의 회복이다. 오염되었던 물이 맑아지고 오염되었던 공기가 맑아지면 다시 새가 날고 고기가 뛰어 오를 것이다. 건강이 회복되면 일체 갈등이 없어지고 또다시 싱싱한 생기와 기쁨이 충만한 것이다. 거기에는 생사의 의식도 없다. 생사의 의식이 없다는 의식도 없다. 내가 없기 때문이다. 거기는 오로지 자유와 기쁨이 있을 뿐이다. 무란 자유요 주체의 구애가 없는 것을 말한다. 이런 경험은 오랜 고민 끝에 일어난다. 심신의 갈등으로 오래 헤매다가 심신이 통일된 때 심신의 갈등이 없어지고 오직 기쁨과 자유만을 느낀다. 오랜 병상에서 일어나서 뛰는 완쾌된 사람과 같다.

죽음이란 망상이 탈락하고 심신이 해와 달처럼 밝아진 세계이다. 그런 세계는 오랜 번민 끝에 찾아온다. 오랜 치료 끝에 그 치료는 자기가 자기를 치료해 간다. 자기가 자기를 치료해 간다든가, 자기가 자기를 떼어버렸다든가 하는 이런 경험을 근본경험이라고 한다. 근본경험을 치르고 나온 자아를 현존재라고 한다. 현존재는 이제 '무'다. 자아가 없고, 존재가 드러나고, 무가 드러나기 때문이다.

하이데거는 현존재의 성격을 7가지로 든다. 1. 자아의 망각, 2. 존재의 개시, 3. 탈자성, 4. 시성, 5. 죽음의 존재, 6. 세계-내-존재, 7. 현존재는 관심이요 문제라는 것.

근본경험이란 무의 경험이요, 죽음의 경험이다. 죽음을 경험하고 난 현존재는 죽음을 살아가게 된다. 현존재 자체가 죽음이 된다. 하이데거는 현존재를 죽음에의 존재라고 한다. 죽음에의 존재는 죽음을 생각하는 존재가 아니라 계속 흰 불을 피우는 존재이다. 죽는 것이 그대로 사는 그런 존재이다. 태양이 계속 흰 불을 뿜는 것, 그것이 태양이듯이, 스승이 계속 진리를 설하는 것, 그것이 스승이듯이, 어머니가 계속 젖을 먹이는 것, 그것이 어머니이듯이, 계속 죽는 것, 그 것이 현존재다. 나와 죽음이 갈려 있는 이원적인 삶이 아니라 내가 죽음 안에 있고 죽음이 내 안에 있는 일원적인 삶이다.

이런 것을 하이데거는 '죽음에의 존재' 라고 한다. 죽음과 하나가 된 존재, 죽음이 대상화가 되지 않고 죽음이 내가 되어 죽음이 죽어 가는 존재, 죽음이 그 자신을 드러내고 그 자신을 열어 보여 주는 곳이 현존재다. 죽음이란 죽는다는 말이 아니라 사랑이란 말이요, 사랑 속에는 언제나 죽음이 내재해 있고 사랑은 죽음을 초월해 있다. 사랑이 되었다는 말은 흰 불이 되었다는 말이다. 사람은 사랑이 될 때 현존재가 시간성(時性)이라는 것을 경험한다. 시간성은 장래성將來性과 기유성既有性과 현전성現前性의 통일이다. 아이들에게도 밥을 먹여 때를 채워주고, 어른도 밥을 대접하여 때를 채워주고, 온 집안 식구들에게도 밥을 공급하여 때를 채워준다.

어린아이에 대한 사랑과 어른에 대한 사랑과 온 가족에 대한 사랑이 통째로 드러나는 것이 시간성이다. 때를 채워주는 일보다 더 큰사랑은 없다. 어머니의 본성은 젖을 먹이는데 있다. 젖먹이는 것이 제일 큰사랑이다. 하이데거는 관심과 시성을 현존재의 특성이라고 한다. 흰 불은 언제나 온 가족에게 깊은 관심과 깊은 사랑을 드러내야 한다. 그것을 위하여 언제나 자기 자신을 희생하고 바쳐야 한다. 그리하여 언제나 자기가 무가 되어야 한다. 옷이 모자라면 자기가 헐벗고, 밥이 모자라면 자기가 굶을 각오를 해야 한다. 이것이 '선구적 각오성先驅的 覺悟性'이다. 자기가 먼저 죽을 각오가 없으면 온 집안을 돌볼 수가 없다 어머니는 온 집을 불사르는 세계-내-존재世界-內-存在이다. 현존재는 언제나 불붙고 있으며 자기가 하나의 문제요, 자기가 하나의 걱정이고, 자기가 하나의 관심이다. 현존재는 세계-내-존재요, 불붙고 있는 죽어가고 있는 죽음에의 존재요, 자기를 나누어 먹이는 사랑이며 시간성이요, 자기가 굶고 헐벗는 탈자성脫自性이요, 미리 준비하는 선구적 각오성先驅的 覺悟性이요, 지금까지 감추어져 있던 불이 드러난 존재의 출현이요, 생명의 출현이요, 빛의 열림이요, 진리의 열림이요, 사랑의 개시다. 현존재는 존재 망각을 걷어차고 존재를 회복하여 존재자를 살려내는 흰 불이다. 이러한 현존재를 통하여 세상은 밝아지고 열려지게 마련이다. 이런 존재는 사랑의 근본경험 없이는 일어나지 않는다. 나무에 불이 붙는 경험, 이것을 근본경험이라고 한다. 근본경험을 통해서 현존재가 되는 것이다.

체 험

인간의 근본경험을 종교에서는 신앙이라고 한다. 신앙은 인위적인 것이 아니다. 내가 믿음을 가지고 싶다고 해서 가질 수 있는 것이 아니며 그것은 신이 내 안에서 역사하실 때 실현되는 것이다. 그것은 신의 창조이지 나의 조작이 아니며, 신앙은 하나의 기적이지 자연이 아니다. 신앙인이란 신에 의하여 피살되었다가 다시 살리심을 받은 신적 인간이다. 그는 결코 자연인일 수는 없으며 신의 말씀에 순종하는 신인이다. 그런 의미에서 신인은 하나의 현존재다. 신의 불이 타는 신인이다.

불이 계속 붙고 있는 이런 사람에게는 언제나 계속 불안이 있다. 불안이 있다는 말은 가능성 속에서 살고 있다는 말이다. 마치 전기가 통하고 있는 수상기처럼 그는 계속 진동하고 있다. 이러한 진동 없이는 멀리서 오는 말이나 그림을 파동 위에 실을 수 없기 때문이다.

생이란 언제나 불안한 것이다. 생이 불안하다는 말은 전기가 통하고 있다는 말이요, 성령이 통하고 있다는 말이요, 살아 있다는 말이다. 그들은 성을 지키는 파수꾼처럼 언제나 깬 상태에 있다. 그들이 졸리고 피곤하고 괴로운 것은 그들이 깨어있기 때문이며 그렇기 때문에 적이 침입한다든지, 상관이 나타난다든지 하면 그들은 곧 알아차릴 수가 있다.

상관이 나타남을 신의 계시라고 표현하고 적이 나타남을 무의 개시라고 표시해 보면 신의 계시나 무의 개시는 모두 불안에서 온다. 불안은 깨어있다는 말이요, 살아 있다는 말이요, 활활 타고 있다는 말이요, 가능성 속에 있다는 말이요, 장래성 속에 있다는 말이요, 사실성 속에 있다는 말이다. 아직 개념성이 미치지 못한 마치 화산이 폭발하여 암장이 터져 흐르는 불안정한 상태이고 아직 개념의 반석이 되기 전이다.

불안이란 사실적 생경험이다. 누구나 다 살았을 때는 신비와 영감과 생각과 기쁨을 느끼고 삶을 느낀다. 사실적 생경험事實的 生經驗처럼 세상에서 중요한 것도 없다. 무엇을 보아도 느낄 줄을 모르고 피리를 불어도 춤을 출 줄 모르게 감각이 무디고 생각이 죽은 사람은 숨을 쉬어도 말숨이 끊어진 이미 죽은 송장이다.

삶이란 계속 불타야 한다. 가슴이 타고, 생각이 타고, 말이 타고, 목숨이 타고, 양심이 타고, 영이 타고, 횐 불이 활활 타야 찬다. 바울이 살았을 때, 어거스틴이 살았을 때, 루터가 살았을 때, 키에르케고르가 살았을 때, 그들은 계속 불타고 있었다. 하이데거는 "루터가 젊었을 때는 일체 전통을 배격하고 그리스도교 신앙을 다시 한번 근원적으로 이해할 수 있었으나, 만년의 루터는 전통에 붙잡혀 다시 스콜라의 반석이 되어 갔다."고 말하고 있다.

니체가 마지막까지 글을 쓸 수 있었던 것은 그가 계속 불안에 처해 있었기 때문이다. 불안에 울게 하기 위하여 운명은 그에게 가혹한 채찍을 더하여 주었다. 그것이 신의 사랑인지도 모른다. 계속 고민과 고통 속에 신음하는 인생만이 계속 그의 정신의 흰 불을 살려갈 수가 있다. 정신을 졸지 않고 깨우기 위해서 줄곧 신의 고난이 필요한 것이다.

사람은 십자가에 달리기 전에는 계속 깨어있을 수 없다. 집을 떠난 사람 아니고는 인간은 숙면熟眠에서 벗어날 수 없다. 깨어있기 위해서 인간에게는 계속 아픔이 필요하다. 아테네를 깨우기 위하여 쇠파리가 필요하듯이 인간은 그의 정신이 깨기 위하여 계속되는 운명의 고난이 필요하다. 흰 불이 붙기 위해서 계속 바람을 집어넣어야 하고 인간은 소망과 이상을 계속 추구하는 가능성 속에서 살아야 한다.

흰 불이 계속 붙는다는 현존재의 사실성, 생의 경험, 이런 것이 현존재의 시간성이라는 것이다. 현존재의 시간성은 현존재의 사실성에서 나타난다. 죽은 사람이 하나님의 소리를 들을 때가 온다. 그때는 벌써 와 있다. 지금이 곧 그때다. 신의 소리를 듣는 사람은 살 것이다. 올 것이다[將來性]. 벌써 왔다[旣有性]. 지금이 곧 그 때다[現前性]. 장래와 과거와 현재가 동시에 한 통이 되어 훨훨 타고 있다. 마치 바울이 그리스도의 재림은 앞으로 올 것이고, 이미 왔고, 지금 오고 있는 그런 상태를 말한 것과도 같다.

만일 산에 불이 났다고 할 때, 산 전체로 말하면 앞으로 불바다가 될 것이고, 개체적으로 보면 이미 불똥은 떨어졌고, 부분적으로 볼 때에는 현재 산 한 모퉁이가 타고 있는 그런 상태인 것이다. 위험하고 불안한 이것이 현존재다. 불이 붙느냐, 불이 안 붙느냐는 불안 속에 있느냐, 평안 속에 있느냐로 결정된다. 평안이란 부유하고 타락한 세상 속에서 사는 것이다. 불이 붙는다는 것은 세상을 떠나 하늘에 속해 있고 죄에 빠져있지 않다는 것이다.

기독교에서는 신의 제시로 불똥이 떨어진다. 마치 벼락이 떨어져서 산이 불바다가 되는 것이나 마찬가지다. 예수가 아니라 예수가 말한 그 말씀이 마지막 날에 사람을 심판한다. 인간 측에서 보면 말씀은 벌써 떨어져 있다. 벌써 2000년 전에 아니 태초부터 말씀은 떨어져 있다. 그러나 내가 붙느냐, 안 붙느냐는 나의 습기에 달려 있다. 나무가 젖었으면 안 붙고 말랐으면 붙는다.

불이 붙느냐, 안 붙느냐에 따라서 생사가 갈리고 불안과 안이가 갈린다. 내가 가능적인 존재가 되느냐, 필연적인 존재가 되느냐, 자기의 주체화냐, 객체화냐의 문제다. 세상은 장래를 잘라 버리고 이미 지나간 과거 속에 죽어버리지만 하나님의 백성은 이 세상을 버리고 죽음을 버리고 가능성과 소망과 이상과 희망과 꿈에서 산다. 생각하며 말숨 쉬며 신앙에서 산다. 계시啓示에서 살고 개시開示에서 산다. 자기를 열어 보이면서 산다. 무의 개시, 이것이 사는 것이다. 심판은 언제나 현실적인 것이다.

그리스도의 재림은 언제나 미래적인 것이고, 과거적인 것이며, 현재적인 것이다. 이 순간을 통해서 죽음이 삶으로 변화하는 기적이 일어난다. 무의 개시와 신의 계시는 순간적이다. 내 속에서 나오느냐, 하늘에서 떨어지느냐. 순간적인 각성이냐, 종말론적 이제의 계시냐. 요는 내가 뒤집히느냐, 안 뒤집히느냐. 내가 불이냐, 아니면 내가 나무토막이냐. 내가 가능성에 사느냐, 내가 밤낮 같은 필연성에 사느냐. 내가 창조성에 사느냐, 내가 남의 흉내만 내느냐. 요는 내가 나냐, 내가 독창적이냐, 개성적이냐. 그렇지 않으면 일반적이요 세속적이 된다. 내가 독특하면 되고, 독특하지 못하면 죽은 것이다. 내가 독특하다는 말은 나의 근원적인 무가 나의 근원적인 바탕이 개시되고 드러난 것이다.

에크하르트는 신의 계시와 무의 개시 이전의 세계를 신성神性의 무無란 말로 쓴다. 인간의 가장 근원적인 입장이다. 이것이 터져 나올 때 무의 개시가 되든, 신의 계시가 되든 인간은 사실적인 생경험을 가지게 되고 흰 불이 되어 가능성에서 사는 현존재가 된다.

하이데거는 불안不安이 무無를 개시開示한다고 한다. 불안의 무의 밝은 밤은 생각하는 밤이다. 불안이란 본래 집을 떠났다는 독일어 어원을 가진다. 안주安住는 죽은 것이다. 살았다는 말은 깨어있다는 말이요 불안한 것이다. 불안은 이와 같이 현존재를 단독의 자기로서 단독화한다. 자기를 자기로 만든다. 횐 불로써 세계의 현존재와 하나가 된다. 천지동근이 되는 것이다. 불안에 의하여 존재는 세계와 동근 일체가 되고 그것이 단독적 자기로서 현성하는 것이다 . 불안이 무를 드러낸다. 불안에 있어서 전체로서의 존재자는 무상하다. 무는 전체로서 사라져 가는 존재자와 더불어 그 존재자에 있어서 자기를 드러낸다.

불안의 가을은 근원적인 바탕을 드러낸다. 잎은 떨어지고 풀이 시드는 불안한 가을밤에 달은 밝고 알곡은 무르익는다는 것이다. 불안은 무를 드러낸다. 무의 달이 떠올라 오는 가을밤은 한없이 넓고 광활하다.

하이데거는 무경험만이 불안을 가져온다고 한다. 이때 불안은 감정적인 불안이 아니라 사실적인 불안이요, 사실적인 생경험이다. 횐 불이 붙는 진동이다. 나뭇잎이 떨어져서 체로금풍이 아니라, 체로금풍이 되어 나뭇잎이 떨어지고 나무가 시드는 것이다. 언제나 근본경험을 맨 처음에 두는 수밖에 없다. 가을바람이 불어서 나뭇잎이 떨어지는 것이 아니라, 나뭇잎이 떨어져서 가을바람이 부는 것이다. 현실적인 시간을 뒤집어엎은 것이 근원적인 시간이다. 봄이 와서 꽃이 피는 것이 아니라, 꽃이 피어 봄이 온 것이다. 석가성불에 산천초목이 동시성불이요, 내가 깨달을 때에 일체가 깨닫는 것이요, 무의 경험이 불안을 가져오는 것이다.

근본적 불안은 모든 순간에 횐존새를 깨워주고 있다. 불인은 인제나 이상한 일에 의하여 깨우쳐질 필요는 없다. 불안은 현존재를 통하여 언제나 진동하고 있다. 자고 있을 때나 깨어 있을 때나 불은 언제나 진동하고 있다. 그것이 무의 진통이고 본체의 진동이고 말숨 쉼이요, 얼의 고동이다.

하이데거는 자연은 숨기를 좋아한다고 한다. 자기자신을 내주면서 자기는 슬쩍 빠져버리는 무의 진면목을 깨달은 것이다. 꽃을 보면 꽃이 되고 새를 보면 새가 되는 사람은 천지동근이요, 무가 된 사람이요, 숨기를 좋아하는 사람이다. 천지일체가 꽃이고 새다. 숨기를 좋아하는 무가 되어 버린 것이다. 무가 되었다는 말은 없어졌다는 말이 아니다. 꽃과 하나가 되어버린 것이다. 근본경험을 가진 사람은 언제나 꽃과 하나가 되고 새와 하나가 되어 무가 되어 살고 있는 것이다. 무는 언제나 불안의 숨을 쉬고 있다. 사람이 그것을 인식하건 안 하건 무는 영감에 언제나 떨고 있는 것이다. 근원적 불안은 모든 순간에 현재와 같이 깨어 있다.

내가 잘 때에도 내가 깨어 있을 때에도 불안은 깨어 있다. 마치 거울 같아서 그것은 영소불매다. 그것은 불생불멸이다. 그것은 쓰는 것 없이 보고 생각 없이 작용한다. 종이 울리기 전에 종소리를 듣고, 꽃이 피기 전에 꽃을 보고 있다. 무의 근본경험을 가진 사람은 잘 때도 불안으로 자고, 깰 때도 불안으로 깨고, 가도 불안으로 가고, 앉아도 불안으로 앉아 있고, 서도 불안으로 서고, 살아도 불안으로 살고, 말해도 불안으로 말하고, 가만있어도 불안으로 가만있고, 밥을 먹어도 불안으로 먹고, 차를 마셔도 불안으로 마시고, 옷을 입어도 불안으로 입고, 발을 씻어도 불안으로 씻고, 사육시중 불안이 아닌 때는 없다. 가능성으로 사는 사람, 말씀으로 사는 사람, 영으로 사는 사람, 이런 사람이 참 산 사람이다. 불안은 현존재를 단독의 자기로 단독화하여 개시한다.

하이데거는 무는 결코 아무 것도 없다는 것이 아니고 또 대상적인 의미에서 무엇이라는 것도 아니라 무는 존재자체요, 인간은 존재의 진리에 맡겨져 있다고 한다. 인간이 주관으로서의 자기를 극복하였을 때, 인간이 존재자를 객관으로 표상하지 않을 때, 인간은 존재의 진리에 맡겨진 때다.

시 숙

　존재의 진리는 언제나 시간과 관계된다. 하이데거는 시간을 흘러간다고 생각하지 않고 무르익는다고 생각한다. 시간이라기보다 철이라고 하는 것이 좋겠다. 봄철이 되면 봄은 점점 무르익어 간다. 꽃도 봄이요, 산도 봄이요, 강도 봄이요, 일체가 봄이다. 꽃이 지고 산이 지고 강이 지면 일체가 지고 봄도 진다. 봄은 나타났다가 사라진다. 시간과 존재는 하나다. 시간이란 봄이 꽃이라는 존재요, 꽃이라는 존재가 시간이란 봄이다. 꽃 속에 봄이 있고, 봄 속에 꽃이 있다. 시간 속에 존재가 있고, 존재 속에 시간이 있다. 봄은 무르익는다. 봄은 성숙해진다. 시간도 성숙해진다. 꽃도 성숙해진다. 존재도 성숙해진다. 인간도 성숙해진다. 봄도 흰 불이 되고 꽃도 흰 불이 되고 일체가 흰 불이 되어 빛과 힘을 드러내어 존재는 무르익는다. 시간도 무르익는다. 인간도 무르익는다.

　하이데거는 시간은 무르익는 것이요, 성숙하는 것이요, 시숙時熟하는 것이지 흘러가는 것이 아니라고 한다. 봄은 터져 나오는 하나의 사건이요, 하나의 폭발물이요, 하나의 충동이요, 하나의 진동이지, 왔다 가는 것이 아니다. 왔다 가는 것 같지만 왔다 가는 것이 아니다. 오고 오고 오고, 가고 가고 가는 것 같지만 가고 오고 가고 오고 하는 동안에 가온을 찍는 것 뿐이다. 전기가 주파수에 따라 가고 오고 가고 오고 하다가 합쳐져서 흰빛을 이루듯이 시간은 가고 가고 오고 오고가 합쳐져 흰빛을 이루는 것뿐이다. 그것은 무르익는 것 뿐이요, 전등이 켜지듯이 환히 켜지는 것뿐이지 가는 것도 아니고 오는 것도 아니다.

생의 맥박은 가고 오고 가고 오고 하면서 가온을 찍어 인격의 빛을 방사하는 것뿐이다. 생명은 빛나는 것이지 흘러가는 것이 아니다. 흘러가는 생명은 동물적 생명이지 인격적 생명은 아니다. 인격의 불은 계속 켜져 있다가 그 사람의 동물적 생명이 숨진 후에도 계속 빛나는 것이다. 인격적 생명은 흘러가는 시간이 아니다. 그것은 정신적 시간이요, 근원적 시간이다. 죽을 수 있는 존재가 되는 것, 이것이 현존재의 역사성이라는 것이다.

하이데거는 존재와 시간에서 현존재의 존재를 관심이라고 정하고 관심의 의미를 시간성이라고 한다. 시간성이란 자기의 존재를 불가능하게 만들 수 있는 죽음에 대해서 자기를 열어 놓음으로 도리어 자기 자신이 되는, 즉 육체적인 존재에서 정신적인 존재로 비약하는 굉장한 변화, 잉어가 뛰어 올라 용이 되는 변화, 이것이 하이데거의 근본 경험이요 시간성이라는 것이다. 이 변화 없이는 존재는 헤아릴 수가 없다. 즉 하이데거의 말을 빌리면 자기에게로 가져온다〔將來〕라고 한다. 미래로 흘러가는 것이 아니라 미래를 가져온다. 천국으로 가는 것이 아니라 천국이 가까워오는 시간, 이상이 현실화하는 것이다. 그런데 그 이상이라고 하는 것은 이미 자기가 가지고 있는 것을 겸손하게 받아들인다는 사실을 말한다.

하이데거는 자기에게로 돌아〔歸來〕온다는 말을 쓴다. 찾고 있던 것은 벌써 자기가 가지고 있는 것이라는 것, 부처가 되려고 하였더니 이미 자기가 부처이더라는 이 모순을 그대로 받아들이는 것이다. 이것을 받아들여 가지고 현실을 현실로서 행위적으로 일으켜 가는 창조적인 삶, 이것이 현재한다는 것이다. 사람은 철이 들 때 공부도 하게 되고 돈도 모으게 되고 장가도 가게 된다. 철이 든다는 말은 시간이란 말도 되고 정신이란 말도 된다. 여기에서는 시간과 정신은 하나다. 철이 들어 때가 되어 정신이 든 것인지, 정신이 들어 때가 된 것인지 확실치 않지만 정신이 들어보니 봄이 왔다고 해두자. 동산에 싹이 트니 봄이로구나. 이것이 종교의 세계다. 봄이 무르익는 것이다. 정신이 살아날 때, 때를 알게 된다. 즉 정신이 시간을 결정한다. 공부해서 미래를 열고 돈을 모아 과거를 회복하고 장가들어 현재를 살아간다. 미래와 과거와 현재가 하나의 통일을 이루어간다. 어떻게 그렇게 되는 것인가. 삶에는 미처 의식하지 못한 채 죽을 뻔 하는 수가 많다. 또는 자기가 열 번 죽을 놈이다 하고 인정할 때에 인간은 능히 죽을 수 있고 죽을 각오를 할 수 있다. 죽을 각오를 할 수 있을 때에야 철이 든 인생이다. 열 번 죽어도 싼 자기를 초개같이 버리고 새로 살기를 결심했을 때 인간은 한없이 강해질 수 있다.

시간성이란 강해진 정신이다. 시간에게 끌려 다니는 약한 정신이 아니라 시간을 지배할 수 있는 강한 정신이다. 24시간에 끌려 다니며 과거에서부터 현재를 거쳐 미래로 무한히 흘러가는 것이 아니라 흘러가는 물에 둑을 쌓고 댐을 만들어 물을 흐르지 못하게 하고 물을 받아 자꾸 높여서 도리어 과거로 물을 올라가게 만들고 높은 물이 되면 그 물을 가지고 전기를 발동하고 농수를 관개灌漑하고 생선을 기르고 배를 띄우고 하는 것이다.

흘러가는 시간을 흐르지 못하게 막아 버리고 물을 높이 끌어 올려 그 물로 전기를 일으키는 것이 근원적 시간이요 시간성이다. 시간을 쓰는 것이다. 정신을 쓰는 것이다. 생명을 쓰는 것이다. 허송세월하는 것이 아니라 계획적으로 사는 것이다.

시간은 미래로 흘러가지 않고 현재로 올라온다. 그것을 장래성將來性이라고 한다. 과거는 과거로 끝난 것이 아니라 현재로 돌아온다.

그것을 귀래성歸來性이라고 한다. 현재는 시시각각 사라지는 것이 아니라 현재는 순간 순간 깨어나고 창조하고 생산한다. 산 정신, 이것은 죽음에 처해서 죽음을 무서워하거나 회피하지 않고 죽을 각오를 하고 선구적 결단에 의하여 자기의 죽을 날을 미리 정해 놓고 그 때까지 할 일을 치밀하게 계획하고 실천해 가는 것이다. 이 때에 사람은 시간을 극복하고 세계를 극복하고 인생을 극복하고 보람있는 삶을 가지게 된다.

그런 의미에서 하이데거의 시간은 무한히 흘러가는 시냇물 같은 시간이 아니라 댐에 의해 흘러가던 시간이 끊어진 유한한 시간이다. 유한한 시간을 가졌다는 말은 본래적인 자아로 되돌아 간 셈이다. 자기의 죽을 날을 미리 작정하는 것이다. 그리하여 자기의 생의 물을 높이고 자기의 생의 의미를 깊게 만드는 것이다. 시간을 무의미하게 흐르게 하지 말고 흘러가는 시간을 막아서 물을 고이게 하여 큰 호수를 만드는 것이다. 풍성한 생명을 만드는 것이다. 그리하여 큰 호수를 만들고 물고기가 뛰어 놀게 하는 것이다. 이것이 현존이다. 그렇기 때문에 시간이란 미래로부터 높아진다.

시간은 근원적으로는 선구적 결의 때문에 미래로부터 익어온다. 물은 둑으로 막혔기 때문에 아래서부터 올라온다. 근원적 시간에서는 과거, 현재, 미래가 변증법적으로 의미를 가지고 높아진다. 미래는 결심을 가지고 미리 계획되고 예기되고 각오되고 초래된다. 흘러가는 시간에서도 죽음을 잊어버리고 살아가는데, 근원적 시간에서는 죽음, 유한이라는 것이 절대적인 의미를 가져온다. 죽음이 가장 가치 있는 것이 된다. 죽음, 유한, 결단이 없으면 댐은 형성되지 않고 물은 높아지지 않으며 생명의 풍성은 있을 수 없다. 죽음이 생명의 핵심이 된다. 근원적 시간에는 오늘이 있고 생명이 있고 생명의 약동이 있다. 근원적 시간이란 시간성이요, 정신적 시간이요, 정신이 시간을 만들어 내는 시간이요, 정신에게 지배되는 시간이다. 근원적 시간은 본래 있는 시간이 아니라 만들어 낸 시간이다.

하이데거는 "시간은 있는 것이 아니라 익(熟)는 것이다."라고 말한다. 시간은 인간의 노력에 의지하여 불을 때서 밥을 익혀가듯 익어가는 것이지 그저 저절로 익는 것이 아니다. 시간은 실존의 근원적 존재방식이다. 실존이란 철든 사람, 하나님의 아들의 근원적 삶이다. 실존은 결단이요, 미래를 향하면서 자기에게로 돌아오고, 현재를 있게 하면서 자기를 세계 속에 있게 한다. 과거는 미래로부터 나온다. 그리고 이미 있었던 미래, 다시 말해서 이미 있었던 것이 되려는 미래는 현재를 자기 속으로부터 해방하는 그런 방식으로 있다. 이처럼 과거를 있게 하고 현재를 있게 하는 미래로서의 통일적 현상이 시간성이라고 하이데거는 말한다.

미래로부터 과거로 돌아가면서 현재에 있어서 결의가 행해지는 변증법적 과거, 현재, 미래의 매개 과정은 실로 시간에 있어서 시간을 벗어나서 새로운 시간의 수평을 열면서 가능해진다. 이처럼 새로운 시간의 수평에서, 옛 시간을 벗어나는 데서 새로운 세계는 열려지고 묵은 세계의 초월은 이루어진다.

사람이 이 세상에 내던져진 것은 사실이다. 그것이 흘러가는 시간이다. 그러나 사람은 다시 이 세상을 내던질 수 있는 것도 사실이다. 그것이 근원적 시간이다. 내던져진 내가 내던지는 내가 되는 것, 이것이 회개요 하이데거의 환원還元이다. 시간 환원이란 흘러가는 시간에서부터 흘러가지 않는 시간으로 환원하는 것이다.

죽음도 마찬가지다. 죽음은 자연적으로 온다. 그러나 죽음을 자연석으로 오게 하지 말고 계획적으로 오게 하면 죽음이 하나의 가치 있는 죽음이 된다. 죽음은 흘러가는 시간에서는 불안의 원인이 되었지만 근원적 시간에서는 자유의 근거가 된다. 죽음이라는 것이 정신을 깨우고 생명을 풍부하게 하고 정신적 자유를 누리게 한다.

하이데거는 사람이 죽어도 좋다 하고 선구적 각오를 결심하게 하는 것은 양심이라고 한다. 우리를 흘러가는 시간에서 흘러가지 않도록 근원적 시간으로 옮겨주는 것은 우리 속에서 일어나고 우리 위에서 받아들여지는 양심의 소리라고 한다. 양심의 소리는 흘러가던 자기가 근원적인 자아로 다시 서게 하는 절대 명령이요, 그것은 곧 자유의 근원이요, 책임의 근원이요, 존재의 근원이기도하다. 흘러가는 시간은 덧없는 인생의 허무함에 쓸데없는 불안을 느끼면서 살게 하였다. 깊은 밤에 자기도 모르게 눈을 뜨고 인생의 허무에 불안을 느끼는 것은 자기의 생명이 흘러가는 물처럼 빠져나가는 데서 오는 허무감이다. 그것은 무엇에 대한 공포가 아니다. 자기가 왜소해지고 기운을 못 차리고 정신을 못 차리고 차차 생의 의의를 느낄 수 없게 되는 생명의 결핍에서 오는 허무감이다. 그것은 허무의 불안이요, 죽음의 불안이다.

우리는 죽을 수밖에 없는 죽음의 존재로서 언제 죽을지 모르는 불안의 존재였다. 그런데 이제 양심의 명령으로 한번 흘러가는 시간을 끊어버리고〔前後際斷〕흘러가지 않는 근원적 시간에서 살게 될 때 죽음은 생을 비약하게 하는 원동력이 된다. 심한 낙차는 발전을 가능케 하여 온 세상을 비치게 된다. 죽음은 자연적인 결과가 아니라 인위적인 수단이 되고 죽음은 새로운 가치를 창조해내는 거름의 역할을 한다. 죽음 즉 결단은 새로운 가치 창조의 원동력이다. 죽음을 가지지 못한 사람은 없을 것이다. 죽음을 쓰기만 하면 된다. 시간에 끌려 다니는 사람이 아니라 시간을 쓸 수 있는 사람, 그 사람이 실존이다.

개시

　하이데거에 있어서 계시啓示와 개시開示는 신앙과 사유의 갈림길이다. 그러나 계시와 개시는 생의 근원적인 체험을 공동으로 가지고 있다. 생의 근원적인 체험이란 생의 아픔을 말한다. 성인이나 철인이나 그들의 밑바탕에는 생의 아픔을 가졌었다. 그들은 나무에 달린 자요, 칼에 찔린 자다. 신神의 계시啓示라고 하건 무無의 개시開示라고 하건 모두 화살에 맞은 자리요, 칼에 찔린 자리다. 생의 아픔을 경험하지 않고서는 신앙도 사색도 다 헛것이요, 그것이 종교건 철학이건 우리의 삶과는 아무런 관계도 없다. 아픔은 거짓일 수도 없고, 허무일 수도 없다. 칼에 맞은 사람처럼 사람은 그 혼에 상처를 가졌을 때 비로소 계시가 그려지고 개시가 물어진다.
　현대의 깊은 신학적 사상가요, 높은 사상적 신학자는 하이데거와 불트만이다. 그들은 속에 키에르케고르처럼 혼의 상처를 입었었다. 그 상처로 무의 근원적인 개시가 있었고, 그 상처로 유의 근원적인 계시가 있었다. 이 상처를 그들은 생의 근원적인 경험이라고 한다. 생의 근원적인 경험을 체험함이 없는 생적 사실에 입각하지 않은 이성적인 사유와 형이상학적인 신학은 그들과 아무 상관이 없었다. 개시와 계시는 관념의 유희도 아니고 교리의 체계화도 아니다. 계시와 개시는 피나는 생의 아픈 사실이다.
　불트만은 신앙을 다음과 같이 적어간다. "신앙은 인간에게서부터 일어날 수는 없다. 그것은 하나님의 심판과 하나님의 은총으로 주어지는 하나님의 말씀, 화살처럼 깊이 내 혼에 꽂힌 하나님의 말씀에 대해서 인간이 할 수 있는 유일한 응답이나. 진실로 신앙이란 오직 인간 안에서 이루어지는 신의 창조 외에 아무 것도 아니다. 신앙이 인간 속에 실지로 살아 있을 때는 신앙은 그 자신을 하나님 말씀 앞에 내맡긴다. 이리하여 신앙인은 하나님에 의하여 새로 지음을 받은 인간이요, 하나님에 의하여 맞아 죽었다가 다시 살아난 인간이요, 결코 자연적인 인간이 아니다. 신앙은 저절로 알아지는 자연적인 것이 아니라 하나의 기적이요, 신적인 사실이다." 이것이 불트만이 우리에게 보여주는 신앙의 내용이다.

불트만에 있어서 신앙은 피나는 생의 사실이요, 결코 형이상학적인 사변이 아니었다. 하이데거도 처음에는 카톨릭신학을 공부하고 있었다. 그 때에 하이데거에게 문제가 된 것은 하나님의 말씀에 복종하는 신앙과 카톨릭 신학 속에 깊이 뿌리박은 플라톤, 아리스토텔레스의 이성의 입장에서는 희랍의 형이상학적인 사유와의 관계다. 그는 사변적인 신학적 사유로서는 하나님의 말씀은 들려지는 것보다도 도리어 들려지지 않게 한다는 그의 신학에 대한 통찰이 그로 하여금 신학을 떠나게 만들었다. 그가 신학을 떠났다고 해서 그가 무신론자가 된 것은 물론 아니다. 하나님의 말씀에 복종하는 신학이라면 그가 신학을 포기할 이치가 없다. 그가 신학을 떠난 이유는 사이비한 신학을 버리고 참다운 신학으로 가기 위한 준비였다. 그는 가장 가까운 길을 가기 위하여 가장 먼길을 걷기로 하였다. 그 길은 생각하는 길이다. 생각하는 길로 들어가기 전에 그는 깊이 기독교 신앙 속에 숨어 있는 근원적 인생의 경험을 파고 들어간다.

형제들아, 그 때와 그곳에 대하여는 지금 적어 보낼 필요가 없다. 너희들이 확실히 아는 것처럼 주의 날은 도적같이 온다는 바울의 말과 시간은 객관적인 것이 아니라 그것은 근원적인 생의 체험이다. 원시 기독교 신앙은 생을 객관화하지 않는 근원적인 사실 속에서 생을 경험하고 있었다. 그런데 어거스틴(St. Aurelius Augustine, A.D. 354-430)의 신학이 되면 이러한 산 경험이 신플라톤주의의 개념 때문에 흐려지고 만다. 더욱이 신을 최고선이라고 규정하여 당신의 품에 안기기까지는 나의 마음에는 아무런 평안이 없습니다 하고 고백하게 되면 그것은 벌써 원시 기독교의 신앙이 아니라 완전히 신플라톤주의로 화하고 만다. 더욱이 어거스틴이 시간은 있기도 하고 없기도 한 것이라고 규정할 때에는 글자 그대로 아리스토텔레스의 사상이지 결코 기독교의 신앙은 아니다.

하이데거는 루터에도 반대하여 루터도 젊어서는 기독교의 신앙을 가졌으나 늙어서는 기독교를 버리고 전통에 희생이 되어 메랑크톤과 같이 스콜라 신학자가 되었다고 말한다. 하이데거가 말하는 기독교의 신앙이란 신앙이 아니라 근원적인 생의 경험이라는 것이다. 이러한 생의 경험은 형이상학적 개념으로는 도저히 파악될 수 없다는 것이다. 그러면 하이데거가 바울이나 어거스틴이나 루터의 신앙적인 생의 근원적 경험에 공감을 하고 그것이 형이상학적인 사유로는 도저히 도달할 수 없는 생의 사실성이라는 것을 알면서 왜 기독교적인 입장을 버리고 철학의 길을 택했을까. 그것은 하이데거의 기독교 신앙에 대한 이해가 안식을 얻는 것이 아니라 기독교의 신앙을 생의 아픔으로 본 까닭이다.

바울이건 어거스틴이건 루터건 키에르케고르이건 기독교 신앙의 산 증인들 가운데는 언제나 어름장을 타고 가는 나그네처럼 그 속에는 깊은 생의 불안이 있었다. 바람에 펄럭거리는 촛불처럼 그들은 언제 꺼질지 모르는 죽음으로의 존재였다. 반석 위에 선 것이 아니었다. 키에르케고르가 아브라함의 신앙을 분석하여 전율과 공포라고 하듯이 그들 속에는 깊은 생의 불안과 신에 대한 공포가 있었다. 이러한 생의 불안과 공포에 견디지 못하여 하나님 품의 안식을 바란다면 그것은 생의 죽음이요, 신앙의 타락이 될지인정 근원적인 생의 사실은 아니다. 만일 역사적 기독교가 초대교회의 생의 경험을 유지하지 못하고 세속적인 안일과 타협한다면 기독교 신앙은 속임수 이외에 아무 것도 아니다. 신앙의 본질은 불안에 있다. 하이데거는 이 불안의 체험을 역사적인 기독교와는 다른 방법으로 철저하게 유지해 보려는데 그가 전통적인 기독교의 입장을 떠나는 계기가 되었을 것이다.

그러면 하이데거는 철학에 대해서는 만족하였을까. 아니다. 하이데거가 신학을 떠나게 되는 이유는 기독교를 좀먹는 철학이 보기 싫어서 떠난 것이다. 하이데거의 원수는 기독교를 교리화한 희랍의 형이상학이다. 그런 의미에서 하이데거의 철학으로의 전향은 철학을 위해서가 아니라 철학과 싸우기 위해서다.

하이데거는 먼저 플라톤, 아리스토텔레스 이후의 제일철학으로서 형이상학의 중심을 이루었던 존재론을 검토하기 시작한다. 플라톤은 직접 눈앞에 보이는 것은 현상이요 실재는 아니라고 하여 유명한 동굴의 비유를 들었다. 이 세상의 모든 물건은 모두 담벼락에 던져진 그림자에 불과하다. 이 그림자를 던지고 있는 실재를 그는 이데아라고 하여 실재를 이 세상 밖에 있는 것으로 생각하였다.

아리스토텔레스는 이 세상만물을 자연적인 것, 움직이는 것, 감각된 것으로 보고 이것들을 움직이는 제일원인을 찾았다. 그리하여 자연이 아닌, 감각이 없는, 움직이지 않는 제일원인을 신이라고 하여 형상의 형상이라고 하였다. 플라톤이건 아리스토텔레스이건 참으로 있는 것은 선의 이데아나 형상의 형상인 신이다. 이것이 이후 플라톤, 헤겔까지의 서양의 형이상학을 일관하는 전통이다. 하이데거는 전통적인 형이상학에 대하여 두 가지 점에서 반기를 든다.

첫째는 서양의 전통적인 형이상학은 자연적인 존재를 문제시했지만 역사적인 존재를 문제시하지 못했다는 것, 다시 말하면 자연적 존재를 취급해 온 형이상학으로서는 역사적인 존재로서의 인간은 도저히 이해될 수 없다는 것이다.

둘째로 플라톤의 이데아이건 아리스토텔레스의 형이상학이건 그것이 사물의 본질을 의미하는 한 그것은 보편적인 것이요, 영원한 것이요, 공통적인 것이기 때문에 그런 것을 가지고는 구체적이요 시간적이요 개성적인 인간의 생의 사실을 도저히 파악할 수 없다는 것, 전통적인 모든 철학은 존재가 무엇이냐를 물었지 어떻게 사는 것이 참 사는 것인가를 묻지 않았다. 하이데거가 문제삼는 것은 '무엇'이 아니고 '어떻게'다. 하이데거에게는 기독교적 신앙과 신학 희랍적 사유와 형이상학에게 대하여 정면으로 반대하고 들어갈 수밖에 없는 생의 근본적인 경험이 있었다. 그것을 그는 죽음으로의 존재에 있어서 시간의 근원적인 경험이라고 하는 것이다. 그것은 간단히 무無의 근원적 개시성根源的 開示性이라고도 한다. 이것은 불트만의 신神의 초월적 계시성超越的 啓示性과 맞먹는 말이다. 무의 개시성이건 신의 계시성이건 인간적이면서 인간적인 것을 넘어선 세계라는 것은 확실하다. 그것은 인간의 사유와 지혜가 도달할 수 없는 세계다. 다만 공통되는 것은 인간적 생에 대하여 죽음을 선포하는 것뿐이다. 그것이 기독교적인 신앙이건 철학적인 사유이건 근본적인 생의 체험에 있어서는 모두 이 생에 대한 죽음의 선언이다.

 그들이 남겨 놓은 한 가지 가능성은 현애철수懸崖徹手하는 길뿐이다. 천인절벽에서 눈을 감고 내리뛰는 것뿐이다. 신앙적인 안식도 아니고 형이상학적인 체계도 아니다. 공포와 불안만이 생의 근원적 사실이다. 생의 본질이다. 불안이 없을 때 생도 없다. 사람들은 불안이 없는 생을 바란다. 마치 숨 안 쉬는 삶을 바라는 것이나 마찬가지다. 신의 계시라고 하건, 무의 개시라고 하건 모두 불안이라는 생의 근원적인 사실을 경험하는 일이다. 불안이라고 해도 좋고, 살았다고 해도 좋지만 머리카락도 벨 수 있는 칼날과 같은 것이나. 날이 서면 산 것이요, 날이 무디면 죽은 것이다.

 복음서에 나타난 죽음을 불트만은 불안의 포기로 본다. 신을 선택한다는 것은 세상이 가지는 안전을 포기하는 것이다. 이 말은 기막힌 일이요, 거침돌이지만 그것만이 참다운 삶이요, 자기 자신의 가능성을 회복하는 일이요, 다시금 있어야 할 방식으로 있는 것이요, 또다시 장래를 가지는 일이다. 이러한 삶은 인간의 끝이기 때문에 이러한 생은 어떤 의미로도 결코 인간에 의하여 좌우될 수 없으며, 그것은 이 세상적인 현상이 아니고 오직 신과 그 계시자에게만 속해 있는 것이다.

믿음으로 산다는 말은 믿음 안에서만 산다는 말이요, 이 경우에 믿음이란 하나님의 말씀 계시에만 복종하는 일이요, 결코 어떤 일정한 의미 내용을 이해하는 것이 아니다. 그것은 인간의 근본적인 존재방식 즉 생의 근원적인 체험이다. 산다는 것은 아는 것도 아니고 성공하는 것도 아니고 출세하는 것도 아니다. 계시에 복종하는 것, 그것이 사는 것이다. 말할 것도 없이 하이데거의 물음의 입장도 이성의 입장에서 신앙을 거부하는 것도 아니고 이성의 입장을 옹호하는 것도 아니다. 그것은 이성의 입장을 다시 묻는 이성이전의 세계에 속하는 것이다. 신앙의 입장도 이성의 입장도 넘어선 그러면서 거기서 이성과 신앙이 나오는 생, 생생한 생, 이 생에서 모든 것을 생각해 가자는 것이 무의 개시요, 이 생을 그는 시간자체라고 부른다. 시간을 시간자체로부터 물어 가는 길이 하이데거의 걸어가는 길이다.

1964년 하이데거에게 제자가 묻기를 "선생님이 하고 싶은 마지막 말이 무엇이냐?"고 했다. 그때 "여기 사과나무가 서 있다."라고 대답했다. 마치 어떤 청년이 조주에게 부처가 무엇이냐고 물었을 때 뜰앞에 전나무라고 대답한 것이나 비슷하다. 언젠가 운문은 요새 사람들은 나무를 보아도 꿈속에서 보고 있다고 말한 적이 있다. 깨어서 보느냐, 꿈속에서 보느냐. 깨어서 보면 나무는 확실히 땅위에 서 있을 거고, 꿈속에서 보면 나무는 허공에 떠 있을지도 모른다.

호머의 『일리아드』에서 오디세이가 고향에 돌아올 때에 여신 아테네가 미모의 젊은 처녀로 나타난다. 오디세이는 그것이 여신 아테네임을 직감했다. 그러나 그의 아들 테레마고스는 그것이 여신 아테네로 보이지 않았다. 시인은 이렇게 노래 부른다. "모든 사람에게 신들은 보이게끔 모습을 나타내지 않는다."라고. 오디세이가 보는 여자나 테레마고스가 보는 여자나 같은 여자다. 오디세이는 여신 아테네로 보았고 테레마고스는 젊은 미녀로 보았다. 이것이 하나는 나무가 땅에 서 있는 것이고 하나는 나무가 꿈속에 떠 있는 것이다.

플라톤에게 있어서 진리는 깨는 것이다. 그런데 사람들은 꿈속에서 나무를 보고 있다. 무엇이 있을 때 그것이 어떻게 있느냐 하는 것은 플라톤이나 아리스토텔레스에게는 깜짝 놀랄 일이었다. 여인이 있을 때 그 여인이 누군가 오디세이에게는 깜짝 놀랄 일이었다. 그것은 여신 아테네의 변장이기 때문이다. 그것을 모르는 테레마고스에게는 그것은 아무 것도 아니다

현상만을 보는 사람은 꿈속에 나무를 보고 있는 것이다. 그러나 실재를 보는 사람에게는 나무는 대지에 똑바로 서 있다. 눈을 뜬 사람에게는 여인은 아테네 여신이다. 그러나 눈을 감은 사람에게는 여인은 젊은 미인이다. 눈을 뜬 사람에게는 일체가 놀람이요, 경탄이다. 현상배후의 실재 존재가 무엇일까? 현전現前하는 것의 현전성現前性은 무엇일까? 플라톤은 그것을 이데아라고 했고, 아리스토텔레스는 에네로게이아라고 해석했고, 근대철학은 대상의 대상성對象性 또는 객체성客體性이라고 해왔다. 그런데 현대에 와서는 기술적 지배가 두드러지게 나타나면서 현전사물의 현전성은 대상성도 객체성도

아니고 현전사물은 그때 그때마다 잡아먹는 그때 그때마다 소용되는 용상用象이 되었고 현전사물의 현전성은 용립가능성用立可能性이 되고 말았다. 하이데거는 이것이 철학의 종말이라고 한다.

　이때 철학은 경탄驚歎을 상실했기 때문이다. 우주가 하나의 흙덩이가 되고 말았다. 별은 신비를 잃고 하나의 흙덩이가 된 것이다. 산은 옛사람에게는 도를 닦는 장소였다. 그러나 현대인에게 산은 금 캐는 곳이 되고 말았다. 그런데 금은 캐서 내가 가지느냐 하면 그것도 아니다. 산은 이미 내 산이 아니요, 나라의 것이기 때문이다. 나라도 옛날은 민족의 얼이 도사린 곳이었다. 그러나 근대의 나라는 거대한 산업사회로 바뀌고 말았다. 이제 인간은 주체성을 버리고 산업사회의 하나의 톱니바퀴가 되어 하나의 소용되는 용상用象이 되고 말았다

　유능한 인재가 될수록 사회적 가치는 크다. 그러면 현대 사회의 주인은 누군가. 마치 사람을 병아리처럼 강제 수용소에 집어넣고 필요에 따라 종일 일하다가 싸움이 일어나면 나가 죽게 하는 주인공은 도대체 누구인가? 그것은 악마라고 말할 수 있다. 왜냐하면 인간을 포함한 일체의 존재자, 현전하는 것이 소용所用에 쓰여지는 것이 되었고, 현전하는 것의 현전성은 용립가능성이 되고 말았고, 현대 세계의 기술의 본질은 사람을 강제적으로 끌어내는 폭력이 되고 말아 세계는 악마의 위력이 휘몰아치는 미친 세계가 되고 말았다.

　세계는 곧 전쟁이 되어 핵전쟁이 모습을 나타내고 있고, 체제와 반체제의 폭력투쟁이 세계의 처처에서 일어나고 있고, 교통전쟁으로 죽어 가는 사람의 수가 날로 늘어나고 있으며 잔인한 상전商戰장사 싸움이 세계의 구석까지도 침투해 들어간다. 이제는 수도하던 산도 금 캐는 싸움터가 되고, 진리탐구의 학교도 돈 버는 싸움터가 되었다. 이제 문명은 원자로의 불이 되었고 땅위에 서 있는 나무는 없어지고 수소폭탄, 유도탄, 컴퓨터의 사이버네틱스가 꿈속에 희미하게

서 있게 되었다.

　세계는 이제 완전히 얼빠진 마법사의 세계가 되었다. 지금이야말로 확실히 눈을 뜨고 다시 한번 깜짝 놀라야 할 때가 왔다. 현실을 직시하고 현실 배후의 무엇이 움직이고 있는지를 알아차려야 한다. 숲이 움직인다. 그 뒤에 숨은 것이 토끼냐 사슴이냐 범이냐 사자냐 뱀이냐 독사냐 용이냐 사탄이냐 악마냐. 이것을 보지 못하고 시인詩人이 한 그루의 꽃을 보고 꿈속에 있는 것 같다고 해서는 안될 것이 아닌가. 원자탄이 터지는 것을 보고 꽃이 피어오른다고 잠꼬대하고 있을 때인가 하는 것이 하이데거의 물음이다.

　하이데거는 이러한 때 우리는 무엇을 생각하고 어떻게 생각할 것인가를 묻는다. 그것이 하이데거의 '생각해야 할 일이 무엇인가를 물음'이라는 글이다. 무엇을 생각하며 어떻게 생각할 것인가.

　옛날 약산유엄藥山惟儼이 앉아 있는데 어떤 중이 찾아왔다.

　"선생님 무엇을 그렇게 골똘하게 생각하고 계십니까?"

　"생각할 수 없는 것을 생각하고 있소."

　"생각할 수 없는 것을 어떻게 생각합니까?"

　"생각하지 않으면 될 것 아니요."

　어느 날 밤 약산이 산에 오르니 구름이 열리고 달이 나타났다. 약산이 터져서 웃음이 되었다. 그 웃음의 소리가 예양澧陽 동편 구십 리까지 울렸다고 한다. 무엇을 생각하나. 생각할 수 없는 것을 생각한다는 것이 무슨 말인가. 구름이 열린다는 것이다. 어떻게 생각하나. 생각하지 않으면 된다. 생각하지 않는다는 말이 무슨 말인가. 달이 드러난다는 것이다. 진공묘유眞空妙有다. 구름이 벗겨지고 [現] 달 [存在]이 드러난다. 그것이 현존재다. 나무기 땅위에 서는 것이다. 체로금풍體露金風이다. 약산처럼 우뚝 [兀兀] 앉아 [坐次] 있는 것이다. 자기의 진리를 지키는 것이다.

달이 하늘 한가운데 자리잡듯이 사람은 하나님의 품안에 안기는 것이다. 그것이 올올지좌차兀兀地坐次요, 나무가 땅위에 서는 것이다. 자기의 자리를 지키는 것, 그것이 현존재다. 인간은 존재도 아니고, 존재자도 아니다. 현존재다. 가운데 있다. 인간은 신도 아니고, 자연도 아니다. 인간은 신과 자연 사이에 있다. 생각할 수 없는 것을 생각하여 신 앞에 마음을 열고 생각하지 않으면 안되게 만물 앞에 몸을 연다. 마음을 열음이 공간성이요, 몸을 열음이 시간성이다.

인간은 공간성과 시간성이 합쳐져 진공묘유를 이룩한다. 시간이 열리고 공간이 열릴 때 인간도 열린다. 인간이 열릴 때 또다시 세계도 열린다. 세계는 닫혀있다. 폐쇄된 세계다. 깊은 잠 속에 닫혀 모조리 꿈을 꾸고 있다. 원자탄으로 상대를 죽이면 수소탄에 얻어맞아 내가 죽을 줄을 모르고 있다. 원자전이 일어나면 인류가 멸망하여 모두 악마의 맛있는 밥이 될 것을 모르고 있다. 현대 세계는 악마의 밥상이다. 사람들은 깊은 잠에서 꿈꾸고 있다. 현대는 인간이 주인이 아니다. 악마가 주인이다. 한 그루의 꽃을 꿈속에서 감상하고 있다. 핵이 터지는 구름 꽃이다. 죽는 것은 사람들이 죽지, 자기는 죽지 않는다고 생각한다. 자기는 사람이 아니다. 현대인은 자기를 상실한 지 오래다.

하이데거가 묻고 있는 것은 무엇을 생각하느냐, 어떻게 생각하느냐이다. 무엇은 올올지兀兀地요, 어떻게는 좌차坐次다. 사람이 사람의 자리에 앉는 것이다. 사람이 자기의 본성을 회복하는 것이다. 인간의 본성은 생각함이다. 무엇을 생각하느냐? 생각할 수 없는 것을 생각한다. 생각할 수 없는 것이 무엇인가? 진리다. 진리를 어떻게 생각하나? 생각하지 않으면 될 것 아닌가. 생각하지 않는다는 것은 무엇인가? 깨닫는 것이다. 깨닫는다는 것은 무엇인가? 가슴을 여는 것이다. 그리하여 진리의 몸이 드러나게 하는 것이다.

그것이 진공묘유요 체로금풍이다. 약산이 구름이 열리고 달뜨는 것을 보고 웃는 것이다. 산밑 멀리까지 그 웃음소리가 들렸다고 한다. 만군의 여호와가 웃으라고 하신다. 한번 천지가 개벽하게 웃는 것이다. 구름이 열리는 것은 생각이 아니다. 그것은 결단이다. 중류절단衆流截斷이다.

이 결단이야말로 자기가 열리고 세계가 열리는 근원이다. 이 힘은 생각 이전이요, 생각을 넘어서 생각하는 이를 뒤에서 움직이는 힘이다. 그 힘은 생각할 수 없는 힘이요, 생각하지 않은 때에만 나타나는 힘이다. 그 힘은 내가 진공이 될 때만 드러나는 묘유의 힘이다. 이 힘에 의하여 시간이 열리고〔時開〕, 공간이 열리고〔空開〕, 인간이 열리고〔人開〕, 세계가 열린다〔世開〕. 그것이 올올지좌차兀兀地坐次다. 올올지좌차는 비사량非思量의 사량思量이다. 구름이 열리고 달이 빛나는 것이다. 비은폐성非隱蔽性이 진리다. 진리를 깨닫는 것이다. 자기가 자기가 되는 것이다. 땅에 나무를 세우는 것이다. 자기의 입장을 얻는 것이다. 열려진 밝음이다.

하이데거는 현대를 사이버네틱스의 시대로 보고 사이버네틱스야말로 인간을 로봇으로 만들고 있는데 사이버네틱스도 또 하나의 로봇에 불과함을 말하고 있다. 일체가 꿈이다. 일체가 잠이다. 일체가 죽음이다. 그러나 철학의 역사는 이것으로 끝나지 않는다. 밤의 깊음은 동시에 낮의 가까움을 암시하고 있기 때문이다. 이제 밤이 열리고 태양이 힘차게 떠오를 때가 있을 것이다. 이제 열리고 밝히는 시대가 올 것이다.

공간이 열리고, 시간이 열리고, 인간이 열리고, 세계가 열린다. 열림〔開〕은 동시에 과일이 익어〔時熟〕 나무에 열리〔結實〕는 것을 의미한다. 철학의 종말은 철학의 성숙과 완성을 의미한다. 잠의 깊음이 깸의 가까움을 암시하고 있기 때문이다. 세계가 열림은 세계가 하나

됨을 뜻한다. 세계가 하나로 성숙할 때 모든 전쟁은 사라지고 무기는 다시 농기農機가 될 것이다. 세계가 하나가 될 때에 인간도 하나가 되어 현존재가 되고 시간도 하나가 되어 세계의 역사는 다시 시작되고 공간도 하나가 되어 모든 나라는 한집이 되어 독사의 구멍에 어린 애가 손을 넣게 될 것이다. 이것이 사실 자체의 세계다.

꿈속에서 꽃을 보는 것이 아니라 대지에 나무를 세우는 것이다. 대지에 세계를 세우는 것이다. 세계 전쟁은 세계 통일을 재촉하고 있다. 세계가 열리고 세계가 밝아지는 날은 가까워 오고 있다. 현전사물의 현전성이 또 다시 악마가 아니고 신이 될 수도 있다. 악마라고 보이던 것도 사실 신의 힘이었는지도 모른다. 화는 도리어 복이 될 수도 있다. 인간 본질의 변질, 부식, 증발은 도리어 밀알 한 알이 땅에 떨어져 죽음으로써 백 배도 되고 천 배도 될지 모른다.

철학의 종말은 철학의 완성도 될 수 있다. 철학의 완성은 인간의 완성이다. 인간의 완성이란 현존재로서의 인간의 자리를 회복하는 것이다.

현존재

하이데거의 존재론은 오랜 존재론의 역사를 거슬러 올라간다. 플라톤은 사람을 하나의 거울로 본다. 이데아로 본다. 진리로 본다. 환한 거울이다. 이것을 하이데거는 현존재現存在라고 한다. 환하다는 것은 태양빛이 비추어졌다는 것이다. 빛이 없다면 거울은 없다. 빛 때문에 존재 때문에 거울은 환한 것이다. 그런 의미에서 거울은 빛이 드러나고 빛이 반사되는 곳이다〔回光返照〕. 그리고 거울은 만물을 비추이는 곳이다. 나무가 오면 나무를 비추고 돌이 오면 돌을 비춘다.

그런 의미에서 거울은 현존재자現存在者다. 그러나 만물을 비출 때 태양빛은 언제나 같이 있다. 태양이 없어지면 암흑이 되어 만물도 비추어지지 않는다. 언제나 존재의 태양과 존재자의 만물은 같이 거울에 비친다. 거울은 빛이 모이는 곳이요, 만물이 모이는 곳이다. 그런 의미에서 현존재인 거울은 하나의 공간이다.

독일어로 현존재를 다자인(Dasein)이라고 하는데 다(Da)는 공간이라는 뜻이다. 사람은 거울이다. 이것이 사람은 현존재라는 말이다. 사람은 진리다. 사람은 마음이다. 사람은 법法이다. 사람은 성性이다. 사람은 단자單子다. 사람은 영이다. 어떻게 표현하든지 환한 것을 적寂이라고 하고 비추는 것을 조照라고 한다.

하이데거는 적을 무無라고 한다. 무는 환하게 밝은 것이다. 영지靈知다. 하이데거는 무는 허무가 아니다. 허무는 무엇이 있다가 없어지는 것이다. 무는 허무가 아니다. 무는 환히 밝은 거울이요, 만물을 비추게 하는 본체이다. 무는 존재사물은 아니지만 그러나 역시 존재하는 무는 결코 허무맹랑한 것이 아니다. 만일 우리가 이 무를 단지 허무한 것이라고만 간과해 버린다면 그것은 너무도 조급한 결론이다. 이 무는 그저 존재자에 대한 대립에 그치는 것이 아니라 존재자의 존재에 속하는 것이다. 무는 존재가 드러나기 위한 밝은 터전을 마련해 주는 장소이다.

무는 드러내는 것이다. 무는 존재를 드러낸다. 무는 존재사물들이 있는 것처럼 있는 것은 아니다. 오히려 존재사물들로 하여금 거기에 서 있게끔 하는 빈터를 우리는 무에서 경험한다. 무는 존재 그 자신이다. 존재는 조명자신이다. 무는 곧 존재조명이다.

적寂은 곧 조照다. 왜 무라고 하고, 왜 적이라고 하니. 모든 먼지가 사라졌기 때문이다. 모든 인연이 끊어졌기 때문이다. 망연지후적적忘然之後寂寂 즉, 번뇌가 다 없어졌다. 그래서 무다. 무가 되면 햇빛만이 환하다. 그래서 존재현전存在現前이다. 이렇게 환하면 모든 만물을 비칠 수 있는 터가 된 것이다. 영지지성역력靈地之性歷歷이다. 거울이 밝아진 것을 견성見性이라고도 한다. 본성이 깨어 난 것이다. 거울이 훤하게 밝아진 것이다. 해가 뜬 것이다. 정신광명精神光明이 비추기 시작한 것이다. 견성은 견문각지見聞覺知로서 의식작용이 아니라 존재전체의 현전성으로서 적寂에서의 존재편조를 말한다. 존재는 존재사물로서는 결코 규정될 수 없는 것이로되 모든 존재사물들은 존재의 조명에서 비로소 나타난다. 존재는 존재사물들과 같이 표상하거나 조작할 수는 없는 것이다.

  모든 존재사물에 대한 절대타자인 이것은 존재사물이 있는 식으로 있는 것은 아니다. 그러나 이 아닌 무는 존재로서 현전한다. 이런 존재양식을 진공묘유라고 한다. 거울에게 제일 필요한 것이 먼지로 덮이지 않는 것이다. 그런데 거울은 먼지에 언제나 덮여 있다. 무는 흔히는 그 근원성으로는 나타나지 않는다. 왜 그런가. 그것은 존재 사물들에게 우리의 눈이 가리어져 그렇다. 우리가 가지고 있는 지식 때문에 진리는 나타나지 않는 것이다. 존재자와의 관계에 골몰하여 우리는 무를 상실하고 만 것이다. 사람들은 욕심에 사로잡혀서 애증의욕愛憎意慾의 대상이란 껍질 속에 갇히고 만다. 번뇌에 뒤덮이고 만다.

  그리하여 인간은 자기가 진리임을 까마득하게 잊어버리고 자기가 거울인 줄을 알지도 못하게 된다. 자기가 거울이라는 것을 알려주는 이가 성현聖賢이다. 성현이 알려주어도 그들만 거울이지 자기는 여전히 거울이 아니라고 우겨대는 어리석은 범부가 얼마나 많은지 모른다. 그래서 플라톤은 인간이 거울이라는 것을 깨쳐주기 위해서 자기가 진리임을 잊어버리고 있는 망각忘却의 은폐물을 걷어치우려고 한다. 먼지의 은폐물을 걷어치우려고 한다. 비망각은 희랍말로 '아레테이아'인데 '아'는 걷어치우는 부정否定의 뜻이요, '레테'는 잊어버리는 망각의 뜻이다. 망각의 먼지에 덮여있다고 하여 비은폐성을 아레테이아라고 한다. 우리의 진리는 지식 가치의 대상의식 때문에 완전히 은폐되고 망각되어 있기 때문이다. 플라톤은 아레테이아를 진리라고 한다. 망각을 걷어치우고 다시 옛것을 회상하고 회복했기 때문이다. 진리는 비은폐성 아레테이아다. 은폐란 당연히 노출되어야 하는 것이 어떠한 장애로 은폐된 상태요, 진리는 이 은폐가 제거됨으로써 얻어지는 드러남現前이다.

하이데거에 의하면 비은폐는 언제나 은폐로부터 탈환되어야 한다. 희랍사람들에게 있어서는 처음부터 자기 은닉으로서의 은폐성이 존재의 본질을 지배했기 때문에 그들은 옛날 로마 사람들이 참이라 하고 오늘날 우리가 진리라고 하는 것은 비은폐성(아레테이아)이라고 불렀다. 진리는 시초부터 은폐로부터 탈취하는 것이라는 의미를 지니었다. 인간의 본질은 모든 현전사물들을 현전시키는 로고스의 빛 속에 서 있는 것이건만 그때그때 현전하는 사물들을 비추면서 현전시키는 현전성을 알아차리지 못한다. 그 빛에서만 살 수 있는 로고스의 빛이 인간에게 아직도 은폐되어 있으며 망각된 채 있다.

희랍사람들은 이 망각(레테)을 은폐의 운명으로 경험했다. 인간은 존재의 빛 속에 있으면서 그것을 망각하고 일상생활에 골몰한 나머지 현전사물들에 눈이 팔려서 그 현전성을 은폐하고 있는 것이 플라톤의 동굴洞窟의 비유다. 그런데 거울인 인간이 어찌 자기가 거울임을 회피할 수 있을 것인가. 객진망상客塵妄想을 일시에 털어 버리고 환하게 빛나는 현전성이 바로 거울의 본지풍광本地風光이다. 하이데거는 이 거울을 현존재라고 한다. 거울이라고 해도 좋고 달이라고 해도 좋고 빈터라고 해두 좋다.

하이데거는 산에 나무들이 빽빽이 들어섰는데 그 속에 조금 빈터가 있어서 빛이 숨어들어 거울처럼 환하게 밝은 곳을 무無의 소명疎

明이라고 한다. 또는 '열려 보여진 가운데'라고 해서 '개시開示된 중中'이라고도 한다. 비기는 비었는데 가득 차 있는 진공묘유眞空妙有다. 거울이나 달이나 숲 속에 빈터나 무의 맑은 달이라고 하나 다 마찬가지로 현존재를 가리킨다.

하이데거의 말을 다시 한번 인용하면 인간은 일상영위에서 존재사물들에 의하여 도리어 좌우되고 있지만 이제 사물을 넘어서 그러나 그들로부터 외면하는 것이 아니라 그들 면전에서 이 존재 사물들과는 전연 이질적인 타자가 되는 것이다. 사물전체의 한복판에 한 넓은 터가 드러난〔現前〕다. 하나의 훤한 빛〔疎明〕이 있는 곳이다. 이 밝음은 존재사물보다도 더 존재하는 것이다. 이 열려진〔開示〕 가운데〔中〕는, 그러므로, 사물 속에 들어있는 것이 아니라 도리어 이 개시된 중, 그 자신이 무어라고 이름지어 말할 수 없는 무無같은 것으로서 모든 사물들을 에워싸고 선회한다.

사물들은 이 소명疎明의 허명虛明 속에 드나듦으로써만 비로소 사물로서 있게 되는 것이다. 오직 이 소명만이 우리들 인간에게 사물들과 만나는 통로가 되고 또 인간끼리 서로 만나게 해주는 빈터가 된다. 이 소명의 덕으로 사물은 서로 번갈아서 어느 정도 밝혀지는 것이다. 공간적 지평의 개활성이 원근사물들을 넘어서듯이 존재는 사물을 밝히는 빛, 그 자신인지라, 말하자면 모든 사물보다 근원적으로 훨씬 더 넓은 것이다.

여기서 하이데거는 존재와 현존재와 존재사물을 말하고 있다. 존재가 태양이라면 현존재는 달이요, 존재사물은 만물이다. 태양 없이 달도 없고, 달 없이 만물도 없다. 존재 없이 현존재도 없고, 현존재 없이 존재사물도 없다. 태양도 천체지만 달도 천체다. 그러나 그것은 땅에서 떨어져 나간 천체다. 존재사물은 땅에 속해 있다. 밤에 존재는 보이지 않지만 태양빛을 받은 현존재 달은 훤하게 비추고 있다.

그것이 적寂이다. 그 속에 만물이 또 드러나〔現前〕고 있다. 그것이 조照다. 태양이 비추는 곳이 달이요, 그것은 현존재의 현이다.

현은 본래 독일어로 장소를 의미한다. 인간은 달처럼 스스로 열려 있는〔存在顯現〕곳이다. 이 현현의 곳 속에 사물들이 들어서서 제 모습을 나타낸다. 그러므로 우리들 인간적 존재는 현현의 곳, 현현의 존재라고 해서 현존재라고 한다. 결국 태양이 비치는 곳이다. 그것이 달빛이요, 현존재는 존재의 조명照明으로서 존재한다. 이 빛, 조명, 그 자신이 바로 존재다. 햇빛을 받아 돌리는 회광반조回光返照 존재현현存在顯現, 현(곳), 즉 존재자신의 진리의 조명이 현발現發하는 이것이 바로 존재의 수응酬應이다. 햇빛을 받아 반사하는 회광반조回光返照, 이것을 현전現前이라고 한다.

그런데 달은, 천체는 천체天體이지만 땅에서 올라간 존재다. 이것은 탈자적 존재脫自的 存在다. 탈자적 존재(엑지스탄즈)라는 말은 밖에 섰다는 말이다. 달은 지구 밖에 서 있다. 지구를 초월한 존재다. 지구에서 떨어져 나가 천체가 된 것이다. 인간의 존재양식은 초월성에 있다.

인간의 태도와 행동은 이 공명 속에 서 있어야 한다. 밝음에 나서는 것이 곧 인간의 본질이다. 하늘에 떠 있는 것이 인간의 본질이다. 달이 인간의 모습이다. 달은 만물을 밝히면서 중천에 떠있다. 진리는 존재자를 개명하는 것으로서 이 개명開明은 하나의 공명성空明性에 의하여 투철된다. 이렇듯 모든 사물을 밝히는 이 밝음은 오직 인간의 본질적 사유〔覺存了解〕에서만 현존하는 것이며 이 밝음에 나서는 것이 곧 인간의 본질이라고 한다. 그러니까 인간은 달이다. 해도 아니고 나무도 아니고 달이다. 인긴은 어디까지나 햇빛을 받아서 만물을 비추는 달이라는 것을 알아야 한다. 인간은 하나님을 사랑함으로써 이웃을 사랑할 수 있는 존재다. 인간은 해가 아니다. 인간은 존재가 아니다. 또 인간을 존재사물로 생각한다고 해도 안 된다. 인간은 어디까지나 존재의 빛을 받아 존재사물을 비추는 현존재라는 것을 잊어서는 안 된다. 인간은 절대 신이 아니다. 인간은 절대물이 아니다. 인간은 정신이다. 인간은 깬 신인현존재다. 인간의 본질적 사유인 깨달음은 회광반조回光返照, 곧 존재의 현전現前 안뷔젠하이트이다.

존재와의 관계와 존재사물과의 관계를 하나의 낱말로 표시하기 위하여 현존재라는 낱말을 골라, 인간이 인간으로서 존립하는 본질 영역을 표시하기로 한 것이다. 그러나 인간은 만물의 영장이라는 점에서 인간은 만물을 초월해 있으며 인간은 사유하는 존재로서 존재에의 허심탄회이며 존재에 상응하는 존재와의 관계 속에 있다.

인간은 존재의 것이며 동시에 존재는 인간에게 내맡겨져 있다. 그런 의미에서 인간은 존재의 현전이다. 인간은 그 깨달음에서 존재의 현전이다. 깨달음이 현이다. 깨달음은 인간만의 특권이다. 현은 인간만의 본성이다. 현은 깨달음이요, 이 깨달음은 존재의 빛이다. 달빛과 햇빛은 같은 빛이다. 달빛이 깨달음이요, 햇빛이 존재의 빛이다. 달빛, 본질적 사유〔觀〕와 햇빛, 존재의 조명〔慧〕은 같은 것이다.

그런 의미에서 사유와 존재는 같은 것이다. 인간은 존재와 사유가 만나는 터다. 존재는 사유에서만 현전한다. 이 사유는 고귀한 심정 바로 그것이다. 인간은 고귀한 존재, 현전성에 머물러야한다. 인간은 존재현전에 자재하여야 한다.

하이데거의 철학은 가장 단순한 것 위에 서 있다. 세상의 모든 길

이 큰길로 모여드는 것처럼 모든 사상은 가장 단순한 것으로 모여든다. 이것이 공리라는 것이다. 누구나 다 아는, 어디나 있는, 가장 자명한 태양 같은 것이 공리다. 그것은 너무 단순해서 단순하다고도 할 수 없는 것이다.

하이데거의 기초는 존재라는 것이다. 너무 있어서 있다고도 할 수 없는 것이다. 이러한 존재는 플라톤 이전에나 있었지 플라톤 이후에 철학에서는 찾아 볼 수 없는 것이다. 플라톤 이후의 철학은 개념화된 철학으로 그것은 존재자의 철학이지 존재의 철학은 아니라는 것이다. 존재의 철학은 철학이 아니다. 그것은 존재의 소리다. 그것을 듣는 것은 철인뿐이지 철학자는 듣지 못한다.

소크라테스 이전의 철인들은 철학자가 아니다. 철인이다. 그들은 존재의 소리를 듣고 그것을 말한 것뿐이다. 그들은 기름을 태워 불을 뿜는 화덕처럼 존재의 소리를 듣고 존재를 밝히는 현존재이다. 마치 달이 햇빛을 받아 세상을 비추듯이 그들은 존재의 빛 속에 서서 그 빛을 세상으로 돌려〔回光返照〕 세상을 밝힌 분들이다. 그들은 빛 속에 서서 빛을 밝히는 두 가지 역할을 하였다.

그런 의미에서 현존재는 사랑이다. 하이데거는 현존재를 존재의 통로로 삼는다. 하이데거는 존재자체를 그의 사상의 핵심으로 삼는다. 존재자체를 중심하여 전개된 사상은 한편으로는 그 존재로부터 거룩한 것, 그 다음에 신성, 마지막에는 신, 또는 신들로 솟아나는 존심양성存心養性, 생명적인 요소와 또 다른 편에는 땅과 하늘과 사람과 신이 한통이 되어 유희삼매遊戲三昧를 벌리는 한없이 넓은 바다와 같은 진리의 세계로 넓어져 간다. 그 사이가 지도무난至道無難의 흐르는 강물처럼 한없이 쉽고 한없이 단순한 생각의 흐름, 생각의 길, 생각의 도중途中이 있는 것이다.

존심양성의 심산유곡을 나와 지도무난의 광대평원을 거쳐 유희삼매의 접천대해接天大海에 파도치는 것이 그의 사상의 특색이라고 할 수 있다. 영감을 받는다는 점에서 그의 사상은 시인의 시작詩作과 근원적으로 같은 것이다. 그의 비익秘匿의 친근親近이다. 그러나 나타나면 하나는 상징의 옷을 입고, 하나는 개념의 옷을 입기 때문에 가장 멀리 떨어진 산꼭대기에 두 개의 나무가 되는 것이다. 그 사이에는 건너 뛸 수 없는 단절이 있다. 그러나 철인과 시인은 같은 뿌리에서 자라난 두 가지다.

그런 의미에서 장래의 철학은 철학자의 철학이 아니라 더 깊은 철인의 철학, 그것은 철학이라고 이름 붙일 수도 없는 말씀이 될 것이다. 기름이 불이 되는 말씀, 물이 불이 되는 말씀, 물과 불의 모순이 통일된 말씀, 로고스와 파토스가 하나가 된 말씀, 산 말씀, 산 떡이라고 할 수 있다. 그것은 존재의 소리를 듣고 사람에게 들려주는 산 말씀이기에 정열이 아닐 수 없다. 마치 지하수가 반석에 부딪쳐 뿜어 나오듯이 존재의 반석에 부딪쳐 뿜어 나오는 말씀은 열기가 뿜어 나오듯이 뿜어 나오는 기쁨이 아닐 수 없다.

하이데거의 철학은 기쁨의 철학이다. 하이데거에게는 절대자에 부딪쳐 뿜어 나오는 기쁨의 법열이 있다. 그의 철학은 생명적이요, 기분적이다. 그것은 철학이 아니요, 철인의 말씀이기 때문이다. 그것은 생명의 약동이요, 죽은 말장난이 아니다. 하이데거의 철학은 생명적 약동이요, 존재에 부딪쳐 터져 나오는 기쁨이요, 생기다. 이런 폭발을 생기生起라고 한다. 게쉐헨(Geschehen)이다. 그것은 존재에 부딪쳤기 때문이다. 존재가 만나게 해주는 것은 쉭켄(Schicken)이라고 한다. 쉭켄에서 역사라는 게쉬히테(Geschichte), 운명이라는 게쉭(Geschick)이 나온다.

역사도 운명도 존재의 역사요, 존재의 운명이다. 인간의 운명과 인간의 역사는 인간의 것이 아니다. 그것은 눈을 뜨고 보면 모두 절대자의 섭리요, 절대자의 뜻이다. 인간의 역사적 운명을 결정짓는 것은 신이지 인간이 아니다. 이 근원적인 힘을 믿는 것이 근원적인 힘에 돌아가는 것, 마치 길을 잃어 헤매는 존재망각의 역사가 다시 큰길에 나가서 작은 길을 찾아가는 것처럼 인생은 한번, 모든 사람이 다닐 뿐만 아니라 소도 말도 개미도 지렁이도 다니는 존재의 대로에 일단 돌아와서 거기서 다시 출발하는 것이다. 주판 놓는 사람이 계산이 틀렸을 때 일단 주판알을 훑어서 영으로 돌리고 다시 놓기 시작하듯이 인간은 영인 존재로 다시 돌아와서 다시 길을 떠나야 한다는 것이 존재의 소리를 듣는다는 것이다.

영으로 돌아온다. 허령지각虛靈知覺이다. 여기에서부터 인간의 모든 문제는 풀린다. 무에서부터 유로, 이것이 일체문제를 해결하는 유일의 길이다. 산판을 작하고 한번 훑는 것이다. 그리하여 영이 되는 것이다. 나는 영이다. 이것이 탈아적 실존脫我的 實存이다. 땅을 벗고 하늘에 오른 달 같은 존재다. 초월자, 그것은 존재의 빛에 서 있다. 이것이 문제의 원점이다. 이것은 미지의 힘이 아니다. 의지의 힘이다. 무한한 결단이 주판알을 훑게 만든다. 무한한 힘이 이것을 가능케 한다. 그것은 존재의 힘이다. 존재의 힘이 존재의 빛을 가능케 한다. 올라가야 보인다. 그것이 밖에 섰다는 실존(엑지스탄즈)의 내용이다. 그것은 달처럼 초월해야 한다. 그리하여 해 없이는 못사는 존재가 된다. 해에 미친 존재, 그것이 탈혼脫魂(엑스타시스)이다. 탈아적 실존은 탈혼적 실존이 된다. 그리하여 실존은 존재의 빛 속에 서 있다.

키에르케고르는 실존은 신 앞에 섰다고 한다. 신의 소리를 듣고 전히는 예언지처럼 그는 볼을 뺨는 옹치럼 무서운 존재기 현존재디. 현존재는 존재 속에 있는 존재다. 이것은 『존재와 시간』을 쓴 이후의 하이데거의 사상이다. 『존재와 시간』에서는 존재자의 존재의 의미를 묻는다. 의미란 그것을 그것이게 하는 까닭이다.

　현존재의 의미는 시간성이다. 시간성이란 초월이다. 초월이 현존재의 현상학이다. 이 초월이 있기 위해서는 좌절이 필요하다. 앞으로 높이 뛰기 위하여서는 뒤로 깊이 물러서야 한다. 그것이 우려憂慮라는 것이다. 인간을 인간의 원점으로 돌리는 풀어헤침을 해석학이라고 한다. 이것이 현존재의 실존론적 분석이다. 존재는 존재자의 입장에서 보면 무에 불과하다. 이것이 존재와 시간의 내용이다.

　그러나 회심한 후 하이데거는 존재자 속의 존재를 찾는 것이 아니라 존재 속의 존재자를 돌보는 것이다. 이슬 속에 달빛이 아니라 달빛 속에 이슬을 보는 것이다. 존재 속에 존재자, 존재는 존재자다. 존재는 존재자를 존재케 한다. 존재자는 존재에 부딪칠 때 존재자가 된다. '존재는 존재자다.' 의 '다' 는 부딪치는 '다' 요, 유한과 무한의 종합 통일 집약의 '다' 다. '존재는 존재자이다' 는 존재자이게 하는 것은 존재라는 것이다. 철학을 철학이게 하는 것도 존재다. 그렇기 때문에 철학은 무엇인가 하는 제목도 철학을 철학이게 하는 것이 무엇인가 하는 존재의 물음이다. 이것은 1955년 8월에 한 강연이다.

　존재란 동양식으로는 도道다. 존재의 탐구란 도가 통하는 것이다. 도가 통하면 존재의 소리가 들려오고 기가 뿜어 나오고 기쁨이 넘친다. 철학은 기쁨이지 그밖에 아무 것도 아니다. 절대자에 부딪쳐서 깜짝 놀라〔驚異〕깨나고 웃고 춤추고 기뻐함이 철학이다. 플라톤은 말하기를 철학은 하나의 기분〔파토스〕이요 놀램이다. 이밖에 철학을 지배하는 것은 아무 것도 없다. 놀램이 철학의 알케〔뿌리〕요, 그것이 시작이요, 끄트머리다. 놀램은 격정이요 정열이요 정념이요 기쁨이다. 이 기쁨 때문에 모든 고난을 참을 수 있는 것이다. 철학은 도통하는 것이다. 언제나 길 위에 있는 것이다. 언제나 길 가운데 있다. 길은 말씀이다. 철학은 언제나 말씀 속에 있다. 말씀 속에서 존재의 소리를 듣는다. 말씀은 존재의 집이다. 말씀 속에 사는 것이 존재로서 사는 것이다.

철학은 이 말씀에 응하는 것이다. 철학은 도에 통하는 것이다. 이런 철학은 헤라크레이토스나 파르메니테스 같은 소크라테스 이전의 원초적인 철학에만 존재하였다. 그후 아리스토텔레스부터 니체까지 이 기쁨은 사라지고 말았다. 그것은 철학이 지식이 되었기 때문이다.

데카르트는 철학의 확실성을 주장하기 시작하였다. 데카르트는 존재 대신에 주관을 세우고 일체를 객관으로 만들어 앞에 뉘어놓게 되었다. 이리하여 철학은 과학이 되고 전체적인 존재는 없어지고 부분적인 존재자의 확실성을 존재라고 하게 되었다. 이리하여 철학은 이론이 되고 형이상학은 이론의 거미집이 되어 수많은 사람을 괴롭히게 되었다.

경이驚異의 기쁨은 사라지고 생각 속에, 말씀 속에, 진리 속에, 길 속에, 존재는 사라지고 회의懷疑와 절망과 공포와 불안이 스며들게 되었다. 이리하여 확실성을 찾고 안정성을 찾게 되어 계산의 확실성과 이성의 안정성을 찾게 되었다. 가장 확실한 것이 수학이요, 가장 안정된 것이 이성이다. 나는 생각한다. 고로 나는 있다는 이성적 주관의 자기 위안이다. 이리하여 철학은 사라지고 무서운 과학과 기술만이 자리잡게 되었다.

그런고로 오늘 우리의 문제는 진정한 철학을 다시 살려내는 일이다. 프로메테우스가 태양에서 불을 가져오듯이 철학을 다시 끌어내서 만물에 불을 붙게 하는 것이다. 그래서 모든 사람을 기쁘고 즐겁게 만드는 것이다. 존재하게 하는 존재는 여러모로 빛난다. 존재는 일체를 밝힌다. 우리는 다시 희랍의 원초로 돌아가서 존재사가 어디까지나 존재 속에 집약되어 있다는 것, 존재의 빛 속에서 존재자가 빛나고 있다는 것을 희랍사람에게 배워야 한다.

희랍사람을 놀라게 한 것은 존재 속의 존재자, 이것뿐이다. 하늘의 태양青天白日, 허령지각虛靈知覺, 나와 나 아닌 것과의 만남, 하나님의 아들, 절대자와 부딪친 삶, 뿜어 나오는 기쁨, 이것이 철학이다. 이 존재자에게는 그것의 존재에 있어서 그것의 존재 자체가 문제가 된다는 것이다. 문제가 되는 것뿐만 아니라 경이요 놀람이요 신비요 기쁨이요 깸이요 무극이요 태극이요 허령지각이요 하나님의 아들이다. 하나님을 드러내는 현존재, 이것이 철학이다. 존재하는 한에 있어서만 현존재자다. 사람은 절대자에 부딪칠 때만 사람이다.

나는 나 아닐 때 나다. 하나님 없이는 못사는 것이 철학이다. 하나님과 같이, 그것이 행복이다. 이것이 소크라테스 이전의 철인이다. 그런데 아리스토텔레스이래 니체에 이르기까지 사람이 하나님이 되고 말았다. 여기에 존재가 상실되고 악마가 계산과 지식을 가지고 사람을 죽이는 것, 이것이 세계대전이요 현대문명이다. 주관과 객관이 분열되고 대립되고 싸우는 이 모순을 다시 통합해서 모순의 자기 통일, 이것이 존재의 세계다. 그러기 위해서 자기 초월을 결의하고 단행하여 존재 속에 존재자가 되어야 한다. 존재하는 한에 있어서의 존재자가 되어야 한다.

나를 있게 하는 것은 존재 뿐이요, 철학을 있게 하는 것도 존재뿐이다. 철학은 무엇인가? 철학은 무엇이 철학이게 하는가? 존재다. 존재의 소리를 듣는 것이 철학이다. 이것이 '존재와 시간' 이후 회심한 성숙한 하이데거의 외침이다. 일체의 문제에 대답은 존재다. 마치 어린애의 일체의 문제를 해결해 주는 것은 어머니나 마찬가지다. 철학은 철학을 넘어설 때 철학이다.

방하

하이데거는 철학의 세계를 내버려두는 것이라고 한다. 내버려둠〔게라센하이트〕이란 사물로 하여금 있는 대로 있게 한다는 것이다. 사자를 원시림 속에 있는 대로 있게 한다든가, 물고기를 바다 속에 있는 대로 있게 한다든가, 사람을 고향에 있는 대로 있게 한다든가, 꽃을 대지에 있는 대로 있게 한다든가, 사물을 있는 대로 있게 하여 사물을 살리고 사물을 구원하자는 것이다.

하이데거의 이 강연은 1949년 하이데거와 동향同鄕인 작곡가 콘라덴 크로이츠 백주기에 고향인 메스킬히에서 한 연설인데 내용은 원자시대에 인간이 과연 뿌리박을 수 있는 고향을 가질 수 있을까 하는 현대인에 대한 하이데거의 깊은 관심에서 나온 토착성의 문제다. 정말 사람의 고향은 존재인데 현대사람은 과연 존재 속에서 존재하고 있으며 또 존재를 기억하고 있는가 하는 존재상실, 존재망각에 대한 우려에서 나온 말이다. 나무는 대지에서 자라야 하는데 현대인은 대지를 가지고 있는가? 이것이 현대인의 심각한 문제다.

신비주의자 마이스터 에크하르트는 사람은 먼저 자기를 내버려두어야 일체를 내버려둘 수가 있다고 하는 유명한 말을 남겨 놓았다.

인생이 할 일은 무엇인가? 우선 자기를 내버려 두어야만 한다. 심무사心無事, 그래야 일체를 내버려 둘 수가 있다. 사무심事無心, 자기를 있는 대로 있게 하여야 한다. 그래야 일체를 있는 대로 있게 할 수가 있다.

너희는 그 나라와 그의 의를 구하라고 한다. 있는 대로 있게 해야 일체는 살 수 있다. 하이데거는 요한 피터 헤벨의 아름다운 시 한 구절로 이 강연의 끝을 맺는다. 우리들은 풀과 나무다. 이것을 우리가

하이데거 369

인정하든지 안 하든지 간에 그런 것에는 구애될 것이 없고 다만 푸른 하늘에 꽃을 피우고 열매를 맺게 하기 위해서는 뿌리를 가지고 깊은 땅속에서부터 싹이 터 나와야 하는 풀과 나무다. 하이데거의 내버려 둠은 풀과 나무를 넓은 땅에 세우는 일이다. 그리하여 깊이 자라게 하고 높이 열매 맺게 하는 일이, 이것이 있는 것을 있게 하는 것이다. 이것을 하이데거는 밀지密旨의 열림〔開放〕이라고 한다. 하나님의 뜻을 이루어 가는 것이다. 밀지가 열리〔結實〕면 그것이 있는 것을 있는 대로 있게 하는 것이다. 그것이 내버려둠이다. 하나님께 맡긴다고 해도 좋고, 바친다고 해도 좋고, 버린다고 해도 좋다. 그것은 본래 내 것이 아니었고 하나님의 것이었으며 존재자는 존재의 것이다. 그런 고로 존재자의 존재는 있는 대로 있게 하는 것이다. 있는 것을 있게 하면 그것은 사람을 괴롭히지 않는다. 사자를 아프리카 원시림에 내버려두면 사자는 사람을 해치지 않는다. 있는 것을 있게만 해 주면 세상에는 아무런 문제도 없는 지도무난至道無難이다. 있는 것을 있게 내버려두지 않기 때문에 일체 어려운 문제가 일어난다. 싸움이 생기고 죽음이 생기고 멸망으로 빠져들어 간다. 있는 것을 있게만 하면 존재자를 존재하게만 하면 아무런 문제도 없다.

있는 것을 있게 한다는 것은 너그러운 마음을 가지고 사물을 대할 수 있게 된다는 말이다. 심무사心無事다. 마음의 여유를 가지고 주체의식을 가지고 기쁨을 가지고 현실을 지배할 수 있다는 것이다. 그것은 인간이 자연을 지배한다는 것이요, 철학이 과학을 지배한다는 것이다. 심사성찰深思省察의 철학이 계산기술계산기술計算記述의 과학을 지배한다는 것이다. 그것은 인간 이성이 인간 오성을 지배하는 것이다. 이리하여 과학을 철학 속에 있게 하여 그 속에서 안주할 수 있게 하자는 것이다. 이것이 게라센하이트다. 이리하여 철학은 과학에게 상처를 입지 않고, 인간은 과학기술의 공해를 받지 않고, 인간이 이 땅에서 안주할 수 있게 되자는 것이다. 이리하여 사람은 일에 잡히지 않고, 일은 사람을 해치지 않는, 있는 것이 있을 수 있는 아름다운 세계를 열어 보자는 것이다. 그러기 위해서는 사람은 일을 지배하리만큼 우선 마음이 열려야 하는데 이것을 선구적 각오성先驅的 覺悟性이라고 한다. 이 세상을 내던지고 자기의 주체성을 찾을 만큼 성숙해져야 한다. 이것이 죽음에의 본래적 실존이다. 성숙한 어른이 되어 철이 들어야 한다. 사물에 충돌하지 않고, 시간에 부딪치지 않고, 사물을 꿰뚫고 사물에 배후를 투시할 수 있는 안광을 가져야 한다.

기술은 기술로만 보지 말고 그것을 꿰뚫고 기술의 본질이 결국은 진리의 구현인 것을 알아내야 한다. 진리가 기술을 위해 있는 것이 아니다. 기술이 진리를 위해 있다는 것, 모든 존재자는 결국 존재의 구현이라는 것을 알아야 한다. 인간이 기술에 대하여 주체를 찾을 때만 기술에 의하여 찢기고 죽게 되는 분열과 불확실성을 극복하고 기술이 완전히 사람에 친근한 것이 된다.

기술세계는 인간에게 대하여 단순한 것이 되고 평안한 것이 된다〔事無心〕. 이때에 기술은 기술이 되고 인간에게 봉사하는 기술이 되고 인간은 기술을 지배하게 된다. 이 때 인간의 눈동자는 맑고 빛나게 되며 꿰뚫어 볼 수 있게 된다. 이리하여 기술세계는 인간을 행복하게 하고 인간을 의미있게 만든다. 앞으로 원자기술이 우리에게 무엇을 의미할지는 미지수이나 어쩌면 인류를 말살시킬지도 모르는 위험성을 가진 것도 사실이지만, 인간이 주체성을 회복하고 칼을 쓸 수 있는 기술을 가지게 되면 이 기술은 인간이 세계를 지배할 수 있게 하는 칼이 될 수도 있을 것이다.

칼이 인류를 죽일 것인지 살릴 것인지는 칼에 달린 것이 아니라 칼을 쓸 수 있는가 없는가 하는 인간의 기술에 달려 있다. 감추인 기술의 의미가 인간을 자극하고 있다. 기술은 인간의 적이 될 수도 있고 친구가 될 수도 있다. 그것도 인간의 성숙에 달려있다. 성숙해지면 일체가 친구요, 성숙치 못하면 일체가 적이다. 사물의 지배〔事無心〕와 밀지의 열림〔心無事〕은 인간 성숙에 달려있다. 인간성숙이 늦어지면 원자시대의 기술혁명이 인간을 붙들어 매고 인간을 현혹하고 인간을 맹목으로 할지도 모른다. 그리하여 계산計算하는 사유가 유일의 사유가 될지도 모른다. 그렇게 되면 계산적 계획과 효과적 통찰만이 인간을 지배하고 깊이 생각하는 인간의 본질은 없어질지도 모른다.

  인간에게서 생각하는 것이 없어질 때 인간은 없어지고 인류는 멸망한다. 인류의 구원은 인간의 본질을 구원하는 데 있다. 인간의 본질은 언제나 걱정하면서 깊이 숙고하는데 달려 있다는 것을 깨달아야 한다. 사물에 관한 포기와 밀지를 향한 열림은 저절로 오는 것이 아니다. 그것은 끊임없는 노력과 기백이 넘치는 사유思惟에서만 온다. 이 사유에서 인간의 성숙은 이루어지기 때문이다.

  사물에 대한 여유와 밀지에 대한 개방은 우리에게 새로운 지반과 여유있는 터를 제공한다. 이 터 위에 새로운 창작을 계속하는 것이 새로운 뿌리를 대지에 내리는 길이다. 인간은 초목이다. 원하건 말건 꽃이 되고 열매를 맺기 위해서는 땅속에 뿌리를 내려야 한다. 인간성의 토착화란 인간의 깊은 사유능력이 인간의 것이 되어야 한다는 것이다. 전체를 생각할 줄 아는 인간의 사유능력만이 인간의 토착을 가능케 한다. 그런데 철학적 사유는 없어지고 과학적 계산만이 부평초처럼 물위에 떠다닌다는 것이 인류의 위기라는 것이다.

  미국의 노벨상 수상자 스탄례는 생명이 화학자의 손에 들 날이 멀지 않으며 인간은 생명을 마음대로 변화시킬 수 있게 될 것이라고 말했다고 한다. 이것은 인류멸망이 가까워졌다는 것이다. 원자탄보다도 과학이성이 일체를 지배한다는 것이 비극이라는 것이다. 땅 잃은 식물, 심사숙고할 줄 모르고 계산 기술이나 할 줄 아는 인간, 이것이 뿌리 없는 인간이다.

하이데거는 고향을 떠나고, 철학을 떠나고, 깊은 생각을 떠나고, 인간의 본질을 떠나고, 정말 땅을 떠나고, 입장이 없고, 인간성이 없고, 여유가 없는 바쁜 인생을 보고 슬퍼하면서 다시 땅을 회복하고 토착화를 기원하면서 행한 강연이다.

땅이란 사유다. 사유를 회피하고 사유에 도주하는, 사유하지 않으려는 풍습, 닥치는 대로 살려는 풍습, 이것이 인류 멸망의 원인이라는 것이다. 생각 못하게 하는 것이 계산이다. 이해타산이다. 자기중심이다. 인간의 물화物化다. 그것을 내버리는 것이 자연이다. 결국 자연은 신의 것이기에 신에게 돌리는 것이 좋을 것이다. 그것이 있는 것을 있게 하는 것이다. 사물의 껍질을 깨뜨리고 사물 뒤에 숨어 있는 생의 의미를 찾아 인간을 회복하는 길은 심사숙고만이 고향을 회복하는 것이다. 하나의 순수하고 견고한 인간이 자라기 위해서는 고향의 땅에 뿌리를 내려야 한다.

우리는 초목이다. 그것을 인정하건 안 하건 하늘에 꽃을 피우고 열매를 얻기 위해서는 대지에 뿌리를 박아야 한다. 시인이 말하려는 것은 이것이다. 진실로 기쁨과 건강이 충만한 인간이 나오기 위해서는 인간은 존재의 고향의 깊은 곳으로부터 하늘높이 솟아올라야 한다. 아무 것도 막힌 것이 없는 높은 하늘, 정신이 활짝 열린 푸른 하늘에 열매를 맺어야 한다.

헤벨이 말하는 대지와 창공에 안주할 수 있는 인간은 지금도 있을 수 있는 것일까?

심사하는 정신이 아직도 이 나라를 지배하고 있는 것일까?

밑힘을 감추고 있는 고향, 그런 고향이 지금도 있는 것인가? 많은 독일사람이 고향을 잃었다. 도회지 공업단지에서 톱니처럼 돌아가고 있고 고향에 남은 사람마저 라디오, 텔레비전 등 표상세계에 묶여 있다. 현대기술의 통신기구가 고향보다도 하늘보다도 땅보다도 더욱 가까운데 있다. 사람들은 고향을 떠난 사람이나 고향에 남은 사람마저도 다 같이 고향을 상실하고 말았다. 광활한 하늘에 날개 펼 정신의 열매, 위대한 정신적인 작품은 그 땅을 잃고 사람들은 계획, 계산, 조직, 상품만을 생산하는 기계가 되고 말았다.

원자력 시대의 노벨 수상자들은 과학이 인간을 일층 행복한 생활로 인도할 것이라고 성명을 발표하였다. 그런데 인간의 힘으로 조절할 수 없는 어마어마한 이 힘을 인간이 어떻게 안전하게 가두어 둘 수가 있을까 하는 것이 우리의 걱정이다.

하이데거의 결론은 이렇다. 원자력보다는 더 큰 힘을 인간은 가져야 한다. 원자문명보다 더 큰 원자문화를 가져야 한다. 그러기 위해서 이 문화를 가꿀 새로운 땅, 새로운 고향이 필요하다는 것이다. 인간의 본질과 그의 작품이 새로운 방법으로 원자시대에 있어서도 자랄 수 있게 할 수 있는지 반성이 있어야 한다. 그것이 무엇인가. 그것은 걱정하면서 깊이 생각하는 성찰省察의 길이다. 반성하여 통찰하는 사유의 길이다. 하나의 표상에 집착하지 말고 그것을 넘어서 깊은 곳을 볼 수 있는 눈이다. 기술세계에 현혹되지 말고 그 뒤에 세계를 보는 것이다. 이것이 밀지를 향한 열림이다. 이때에 물건은 물건이 되어 제자리에 놓이게 된다. 이것이 게라센하이트다. 적재적소가 되는 것이다. 편안히 제자리에 놓이게 하는 것, 이것이 가만 내버려두는 것, 방하放下라는 것이다.

신 성

하이데거는 현대의 특징을 집착으로 본다. 그리하여 현대는 신의 명칭이 자꾸 희미해지는 시대다. 그래서 현대를 신 없는 시대라고도

하고, 신을 기다리는 시대라고도 하고, 신의 부재의 시대라고도 한다. 그것은 초월적인 세계가 무너졌기 때문이다. 이상적인 세계가 무너졌기 때문이다. 하이데거는 초월적인 세계, 이상적인 세계의 붕괴를 플라톤의 이데아의 오해에서 그 원인을 찾고자 한다. 현실보다 더 높은 세계를 하늘에 있다고 생각하는 까닭이다. 그러나 그것은 허구의 세계라는 것이다. 이 허구의 세계는 인간이 생각해 낸 세계라는 것이다. 인간이 생각해 낸 세계를 의식의 세계라고 한다. 사람은 자기 마음속에 의식의 세계를 만들어 놓고 그 속에서 살기도 하고, 그것을 하늘에 높이 올려놓기도 한다. 자기 안에 자기 내면에 의식의 세계를 강화해 가면 밖에 있는 현실세계와 자꾸 담을 쌓게 된다.

사람은 어느덧 이성적 동물이 되어서 다른 동물과는 전혀 다른 존재가 된다. 사람은 옷을 입고 집을 짓고 공상하고 명상하고 천하에 자기 이상은 없는 것 같은 망상에 빠진다. 그리하여 일체를 지배하려고 한다. 소를 잡아먹고 약소국가를 정복하고 나중에는 세계를 정복하려고 한다. 돈을 가지고 세력을 가지고 무기를 가지고 전쟁을 시작한다. 그래서 깨져나가는 것이 서구문명이다. 전쟁의 파괴 속에서 인간의 교만이 큰 상처를 입고, 인간의 망상이 백일하에 폭로가 된다. 그리하여 인간의 내면 세계가 깨져나가고 인간의 이상세계도 깨져나간다. 그리하여 인간이 느끼는 것은 신이 없다든지 신의 이름이 희미해진다고 느끼는 것이다. 그리고 지금까지 가리어지고 숨겨졌던 세계가 자꾸 백일하에 폭로가 됨을 현실존재라고 한다. 드러나는 세계다. 밖에 드러난 세계, 그것을 실존[엑지스탄즈]이라고 한다.

실존이란 인간존재가 벗겨진 채 노출되어 있다는 것이다. 마치 파괴된 집에 수도 파이프가 드러나고 상처난 사람의 뼈가 노출되듯이 일체 기 노출되어 있다는 것이다. 인간은 본래 생각을 통해서 의식의 세계를 구성하여 내적인 세계에서 평안과 존엄을 유지해 왔다. 마치 집 속에서 안전하고 위엄 있게 살아온 것이나 마찬가지다. 그런데 전쟁으로 집이 깨져나가 속에 있던 것이 그대로 밖으로 쏟아져 나온다. 내장이 쏟아져 나오고, 혈관이 쏟아져 나오고, 사람의 충동이 쏟아져 나오고, 사람의 본능이 쏟아져 나오고, 안팎을 막던 담이, 옷이, 피부가, 의식이 무너져 버리고 말았다. 속사람이 없어지고 말았다. 얼이 빠지고 말았다. 속사람은 깨지고 말았다. 동시에 하늘나라도 무너지고 말았다. 그리고 신은 없어지고 말았다. 신 없는 시대가 나타난 것이다.

헤겔 이후에 안과 밖의 세계가 무너지고 말았다. 의식 속에 보금자리는 깨지고 말았다. 혼란이 의식의 담벼락을 깨뜨리고 침투해 들어온다. 벽은 무너지고 옷은 벗겨지고 체면은 깨지고 양심은 사라지고 생각은 마비되어 인간은 벗겨진 채 뼈와 살을 드러내게 되었다. 언어의 실도 끊어져버리고 존재 전체를 감싸던 사랑이 해체되어 버렸다. 시인의 눈에는 눈까풀이 없어졌다.

릴케는 나에게는 나를 덮는 지붕이 없다. 비는 내 눈에 퍼붓는다. 눈알을 막는 눈까풀이 없다. 눈까풀이 없는 채 눈은 그대로 비에 노출되어 있다고 하였다. 릴케는 이것을 밖에 서 있다고 한다. 그것이 우리말로 실존이란 말이다. 노출된 것이 실존이다. 릴케는 노출의 경험이 강하면 강할수록 내적 공간을 찾아 헤맨다. 그는 병석에서 마지막 시를 적었다

"아아, 삶이란 밖에 있는 것이로구나." 그것이 그의 마지막 말이었다. 그것이 뜻하는 것은 인간의 생애는 내적인 비호가 없고 밖에 그대로 내버려져 있다는 것이다. 인간존재를 실존〔엑지스탄즈〕 밖에 노출되어 있는 것으로 만든 원흉이 누군가. 그것을 하이데거는 이성이라고 한다. 근대 이성이 인간을 생각하는 주체로 보고 외부세계와 단절하여 자기를 주체화하고 밖의 것을 객체화하고 대상화하여 지탱하려는 의욕에서 모든 비극은 생겼다고 보았다. 이런 의욕 때문에 인간

이 겪은 것은 전쟁과 파괴요, 그 결과 얻은 것은 노출된 폐허라는 것이다. 언어가 끊어지고, 질서가 깨지고, 혼돈과 파괴 속에 내장이 사라져 나가고, 눈까풀이 떨어져 나가고, 안이 밖으로 튀어나와 속은 뒤집히고, 뱃이 뒤틀리고, 눈으로 볼 수 없는 참혹한 실존이 벌어졌다는 것이다. 그것은 근대인이 지성 위주로 인간의 주체를 이성으로 보고 이성적 존재를 물적 존재에서 구별하여 추상화하고 대상을 지배하려는 데서 일어난 비극이라는 것이다. 안으로 쌓다가 거꾸로 밖으로 터져 나오게 되었으니, 밖으로 터져 나오지 않게 하는 길은 처음부터 인간을 이성으로 보지 말고, 안으로 쌓아 올리지도 말고, 인간을 본래 밖에 있는 존재로 보고, 밖에 있는 사물과 연결된 존재로 보자는 것이다.

하이데거는 인간을 의식으로 보지 말고 처음부터 인간을 실존으로 보아야 하며, 인간은 본래 벌거벗은 동물이요, 벌거벗은 채 밖에서 있는 존재요, 밖에 있는 모든 것과 연결되어 있다고 한다.

첫째는 물건과 연결되어 있고, 둘째는 남과 연결되어 있고, 셋째는 자기와 자기 자신이 연결되어 있고, 넷째는 세계 전체와 연결되어 있다. 인간은 세계 안에 살고 있는 존재[世界-內-存在]다.

세계 안에 산다는 것이 인간이 실존이라는 것이다. 릴케도 근대인이 자연을 적대시하는 데 반감을 품고 자연 속에 인간을 다시 세우려고 하였다. 인간은 자연 속에서 아무런 보호도 받지 않고도 살 수 있을 것이라는 것이 그의 주장이었다. 하이데거가 인간존재를 실존으로 파악하고자 하는 의도는 근대철학이 근거하고 있는 주체 객체 관계를 극복하자는 데 있다. 근대의 주체성이란 인간을 지상의 주인으로 삼는 것이다. 세계-내-존재란 인간이 지상의 주인이 아니라는 것이다

하이데거는 인간을 하나의 고독한 존재로 본다. 인간은 누구나 너와 나의 대립을 맺기 이전에 인간은 누구나 자기 자신이어야 한다는

것이다. 이것은 키에르케고르에게 있어서도 마찬가지다. 언젠가 모래시계에 모래가 다 빠져나갔을 때 그대가 남자였던가, 여자였던가, 부자였던가, 가난뱅이였던가, 그런 것은 문제가 안 된다. 영원이 그대에게 묻는 것은 하나다. 그대는 절망하고 살지나 않았는가. 만일 그렇다면 그대는 무엇을 얻었고 무엇을 잃었든지 간에 그대에게 있어서는 일체를 잃고 있는 것이다. 사람이 온 세계를 얻고도 자기 자신을 잃었다면 무슨 유익이 있으리오.

릴케나 하이데거에게는 키에르케고르와 마찬가지로 자기 자신이라는 인간 이해가 있다. 여성은 남성과 대립되지 않은 하나의 인간 존재로서의 여성이 될 것이다. 남자와 여자라는 대립이 아니고 인간과 인간이라는 관계로 바꾸어질 것이다. 그 사랑은 고독과 고독이 사랑하는 것이다. 사랑은 상대방의 자유를 더해 주는 일이다. 그러기 위해서 상대방을 혼자 있도록 내버려두는 것이다. 인간을 나와 너로 보는 것이 아니라 자기 자신으로 보는 것이다. 자기 자신의 차원, 그것은 남녀의 대립이 지양된 세계요, 고독과 고독이 만나는 사랑이다. 그것은 대립의 분열을 초월한 세계다. 거룩한 차원, 그것이 자기 자신이다.

횔덜린은 그리스도의 죽음과 더불어 신들의 종말을 경험하였다. 떠나가 버린 신들의 뒤에는 그래도 거룩한 기운이 남아있는 것이다. 세계의 암흑은 이 거룩한 흔적마저 지워버리고자 한다. 암흑의 시대는 메마른 시대다. 횔덜린은 메마른 시대의 메마름에 시달리면서 메마른 시대에 시인이 할 일이 무엇인가를 반문한다. 그것은 아직도 남아 있는 거룩한 흔적을 지키고 거룩한 차원을 느끼어 그것을 노래하면서 사람에게 알려주어 언젠가는 다시 나타날 신의 재림을 기다리면서 그때를 위하여 준비하는 것이 횔덜린의 시인으로서의 사명이었다. 거룩한 차원의 보존, 그것이 그의 사명이다.

하이데거는 누구보다도 휠덜린을 좋아한다. 그는 릴케보다도 휠덜린을 더 위대한 독일적인 시인이라고 생각했다. 그것은 휠덜린이야말로 순수하게 거룩한 차원을 지니고 있기 때문이다.

하이데거의 세계는 고독한 개인과 서구의 삼자로 구성된다. 특히 하이데거의 민족은 희랍민족을 계승하는 독일 민족이 그의 마음속에 자리잡고 있다. 하이데거는 희랍의 '거룩'을 독일말로 '깨끗'이라고 번역한다. '깨끗'의 내용은 밝고 높고 기쁜 것이다. 그것은 산 위의 높은 세계다. 하이데거의 종교는 역시 높은 차원에 있어서 기독교의 테두리를 벗어나지 못한다. 신은 역시 하늘에 계신 신이어야 한다. 그러나 밝은 면에 있어서는 희랍의 종교를 이어 받는다. 그러나 이 둘을 통일하는 것으로 기쁜 것이 있다. 휠덜린이 찾는 것은 밝고 높고 기쁜 거룩한 차원이다.

하이데거가 찾는 것은 존재다. 하이데거가 역사적 차원에서 찾고 있는 존재의 내용은 무엇일까. 하이데거는 어떤 때는 시인은 거룩한 차원을 노래하고 철인은 존재를 사고한다. 시인과 철인은 근원을 같이 하면서 차차 멀어져 간다. 또 어떤 때는 거룩한 차원의 본질은 존재의 진리를 묻는 사고에 의해서만 밝아진다고 한다.

하이데거는 휠덜린의 시를 설명하는 자리에서 말하고 있다. "그런데 이제 밤이 밝아온다. 내가 안타깝게 기다리던 그것이 오는 것을 보았다. 그리고 내가 본 것은 거룩한 차원이다. 나는 그것을 말하지 않을 수가 없다. 왜냐하면 모든 역사보다도 더 오래고 서방의 신들이나 동방의 신들보다도 더 앞서는 그것, 그 자연이 이제 대포소리에 놀라 깨어나고 있는 것이다. 그것은 빛나는 하늘로부터 그것은 어두운 땅 밑에까지 옛날부터 확고하게 정해진 약속에 따라 거룩한 혼돈에서 태이나 새로운 영감으로 다시 자기 자신을 깨나게 한다." 일체를 지으신 자의 섭리 밑에서 여기서 자연은 거룩한 차원이며, 이 자연이 하이데거에 있어서도 존재라고 밝히고 있다.

하이데거나 횔덜린이 모두 새 하늘과 새 땅을 기다리고 있다. 하이데거는 "나의 생각은 횔덜린의 시와 어쩔 수 없이 연결되어 있다. 횔덜린은 나에게 미래를 제시하는 시인이요, 신을 안타깝게 기다리는 시인."이라고 말하였다.

하이데거가 현재와 장래를 향하여 찾는 존재의 내용은 무엇일까? 그것은 새 하늘과 새 땅이요, 거룩한 차원이다. 이 찾는 것은 무엇일까? 그것은 이상도 아니고 내면도 아니고 근원을 찾는 것이다. 이것이 존재의 물음이다. 이것이 거룩한 차원이요, 넘치는 자연이요, 순수한 연결이요, 고독한 사랑이다. 나 자신을 찾고 있는 것이다. 대지에 뿌리박은 나무, 그것이 인생이다. 근원에 부딪친 인생에게는 생사가 없다. 나를 믿는 자는 살아도 살고 죽어도 산다. 생사를 초월한 세계, 그것이 근원에 부딪친 세계다.

현대는 이상을 찾는 것도 아니고 내면을 찾는 것도 아니다. 근원을 찾는다. 이것이 신이 없는 시대, 신의 이름이 희미해진 시대에 인간이 찾는 참된 길이다. 사람이 만일 자기의 생명을 잃으면 온 천하를 얻어도 무엇이 유익하리요. 자기의 생명이란 자기의 근원이요, 자기 자신이 되는 것이다. 그것이 거룩한 차원이다.

예술

하이데거는 이러한 거룩한 차원을 고대 희랍인들의 예술 속에서 찾고자 한다. 이러한 탐구는 하이데거뿐만 아니라 헤겔에서도 엿볼 수 있다.

헤겔은 그의 미학美學 강의에서 "현대의 예술은 우리에게는 참이 자기를 드러내는 최고의 모습으로서는 볼 수 없게 되었다.

앞으로도 계속 예술은 발전하겠지만 정신의 최고의 욕구는 되지 못할 것 같다. 그런 의미에서 예술은 이미 과거에 속하는 것인지도 모른다."고 했다. 헤겔이 이런 말을 하게 되는 까닭은 희랍사람들이 그들의 참된 신앙을 그들 최고 지성을 통해서 구현할 때에 그들의 예술작품은 인간의 기교를 넘어서 어떤 신비에 도달하게 된다. 그것은 사람이 만들었다기보다는 신이 계시했다고 밖에 생각할 수가 없는 신품이 출현한다.

이 때에 예술은 신의 구현이요, 신이 자기의 모습을 보여주기 위해서 최고의 모습으로 드러낸 것이다. 참이 자기에게 실존을 부여한 것이다. 그것은 신라의 예술을 보아도 마찬가지다. 오늘날 남아 있는 석굴암의 불상은 어떤 개인이나 어떤 시간의 조작이 아니다. 그 시대 사람 전체의 작품이요, 그 시대 정신의 최고의 욕구이며 불교신앙의 구현이라기보다는 불교신앙을 계기로 해서 나타난 그 시대 사람 전체의 정신의 구현이며, 더 나아가서는 신의 현상이요, 미 자체의 구현이라고 할 수밖에 없다.

희랍의 신전이나 경주의 석굴암 같은 그런 웅장한 작품이 현대에도 나올 수 있을까? 앞으로도 나올 수 있을까? 우리는 다시는 나올 수 없을 것이라는 느낌을 막을 길이 없다. 이 시대의 예술작품이란 작품이라기보다는 신품이다. 신품이라기보다는 신이다. 하이데거는 신을 '자기자신에 의하여 스스로 선 자'라고 말한다. '고디(直)'란 말이다. 스스로 섬으로 자기의 세대가 생긴다. 신이 있는 곳에는 나라가 있다.

예술작품이 있는 곳에는 예술의 세계가 열려진다. 작품이 세대에 속하는 것이 아니라 세계가 작품에 속한다. 작품은 왕이다. 살아 있다. 스스로 서 있다. 신이다. 신품이다. 그것은 주체다. 주체가 있는 곳에는 언제나 나라가 있다. 세계가 있다. 예술작품은 자기 고유의 세계를 열어 헤친다. 그것이 세계다. 농부가 땅을 개척하는 것처럼 작품은 세계를 열어 놓는다. 예술작품은 객체가 아니다. 그것은 상품이 아니다. 희랍신전은 상품이 될 수 없다. 석굴암은 객체가 될 수 없다. 그것은 주체다.

자기의 왕국을 가지고 있다. 누구나 대적하는 자는 죽여버린다. 그것은 신성한 곳이다. 그것은 제작자와는 아무 상관이 없다. 자립에 의하여 자기 고유의 세계를 열고 있는 독립된 존재의 구조를 지니고 있다. 그것은 닫혀있는 대지大地를 열어 헤친다.

예술작품은 아무 말도 하지 않는다. 그것은 어떤 의미를 지시하는 것이 아니다. 자기의 고유한 존재에 의하여 자기를 그곳에 세우고 있는 것뿐이다. 이리하여 예술작품이 드러내고 있는 것은 존재뿐이다. 그것은 자연보다도 더 신을 드러내고 있다. 희랍신전은 자연보다도 더 존재를 드러낸다.

예술작품은 하나의 현존재다. 존재를 드러내고 있는 것이다. 그것은 하나의 싸움이기도 하다. 예술작품들은 지금까지 땅에 속해 있는 속된 것들을 모조리 몰아내 버리고 새로운 세계를 열어 헤친다. 그것은 하나의 충격이요, 이 충격은 언제나 계속되고 있다. 그것은 언제나 대지에 의하여 반항되어 온다. 열려는 세계와 닫으려는 대지는 계속 긴장 속에서 싸우고 있다. 그래서 예술은 하나의 싸움이요 사건인 것이다.

하이데거는 예술작품의 예로 희랍신전을 든다. 희랍신전은 어떤 것의 흉내가 아니다. 신전은 아무 것도 아닌 것처럼 단순하게 거친 바위 등성 한가운데 서 있다. 그 안에는 신의 형상을 모시고 있다. 모신 신의 형상은 열려진 돌기둥 사이로 그 빛을 비추고 있다. 이 빛은 신성한 영역을 열어 헤친다. 이 신전에 의해 신은 신전 안에 근원적으로 있다.

　여기에 신이 근원적으로 있다는 사실은 신은 하나의 신성한 구역을 밝히면서 동시에 제한하기도 한다. 신전과 그 주변은 제한 없이 연결되는 것이 아니라 신전이라는 작품 때문에 그 한계는 뚜렷해지고 신전은 스스로 하나의 세계의 중심이 된다. 우주적인 궤도와 관계 속에서 삶과 죽음, 축복과 불행, 승리와 치욕, 견인堅忍과 쇠멸衰滅 등의 인간의 운명을 수놓아 간다. 이와 같은 열려진 구역이 희랍국민의 역사적 세계다. 이 세계 속에서 희랍국민들은 자기의 사명을 완수하기 위하여 자기의 근원으로 돌아오는 것이다. 신전은 반석 위에 우뚝 서서 굳은 반석을 더 견고하게 빛내고 있다. 휘몰아치는 폭풍을 가로막고 서서 거센 폭풍의 힘을 더 힘차게 한다. 비춰는 태양은 돌기둥을 통해서 하늘의 넓이와 밤의 어둠을 더 밝게 드러낸다. 무겁게 자리잡은 이 집은 밀물 썰물, 바다의 호흡을 더 힘차게 몰아세운다. 나무와 풀, 독수리와 소, 뱀과 귀뚜라미까지 이 집에 드나들면서 그들은 자기들의 모습을 더 깊이 느끼게 한다. 특히 집에 의해서 모든 것을 감싸고 있는 땅덩어리가 더 힘차게 그의 가슴을 움켜쥐고 있다. 이때 신전은 하나의 세계를 개척하며 대지로 감싸게 한다. 이때 대지는 세계의 고향이 된다. 신전은 모든 것들을 뚜렷하게 하고 인간에게 그들의 희망을 살려내 준다. 신전은 하나의 세계를 개척하고 새로운 세계를 지배한다. 세계는 이미 눈앞에 보이는 잡다한 사물의 세계가 아니다. 세계는 우리 마음속에 표상된 사물의 총계도 아니다. 세계를 하나의 세계로서 서게 한다. 세계는 새로 피어난 꽃처럼 우리가 생각한 것보다 훨씬 더 새로운 것이다. 그것은 영원히 대상화될 수 없는 생명적인 것이다.

　예술작품은 세계와 대지의 상극상생相剋相生이 그 본질이다. 그것은 진리가 빛과 어둠의 상극상생이나 마찬가지다. 일음일양위지도一

陰一陽謂之道다. 자연이란 음양의 상극상생이기 때문이다. 희랍의 신전은 거의 완전한 예술작품이다. 그것은 도의 본질을 여실히 드러내고 있기 때문이다. 도의 본질이란 일음일양이다. 희랍의 신전은 도시국가로서 하나의 세계를 열어 보인다. 그러나 이 개시는 동시에 인간이 뿌리박고 있는 대지가 하나의 터로 등장하여 열어 헤치려는 세계에 완강히 대적하여 하나의 싸움이 전개되고 이 싸움을 통해서 신전 속에 새로운 진리가 창조되고 형성되고 확보된다. 예술의 본질은 진리의 자기표출이요, 새로운 세계의 창작을 의미한다.

하이데거는 예술작품을 하나의 현존재로 생각한다. 현존재란 존재를 드러내는 것이다. 하이데거는 현존재를 '다자인'이라고 한다. '다'는 장소다. 존재가 모여드는 곳이다. 하이데거는 존재를 천지신명이라고 하였다. 하늘과 땅과 신들과 죽을 수 있는 사람들이다. 이 네 가지가 모인 곳이 현존재다. 그런 의미에서 예술작품은 이 네 가지가 모여 있는 곳이다. 하이데거는 존재란 단어 위에 엑스(X)를 그려 현존재를 나타낸다. 하늘과 땅과 신들과 사람이 모이는 곳이다. 그것은 희로애락喜怒哀樂 미발未發의 중中이다. 이 중에 천지가 자리 잡히고 만물이 생육한다. 이것이 세계가 열리는 것이다. 중화中和는 세계를 여는 현존재다. 그것은 가온찍기다. 십자가의 가온을 찍는 것이다. 그것이 깬 정신이다. 예술작품은 신의 아들로서 깬 정신이다. 그 가운데서도 천재는 가장 큰 예술작품이다. 천재는 예술작품을 통해서 참을 드러낸다. 예술은 자연의 모방이다. 자연이 살아 있는 것처럼 예술작품은 살아있다.

그것은 신의 아들이요 왕이요 세계를 여는 하늘의 아들이다. 하늘과 땅과 신과 사람을 통일하는 태극이다. 그것이 현존재다. 예술작품을 신의 것으로 하나의 현존재로 보는데 하이데거의 독특한 예술론이 전개된다. 희랍신전이 여는 세계 안에 희랍민족의 운명이 결정된다는 것이다. 희랍신전이야말로 희랍정신의 구현이요, 이런 정신이 빛나는 동안 희랍의 역사는 전개되는 것이다. 역사를 결정하는 것은 정신이요, 정신을 구현하는 것은 작품이다. 예술이란 정신의 구현이요, 그것은 장인匠人들의 기교가 아니다. 장인들의 기교로 이루어진 작품은 예술이라고 할 수가 없다. 예술은 정신이기에 영원한 것이다.

하이데거는 그림 가운데서 예술이라고 생각되는 예로 반 고호의 농부 신발을 들고 있다. 지금까지 신발을 신기도 하고 보기도 한사람은 얼마든지 있다. 그러나 모두 발에 신은 도구로서의 신발을 보고 있을 뿐이다. 그러나 반 고호의 눈에는 그것은 하나의 도구가 아니었다. 그것은 신이었다. 그것은 존재였다. 그것은 부처였다. 그는 농부의 신발을 통하여 부처를 그려냈다. 농부의 신발은 고호를 통하여 예술작품이 된 것이다. 현존재가 된 것이다. 신전이 된 것이다. 이 작품을 통해서 사람은 영원에 통하게 되었으며 이 작품을 통하여 예술의 세계가 전개되게 되었다. 그것은 농부의 신발에도 역시 천지신명, 하늘과 땅과 신과 사람이 깃들고 있기 때문이다.

하이데거는 천지신명天地神明의 세계를 근원의 세계, 심연의 세계라고 한다. 거기는 이유와 경험을 초월한 유희삼매의 경지다. 어린애처럼 공부할 필요도 없고 일할 필요도 없다. 지행을 넘어선 생사를 초월한 일체무애의 세계다. 거저 놀고 장난치는 책임을 따질 수도 없고 이유를 물을 수도 없는 어린이의 세계가 '얼〔靈〕인이〔現存在〕'의 세계다. 얼인이〔靈的 存在〕만이 죽음을 통해서 얼의 비밀을 발견하게 된다. 사람은 죽음에 처하여 죽지 않는 것을 깨닫게 된다. 우주에서 가장 연약한 인간은 죽음을 통해서 존재의 빛을 발견하게 되고 존재의 소리를 듣게 된다. 죽음의 앞당김, 이것이 존재자가 할 수 없는 현존재의 특징이다.

현존재란 존재의 비밀을 간직하고 있으며, 죽음을 앞당길 수 있으며, 허무를 넘어설 수 있다. 죽음을 넘어 설 수 있는 것이 인간의 본성이며 특권이다. 죽음을 넘어선 자에게만 세계와 인간의 일체가 존재의 빛 속에 훤하게 드러난다.

죽음이라는 유한성을 통해서만 인간은 현존재가 되며 실존할 수 있고 영원히 살 수가 있다. 자기의 죽음을 사랑하는 사람, 내 살과 내 피를 마시는 자만이 실존하고 존재의 빛을 드러낸다. 자기 부정만이 인간을 천지신天地神과 같이 명명이 되어 사자四者 통일을 가능케 한다. 사자가 통일하여 유희삼매하는 세계가 예술의 세계다. 예술의 본질은 새것이 참으로서 나타나야만 한다. 생명이 진리로 구현되어야 한다. 예술의 본질이 진리의 자기 표출임을 설명하기 위하여 하이데거는 반 고호가 그린 농부의 신 한 켤레를 내놓는다. 농부의 신 한 켤레는 아름다움이란 것이 문제가 되지 않고 진리의 표출이 문제라는 것이다. 농부의 신발은 도구의 하나다. 도구의 본질은 신뢰성信賴性이라는 것이다. 반 고호의 그림은 신뢰성이 잘 표출되어 있다는 것이다. 신뢰성이야말로 도구의 본질이요, 존재자의 진리요, 존재자의 존재다. 예술의 본질은 존재자의 존재가 창조적으로 표출되는 것이다.

하이데거는 사라져 가는 예술의 본질을 현대독일의 민족시인 속에서 찾을 수가 있었다. 그는 '무엇을 위한 시인인가?' 라는 제목으로 이것을 보여준다. '무엇을 위한 시인인가?' 라는 강연은 릴케 20주기에 행한 기념 강연이다. 1945년 12월 26일이다. 이 제목의 대답은 '위함 없는 위함〔無爲之爲〕' 이 시인의 본질이라는 것이다.

시는 위무위爲無爲가 시다. 위무위는 무위자연이란 말이다. 내가 시를 짓는 것이 아니라 시가 시를 짓는 것이다. 이것이 시의 세계요, 존재의 열림이다. 여기에 존재의 빛이 드러난다. 시의 본질은 존재의 빛을 드러내는 것이다. 내가 시를 짓는 것이 아니라 시가 시를 짓는다. 시가 시를 지을 때 받아쓰는 것이 시인의 사명이다. 이런 시인을 하이데거는 독일 시인 횔덜린에게서 찾았고, 그의 후계자로 릴케를 만나게 된다.

하이데거와 릴케의 만남은 시인과 철인의 만남이요, 시인은 시가 시를 짓는 것을 쓰는 사람이요, 그런 의미에서 그는 존재의 파수꾼이요, 시 생산의 산파다. 철인도 마찬가지다. 생각이 생각을 해 갈 때 그것을 듣고 있는 이가 철인이다. 이것을 존재의 소리라고 한다. 귀로 말하면 듣는 것이요, 눈으로 말하면 보는 것이다. 순수의식이 순수형상을 보는 것이다. 철인은 귀밝은 사람이요, 시인은 눈밝은 사람이다. 그런 의미에서 철인과 시인은 같은 나무의 두 가지다. 모두 존재의 파수꾼이요, 존재자의 산파다.

시인과 철인의 만남은 시작詩作과 사유思惟의 만남이다. 하나는 시가 시를 짓고, 하나는 생각이 생각을 낳는다. 시도 생각도 모두 내가 아니다. 존재다. 시인과 철인은 존재의 시녀로서 듣고 본 것을 적는 것뿐이다. 그런 의미에서 시인과 철인은 자기가 없을 때에 자기가 있는 자기 초월이요, 자기가 아무 것도 하지 않을 때에 자기가 하는 무위지위無爲之爲가 되는 것이다. 시작이나 사유나 모두 무위지위다. 영감에 의지하여 기록하는 것뿐이다. 그것이 예술의 세계요, 철학의 세계요, 모두 실재의 세계요, 형이상의 세계요, 초월의 세계다. 그런 의미에서 완전히 자기를 죽여버린 사람, 그 사람이 철인이요 시인이다. 결국 자기를 부성한 실존, 계속 부정해 가는 실존, 완전히 자기를 부정한 존재자, 이런 사람이 시인이다.

하이데거는 이런 사람으로서 휠덜린, 릴케, 트라클 등을 좋아한다. 그들은 시를 쓰는 동안 완전히 영감에 사로잡힌다. 그리하여 그들이 시를 쓰는 것이 아니라 시가 시를 쓰고 있다. 그들은 인간의 부재에 더 가깝다. 인간이 부재不在에 얼마나 더 접근할 수 있는가가 릴케의 「드노이의 비가」의 주제다. 인간은 죽어야 할 존재이면서 죽어야 할 자기의 운명을 알지 못하고 죽음을 힘써 행하지 않고 있다. 인간은 결국 그의 본질에 도달하지 못하고 있다. 그리하여 죽음은 왜곡되고 고뇌의 비의는 숨겨지고 사랑은 배워지지 않고 있다. 그러나 거룩한 노래는 아직도 남아 있다.

"구름처럼 세계는 변하고 있다. 모든 완성이 태고의 모습으로 되돌아간다. 변천과 추이 저 편에 더욱 넓게, 더욱 밝게 옛 노래는 끊이지 않는다. 거문고를 든 신이여, 모든 고뇌는 알려지지 않고, 사랑은 배워지지 않고, 죽음은 그 비의의 베일을 들어올리지 않고 있다. 다만 노래만 국토를 덮고 깨끗하게 축제를 드린다."

릴케는 가난한 시대의 시인으로 하나의 소리가 되어 심연에 이르는 적은 길에 몇 개의 푯말을 세운다. 그 한마디가 자연이란 말이다. 자연은 존재와 같은 말이며 생과도 같은 말이다. 그런데 존재는 존재를 모험 속에 내 맡긴다고 한다. 거북이가 알을 낳으면 알에 무관심하듯이 자연은 생명을 모험에 내맡기고 자기는 무관심하다.

그러나 동물이나 꽃은 자기 앞에 자기 위에 열려진 자유 속에 있다. 그것은 동시에 아무도 보호하는 것이 없는 모험의 세계다. 이 세계에서는 언제나 모험과 같이 있다. 순수한 연관 속에서는 일체가 모험이요 자유다. 순수한 관련 속에는 일체가 조화요 합일이다. 생도 사도 다 조화의 하나다. 일체의 위험이 심연 속에 포함되어 있다. 그러나 작은 물고기가 자꾸 깊은 바다로 들어가듯이 인간은 더 깊은 세계로 더 모험을 계속해 간다. 그곳은 모든 중력이 작용하는 곳이다.

이리하여 존재자는 한없이 큰 존재가 된다. 그리고 결국은 우리는 본래부터 보호를 받을 필요가 없는 것을 알게 될 것이다. 정말 우리를 보호해 주고 있는 이는 보호가 필요 없는 존재뿐이다. 오직 열려진 세계만이 안전을 주는 것으로 보호 없는 세계가 가장 보호된 세계다.

 그것은 이 세계가 열려진 세계이기 때문이다. 열려진 세계는 전체로서 사는 세계다. 끝이 풀어져도 솥 안에 있듯이 일체는 다 전체 안에 있다. 마치 물고기가 바다 속에 있듯이 그것은 한없이 열려졌기에 가장 안전한 곳이다. 가장 넓은 허공은 일체를 지키고 있다. 그것은 모든 존재자를 하나의 통일로서 살려가고 있으며 모든 존재자를 존재하게끔 가장 깊은 데서 돌보고 있다. 이것이 자연이요 삶이요 열려진 세계요 순수한 관련이다. 이 존재자의 전체, 그것이 존재다. 이 존재의 본질을 아무도 모르지만 릴케는 그것을 모험하는 모험이라고 부르고 있다. 이 모험의 모험이 의지의 의지로서 인간의 본질인 것이다. 이 전체의 중심과 하나가 된 존재자가 현존이다. 이 현존은 언제나 속에 있는 것을 밖으로 드러내고 있다. 그것은 절대 대상적인 것이 아니다. 그것은 감추인 것이 드러나는 중심의 표현으로서 현존이 존재의 본질이다. 비호庇護 없는 존재를 열린 세계 속에 집어넣는다고 하는 것은 비호 없는 존재를 가장 넓은 속에 살려 가는 것이다. 죽음도 이 세계 안에서는 부정이 아니다. 그것은 하나의 현존으로 현실적인 것이다.

 죽음도 삶의 한 면으로 순수한 관련의 전체 속에 놓이게 된다. 죽음도 이미 있는 전체적 관련 속에 현존하는 것이 된다. 이런 현존이 어디서 일어나느냐? 그것은 모험에 모험을 하는 데서 이루어진다. 그것은 비호 없는 존재를 그 고유한 영역으로 들어가게 한다.

 파스칼은 이 영역을 심정의 공간이라고 하여 그 내면성과 불가시성은 대상의 세계보다도 훨씬 더 큰 세계라고 생각했다. 인간은 심정의 한없이 깊은 속에서 비로소 사랑하는 자들, 조상, 죽은 이, 어린이, 미래의 사람들과 같이 있게 되는 것이다. 여기는 계산적 수량성을 초월한 열려진 구속 없는 전체의 내적 공간이다. 존재자의 가장 넓은 넓이는 심정의 내적 공간에서 현실적이 된다.

세계의 전체는 모든 관련에서 평등한 본질적인 현존성에 도달한다. 49세에 릴케가 뮤조트에서 쓴 편지에 외부는 어느 정도 넓이를 가지고 있지만 의식의 내부의 차원과는 비교가 안 된다. 그것은 우주의 광대를 필요로 하지 않고 그 자체의 내부에서 거의 끝이 보이지 않는다. 그렇기 때문에 죽은 이나 미래의 사람들이 있을 곳을 찾는다면 이 상상의 공간보다 더 알맞은 장소가 어디 있겠는가?

우리의 일상 의식은 피라밋의 첨단을 집으로 하고 그 밑부분은 우리의 내부에 있어서 한없이 넓어져서 그 속에 내려갈 수 있는 우리의 능력이 커지면 커질수록 우리는 가장 넓은 의미에서 시공을 초월한 상태 속으로 더욱 더욱 보편적으로 끌려 들어가는 것처럼 보인다.

인간이 안전한 존재가 되기 위해서는 모든 사물이 대상성에서부터 구원받을 필요가 있다. 구원이란 모든 사물이 전체적 관련의 가장 넓은 내부 속에 평안하게 자리잡는 것이다. 그 때에 인간은 자기내부에 충만한 존재가 된다. 릴케에게 있어 내면화하는 일은 대상의 세계와 관계를 끊을 때 우리는 한없이 자유롭게 되며 세계 내면의 공간 안에서 비호를 떠난 안전한 존재로 존재하게 된다. 어떻게 우리가 의식에 이미 내재하고 있는 대상성을 심정의 가장 깊은 곳으로 내화하는가?

릴케는 언제나 그 방법을 인간은 가끔 삶 자체보다도 더 모험적일 때 이루어진다고 한다. 49세에 뮤조트에서 쓴 즉흥시에도 나타난다. 자연이 살아 있는 모든 것을 그들의 희미한 욕망의 모험에 맡길 뿐 그 어느 것도 흙덩이나 나무 가지로 특별히 비호하지 않는 것처럼 우리도 또한 우리의 존재의 근원으로부터 그 이상은 사랑 받고 있지 않다. 그것은 우리를 모험에 맡긴다. 다만 우리는 식물과 동물보다 좀 더 이 모험과 같이 걷고 있으며 이 모험을 더 원한다. 어떤 때는 생 자체보다도 더 모험적이기도 하다.

릴케에게 있어서 자연은 자연을 자연이게 하는 근거를 말한다. 존재자의 존재다. 존재는 제일능동력이다. 그것은 원초의 능력이요, 자기를 자기 자신에게로 집중하는 힘이요, 그것은 모든 존재자를 스스로 해방케 한다. 존재자의 존재는 의지다. 의지는 자기가 자기를 통일하는 힘이다. 존재자는 의지로서 존재한다. 존재자는 밖에서부터 의지되었기 때문에 존재하는 것도 아니고, 거저 의지되어진 자로 존재하는 것도 아니고, 그것은 의지를 가진 자로서 의지 안에서 각자의 방식을 따라서 의욕하면서 존재한다. 그런데 인간은 세계를 대상적으로 생각하기 때문에 세상에 대해 있지 세상 안에 들어가지는 못한다.

인간은 세계를 대상화하기 때문에 인간 자신에게까지도 대상화하는 위험을 지니게 된다. 인간은 대상화를 통해서 비호의 가능성을 상실하고 세계에 들어갈 수 없게 된다. 인간은 대상화를 통해서 만물의 순수한 연관에서 벗어나게 된다. 인간은 자기 계획을 가지고 만물을 잡아매려는 모험을 감행코자 한다. 대상화의 자기 수행은 죽음의 부단한 부정이다.

그러나 세상에 죽음보다 더 확실한 것이 어디 있는가. 죽음을 부정하지 않고 사는 것이 참 사는 것이다. 죽음이란 말을 부정하지 않게 읽는 것이 중요하다. 죽어서 사는 것이 자유다. 죽어서 마음대로 사는 것이다. 그러기 위해서는 죽음을 초월하여 절대적으로 살아야 한다. 이 때에 죽음은 인간의 본질을 깨우쳐서 인간의 삶으로 인도한다. 이리하여 인간은 순수한 연관의 전체 속에 놓여진다.

릴케의 제9비가는 힘찬 현존재가 우리 심정에서 넘쳐 나온다고 한다. 심정의 내적 공간은 한없이 넓다. 그곳에서는 일체의 대상화가 사라지고 모든 만물이 온전한 관련 속에서 아무 걸림 없이 서로 사귀면서 편안히 살고 있다. 릴케는 "인간은 가끔 생 자체보다도 더 모험적이다."라고 노래 부른다. 존재자의 존재보다 더 모험적인 것은 없을 것이다.

　존재란 존재 자신을 초월하는 것이다. 초월이란 자기 진리의 본질로 돌아가는 것이다. 말씀은 존재의 집이다. 진리의 자각이 존재의 초월을 가져온다. 진리의 자각보다 더 큰 모험은 없다. 그것은 사선을 넘는 일이요, 죽음을 초월하는 것이다. 완전하고 가장 넓은 공간 속에 비로소 거룩함이 나타난다. 거룩은 신적인 것과 연결되고, 신적인 것은 신으로 이끌려 간다.

찾아보기

책이름

『공포와전율』 33
『권력의 의지』 246
『기독교 훈련』 66
「드노이의 비가」 388
『로마서 강해』 302
『반복』 32
『변명과 전망』 113
『비극의 탄생』 207
『비학문적 추고』 83
『서구의 몰락』 301, 315
『세계관의 심리학』 302
『순간』 24, 60, 61, 64, 65
『의지와 표상으로서의 세계』 206
『이 사람을 보라』 211, 266
『이것인가 저것인가』 83
『일리아드』 351
『존재와 시간』 49, 299, 302, 313
『죽음에 이르는 병』 49
『진리』 121
『차라투스트라』 210, 211, 213, 214

『철학』 116
『철학의 세계사』 117
『키에르케고르와 유혹자』 84
『팡세』 257
『현대의 정신적 상황』 116, 301
『형이상학 일기』 302

(ㄱ)

가능적 실존 129, 137
가온찍기 384
갈릴레오 162
개시開示 154, 345
개시開示된 중中 360
개인 74
객진망상客塵妄想 359
객체성客體性 351
거위 66
건양建養 320
게라센하이트 369, 374
견성見性 358
결단 184
경건주의자 71
경이驚異 366
경험적 현존 134
계시 168

찾아보기 393

계시啓示와 개시開示 345
공동체 163, 165, 182, 187
공산주의 88, 302
공자 117
공즉시색空卽是色 235
과학 118, 177
과학과 철학 144
과학적인 이성 304
관계의 범주 186
괴테 113
교육 91, 272
교회 246
교회론 60
궁리진성 144
권력의지 229, 236, 264, 266,
    295, 296
귀래성歸來性 342
귀족주의 252
귀향 325, 326
그리스도 90
그리스도의 재림 336
극한상황 119
근대인 73
근본경험 191, 331, 333, 338
근본체험 48, 51
근원성根源性 118

근원적인 경험 345
기독교 66, 73, 74, 77, 78, 80
기독교와 철학 79
기독교적 영웅주의 76
기레라이 53
기술문명 110
기재旣在를 319
깨달음 139, 148

(ㄴ)

나치스 273, 302
내재신內在神 284
내적 행동 169
노발리스 314
노자 117
논리적 범신론 79
니체 116, 128, 131, 132, 155,
    180, 334
니힐리즘 268

(ㄷ)

다자인(Dasein) 357
단독자 29, 30, 137, 146, 161
대낮 252, 281

대상성對象性 351
대상의식對象意識 134
대상화 391
대심지사大心之士 161
대아 329
대중 73, 87
대지진 54
데카르트 153, 180, 295, 304
도道 366
도덕 230
도래到來 319
독일정신 251
독일제국주의 270
돈환 86, 98
동시성同時性 28, 37, 42
동일성 318
디오니소스 217, 275
디오니소스 체험 276

(ㄹ)

라이프니츠 180
레기네 올젠 사건 58
로고스 308
토마교회 240
루가치 121

루소 295
루터 72, 94, 248, 250, 334, 347
리케르트 116, 300, 311
릴케 14, 306, 316, 376, 388, 389, 390

(ㅁ)

마르셀 301, 315
마르크스 146, 302
마리아의 체험 289
막스 베버 114, 122, 126, 128
만인 사제설 253
말씀 309, 364
망연지후적적忘然之後寂寂 357
메랑크톤 347
모록신 88
모순 142
모차르트 85
모험하는 모험 389
무無 328, 331, 338, 357
무無의 소명疎明 359
무신론 282
무아 329
무위 233
무위지위無爲之爲 387

찾아보기 395

무정부주의 293
물화物化 373
뮌스터 주교 63
미래종족 269
미적 실존 97, 98
미학美學 380
민주 73
믿음 350

(ㅂ)

바그너 207, 210
바르트 13, 33, 302, 315
바울 79, 239, 240, 241, 244, 246
반 고호 385, 386
반복 100, 102, 103, 104
반어 80
반항 183
방하放下 369, 374
배화교拜火敎 214
범신론 282
범아일여梵我一如 191
법열 40
복음 100
본래성 330
본유화本有化 317, 318

본지풍광本地風光 359
뵈젠목사 60
부론손 38
부르너 33
부르조아 270
부자유친父子有親 317
부정성否定性 185
부처 26
불안 13, 333, 334, 337, 347
불트만 345, 346, 349
브렌타노 300
브루노 162
비스마르크 112
비은폐성非隱蔽性 355
빈델반트 116, 123

(ㅅ)

사랑 39, 44, 195
사랑의 싸움 165
사색과 존재 318
사실적 생경험 334
사유 350
사이버네틱스 355
사회주의국가 271
산파 27, 29

삼 단계 95
삼위일체 225
상극상생相剋相生 383
상황-내-존재狀況-內-存在 133
상황의 철학 133
새 땅 290
생기生起 364
생로병사生老病死 119
서양문명 309
석가 117
석굴암 381
선구적 각오 344
선구적 결의 342
선구적각오성先驅的覺悟性
   332, 371
설교 78
성경 70, 71
성직자 247
세계 118
세계 질서 174
세계 통일 173
세계-내-존재世界-內-存在
   133, 293, 377
세계기투世界企投 293
세계정위 143
세계제국 173

세계해석世界解釋 294
소명疎明 360
소크라테스 81, 82, 117, 139, 162
속죄 93, 94
쇼펜하우어 206, 233, 295
순간 43, 45, 46, 152, 196, 236
순결 221
쉘링 115, 312
슈펭글러 301, 315
스웨덴보르그 123
스탄례 372
스트린트베르그 123
스피노자 112, 117, 121
시詩 309
시간 341
시간성 45, 46, 332, 340, 341,
   366
시루스 마리아 289
시색건양詩索建養 320
시숙 339
시인 324, 325, 327, 386
시인의 본질 386
시작詩作 320
신 118, 273
신비주의 179
신성 374

신앙 43, 77, 110, 195, 197,
　　333, 345, 347, 348
신앙론 72
신인합일神人合一 191
신적 자연 243
신칸트학 116
신칸트학파 300, 311
신탁神託 278
신플라톤주의 346
신학자 247
실재 348
실재경험 329
실재성實在性 185
실존 36, 39, 75, 82, 97, 118, 132,
　　135, 146, 160, 284, 309, 329
실존개명 144, 148, 192
실존개시 264
실존과 이성 155
실존범주 183
실존의 사귐 161
실존의 성격 119
실존의 자유 168
실존의식 113, 182
실존이성實存理性 163
실존적 교제 150
실존적 비약 156

실존적 사귐 113, 163, 181, 186
실존적 신앙 48
실존주의 312
실증주의 179
심무사心無事 369
심미적 실존 95
심사숙고 372
심신일여 328
십자가 89, 93, 94

(ㅇ)

아낙시만드로스 117
아레테이아 359
아리스토텔레스 153, 322, 348
아폴로 275
악마 304
안셀무스 117
알키비아데스 81
암호문자 170
암호해독 120, 166
야스퍼스 13, 109, 315
약산유엄藥山惟儼 353
양성養性 320
양심 344
양태의 범주 187

어거스틴 117, 346
얼김 326
얼인이〔靈的存在〕 385
없이 계심 321
에네로게이아 351
에밀 라스크 124
에크하르트 248, 314, 336, 369
역사 172, 174
영겁회귀 281
영기靈氣 325
영소불매 338
영웅 267
영원한 현재 120
영원회귀 116, 131, 208, 213, 227, 233, 264, 287
영지靈知 357
영지지성역력靈地之性歷歷 358
예배 68
예수 117, 162
예술 380, 385
예술의 본질 386
예술작품 381, 382, 383, 384
올올지좌차兀兀地坐次 354
욥 104, 183
용립가능성用立可能性 352
용수보살 117

우숨(웃음) 232
우울 88
우정 219
운명애 131, 212, 226, 228, 237, 274
원형 262
위무위爲無爲 387
유물론 158
유심론 158
유혹자 83
유희 321
윤리적 사랑 99
윤리적 실존 95, 97
윤회설 233
음악 218
음악론 207
의상분일증意想奔逸症 205
의식의 세계 375
의식일반意識一般 134, 141, 159
이념의 단계 126
이념의 체험 126
이데아 81, 348, 351
이성理性의 철학 304
이성적 109
이열치열 288

인간 169
인간성 305
인간의 본질 321
인격 44
인본주의 306

(ㅈ)

자기상실 127
자기소외 13
자기요해自己了解 293
자기의식自己意識 134
자기탐구 25
자연 322, 326, 327, 338
자연관 322
자유 111, 153, 167
장래성將來性 341
전쟁 301
절대무絶對無 292
절대와 상대 38
절대의식 120, 152, 177, 189, 199
절대의지 128
절대적 의식 189
절망 13
정신 46, 48, 146, 159, 291, 295
정신분열 123

정신유형 125
정신적 삶 126
정치론 172
제1의 말씀 120
제2의 말씀 120
제3의 말씀 120
제국주의 304
제일원인 348
제한성制限性 185
존심存心 320
존재 139, 304, 324, 366
존재 요해 329
존재 해석 264
존재론 77, 356
존재망각 310
존재의 개시開示 305
존재의 물음 155
존재의 빛 306
존재의 생기生起 321
존재의 유희 308
존재의 집 306
존재의 탐구 138
존재현현存在顯現 361
종교개혁 79, 248, 250, 253, 255
종교성A 41

종교성B 41
종교적 실존 95, 97, 100
종말 사관 174
좌절의 철학 118
죄의식 40
주住한다 318
주관주의 304, 310
주중유진酒中有眞 95
주체 312, 382
주체적 진실 115
주체적 철학 312
죽음 150, 274, 343, 344, 349, 386, 389, 391
죽음에의 존재 332
죽음으로의 존재 347
중中 384
중력의 정령 285
중류절단衆流截斷 355
중화中和 384
지도무난至道無難 370
진공묘유眞空妙有 353, 354, 355, 358, 360
진리 17, 53, 110, 168
진실 185
진주 26, 27, 28, 29
질적 변증법 41

(ㅊ)

차라투스트라 269, 279, 281, 283, 289, 290
창조자 284
천국 242
천지동근 328, 337
천지신명天地神明 306, 319, 384, 385
철인 363
철인과 시인 387
철학 83, 125, 314, 316
철학의 종말 352
철학적 신앙 189
철학적 언어 171
체로금풍體露金風 353, 355
초월 142, 168, 235
초월의 철학 118
초월자 160
초인 212, 226, 255, 262, 269, 279, 284, 285, 292
초재신超在神 284
추체험追體驗 51
추축 시대 175

(ㅋ)

카프카 14
칸트 99, 115, 117, 144, 180, 183, 185, 186
칼 뢰비트 315
칼 야스퍼스 301
코사알 사건 59
코페르니쿠스 268
콘스탄티누스 105
키에르케고르 115, 126, 128, 131, 132, 138, 146, 155, 161, 185, 301, 347, 365, 378

(ㅌ)

탈아적 실존 365
탈자성脫自性 328, 333
탈자적존재 361
탈존脫存 328
태양 261, 283
토마스 만 205

(ㅍ)

파르메니테스 117
파스칼 76, 248, 256, 258, 322, 389
파혼 36
편지 21
평균화의 현상 13
평상시도平常是道 233
포괄자包括者 158, 163, 169, 192
포괄적 공간 157
포월자包越者 113, 117
표상 110, 137
프로레타리아 270
프로메테우스 182
프로이드 302
플라톤 87, 96, 117, 139, 356, 359
플로티누스 115, 117

(ㅎ)

하나님 110
하이데거 13, 139, 186, 299, 337
한계상황 149, 152, 168
합리주의 125
향일성向日性 189
허령지각虛靈知覺 163, 365
허무의식 329
허무주의 131, 132, 213, 235,

287, 291
헤겔 77, 79, 82, 180, 380
헤라크레이토스 117
헤벨 373
현대의 위기 303
현상학파 300
현성現成 319
현실적 실존 120
현애철수懸崖徹手 349
현전現前 361
현존의식現存意識 134
현존재 118, 145, 159, 265,
　　　　308, 309, 317, 328,
　　　　335, 356, 384
현존재의 성격 331
현존재의 시간성 335
현존재의 역사성 340

형이상학 348
형이상학적 경험 171
호머 351
혼돈 266
혼의 상처 31
화이트헤드 145
환원還元 343
회광반조回光返照 361, 362
회심 56
회심의 경험 24
휠덜린 123, 303, 306, 322,
　　　　324, 326, 378, 379,
　　　　380, 387
후설 300, 301
희랍신전 382, 384, 385
희랍정신 275
히틀러 117, 302

찾아보기 403